“十二五”普通高等教育本科国家级规划教材

管理信息系统
——原理、方法与应用
（第三版）

▶陈国青　郭迅华　马宝君　编著

高等教育出版社·北京

内容简介

本书是“十二五”普通高等教育本科国家级规划教材，依据最新《管理科学与工程类教学质量国家标准》编写而成。全书分为五篇十二章，主要包括信息系统的概念、特征、作用；信息系统的基础设施、数据库技术及其数据管理平台；信息系统在组织中的主要应用、跨组织信息系统、商务智能与决策支持；信息系统战略规划、数据建模与商务建模；信息系统的项目管理、运行维护与安全管理。

管理信息系统是一个携载组织业务模式的人机计算平台，可以从“造”与“用”两个视角来审视；既关注信息是如何分析的、系统是如何构建的；也关注信息系统是如何使用的、信息系统是如何赋能的。特别是在大数据和人工智能背景下，管理信息系统以服务平台和客户端应用等多种形式融合于社会经济活动中，并呈现出技术和管理并重的主流领域特征。

本书力图通过阐释管理信息系统的概念与时代特征、主流方法与应用系统、IT战略与管理等内容，使读者获得对管理信息系统的整体认识。本书一方面通过把握“基础—主流—发展”的关系，使得读者对于经典理念和实践、主流理论和方法、前沿发展与趋势有一个综合又不失重点的理解；另一方面注意内容难易繁简兼顾，从全国相关专业的实际出发，既注重知识基础性和脉络系统性，又考虑专业的沿革及其前瞻性。此外，本次修订增加了二维码即测即评栏目，方便学生查漏补缺。

本书适用于高等院校信息管理与信息系统专业本科课程以及管理科学与工程类其他相关专业本科课程教学，也可用于管理类相关专业本科课程的教学。同时，也是企业实践和管理培训的参考教材。

图书在版编目（CIP）数据

管理信息系统：原理、方法与应用/陈国青，郭迅华，马宝君编著．--3版．--北京：高等教育出版社，2019.9（2022.1重印）

ISBN 978-7-04-051782-8

Ⅰ．①管…　Ⅱ．①陈…　②郭…　③马…　Ⅲ．①管理信息系统-高等学校-教材　Ⅳ．①C931.6

中国版本图书馆CIP数据核字（2019）第075314号

Guanli Xinxi Xitong——Yuanli Fangfa yu Yingyong

策划编辑　杨世杰　　责任编辑　杨世杰　　封面设计　张雨微　　版式设计　马　云
插图绘制　邓　超　　责任校对　李大鹏　　责任印制　耿　轩

出版发行	高等教育出版社	网　　址	http://www.hep.edu.cn
社　　址	北京市西城区德外大街4号		http://www.hep.com.cn
邮政编码	100120	网上订购	http://www.hepmall.com.cn
印　　刷	北京宏伟双华印刷有限公司		http://www.hepmall.com
开　　本	787mm×1092mm　1/16		http://www.hepmall.cn
印　　张	21.75	版　　次	2006年1月第1版
字　　数	520千字		2019年9月第3版
购书热线	010-58581118	印　　次	2022年1月第2次印刷
咨询电话	400-810-0598	定　　价	45.50元

本书如有缺页、倒页、脱页等质量问题，请到所购图书销售部门联系调换

物 料 号　51782-00

第三版前言...

信息技术的进步和广泛应用驱动的技术融合的不断深化，对人们的社会生活和经济活动产生了日益深远的影响。一方面，企业中许多传统的业务决策问题逐渐变成了基于信息分析的决策问题。例如，通过产品浏览日志和评论内容分析以获得网络购物用户的行为偏好，通过社会传播和关系强度分析以辨识舆论领袖和群体联系，通过特征提取构建相似关系目标人群和业务策略等。另一方面，信息产品（如软件、IT服务等）及其应用（如虚拟体验、个性推荐、社会网络、网络搜索等）随着技术创新呈现出越来越丰富的形态和特征，催生出新模式（如线上线下互动的O2O运作模式）、新业态（如众包生产和创新组织）、新人群（如生活在赛博空间中的人群及其行为和需求）等。在这两方面，管理信息系统（也简称信息系统）相关理论和实践扮演着重要角色。信息系统是一个携载组织业务模式的人机计算平台。在技术视角层面上，信息系统的研究和应用关注信息是如何提取和处理、信息系统是如何开发和构建的；在管理视角层面上，信息系统的研究和应用关注系统是如何被采纳和使用、组织是如何被影响和改变的。如同产品开发和产品使用一样，信息系统的技术与管理视角反映出"造"和"用"的某种分野，但信息系统却又是"造"和"用"的统一体。特别是在大数据和人工智能背景下，管理信息系统以服务平台和客户端应用（如App）等多种形式融合于社会经济活动中，并呈现出技术和管理并重的主流领域特征。

"管理信息系统"是高等学校信息管理与信息系统专业的核心课程，被列为教育部高等学校管理科学与工程类专业教学质量国家标准的基础课程（见教育部高等教育司《普通高等学校本科专业类教学质量国家标准》，高等教育出版社2018年出版）。本书与其第二版教材（高等教育出版社2014年出版，普通高等教育"十二五"国家级规划教材）相比，基本保持了其领域视角和整体内容结构。此外，结合信息技术应用和信息系统领域的新发展，在相关章节内容上进行了充实和更新，如数字经济与移动商务、区块链、社会化信息系统、人工智能与深度学习、快速应用开发、IT伦理等。同时，也充分参考了教育部高等学校管理科学与工程类专业教学指导委员会及其相关课题组近年来关于"管理信息系统"课程建设、课程体系、专业规范/质量标准研讨的思路和精神。

本次修订旨在进一步体现两个特点：一是把握"基础—主流—发展"的关系，使得读者对于经典理念和实践、主流理论和方法、前沿发展与趋势有一个综合且又不失重点的理解；二是注意内容难易繁简兼顾，从全国相关专业的实际出发，既注重知识基础性和脉络系统性，又考虑专业的沿革及其前瞻性。

本书共包括五篇十二章。第一篇信息系统的概念与作用：介绍信息系统的基本概念、时代沿革和特征，阐述信息系统与管理问题、信息系统与组织和社会的关系；第二篇信息系统的技术基础：介绍信息系统的基础设施、数据库技术及其数据管理平台，包括基本网络技术和数据库基本模型、大数据存储与云数据平台等；第三篇信息系统的应用：介绍现代信息系统在组织中的主要应用，展示和分析组织中及组织间的各类应用系统，包括企业集成化应用系统、客户关系管理、企业 2.0、社会化信息系统、内外部大数据集成管理、商务智能系统、人工智能与深度学习等；第四篇信息系统的建设与开发：介绍信息系统规划和开发的主要概念与方法，阐释信息系统建设的过程，包括组织战略与信息系统战略、商务建模、快速应用开发等；第五篇信息系统的管理：介绍信息系统建设中项目管理、IT 服务与外包管理、运行维护和安全控制等。本书适用于高等院校信息管理与信息系统专业本科课程以及管理科学与工程其他相关专业本科课程教学，也可用于管理类相关专业本科课程的教学。同时，也是企业实践和管理培训的参考教材。

本书素材来自编写团队在信息系统领域的长期研究积累、学科领域的教学和教材建设经验以及“管理信息系统”国家精品课程的教学实践。编写团队中除陈国青、郭迅华、马宝君负责整体框架和知识模块设计、各章编写和统纂外，还有若干其他成员参与相关工作并付出了大量辛勤劳动。其中，中国人民大学张瑾教授参与了第 8 章的编写工作，清华大学博士生朱天宇、李翔宇、慕遥、王伶俐等参与了部分章节的资料汇总和初编工作。

本书的编写工作得到了多方面的帮助和支持。我们衷心感谢清华大学经济管理学院、清华大学现代管理研究中心为我们所提供的工作条件以及科研与教学环境；感谢教育部人文社会科学重点研究基地项目（17JJD630006）、国家自然科学基金项目（71490724、71572092、71772017、71402007）以及北京市社会科学基金项目（17GLB009）对相关研究课题的资助。此外，我们对高等教育出版社相关编辑在本书编辑和出版过程中所做的各项服务工作深表谢意。

由于时间有限，疏漏或不当之处在所难免，恳请广大读者批评指正。

编著者

2018 年 12 月于清华园

目　录...

第一篇　信息系统的概念与作用

第二篇　信息系统的技术基础

第三篇 信息系统的应用

第四篇 信息系统的建设与开发

第五篇　信息系统的管理

1

第一篇

信息系统的概念与作用

当今社会信息技术与企业管理高度融合,使得信息系统逐步成为现代商业组织竞争优势的重要支撑。本篇将着重介绍信息系统领域内核心概念及信息系统对各级组织的影响。第 1 章将引入信息技术与信息系统的基本概念,并简要阐述信息社会与信息系统的时代特征;第 2 章将围绕信息系统与组织的互动关系展开,揭示信息系统与组织相互影响、相辅相成的作用机制;第 3 章从信息系统典型应用出发,着重讨论信息系统对经济、社会、文化等多个方面的影响。

第 1 章 信息技术与信息系统

假期即将来临时，你满怀欣喜地开始准备一次向往已久的旅行。此时，再也不用纠结于过去出行时那塞满行李箱的随身物品：地图、通讯录、指南针、照相机、随身听……因为这些都可以通过你的一部智能手机来完成。琳琅满目的客户端应用(如App)，恰如瑞士军刀般可以帮助你提升旅行体验：开启寻路导航、记录沿途风光、搜索应景音乐、发布微信分享……虽然这只是数字化生活的一个微小缩影，却展现出信息、信息技术和信息系统作为信息社会的基本元素，正极大地丰富和影响着人们的生活和工作方式。那么，信息技术与信息系统有着什么样的内涵？又走过了哪些发展路程？本章将围绕信息技术及信息系统，主要介绍其基本概念、时代沿革及基本特征。

信息技术(Information Technology,IT)指的是以现代计算机及通信技术为代表的对信息的产生、收集、处理、加工、传递、使用等各个环节提供支持的技术。信息技术的飞速发展，计算机系统、互联网(Internet)和移动终端(如智能手机、平板电脑等)的广泛应用，使得社会活动、组织运作和个人生活日趋数字化。一方面，企业作为日常经济活动的主体，收集和储存了大量信息，如市场情况、客户资料、订单、库存状态、生产过程、交易账目、通信记录等。这些信息反映了企业的内部机制和运作管理状态。另一方面，企业的运作管理又受到企业外部活动的影响，而且这种影响在社会化媒体和用户广泛参与的背景下日趋强烈，如评论、口碑、意见、商誉、舆情等。只有对这些与企业相关的信息进行充分、及时的分析和利用，才能增进对企业业务、用户行为、发展潜力、社会形象的理解以提高管理决策水平，并有助于发现新的市场机会和创新模式，获得可持续的生存和竞争优势。

信息系统(Information System,IS)面向信息技术工具的规划、开发、管理和使用，以支持人们开展信息处理和管理任务。对企业而言，越来越多的传统业务管理变成了信息管理；越来越多的传统经营决策变成了基于信息分析的决策。例如，通过产品浏览记录来了解客户购物偏好，通过企业内部博客和微信群来了解团队认同感，通过将客户分群别类以制定有针对性的营销和客服策略等。对个人或用户而言，越来越数字化的生活使得人们不仅希望及时、便捷地获取资讯(如手机位置搜索)、得到满意的服务体验(如网购)，而且希望拥有足够的参与度(如跟帖、发博文)和信息反馈(如消费过程点评)。在信息技术与企业运作和社会生活高度融合的信息社会中，信息系统扮演着重要角色。

1.1 信息与信息技术

信息、物质和能源是人类社会发展的三大资源。[1]工业革命使人类在开发、利用物质和能源两种资源上获得了巨大的成功。随着以计算机技术、通信技术、网络技术为代表的现代信息技术的飞速发展,人类社会正在阔步迈向信息社会。人们越来越重视信息技术对企业转型升级、模式创新的影响以及对信息资源的开发和利用。信息化已经成为一个国家经济和社会发展的关键环节,信息化水平的高低已经成为衡量一个国家、一个地区现代化水平和综合国力的重要标志。当前,在我国信息化与工业化、城镇化、农业现代化同步发展融合的进程中,信息化不仅是企业核心能力的重要表现形式,也是国家综合实力和发展战略的重要依托。

1.1.1 信息的基本概念

信息已经成为与物质、能源相提并论的一种基础性资源。然而,信息的概念是什么呢?信息论的创始人香农(Shannon)认为,“信息是人们对事物了解的不确定性的减少或消除”;控制论之父维纳(Weiner)则指出,“信息既不是物质也不是能量,信息是人与外界相互作用的过程、互相交换的内容的名称”;还有人将信息定义为“对人有用、能够影响人们行为的数据”(ISO)或者“人们根据表示数据所用协定而赋予数据的意义”(GB5271)。而在管理信息系统领域,一种被普遍接受的观点认为,“信息是经过加工过的数据,它对接收者有用,对决策或行为有现实或潜在的价值”[2]。这里,我们注意到:香农的定义强调了信息的客观机制与效果,维纳的定义强调了信息与物质和能量这两大概念的区别,ISO的定义注重信息的功能特征,GB的定义侧重于信息的来源与载体,而最后一种定义则突出信息在决策和行为中的价值,反映信息作为一种战略性资源的内在含义。[3]

参照以上定义,我们可以辨识出信息三方面的特征。首先,信息是客观世界各种事物的特征的反映,它是“经过加工的”,因而凝聚着人类的劳动;其次,信息是可记录、可通讯的;最后,信息可以形成知识,因而有着“现实或潜在的价值”,可以被看作一种产品,一种人类生产活动的结晶。

数据是记录客观事物的可以鉴别的符号。这些符号不仅指数字,而且包括字符、文字、图形等。从认知的角度看,只有经过解释,数据才有意义,才成为信息,因而可以说信息是经过加工以后对客观世界产生影响的数据。从应用的角度看,数据是信息的载体,也是信息的一种最重要的存在形式,以数据形式存在的信息可以在现代信息技术中得到最为有效的处理和应用。[1]

数据和信息这两个概念的关系可以通过图1-1进行说明。[2]

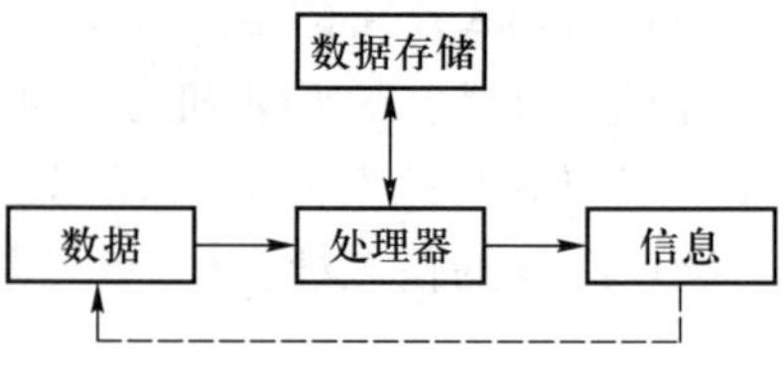

图1-1 数据和信息

数据作为可以鉴别的符号,从远古时期的结绳记事到后来的象形文字、拼音文字,直至今天在计算机中广泛应用的二进制、八进制等符号都是数据的具体表现形式。[2]信息是经过加工后的,可以对客观世界(接收信息者)产生影响的数据;也就是说,只有经过了解释、归纳等处理后,数据才有意义,才成为信息。信息与数据一样,可以数字、字符、文字、表格、图形等形式作为载体存在。根据接收对象不同,信息和数据二者是可以相互转换的,第一次加工所产生的信息,可能成为第二次加工的数据;同样,第二次加工所产生的信息,可能成为第三次加工的数据。从这个角度讲,数据与信息两个概念之间的相对关系,就如同物质生产中原料与制成品之间的关系一样。

例如,一个原始数据记录(…,31,300 000,…)是一个数值向量,只有将其映射到一个数据库表格 R(…,Age,Income,…)中才具有意义,成为包含年龄为 31 岁、收入为 30 万元等语义的一条信息。又如,顾客购买货物的清单对于收银员来讲是数据,经其计算后成为顾客的交费信息;每一位顾客的交费信息对超市的会计来说是数据,而把每天所有的交费加在一起就成为日营业收入信息;对超市经理来说,每日的营业收入是数据,通过计算得到的利润率是他关心的信息。

1.1.2 信息的维度

信息是一种资源,能够给人和组织带来现实的或者潜在的利益,因此信息必然具有一定的价值。信息的价值主要是指信息的实用性,也就是信息的使用价值。在商务活动中,信息价值性最本质的体现是,信息的所有人因掌握更多的信息而占有或者保持竞争优势。

信息的价值通常是与其时间、内容、形式密切相关的,因此可以从这三个维度来评估信息的价值[4],如图 1-2所示。

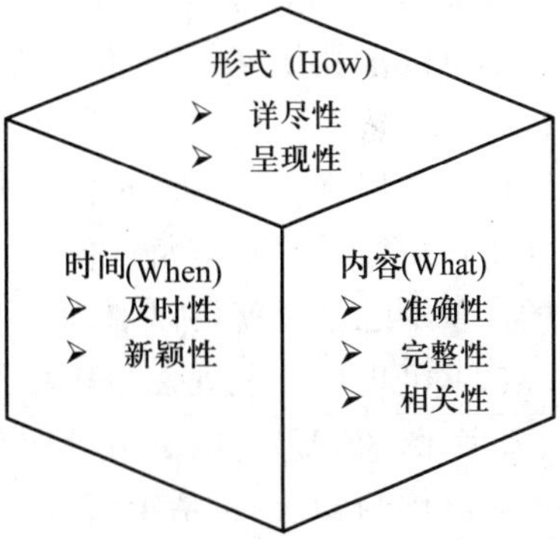

图 1-2 信息的三个维度

1. 信息的时间维度

信息的时间维度主要包括及时性和新颖性两个方面。

(1) 及时性。及时性的含义是在人们需要的时候拥有信息。及时的信息对于人们正确决策有着非常重要的作用。信息都具有一定的时效,过了时效就不再具有价值或者价值大幅度下降。比如,及时地获知某地区市场对某种产品的需求量对于生产该种产品的厂家非常重要。

(2) 新颖性。新颖性的含义是获得最近和最新的信息。一般来说,具有新颖性的信息体现差异化和创意,可以在创新和竞争中发挥重要作用。比如,发现什么样的顾客可能偏好什么样的产品就具有新颖性,可以帮助企业设计产品推送策略。

一般来说,越新颖、越及时的信息,其价值越高。因此,应该尽量缩短信息采集、存储、加工、传输、使用等环节的时间间隔,提高信息的价值。需要指出的是,从某种使用目的来看,信息的价值会随着时间的推移而降低,但是对于其他目的来说,又可能显示出新的价值。例如,超级市场的销售信息在每年的账务结算后,作为核算凭据的价值已经失去,但是如果将多年的销售数据收集起来,就有可能通过数据挖掘等方法总结出消费者的行为规律,从而指导超级市场的销售策略。

2. 信息的内容维度

信息的内容维度指信息“讲的是什么”，通常包括信息的准确性、相关性、完整性三个方面。

（1）准确性。准确性也被称为信息的事实性，这是信息第一位的、最基本的、最核心的性质。不符合事实的信息可能给信息接收者带来负的价值。

（2）完整性。完整性指是否包括所有与信息使用者要做的事情相关的信息。比如在一个风险投资计划书中，如果没有主要原材料的成本分析，则信息完整性就会大打折扣。信息的完整性是与信息接收者的目的密切相关的。信息的不完整主要因为两个原因。首先，作为原料的数据本身可能不完整从而造成信息不完整；其次，从数据到信息的加工过程归根结底是由人根据已有的相关知识（或通过人设计的机器）来完成的，人类对世界认知的不完全必然也造成信息不完整。

（3）相关性。相关性指与信息使用者要做的事情相关的程度。显然，相关性越高的信息价值越高。比如，同样一条原材料价格变化的信息，它与一个需要决定产品价格的企业经理的决策的相关性比较高，而与运输该种原材料的运输商的相关性较低。

信息的相关性和完整性是相辅相成的，也就是说，我们既应该接收与工作相关的信息（相关性），也应该接收全部需要的信息（完整性）。在很长一段时间里，人们都在为解决信息的完整性而努力。但是，近年来信息技术的快速发展带来了信息量的激增，甚至是“信息爆炸”。在这种情况下，如何甄选出相关性高的信息就成为人们关注的重点。

3. 信息的形式维度

信息的形式维度，涉及信息是“什么样的”这一问题，主要包括详尽性和呈现性两方面特征。

（1）详尽性。详尽性指信息概括的程度。目标不同，对信息概括程度的要求也不同。比如生产主管需要知道每一位工人每天每种产品的生产量，但是财务主管可能只要知道每天的产量汇总情况就可以了。

（2）呈现性。呈现性指信息是否以适当的载体提供。信息的载体可分为两个层次：语言、文字、图像、符号、电子信号和自然、社会活动所产生的其他印迹等是信息的第一载体；存储第一载体的物质，包括纸张、胶片、磁带、计算机存储器和刻有铭文的器皿等记录着自然、社会活动所产生的印迹的物质等则是信息的第二载体。信息的载体是可以变换的，信息可以由不同的载体和不同的方式承载和载录。

随着每天人们接收到的信息量不断增加，以何种载体提供信息成为非常重要的问题。适当的载体可使信息接收者易于接收和理解。例如，演讲者在阐述一个问题时，经常使用“PowerPoint+投影”的形式，这就是为了使听众能够最有效地接收演讲者的观点。

以上三个维度如果运用得当，也就是说，在正确的时间、以正确的方式、提供正确的信息，将大大提高信息使用者成功的机会。

1.1.3 信息的其他性质

信息的三个维度分别对应着信息的一些特征，但是还有一些信息的特征比较复杂，不易于直观地对应到三个维度中[5]，因此有必要进一步讨论，主要涉及信息的分享性和等级性。

1. 分享性

与我们熟知的物质与能量资源不同,信息资源的分享与交换不具有排他性,而具有非零和性。信息可以为不同的人所占有,A 将信息 C 告诉 B,A 和 B 将同时拥有信息 C;而物质能量交换具有零和性,表现为 A 将物品 C 交给 B,B 之所得即为 A 之所失。[2]

信息分享后,可能引起信息价值增加也可能引起信息价值降低,一家工厂内的一项物料需求信息在生产线上下游间的分享会增加信息的价值,而一项保密技术被竞争对手获得后,则会大幅贬值。

2. 等级性

不同的人所要求的信息是不同的,这就造成了信息的等级性。以我们主要讨论的管理信息来说,管理信息的等级是与管理的等级相对应的,高层(比如总经理)、中层(比如部门经理)、底层(一般员工)这三个不同的层次,需要并使用的信息特点各不相同。总的来说,高层和底层的信息表现差异较大,而中层的信息通常介于上述两者之间。以下从信息的来源、涉及范围、概括程度、时间寿命、发生频度、精度要求、结构化程度七个角度分别加以说明。[2,6]

(1) 从信息的来源看,高层的信息来自企业内部和外部,内部的如企业重要人事、计划完成情况、主产品情况等;外部的如企业的形象、股价、市场机会、竞争对手的动向等。底层信息大多来自内部,比如工厂内的物料调度信息、员工考勤情况等;也有一部分来自直接联系的外部,比如客户订单、供应商送货等。中层的信息来源也是有内有外,既包括了工厂选址、生产计划执行进度等,也包括了供应商和分销商的情况等。

(2) 从信息的涉及范围看,高层涉及的信息范围较宽,基本包括整个企业;中层大多需要整个部门的信息;底层的信息则是规定明确、范围较窄的。

(3) 从信息的概括程度看,底层的信息一般是具体而详细的,如某日某工序中某物料的消耗量;而每年所有原材料的消耗量属于中层信息;与这两个层次相比,高层的信息则是高度概括和抽象的,比如生产能力能否满足产量的需要。

(4) 从信息的时间寿命看,高层信息的寿命较长,如企业的年度发展规划要贯穿规划期的始终,而底层信息寿命很短,如生产中产生的大量中间信息一般在生产完成后就不再有用了。

(5) 从信息的发生频率看,底层信息是经常发生并使用的日常信息;高层信息频率相对较低;中层则介于二者之间。

(6) 信息的精度也是能够区分不同层次信息的标准。底层信息要求精度很高,比如在一个实行 JIT(Just in Time,准时制)生产方式的工厂中,上一道工序的产量必须严格地统计并传送到下一道工序中;中层信息精度较低;高层对精度要求相对最低。

(7) 信息的结构化使本来无序的信息在内容、主题等要素的基础上,按使用者的一般习惯和分析流程建立对应的关联,使使用者在一个自然顺畅的过程中获得信息,减少无关操作对分析决策的干扰。底层的信息通常结构化程度较高,易于理解和使用,如某产品的质量检验标准;中层信息则需要使用者按照一定的经验、知识使用;高层信息的结构化程度最低,如何从纷繁复杂的信息中发现商机、做出正确决断正是企业高级主管的职责。

1.1.4 信息技术

从功能的角度说,解决信息获取、识别、提取、转换、存储、传输、处理、分析和利用中的问题的一切技术都是信息技术。从文明产生开始,人类就已经用“结绳记事”这种简陋的技术方式利用信息了,以后的指南针、烽火台、印刷术,以及18世纪的光学望远镜,19世纪的电报、电话等信息技术也都曾经有力地推动了社会的进步。现代信息技术是指20世纪六七十年代以来,随着微电子技术、计算机技术、现代通信技术的发展而形成的一个全新的、用以开发利用信息资源的高技术群,包括微电子技术、新型元器件技术、现代通信技术、计算机技术、各类软件及系统集成技术、网络技术、存储技术、传感技术、机器人技术、大数据与人工智能技术等。其中,计算机技术是最核心的内容,也是管理应用的基础。正是从管理应用的角度看,信息技术是一类基于计算机的工具,以便人们用来和信息打交道,支持组织对信息和信息处理的需求。

在某种程度上讲,信息技术实际是起到“浓缩时间与空间”的作用。今天的网络技术可以让身处两国的人在可视电话上几乎没有延时地沟通,这在利用烽火台传递敌情的时代是绝对不能想象的。今天,家用数据存储设备和数字流量的单位已经从十余年前M(Mega)字节变为了G(Giga)和T(Tera)字节(1 TB = 1 024 GB = 2^{20} MB)。比如,一部厚达4 500页的《资治通鉴》在计算机中存储时仅需要大约30MB空间。IPv6等新一代网络技术的应用使得互联网覆盖的主机量越来越大,新一代数据通信技术的发展使信息从一端到另一端花费的时间越来越短,移动数据通信技术的广泛推广进一步拉近了人们之间的距离。

审视信息技术的时代沿革,计算机/计算(Computing)对社会及其经济活动产生革命性影响的几个标志为:大型主机(Mainframe)、个人计算机(PC)、互联网(Internet)、社会网络与Web2.0、物联网/云计算/大数据(Internet of Things/Cloud Computing/Big Data)。图1-3描述了相应的演化轨迹。

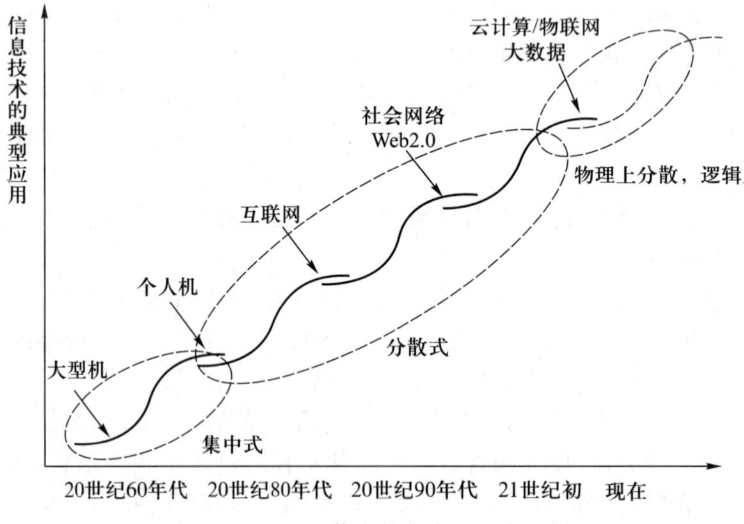

图1-3 信息技术应用时代沿革

在20世纪六七十年代,信息技术应用的主要代表形式是大型主机。在大型主机时代,所有的商用计算需求,不论大小繁简,只能通过存放在庞大机房内的计算机来实现。显然,计算范式(Paradigm of Computing)是集中式的。对计算机的使用根本谈不上普及,只限于少数领域、业务、地区、人群。到了80年代,这种状况很快被个人计算机的出现和普及所打破。

在个人计算机时代,很多计算可以在小型台式个人计算机上进行;同时,个人计算机的拥有量急剧增加,质量和功能也在快速提升,而成本则大幅下降。此时的计算范式已经进入了分散式。90 年代是互联网时代,也是 Web 的初级阶段(即 Web 1.0)。大量门户网站的出现使得企业和个人可以更快捷地获取资讯,更显著地体验互联网带来的跨越时空的感受。此时,个人计算机和服务器作为网络和人际联系的主要节点,成为互联网经济的触角,进而推动了全球范围的第一波电子商务浪潮。互联网时代的计算范式主要体现出基于 IP(IP-based)的分散式特点,IP 地址成为赛博空间(Cyberspace)的一种身份标志。在 21 世纪初期,社会网络与 Web 2.0 时代的到来,引出了社会化、互动型的分散式计算范式。移动互联和智能终端的快速普及使得计算触角抵达社会个体和最终用户,Web 2.0 技术(博客、Wiki、SNS 等)大大增强了跨越时空的双向参与感。企业信息化和商业计算也开始涉及社会化商务和移动商务。

当前,人们正在经历物联网/云计算/大数据时代。物联网/云计算/大数据代表了一类新型计算范式,主要可以概括为外部性和集中式:

(1) 外部性。物联网、云计算和大数据分别强调与物体、虚拟资源和组织外部数据互联,使得信息技术应用和信息化的传统视野(即主要聚焦人际、现实资源、组织内部数据)疆界得到了显著扩展。这种外部性使得人—物信息交换、虚拟资源配置、组织内外部数据融合成为新的应用趋势。

(2) 集中式。无处不在的探测感应装置、计算机网络、移动终端、云服务、社会化媒体、数字化生活使得数字世界和计算能力处于物理上高度分散和分布式状态。同时,物联网、云计算和大数据应用又强调信息整合、数据中心平台以及全局视图。所以,与传统集中式不同,此时呈现出物理上分散、逻辑上集中的新特点。

值得一提的是,在此时代背景下,智能手机和平板电脑作为一类功能强大的移动终端,通过丰富多样的客户端应用(如 App 等),支持人们的各种需要(如开展业务、网上购物、信息搜索、聊天交友、休闲娱乐等)。这进一步极大地扩展了企业和个人的计算触角,深化了社会化商务和移动商务,丰富了面向信息管理的组织运作和面向信息消费的社会生活。

如图 1-3 所示,当不同时代的信息技术(IT)应用出现并渗透到社会经济生活的方方面面时,组织和个人面临的是接触、采纳以及适应融合的过程,通常可以描述为 IT 组织学习过程和 IT 个人学习过程,如图中典型的 S 形学习曲线所示。S 形学习曲线表示,当接触新事物的时候,学习起步会比较缓慢;接着是快速接受和吸收的过程;然后随着学习深度和全面掌握的难度提高,学习的速度则会逐渐平缓。特别需要注意的是不同时代的学习曲线之间的不连续性。这意味着,随着新时代到来,人们不是在沿着原来的轨道学习,而是开始一轮新的学习过程。

1.2　信息系统

简单说来,人们为了支持组织决策的制定、协调和控制,利用信息技术构建的,对信息进行收集、整理、存储、加工、分配、查找、传输的系统就是信息系统。从信息系统领域的理论和应用看,通常可以分为两个专业视角:技术视角和管理行为视角。技术视角主要关注信息系统“造”的方面，比如系统的构建和信息的处理，其方法论要素包括系统建模、形式化描述、系统分析与设计、算法实现、软件工程等。管理行为视角主要关注信息系统“用”的方面，比如系统的使用、信息的管理和对组织的影响，其方法论要素包括行为实证（理论假设、社会行为因素、路径验证与统计分析等）、案例解释和经济学分析。

和纯技术视角的信息系统专业不同，管理相关专业对于信息系统的认识是技术与管理并重，这与对待产品（包括信息产品）一样，既关注信息系统在“造”与“用”上的分野，又关注两者的融合属性。这就是当今管理信息系统（Management Information System，MIS）概念的主要内涵。从这个意义上讲，管理信息系统是面向信息技术工具的规划、开发、管理和使用，以支持人们开展信息处理和管理任务的系统。由此可见，管理信息系统是一个人—机交互的、动态的系统。

本书将围绕着管理信息系统的相关概念展开。为简化起见，我们在本章及后面章节中均使用信息系统的叫法（在需要另行区分的地方将特别说明）。此外，在下面的讨论中将习惯性地使用“企业”作为“组织”的广义用法。当然，在必要的时候，我们将说明企业与其他组织形式在相关问题上的差别。

1.2.1 信息系统与管理问题

在业务运作和管理决策中，管理者通常会关注三类问题：一类是“发生了什么”的问题，比如查询当前订单情况、浏览销售汇总和各期绩效报表等；一类是“为什么会发生”的问题，比如，没有完成绩效指标的原因、不同环节的衔接情况等；一类是“将发生什么”的问题，比如，新业务组合的绩效、新产品线可能的品牌效应、企业战略的竞争态势、企业舆情和商誉的走向等。图 1-4 刻画了这些管理问题以及对应的信息系统的形态。其中，面向解决“发生了什么”管理问题的信息系统形态称作在线事务处理系统，即 OLTP（Online Transactional Processing）系统。该系统的主要技术功能是业务自动化，以及相应的报表生成和自动查询。面向解决“为什么会发生”管理问题的信息系统形态称作在线分析处理系统，即 OLAP（Online Analytical Processing）系统。该系统的主要技术功能是信息视图、多维、切分和回溯分析等。

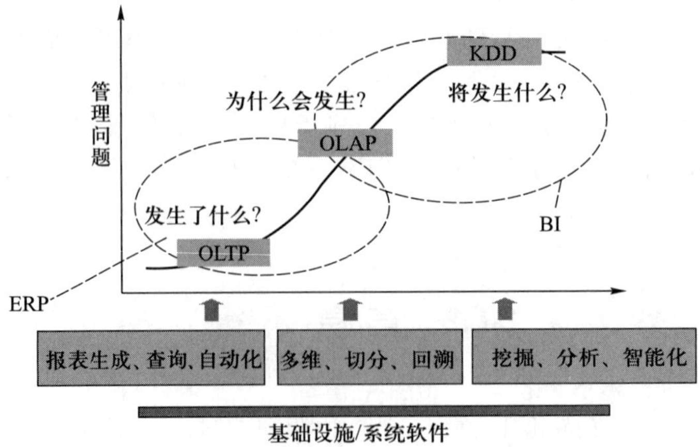

图 1-4 信息系统与管理问题

面向“将发生什么”管理问题的信息系统形态称作知识发现系统，即 KDD（Knowledge Discovery in Data）系统，其主要技术功能是数据挖掘（Data Mining）、商务分析（Business Analytics）、其他业务智能化技术等。这些信息系统的运行支撑环境包括各种相关的软硬件基础设施，如网络、数据库和操作系统等。

以商用产品为例。企业资源计划（Enterprise Resources Planning，ERP）系统是一类企业内部各种资源整合的信息系统，也是当前企业信息化的主流信息系统类型之一，其主要形态为 OLTP（虽然近年来不少 ERP 产品开始加入一些与 OLAP/KDD 的接口或有限功能模块）。此外，商务智能（Business Intelligence，BI）系统是一类针对信息分析和知识发现的信息系统，其主要形态为 OLAP/KDD。BI 系统通过进行企业内外部数据挖掘和分析，重点支持企业中高层的管理决策。同时，在电子商务和网络应用环境下，BI 系统及其相关技术广泛应用于推荐系统、消费者行为分析、信息搜索和查询、模式辨识和预测、事件关联分析等领域。特别值得指出的是，商务智能已经成为信息系统领域的重要内容，商务智能的方法和技术、商务智能的使用和实施已经分别成为现代信息系统技术视角和管理行为视角的重要关注点。

此外，图 1-4 中的 S 形曲线显示了企业信息化（IT 组织学习）由浅入深的过程，表明 OLTP、OLAP 和 KDD 的建设实施是信息系统与业务融合的深化过程。应该注意的是，这里的 OLTP 系统可以是一种业务、一个部门、一组人群，也可以是一个流程或整个企业环节。所以，OLAP/KDD 的应用可以根据管理需要和业务范围在相应的 OLTP 有关数据上开展，而不是一定要等到建设完成诸如 ERP 那样的整个企业系统后再开展。

1.2.2 信息系统的类型

信息系统可分为企业内部职能系统和供应链管理系统两种类型。

1. 企业内部职能系统

一般企业大体都包括销售与营销（市场）系统、制造与生产（或服务）系统、会计与财务系统和人力资源系统等业务职能系统。

（1）销售与营销系统。销售与营销的主要内容包括广告、促销、产品管理、定价、销售预测、销售自动化以及销售业务管理等。销售与营销信息系统包括战略层、策略层、控制层和业务处理层。

销售预测包括短期预测和长期预测。信息系统支持下的预测均使用某些模型。短期预测一般使用移动平均数、指数平滑模型，中长期预测则要使用回归模型或系统动力学模型等。在广告和促销方面，信息系统有助于选择好的媒体和促销方法、分配财务资源、评价和控制各种广告和促销手段的结果。在产品管理方面，信息系统能够支持产品在引入、成长、成熟和衰退等不同阶段的转移及其决策。在定价方面，信息系统可以协助决策者确定定价策略。在销售渠道管理方面，信息系统可以对产品系列管理、产品分析、顾客类型分析、销售员业绩管理、销售区域管理等方面提供支持。例如，销售点系统（POS）是最基层的信息收集和处理单元。在市场情报和市场研究方面，信息系统可以对数据收集、数据评价、数据分析、情报存储、情报分发等环节提供支持。

（2）制造与生产系统。制造与生产系统既包括提供技术以实现产品生产的系统，也包括对生产进行管理的系统。技术系统包括计算机辅助设计（CAD）系统、计算机辅助制造

(CAM)系统等。管理系统则包括物料管理、生产计划管理、库存管理、成本计划与控制等子系统。以制造和生产系统为中心,经过不断地演变、扩展和集成,发展出了 MRP、MRPⅡ、先进智能制造等现代应用系统。

(3) 会计与财务系统。会计与财务系统的目的是加工和利用会计及财务信息,对经济活动进行控制,以满足经营管理的需要。其中处理规程既包括会计核算方法的规则,也包括各种会计管理制度。会计部分的核心是账务处理功能,其中一般包括日记账处理、报表处理、工资管理、固定资产管理、采购与应付账款管理、销售与应收账款管理、存货管理等。财务部分的总体目标是实现资金的优化利用,它从会计系统、内部审计子系统和财务情报子系统获得数据输入,由财务预测子系统、资金管理子系统和财务控制子系统执行处理和输出。财务系统往往使用电子报表,并具有一定的决策支持特性。

(4) 人力资源系统。人力资源系统所涉及的工作包括人事档案维护、人员业绩考核、薪酬体系管理、招聘、晋升、岗位设置、员工培训以及健康、保安和保密等内容,实际上贯穿着人员雇用的整个周期。人力资源系统的结构也像其他系统一样,有输入系统和输出系统。输入系统包括记账子系统、人力资源研究子系统和人力资源情报子系统。输出系统包括人力资源计划子系统、招聘子系统、人力资源管理子系统、薪酬子系统和环境报告子系统等。

2. 供应链管理系统

概括说来,供应链管理的发展沿着一条关注点扩展的轨迹演化。首先,企业生存竞争往往围绕着原材料和生产性资源展开,比如显示屏、计算机主板、手机芯片等。这样,管理库存、规划物料和生产步骤就显得至为关键。于是,物料需求计划(Material Requirement Planning,MRP)的理念和方法应运而生,相应的信息系统就是 MRP 系统。接着,供应链管理的关注点扩展到整个制造环节,强调整个制造资源和流程的整合。这就引出了制造资源计划(Manufacturing Resources Planning)概念和相应的信息系统 MRP Ⅱ。进而,供应链管理开始关注企业价值增值的整体作用,包括物料、制造环节以及其他相关环节(包括财务、人事、研发、法律等),发展出了企业资源计划(ERP)的概念,强调各资源的集成和优化。其对应的信息系统就是 ERP 系统。进一步,供应链管理的视角从企业内部(内部供应链)扩展到了企业外部(外部供应链),主要包括客户关系管理(Customer Relationship Management,CRM)、跨企业价值增值(如企业扩展资源规划(Extended Resources Planning,XRP))、电子商务等。

(1) 内部供应链管理视角。MRP 的最初形式是一种库存与计划控制方法,即计算机辅助编制的物料需求计划。其基本思想是把物料需求分成独立需求和相关需求两种类型,并按时间和优先级先后,分时段确定各个物料的需求量,以解决包括订货点法在内的传统库存管理方法的缺点。MRP 从最终产品的生产计划(MPS)反推出相关物料的需求量和需求时间,并根据物料的需求时间和生产与订货周期,确定其开始加工或订货的时间。与传统的订货点法相比,MRP 的优点在于订货点控制由一维(数量)发展为二维(数量、时间),因而系统性更强、准确性更高,使库存管理水平有了很大的提高。不仅如此,MRP 系统的输出信息能够成为诸如能力需求计划、车间作业管理、采购作业管理等其他生产管理子系统的有效输入信息,从而推进了整个制造系统的管理。

MRP 系统在 20 世纪 70 年代发展为闭环 MRP 系统。闭环 MRP 系统除物料需求计划外,还将生产能力需求计划(Capacity Requirement Planning,CRP)、车间作业计划和采购作业计划也全部纳入 MRP,形成一个闭合的系统。与主要作为物料计划制定系统的基本 MRP 相比,闭环 MRP 成为一个完整的生产计划与控制系统。

闭环 MRP 的进一步发展,是把物流与资金流结合起来,形成了生产、销售、财务、采购工程等紧密结合的完整的生产经营信息系统。这种系统实际上涵盖了进行生产制造活动的各种资源,因此被称为制造资源计划,即 MRP Ⅱ。

MRP Ⅱ与闭环 MRP 的本质区别体现在前者包括了财务管理和模拟能力,财务子系统与生产作业管理子系统的结合,使 MRP Ⅱ在成本控制上更加广泛、有效。

ERP 是 MRP Ⅱ的进一步发展。从管理范围上,MRP Ⅱ是面向企业的生产/制造部分,而 ERP 的管理范围则包括了整个企业的各个方面,包括财务、制造与人力三大职能区域。从应用行业上,ERP 打破了 MRP Ⅱ局限在传统制造业的格局,可应用于诸多行业,如金融业、高科技产业、通信业、零售业等。

ERP 具备的功能标准应包括四个方面。在软件功能范围上,ERP 包括质量管理、实验室管理、流程作业管理、配方管理、产品数据管理、维护管理、管制报告和仓库管理等;在软件的应用环境上,ERP 支持混合方式的制造环境;在软件功能增强上,ERP 支持能动的监控能力;在软件支持技术上,ERP 支持开放的客户机/服务器计算环境。

最著名的 ERP 产品是 SAP 公司的 ERP 系统,其主要的模块包括销售和分销(Sales & Distribution,SD)、物料管理(Materials Management,MM)、生产计划(Production Planning,PP)、质量管理(Quality Management,QM)、工厂维修(Plant Maintenance,PM)、人力资源(Human Resources,HR)、项目系统(Project System,PS)、控制(Controlling,CO)、财务会计(Finance,FI)等。国外主要的 ERP 产品厂商还包括 Oracle 等。国内的一些软件厂商,如用友、金碟、神州数码等,也都推出了自己的 ERP 产品。

(2) 外部供应链管理视角。客户关系管理(CRM)指的是利用现代技术手段,使客户、竞争、品牌等要素协调运作并实现整体优化的自动化管理系统,其目标定位在提升企业的市场竞争能力、建立长期优质的客户关系、不断挖掘新的销售机会、帮助企业规避经营风险、获得稳定利润。[7]一个完整、有效的客户关系管理应用系统通常包括业务操作管理子系统、客户合作管理子系统、数据分析管理子系统和信息技术管理子系统。

扩展资源规划(XRP)围绕企业间的价值整合和系统集成,其功能通常支持动态建模、虚拟配置与优化、第三方库存/生产、协同生产/服务组织(如众包(Crowdsourcing))等。目前,XRP 系统的建设通常是根据问题和任务需求进行定制设计和开发。

电子商务指的是利用电子化手段从事的商业活动,它基于电子处理和信息技术,如文本、声音和图像等数据的传输。一般认为,电子商务包括生产、流通、分配、交换和消费等环节中所有活动的电子信息化处理。电子商务同时支持企业内部和外部的商务活动。企业外部电子商务是指运用信息技术支持企业与市场之间的相互作用;企业内部电子商务则是指运用信息技术来支持企业内部的过程、职能和运作。近年来,电子商务的蓬勃发展使其已经成为日常生活的重要组成部分。网络购物和电子交易(如淘宝网、亚马逊、1 号店、京东商城等平台)已经极大地影响了人们的消费习惯和传统业态模式,并在国民经济中占据越来越重要的位置。电子商务平台和相应服务(浏览、推荐、交易、支付、评价、品牌、营销等)是企业信息系统的一个新的发展阶段,具有显著的组织间、跨平台连接和集成的特点。

1.3 信息社会

信息技术的飞速发展和深入应用不断推动社会的进步。当前我们正处在信息社会,一个标志性特征就是信息技术融合(或称 IT 融合)。也就是说,当前所处的信息社会与以往的工业社会、农业社会相比,处于一个前所未有的技术大融合的阶段。这体现在两个方面:技术透明性和技术渗透性。技术透明性是指,由于技术水平的提高和广泛的业务应用,在越来越多的产品和服务中,顾客甚至都感觉不到(也无须过多了解)内在的技术细节。例如,手机用户并不需要了解无线通信基站的工作方式和信号发送指标;Internet 用户也无须了解网络通信的 7 层协议结构。最终用户只需了解技术所呈现出的效用即可,因此技术对于用户来说具有透明性。这种技术透明性在信息社会中尤为明显。技术渗透性是指技术对人类社会和生活的方方面面的影响深度。在工业社会早期(18 世纪),虽然在工厂中大量的蒸汽机及其他机器设备得到了许多应用,但在一般人的生活中,仍然很大程度地保持着传统的生活方式,如交通还是靠人力或畜力。到了 19 世纪,蒸汽机车、火车等交通工具才得以发明,但是也并不是所有的普通民众都可以轻易享用的。这个技术渗透的过程花了约 100 年。而在信息社会,新技术从发明到获得普通民众使用的速度大大加快,而且对民众生活方方面面的影响也更加深入。例如,从第一封 E-mail 发出到 E-mail 技术在全球范围内得到普及并成为人们日常生活中最常用的信息技术之一,仅花了约 20 年时间。另一个例子是录音机技术与互联网技术的比较。录音机从出现到获得 5 000 万受众用了 38 年时间,而互联网获得同样规模的受众仅用了 4 年。[8]

近年来,全球数据量正呈现出前所未有的爆发式增长态势。[9] 国际数据公司(IDC)的数字宇宙研究报告称:2013 年全球的数据总量超过 4.4 万亿 GB,且增长趋势遵循新摩尔定律(全球数据量每两年翻一番),预计 2020 年将达到 44 万亿 GB。与此同时,数据复杂性也急剧增长,其多样性(多源、异构、富媒体等)、低价值密度(大量不相关信息、知识“提纯”难度高)、实时性(流数据,需实时生成、存储和分析)等复杂性特征日益显著。大数据(即以超规模、多样性、低价值密度、即时性为显著特征的数据)成为重要话题,并在业界和学界引起广泛关注。[10-14]

信息技术进步和广泛应用驱动的技术融合的不断深化,对人们的社会生活和经济活动产生着日益深远的影响。一方面,企业中许多传统的业务决策问题逐渐变成了基于信息分析的决策问题。例如,通过产品浏览日志和评论内容分析以获得网络购物用户的行为偏好;通过社会传播和关系强度分析以辨识舆论领袖和群体联系;通过特征提取和相似关系构建目标人群和业务策略;等等。另一方面,信息产品(如软件、IT 服务等)及其应用(如虚拟体验、个性推荐、社会网络、网络搜索等)随着技术创新呈现出越来越丰富的形态和特征,催生出新模式(如线上线下互动的 O2O(Online to Offline 或 Offline to Online)运作模式)、新业态(如众包生产和创新组织)、新人群(如生活在赛博空间中的人群及其行为和需求)等。在这两方面,信息系统相关理论和方法(如商务智能方法和技术)均扮演着重要角色。

信息系统除了可以帮助企业和广大用户提升管理决策水平和服务体验品质之外,还在政府组织中扮演着日趋重要的角色。传统的政府机构管理中存在着数据孤岛、信息整合能力有限等问题,政府机关由于各种原因无法及时掌握下级机关的财务、绩效等情况,给政府机关实现科学化、精细化的管理和决策造成了障碍。信息系统将来自业务支撑系统的财务、医疗、人事等结构化数据与协同办公、档案管理等行政办公系统中的报表、公文、档案等非结构化数据信息组织起来;同时结合社会舆情和民生热点信息分析,形成整个政府业务和公共管理的全局视图。在此基础上加以科学的分析将其转化为辅助管理者决策的知识,以及时解决政策执行中存在的各种问题。同时,信息系统提供可信和及时的分析结果,可以帮助政府部门加快决策进程,缩短办事周期,提高整个机构的透明度,促使政府部门改进公共服务的水平,对于转型中的公共服务机构具有积极的意义。

1.4 信息系统发展的时代特征

信息系统一直伴随着信息技术应用的沿革轨迹(见图 1-3)发展,并主要以面向管理问题的应用软件(应用系统)形式来表现。与传统概念、视角、技术、使用相比,现代(管理)信息系统已经有了很大不同,具有了若干新的时代特征。

1. 在管理层级方面的特征

在管理层级方面,传统的管理信息系统概念一直面向中层管理,介于面向低层管理和操作的事务处理系统(Transactional Processing System,TPS)与面向高层管理的决策支持系统(Decision Support System,DSS)/高层支持系统(Executive Support System,ESS)之间。换句话说,在此概念下,各个系统根据不同的管理层级,具有各自的业务范围和系统边界。然而,随着管理信息系统领域的演化,现代管理信息系统对应的管理问题已经涵盖了高、中、低各个层级。管理信息系统已经在业界和学界被广义地看作一般意义上的企业应用系统。在这样的新概念下,TPS、DSS、ESS 等均是特定类型的信息系统,面向不同的管理问题和任务。前面介绍过的 ERP 系统、BI 系统、电子商务系统等也都是信息系统的例子。

2. 在问题结构化方面的特征

在问题结构化方面,传统管理信息系统与决策支持系统、专家系统(Expert System,ES)和人工智能(Artificial Intelligence,AI)系统等不同。通常,根据问题的形式化描述程度、规模大小、计算复杂性高低,可以将问题分为结构化问题和非结构化问题。相对说来,形式化程度越低、规模越大、复杂性越高,则结构化程度越低;反之,结构化程度越高。基于此,传统的管理信息系统被认为主要解决结构化问题和少数半结构化问题;决策支持系统主要解决半结构化问题;专家系统/人工智能系统主要解决非结构化问题。而现代信息系统的概念已经涵盖了各种管理问题,其中既包括结构化问题也包括半/非结构化问题(如商务智能系统所面对的许多问题就不是结构化问题)。

3. 在主流技术方面的特征

在主流技术方面,传统管理信息系统主要包括系统分析与设计和系统开发。当前,以信息分析为主要目的的商务智能方法及其相关技术成为现代信息系统的重要内容。这种内容上的丰富性使得信息系统在专业知识方面具有了更深刻的内涵,体现了两个关键词:“系统”和“分析”。从系统角度,系统分析与设计(System Analysis and Design)、系统开发(System Development)等内容展现了作为一个系统的构建要素,包括生命周期、系统—子系统结构以及各阶段衔接和方法论等。从分析的角度，商务智能/数据挖掘（Data Mining，DM）等内容展现了基于信息进行管理决策的方法和手段，包括数据获取、知识发现、管理决策支持等。需要指出的是，这里"分析"对应的是国际上流行的"Analytics"一词，体现了"深度"分析的含义。业界和学界也经常把现阶段的商务智能称作"Business Analytics，BA"，我们叫作商务分析或深度业务分析。

4. 在智能化发展方面的特征

在智能化发展方面，传统信息系统从聚焦于处理简单型、重复性、程式化的业务活动开始，逐步向具有更多分析、推理、学习、预测等能力的现代信息系统演化。例如，聚类分类、关联模式、话题特征、信息搜索、网络分析等方法以及相关的推荐服务、行为识别、业务创新、竞争策略等应用已经成为当前信息系统的重要内容。特别是在大数据时代，数字化生活产生的高粒度、大规模数据以及高效、泛在的计算平台，开拓了人工智能应用的广袤空间。例如，大量基于机器学习算法的应用在图像和语音处理方面取得了显著进展，进而大大提升了相应领域信息系统的智能化水平（如财务机器人、金融自动交易、客服机器人、业务状态预警、个性化推荐、智能人才管理、商业舆情分析等）。伴随着信息技术的快速进步，信息系统将在深度和广度上不断向智能化发展演化。[203]

5. 在社会化拓展方面的特征

在社会化拓展方面，传统信息系统正在从主要关注组织内部，逐步向既关注组织内部也关注组织外部的现代信息系统演化。首先，随着组织边界的拓展，组织（如企业）信息系统更强调内外部数据融合，通过引入社会化外部视角（如用户、行业、大众、环境等）和客户端应用升级进一步扩展信息系统触角，提升组织价值和管理决策水平。其次，随着社会化媒体的普及，社会化信息系统应运而生并迅猛发展，其核心系统功能不是传统组织内部工作支持，而是在线社会交互、消费服务和开放式协同合作。信息系统的社会化拓展使得组织与组织之间、组织与外部用户之间、用户与用户之间的距离被迅速拉近，进而形成社会化价值共创。

6. 在领域交叉方面的特征

在领域交叉方面，（管理）信息系统一直被看作一个交叉领域，主要涉及管理学科和信息学科（见图1-5）。作为一个交叉领域，信息系统与管理学科和信息学科之间的关系存在下列特点：

（1）技术与管理行为并重。如前所述，现代信息系统的主流视角是技术与管理行为并重，关注"造"和"用"的分野与融合。

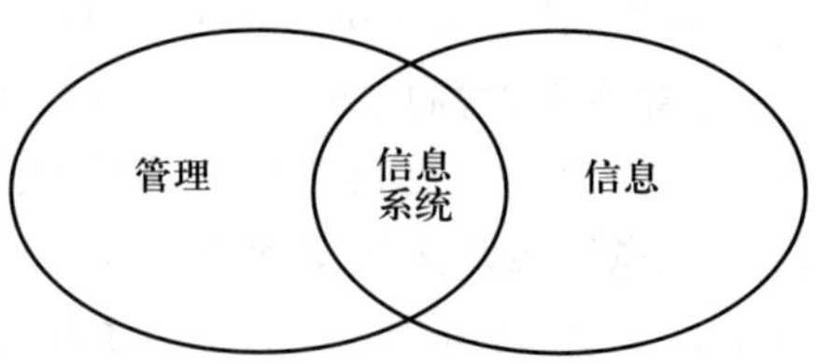

图1-5 信息系统是交叉学科领域

（2）管理问题导向。在技术（造）视角上，信息系统领域与计算机科学/软件工程等领域的一点不同在于：相对来说，信息系统是根据面临的具体管理问题寻找、设计、开发相应的方法和技术，而重点不是方法和技术本身的性质。所以，信息系统相关专业的知识结构中一方面强调拥有相对充分的管理内容（如营销、财务、金融、战略、人力资源、生产运作、IT管理等），以利于按照管理思路和规律求解问题；另一方面强调拥有相对丰富的方法技术内容（如计算机科学、运筹学、统计学、决策科学相关的知识，并根据学科和专业特色选择知识深浅和繁简），以利于探索和发现问题求解路径。

（3）复合型优势。和其他交叉学科一样，信息系统的衍生和成长也是出于管理学科与信息学科交叉的复合型优势的需要，并且在国内外几十年的实践中得到了长足发展。作为管理学科和信息学科的共同子集，信息系统吸收了两者的部分知识，而不是全部。所以，信息系统领域和专业的目的不是去替代或重复管理学科和信息学科，而是针对两者的相关部分，并构建特有的理论方法知识体系和专业框架。这种相关部分要求懂得按照管理思路和规律设计方法技术（即“造”），同时懂得采用合适的方法技术解决管理问题（即“用”）。在当前大数据等新型计算范式的背景下，基于信息分析的企业转型升级和面向信息消费的服务创新，为信息系统发挥复合型优势提供了更加广阔的空间。

• 思考题 •

1. 什么是信息？信息具有哪些性质和维度？

2. 什么是信息技术？信息技术应用的时代沿革都经历了哪些时代？S 形学习曲线间的不连续性有什么含义？

3. 什么是信息系统？试分别举例说明信息系统的三种形态。结合信息技术应用时代沿革，试举例说明各时代中信息系统的应用。

4. 试简述信息社会的标志性特征，并举例说明什么是技术透明性和技术渗透性。

5. 利用互联网进行搜索，寻找物联网、云计算和大数据的含义，并各给出一个信息系统应用的例子。

• 即测即评 •

请扫描二维码，测试本章学习效果。

第2章　信息系统与组织

万物生长依赖于环境，同时也改变着环境。正如树木根植于土壤并通过光合作用释放氧气一样，它们都以其各自特有的方式改变着环境。同时气候的变迁、土壤的贫沃也深刻影响着物种的生存与繁衍，物竞天择，循环往复，才促进了整个生态链的更迭与演进。与之相似，组织和信息系统要相互匹配才能更好地创造价值。信息系统的引入可能改变组织传统的工作流程、管理结构乃至商务模式；反过来，组织重组、人员调整、业务转型、关系协调和机制变化等无疑都会对信息系统的结构和功能产生影响，进而促进技术创新。本章将重点介绍信息系统与组织的双向互动关系，以及“大数据”背景下组织内外部的数据融合趋势。

信息系统与组织之间的关系是互动的。一方面，信息技术的应用带来了组织结构和行为上的变化。它使得组织结构趋于扁平，促使领导职能和管理职能发生转变，并改变了员工完成日常工作的基本手段，形成了更高程度的流程化和制度化。同时，信息技术带来的劳动生产率提高也会导致组织中人力资源结构的变化和调整。另一方面，组织及其管理模式也影响着信息技术和信息系统。组织重组、人员调整、业务转型、关系协调和机制变化等无疑将对系统结构和系统功能诸方面产生影响。这就要求信息技术和信息系统在理论和应用上不断创新，同时也要求信息技术和相应的系统具有适应变化的能力。进一步而言，随着云计算、社会化媒体等新技术、新应用的兴起以及“大数据”时代的来临，组织内外部的数据融合成为信息系统发展的一个新趋势。

在本章中，我们首先从传统视角讨论信息系统与组织之间的关系，包括信息系统的应用对组织的结构、协调等各方面的影响，以及组织的各方面特征对信息系统应用的影响。进而，我们将对组织内外部的数据融合进行简要的探讨。

2.1　信息系统对组织的影响

信息系统对组织的影响是多方面的。[1]首先，信息系统和信息技术环境可能导致组织战略（包括组织的使命和目标定位）的变化；其次，信息系统应用可能带来组织结构上的变化；再次，信息技术可能会影响组织的工作方式和行为特点；最后，信息技术可能带来社会层面上的变化。

2.1.1 信息系统与组织战略

麦克法兰(F.Warren McFarlan)的信息技术战略组合规划方法[15](本书第9章将对该方法展开进一步阐述)指出,应用“战略型”信息系统的企业利用信息技术来赢得竞争优势,对于这种企业而言,信息技术是其自身核心竞争力的一部分。从这种意义上说,信息技术和信息系统为组织提供了新的战略选择,使其可以依托于信息技术建立竞争优势。这方面的典型企业包括大型零售企业沃尔玛(Wal-Mart)和著名的供应链管理企业香港利丰集团(Li&Fung)。对于这些企业而言,信息技术和信息系统的应用直接决定了其组织使命的界定和组织目标的定位。

对于其他类型的组织而言,即使没有将信息技术的掌握与运用能力作为自身的核心竞争力,在考虑其组织战略时也必须对信息技术加以考察。信息技术对于组织的运作已经成为一种环境要求,许多组织都需要通过信息技术实现对外的商务联系与信息交换。对于银行、贸易等领域而言,电子化已经成为行业性的基本要求,在组织战略中不能够忽视这种要求。

与此同时,信息技术的发展还催生出一批完全建立在新技术和“新经济”条件下的组织,如纯粹的电子商务企业和网络服务企业。这种类型组织的使命、目标直接与信息技术联系在一起,其生存和发展也完全依托于信息技术。在过去的20余年中,这种类型的组织得到了迅猛发展。虽然出现了一些波动,但也创造了20世纪90年代以来最为引人注目的经济现象,并诞生了一批以全新的战略定位和经营形态取得巨大成功的企业,例如电子商务企业(如亚马逊、阿里巴巴、京东)、网络社区平台(如脸书、腾讯、网易)、搜索引擎公司(如谷歌、百度)等。

根据迈克尔·波特(Michael Porter)的竞争力模型[16],一个组织同时面临着五个方面的外部挑战和竞争压力。具体而言,包括传统的行业内竞争者、新的市场进入者、替代产品和服务提供者、供应商和顾客(见图2-1)。

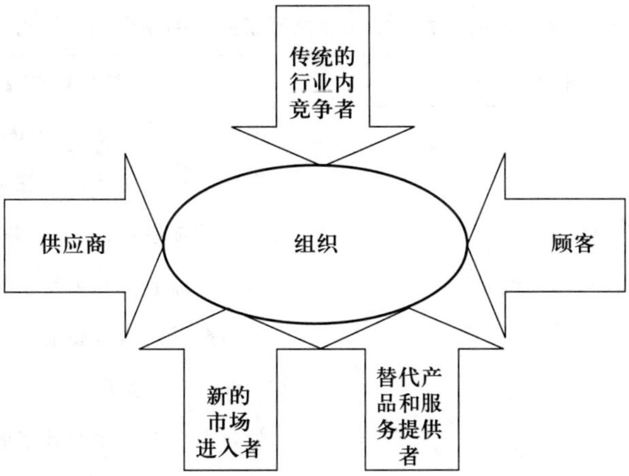

图2-1 波特的竞争力模型

面对这五种竞争压力,组织有四种基本的竞争战略来应对:低成本战略、产品差异化、集中性差异化及与顾客和供应商建立紧密联系。现实中，组织可以通过其中的一种或几种战略来获得竞争优势，而信息系统为这些竞争战略提供支持。

1. 低成本战略

低成本是指直接降低成本或者在同样成本的条件下提高生产的效率。一些战略信息系统可以帮助公司显著降低成本，允许其以低于竞争对手的价格提供产品和服务。低成本战略使企业能够以更低的价格销售商品，从而提高对顾客的吸引力。

对于在日常经营中存在大量沟通交流活动的公司来说，办公自动化系统和在线服务系统可以大幅削减在纸张、通信、会务等方面的行政支出，从而实现低成本战略。比如律师事务所、会计师事务所和咨询企业等。

在零售企业和制造业企业中，库存管理系统可以为企业提供实现低成本战略的机会。库存系统可以减少原材料的浪费并允许公司在更小的库存量下正常运转，从而降低了企业的生产成本。这方面一个著名的例子是沃尔玛。自20世纪90年代开始，该公司就使用了一种由销售点（Point-of-sale，如收银台）的购买行为触发库存补充的系统。该系统中，销售点的终端设备记录每一件通过结账台的商品的条形码，并将其发送至沃尔玛总部，总部收集所有来自沃尔玛分店的订单，并统一发送给供货商。这样一个系统支持各沃尔玛分店实现不间断地补货，从而避免了在库房中存留大量库存商品造成的费用。该系统还允许沃尔玛公司调整进货结构来满足顾客的需要。沃尔玛的竞争对手，如希尔斯公司（Sears）将总销售收入的近30%用来支付一般管理费用（包括工资、广告、储存和保养维修的费用），卡玛特（Kmart）将总收入的21%用于支付一般管理费用。而沃尔玛借助它的信息系统，只需将销售收入的15%用于一般管理费用，维持一个相对较低的运作成本。[17]

2. 产品差异化

产品差异化（Product Differentiation）是指通过创造与竞争对手明显区别的、独一无二的新产品和新服务，并且利用各种手段确保新产品和新服务不能被现有和潜在的竞争对手所直接仿制，从而建立顾客对本公司产品的忠诚。表2-1所示是一部分典型的依赖信息技术和信息系统实现的新产品与服务。

表2-1 依赖信息技术和信息系统实现的新产品与服务

新产品与服务	所依赖的信息技术
在线银行	保密的通信网络；Internet
现金管理账户	全社会范围的客户记账系统
衍生投资	交易管理系统；大型事务处理系统
国际范围的航空、旅馆、自动预约系统	基于全球通信的预约系统
邮件快递	全国范围内的包裹追踪系统
邮寄购物	共同客户数据库
语音信箱服务系统	公司内部网络化的数字通信系统
自动检票机	客户账户系统
服装定制	计算机辅助设计和制造系统

信息技术可以支持公司的产品差异化战略，在这方面的一个著名案例是美国花旗银行在 1977 年开发的自动柜员机（ATM）和银行借记卡系统。花旗银行凭借在这一领域的领先地位，曾经一度成为美国最大的银行。在我国也有这样的例子。作为一家新兴的股份制商业银行，招商银行始终将利用信息技术的能力作为企业的核心竞争力，在创建之初即开展了电话银行和网上银行的业务，之后其信用卡业务也取得了巨大成功，实现了快速发展。[18]

在制造业和零售业也有这方面的例子。例如计算机辅助设计和制造系统（CAD/CAM）给企业提供了按照不同客户的需求设计高质量产品的能力。戴尔计算机公司（Dell Computer）的直接订购模式也为客户提供了一种不同于其他公司的服务从而获取了差异化优势。

各种信息系统在服务和服务活动中的使用更是相当广泛，并且支持公司对客户提出的要求提供可靠的服务和快速的反应。航运公司通过国际范围的信息系统为客户提供票务预约服务，并且根据（信息系统中记录的）乘客乘坐本公司航班的累计里程数提供相应的奖励措施，比如折扣甚至免费机票。在运输业方面，服务于全球的配送系统以及运输工具管理系统显著地提升了运输企业的运营效率。[19]

3. 集中性差异化

集中性差异化是指企业将一种产品或者服务聚焦于一个能够占有优势的特定的目标市场，从而创造一个新的市场空间。在这个市场空间中，公司可以提供专门的产品或者服务，并且比竞争对手、新的市场进入者和替代产品与服务提供者更好地服务于这一狭窄的目标市场。

信息系统可以通过对现存数据资源的采掘和加工，给企业带来比竞争对手更强的市场洞察力和获利能力。信息系统可以帮助公司准确地分析顾客的口味、偏好、购买周期、支付手段等消费模式。借此，公司可以对较小的目标市场提供有针对性的产品并实行相应的市场销售策略。

数据挖掘（Data Mining）系统就是这样的一个信息系统。它能够从大量数据中发现规律，并用以指导企业在研发、生产、销售等方面的一系列决策。数据可以有多种来源，比如超市的客户每次购买货品的数据、B2B 网站的个人用户访问及采购情况记录、银行的用户每月信用卡消费及还款记录等，从企业外部得到的数据也可能成为数据挖掘的原料。利用数据挖掘软件得到有关顾客购买和产品销售情况的一系列规律之后，公司就可以相应采取顾客导向的生产计划和销售措施。识别出客户的个人偏好后就可以创造相应的“一对一”营销，通过提供那些可以进一步满足客户需求的商品获得超额利润；在识别出哪些顾客能够提供更高利润后，就可以采取有效的客户保持措施，而通常获得一个新客户的成本是保持一个现有客户成本的 5 倍；在发现哪些产品与服务经常被一起购买后，就可以提供相应的捆绑销售或者类似活动，这方面一个著名的例子是超市中啤酒与尿布销售记录的关联关系。在北美等地，基于数据挖掘的信息系统已经得到了广泛应用并且使很多企业受益，表 2-2 所示是一部分通过数据挖掘软件获益的范例。[17, 20]

表 2-2　基于数据挖掘的信息系统应用

企业	基于数据挖掘的信息系统应用
Canadian Imperial Bank of Commerce（加拿大皇家银行）	通过顾客获利性分析，银行可以识别那些最有利可图的顾客，从而可以向他们提供特殊的优惠和服务

续表

企业	基于数据挖掘的信息系统应用
Stein Roe Investors	分析由网站访问者得来的数据，得到现有和潜在顾客的特征。公司可以利用这些特征针对潜在顾客的兴趣开展业务、进行广告和促销活动，对现有顾客提供优惠以保持他们的忠诚度
American Express（美国快递）	对众多的信用卡消费数据进行分析，发现顾客对哪些产品和服务感兴趣，据此向顾客发送个性化的促销信息，并实行“一对一”的销售
U.S.West Communications（美国西部通信）	对账单业务和外部来源的数据进行分析，发现顾客的消费倾向和需要，比如家庭规模、家庭年龄结构、消费方式、所属地域等。这些发现帮助公司提升顾客服务并减少 45%的客户流失
Honda（本田）、Intel（英特尔）	通过对大量零部件运行状况进行检测和数据分析，发现产品的潜在缺陷并及时加以弥补
Boston Red Sox（波士顿红袜棒球队）	通过对以往比赛中各种详细记录数据的深入分析，为教练员的球员配置决策和战术制定提供支持

4. 与顾客和供应商建立紧密联系

通过建立与顾客和供应商的紧密联系，将顾客与公司的产品捆绑在一起，并把供应商纳入本公司的采购计划和价格结构中。这种战略的核心是提高下游顾客与上游供应商的转换成本（Switching Costs）以降低其议价能力。在这方面的一个例子是起源于日本的准时生产方式（Just In Time，JIT）以及由此发展出的零库存系统。

针对顾客的战略信息系统通常允许顾客降低甚至取消库存，而将所有的库存功能转移给配送商。零库存对于顾客有着强大的吸引力，从而带给配送商巨大的竞争优势。

美国的巴克斯特健康护理国际公司（Baxter Healthcare International，Inc.）开发的一种订货系统允许医院实现零库存。巴克斯特为医院提供一台与其总部相连接的计算机终端设备，当医院需要订货时，不必像以前一样给销售人员打电话或者传真订单，而只需要使用计算机终端从巴克斯特的供应目录中订货。由于巴克斯特订货系统的便利性和低成本，加入该系统的医院不愿意再转向其他供应商，并且有越来越多的医院加入这一系统中。巴克斯特在美国拥有近百家配送中心，通常在接到订单后的几个小时内就可以送货上门。同时，巴克斯特的工作人员并非把货品卸载在医院的库房，而是直接放在需要这些货品的地方，比如护理站、手术室、药房等。依靠这一订货系统，巴克斯特提供的产品约占全美所有医院使用总量的 2/3。[17]类似的实践在中国的药品供应链也已出现。[21]一些由药品分销商构建的企业间电子商务平台，将药品供应商与医药销售机构（如药店、医院的药房）等联系起来，从而实现药品的及时、快速补货，并且由销售商直接将药品运送到最终使用地点（如病房）。在这种平台的支撑下，一部分药品销售商甚至接管了医院的药品仓库，从而使医院摆脱了药品库存管理这一并不属于医院核心能力范围的负担，而将管理及人力资源更充分地用于医疗业务之中。同时，销售商由此实现了直接触及销售终端的数据采集能力，从而能够利用这些即时准确的数据来优化自己的采购、生产计划，使得其运营成本得到大幅度降低。[21, 22]

针对供应商的战略信息系统使供应商精确地满足公司的需要,甚至将供应商的生产计划纳入本公司的生产计划中,从而使公司的成本最小化。那些不愿意被纳入系统的供应商将难以获得订单。当公司在品牌形象、市场占有率等方面具有明显优势时通常就可以实施针对供应商的战略信息系统,这方面的一个典型范例是耐克公司(Nike)。耐克公司将所有运动鞋生产工作转包给专业制鞋厂,而仅保留设计、研发部门,通过与总部连接的信息系统,各鞋厂可以按照耐克发送的设计方案和生产计划制造运动鞋。当公司并未在市场上占据主导地位时,也可以通过针对供应商的战略信息系统与供应商结成战略同盟,通过改善信息流来减少不确定性,并且在保持生产过程高效的同时减少库存,降低开支。比如公司可以通过信息系统监控供应商的制成品存活、生产进度以及进度保证,以确保足够库存来满足意外需求。如果供应商的存货不足,这家公司便会提醒供应商作出调整。

2.1.2 信息系统与组织协调

对于组织而言,信息技术既是一种资源,也是一种环境条件,因而信息技术的应用和发展必然会对组织产生方方面面的影响。新技术的出现为组织提供了更多、更新的协调手段,同时,新技术在社会环境上所带来的变化也促使组织对自身做出相应的调整。

钱德勒(Alfred Dupont Chandler)曾经指出,19 世纪后半叶出现的集成式多元组织结构是源于通信技术(电报)和交通技术(火车)。[23] 早在 1958 年,李维特(Harold J. Leavitt)和威斯勒(Thomas L. Whisler)就预言,以信息技术为基础的控制系统的使用将会使整个中层管理组织在 20 世纪 80 年代之前消失。[24] 此后,马隆(Thomas W. Malone)等人又预言,使用以现代信息技术为基础的通信技术将促进“协调机制”从层级协调向市场协调转变。[25] 这些判断和预言在一定程度上经受了事实的考验,但也并不完全准确。然而,这些观点明确地指出了一个重要的问题,即在信息社会的发展进程中,组织的形式、结构、协调机制等方面都面临着深层次的变化。

简单地说来,新技术的引入和实施决定了新的组织形式产生的可能性,而新技术的实施方法受到包括组织结构因素在内的一系列其他因素的影响。此外,信息技术是不是正用一种不同于其他技术的特殊方式改变着组织结构呢? 一般说来,这些技术本身(信息和通信技术)就表明了它们主要是取代或辅助完成脑力劳动而不(仅仅)是体力劳动的。所以应用信息技术影响的主要是脑力活动。在商业领域,这些活动基本上是用来协调经济运行的计划、控制、谈判和监管等行为的。因此,信息技术的应用带来经济协调方式的许多根本性变化。另外,因为经济活动由管理(计划指令)或合同(市场)来协调,这两种机制的相对重要性亦会相应地发生变化。[3] 因而可以说,信息技术将从根本上影响组织结构、组织流程、组织行为、组织环境乃至整个社会。[3]

2.1.3 信息系统与组织结构

传统上,典型的组织结构包括简单结构、官僚层级结构、事业部结构和矩阵式结构。

简单结构(Simple Structure)也称作创业型结构(Entrepreneur Structure),在小型企业中比较常见。在这种结构下,单人(典型的是企业的创业者)独自或与少部分信任的伙伴共同制定公司的战略以及执行该战略的组织设计。简单结构的优势在于其简单易行、反应敏捷、费用低廉、责任明确。其主要弱点是主要适合于小型组织。随着组织规模的扩大,这种组织形式由于正规化程度低、高度集权而导致信息淤积于上层,组织决策就会日渐减缓甚至停滞。[26]随着规模和难度增加,成功的创业型组织结构通常会向官僚层级结构转变。[27]

官僚层级结构(Bureaucracy Structure)的核心特征是标准化。它对职务进行专门化,制定大量规章制度,以职能部门划分工作任务,实行集权式决策,控制跨度狭窄,通过命令链进行经营决策。自从1911年泰勒(Frederick Winslow Taylor)提出"科学管理"思想以来[28],官僚层级结构就成为近现代企业的主要组织结构形式。这种结构的主要优势在于它能够高效地进行标准化活动操作,其不足在于容易走向僵化,导致不同职能部门之间的冲突,同时在控制跨度较窄的情况下,管理层级过多,也容易导致信息传递缓慢。

事业部结构(Divisional Structure)可以被看作官僚层级结构的一种特殊形式。一般而言,官僚层级结构采用职能部门化形式,事业部结构则采用产品部门化形式。在这种结构中,组织的战略决策和日常运营决策两项职能分离,分别由总部和事业部(分公司)承担。事业部作为利润中心,在组织的整体战略框架下谋求发展。这种结构可以在一定程度上克服官僚层级结构的僵化缺陷,避免由于信息的层级传递而导致的反应迟缓,但同时也造成了一些新的问题,如总部与事业部之间信息不对称的可能性增加,机构重叠,事业部之间缺乏联系等。

矩阵式结构(Matrix Structure)是一种相对较新的组织结构,在研发、服务型组织中十分常见。矩阵式结构是对两种部门化形式(职能部门化和产品部门化)的融合,沿着这两种部门化形式分别安排管理机制,并使二者形成纵横交叉。如图2-2所示,矩阵式结构下的员工不但要与其所在的项目组保持项目工作上的联系,还要与财务、人力资源、风险控制、资产管理等职能部门保持垂直方向上的联系。矩阵式结构试图让产品部门化和职能部门化两种形式实现互补,其最明显的特点是突破了控制统一性的限制。矩阵式结构中的员工同时接受职能部门经理和产品项目经理的管理,因而其命令链是双重的。这种结构的优势在于当组织的各种活动比较复杂,并且相互依存的情况下,它有助于各种活动的协调,有利于减少官僚僵化现象,双重权威可以避免组织成员只顾保护本部门的利益而忽视组织的整体目标,此外也有利于人才的配置。矩阵式结构的不足在于它有时会产生混乱,使组织增加争权夺利的倾向,并给员工带来较大的压力。

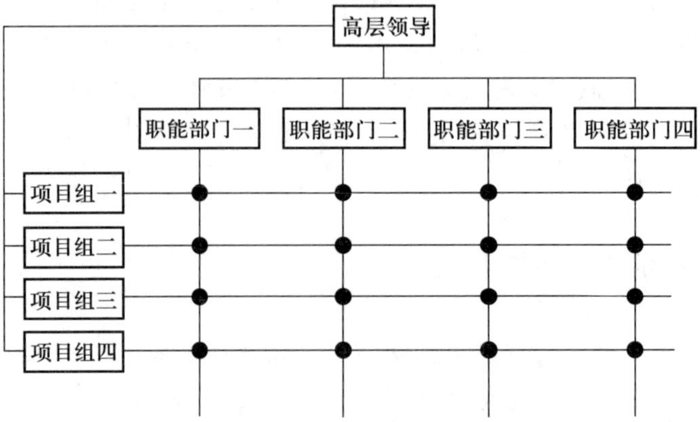

图2-2 矩阵式组织结构

信息技术对组织结构的影响是十分显著的。一方面,传统组织结构在信息技术的支持下可以进行一些良性的调整;另一方面,信息技术也带来了一些新的协调手段,比如通过模拟生产运作来安排生产计划,从而使得一些新型的组织结构成为可能。

对于简单创业型结构,信息技术在一定程度上有助于消除信息淤积现象,避免由于组织的扩大所带来的决策延滞问题。

对于常见的官僚层级结构,信息技术扩大了控制跨度。通常说来,在传统手段下,可行的直接监督要求控制范围为 5~7 人。[29] 在信息技术条件下,由于通信、监控、分析手段的加强,这一控制跨度可以得到显著扩大。跨度的扩大可以相应地减少管理层级,使得组织结构趋于扁平化。扁平化的组织结构具有更高的灵活性和更快的反应能力。

对于事业部结构,信息技术有助于消除总部与事业部之间的信息不对称,使得总部可以更及时、全面地获取事业部的运营信息,并进行深入的分析,从而使战略决策更具合理性。同时,事业部之间的横向沟通与联系也可以得到加强,从而有可能提高事业部的协同性。此外,在信息技术的支持下,总部有可能将一些职能性分工从事业部中抽取出来,合并到总部,并向着矩阵式结构转换,从而在一定程度上消除机构重叠的问题。

在信息技术条件下,矩阵式结构变得更具可行性,因为电子化的沟通和控制手段有助于克服由于双重监督而带来的混乱情况,项目经理和职能经理之间可以实现更有效的沟通,从而更大限度地发挥职能部门化和产品部门化两种形式的互补优势。目前,在信息技术应用较深入的组织中,如软件企业和管理咨询企业,矩阵式结构应用得比较广泛而成熟。

从 20 世纪 80 年代开始,在信息技术的支持下,一些组织设计并应用了一些新型的组织结构以增强组织的竞争力,其中最为重要的包括团队结构、虚拟组织和无边界组织。

团队结构(Team Structure)指的是以团队作为协调组织活动的主要方式。这种结构的主要特点在于打破部门界限,将决策权下放到工作团队成员手中。这种结构形式要求员工既是全才又是专才。在小型公司中,可以把团队结构作为整个公司的组织形式;在大型组织中,团队一般作为典型的官僚层级结构的补充。团队具有高度的自主性,对大多数操作性工作负全部责任。信息技术使得团队之间的沟通和组织对团队的有效监督成为可能。

虚拟组织(Virtual Organization)既是一种组织结构,也是一种战略模式。这种组织的规模较小,决策集中化的程度很高,部门化的程度很低,甚至根本就不存在产品性或职能性的部门。虚拟组织通过对关系网络的管理来实现经营,其实质是对信息流的管理。

如图 2-3 所示,在虚拟组织中,管理者把大量的职能都移交给了外部力量。组织的核心

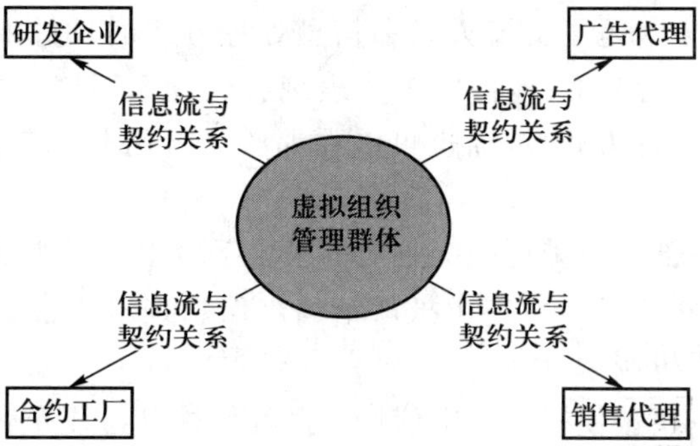

图 2-3　虚拟组织[26]

是为数不多的管理人员，他们的主要任务是协调为本公司进行生产、销售、配送及其他重要职能活动的各组织之间的关系。只有依托于强有力的计算机网络，这种以信息流管理为核心能力的组织形式才可能存在。许多具有重大影响的国际性企业都采取了虚拟组织的形式，其中包括耐克、戴尔计算机公司以及我们前面曾经提到的利丰集团。

无边界组织（Boundaryless Organization）是通用电气公司前总裁杰克·韦尔奇（Jack Welch）提出的概念，用来描述他理想中通用电气公司的形象。无边界组织的核心思想是尽可能地消除组织内部的垂直界限和水平界限，减少命令链，对控制跨度不加限制，取消各种职能部门，代之以授权的团队。在理想状况下，这种组织主要通过互助协调机制[38]来实现运作，就像赛场上的足球队一样，整体战略的执行依靠员工之间的相互协调（而不是层级指挥）来实现。

使无边界组织得以正常运行的基础是计算机网络。在新技术的支持下，人们能够超越组织内外的界限进行交流。例如电子邮件、即时通信以及企业内部在线社会化媒体（如企业内部博客）等技术和应用使得成百上千的员工可以同时分享信息，并使公司的普通员工可以直接与高级主管交流。同时，组织间的网络也使得组织外部边界同样可以被突破。

2.1.4 信息系统与组织行为

组织行为学（Organizational Behavior）是当前越来越受到重视的一个研究领域，它探讨个体、群体以及结构对组织内部行为的影响，以便用这些知识来改善组织的有效性。[26]随着电子邮件、即时消息等手段日益取代面对面的交流，可以说，渗透到工作中的信息技术影响了组织的行为，其对人们情感和精神上的影响也是相当大的。

信息技术的应用对组织中人的行为的影响是多方面的，并且具有即兴性和偶然性。一种信息系统在组织中建立起来之后，在实现其预期作用的同时，还可能带来各种即兴性的变化，而这些即兴性的变化又可能同时具有正面和负面的影响。例如，电子邮件、企业内部博客、微信群、知识管理系统等信息通信和共享工具，在引入组织之后一般有助于增进员工在工作上的沟通效率。但同时，这些技术也往往被用于传播生活经验、个人感受以及笑话等娱乐信息。这些超出管理者预期的使用形式，从负面的角度看，可能会占用员工过多的时间而导致效率降低；从正面的角度看，则可能带来员工的工作满意度、幸福感以及对企业的归属感的提升。

组织成员往往会由于对电子交流方式和信息处理方式的日益依赖而产生孤独、焦虑和自尊丧失感。[30]在大多数情况下，他们的工作表现会因此而下降。并且由于在电子通信方式中不能使用非语言的表达方式，因而也可能在那些只有用非语言方式才能正确表达的信息中产生误解。

在这样的情况下，一部分员工可能会陷入电子化手段中而成为计算机和网络的痴迷者，另一部分员工则可能会对信息技术产生抵触情绪。信息技术所带来的这些负面影响，需要借助于有效的激励、协调机制来克服。

同时，信息技术的应用也使得组织中信息传播的结构日益复杂化。特别是在即时通信、社会化媒体等具有高度参与特征和内容生成能力的应用中，正面和负面的信息内容都可能得到迅速而广泛的传播，并可能在传播过程中不断演变，从而给组织带来难以预期的影响。

这种渗透化、复杂化的影响,使得信息技术与组织日益融合、不可分割。

2.2 组织对信息系统的影响

如前所述,组织采用新技术的方式决定了新技术对组织结构和组织流程的影响。与此同时,组织及其管理模式也影响着信息技术和信息系统。组织重组、人员调整、业务转型、关系协调和机制变化等无疑将对系统结构和系统功能诸方面产生影响。这就要求信息技术和信息系统在理论和应用上不断创新,同时也要求信息技术和相应的系统具有适应变化的能力。

首先,信息系统的功能体系和技术特点都应当适应组织的经营领域、战略定位和目标。例如,一家生产型企业,其信息系统一般应当具有较高的集成性,使得物料、生产、库存、销售等各个环节能够紧密地联结成一个整体,从而实现更高效率的运作和更低的成本。而一个以资本运作为核心的投资控股型企业,由于组织的整体业务结构经常会因为并购、出售等投资行为而发生变化,因而通常不会在集成性方面有很高的要求,而是着重在投资分析方面得到信息系统的支持。此外,在组织发展的不同阶段,对信息系统也会产生不同的需求。例如,一个处于快速扩张、抢占市场阶段的企业,其信息系统应当具有良好的延展性,经营终端的系统应当能够实现快速复制。

其次,信息系统中的工作流程应当能够对组织中业务流程的优化与改革提供支持和促进作用。从这一点说,信息系统管理的一个重要任务,就是要决定在多大程度上改变现有的业务流程使它适应信息系统,或者如何使信息系统以及相关的软件功能适应现有的业务流程。

再次,信息系统应当能够适应组织中的文化氛围以及其他内外部条件。如果信息系统与组织固有的行为习惯存在抵触,而这种抵触又不能够通过管理上的调整和变革来消除,就应考虑改变信息系统以适应组织的实际情况。否则,系统不但不能发挥期望的作用,还有可能对组织造成不利的影响。

最后,信息系统应当能够适应变化的要求和环境。新的要求和环境改变包括:企业兼并;企业向新地理市场扩张;技术进步,使得安装新功能在经济上可行;有关数据和报告的新法律法规出台;组织重组;企业扩张或收缩;市场环境改变,比如从价格竞争转向时间竞争。此外,技术本身的发展也会给信息系统带来变化的要求。

通常来说,有两种方法可用于管理信息系统的适应过程。第一种方法是在一个整体性的规划框架下,在需要的时候选择和开发新的信息系统模块。这一整体性的规划框架通常被称为信息系统框架,由一系列的标准组成,这些标准详细规定了信息系统各模块间的界面和各模块间联系的方法。[31]第二种方法是将“适应性”融入信息系统的每个模块中。一种解决方案是用计算机可识别和处理的语言开发通用的商业模型(超模型),这些模型能按需求组成系统的模块。超模型可以参考系统中的各个方面,如数据、功能、模块的位置等。这种方法旨在从方法论和技术的层面上解决系统适应性问题。

2.3 组织内外部数据融合

随着社会网络、大数据等新兴应用环境的出现和发展,组织的管理与信息系统的应用也呈现出“内外部数据融合”的发展趋势。在这样的趋势下,组织的信息边界日益超越了组织的结构边界。换言之,组织业务发展所需要的数据,以及所能够采集和运用的数据,已远远不再局限于组织的内部。

一般而言,企业组织内部产生的数据包括企业 ERP 系统产生的人员管理、财务记录、仪器设备和市场交易等以结构化信息为主的数据;企业组织外部产生的数据则包括互联网企业相关新闻,各大社会媒体和社交网络中与企业运营、产品评价、服务反馈相关的半结构化或非结构化数据,以及从互联网或第三方咨询机构获取的与经济、产业、技术创新和竞争对手相关的数据。对于典型的企业组织而言,来自组织外部的市场、用户和公众所产生的数据,通过电子商务系统、信息通信工具以及社会化媒体,从各个层面渗入组织内部,并与组织内部的业务数据源全方位融合,从而对组织的运作形式、价值形成方式以及竞争力来源,都将产生深刻的影响。

这种内外融合所带来的第一个变化,是产品的生产和价值的创造日益走向社会化和普遍参与。[32]内外融合改变了社会信息的产生与传播方式,从而也使得企业组织与消费者间的关系趋向平等、互动和相互影响。由互联网用户创造的信息和数据(User Generated Content, UGC)形成了互联网海量数据的重要来源。同时,以往闭门造车的管理模式正在被摒弃,企业通过与网民群体密切互动,主动引导网民群体参与其业务流程管理中的创意、设计、生产、质量保证、市场推广、销售和客户关系管理的关键环节,并根据网民群体的互动反馈完成产品优化与创新,实现企业与网民群体的协同发展。近年来新兴的“众包”模式就是企业与网民群体协同发展的典型案例,并涌现出诸如中搜众包社区、创意功夫网、猪八戒威客网等众包类网站。一个著名的例子是加拿大矿产公司 GoldCorp 为解决 Red Lake 矿区的矿脉定位问题,在社会媒体上公开了该矿区 1948 年至今的全部地质数据,在短短几周内收到大量网民的积极反馈,并在网民建议的全部 110 个矿点中准确地发现了 80 多处矿藏。

同时,内外融合也使得企业的运作日益走向网络化和动态化。[32]现代企业的生产管理与商务决策在很大程度上依赖于社会媒体、网民群体、上下游合作企业以及竞争对手所构成的“网络生态系统”,并逐渐呈现出纵向整合和横向联合两种新发展趋势。在纵向整合方面,大规模企业群体以供应链为纽带紧密联系起来,分工协作、互利共生,从而实现供应链向价值链进而向网络生态链转变;在横向联合方面,电子商务改变了企业组织之间的竞争模式,使得地理上异地分布、组织上平等独立的多个企业,在谈判协商的基础上能够建立密切合作关系,形成动态的虚拟企业或企业联盟。这种新型组织形式能够实现企业资源的优化、动态组合与共享。

此外,内外融合使得企业组织的商务决策更加依赖于实时化的市场数据分析,同时也使得内外部数据中所蕴含的巨大潜在价值日益凸显出来,在企业数据的“资产化”和企业决策的“智能化”两个方向上不断加速发展。一方面,企业组织内外部融合的数据资源已经成为辅助企业实现智能决策、奠定竞争优势的重要战略资源,以及与企业实物资本和人力资源同等重要的生产要素。数据资产的价值与重要性已经接近甚至超出了企业的品牌价值。善于利用数据的企业将在市场竞争中占据先机。另一方面,内外部融合的数据资源促使现代企业的战略决策由传统的“业务驱动”转变为“数据驱动”,基于数据的企业智能决策能够有效地辅助企业实现数据盈利、知识盈利和决策盈利,使得企业 IT 部门由传统的“成本中心”成功转型为“利润中心”。

• 思考题 •

1. 根据波特的竞争力模型,组织可以采用哪几种基本的竞争战略?信息系统对这些基本竞争战略有何影响?

2. 传统的组织结构主要包括哪些形式?信息系统的应用对传统组织结构产生了怎样的影响?在信息技术条件下,出现了哪些新型的组织结构?

3. 组织结构以及组织的其他特点会对信息系统的建设与应用产生哪些主要的影响?

4. 借助互联网搜索引擎,找到一个通过“众包”实现社会化价值创造的典型实例,并分析该实例中的企业是如何通过组织内外部的数据融合来实现其商业价值的。

• 即测即评 •

请扫描二维码,测试本章学习效果。

第3章 信息系统与社会

或许这是你曾经的生活:在农贸集市上备货,在亲邻家中聊天,在乡镇卫生站诊病;或许这是你熟悉的日子:在商品步行街上徜徉,在同学聚会中神侃,在市医院里排队挂号……这些是你走出家门与社会的点滴接触,既个人又社群,既私密又公开。曾几何时,或许你已经开始习惯于另一种生活和社交,愿意体验另一种公共服务:利用智能手机,随时、随地、随心地在各种网店上扫货和购物,在线上朋友圈中与世界各地的好友互动和交流,在医院信息服务平台上预约专家、交流病情等。显而易见,这些都是信息系统的集成应用,并已经成为现代社会的重要元素。本章将从信息系统与社会的视角,介绍数字经济与移动商务、社会化媒体、公共管理服务平台的发展及其在社会中的作用,同时,简要介绍新时代背景下的绿色 IT 与 IT 伦理。

信息系统应用的发展从深度和广度上来看,是一个深化与扩散相互交叉融合的过程。深化的过程反映了信息系统应用越来越涉及业务和生活内涵,并具备智能化和战略重要性;扩散的过程反映了信息系统应用越来越涉及业务和生活外延,并具备数字化和必需性。比如,信息系统形态从 OLTP 向 OLAP 和 KDD 演化的过程就是一个深化的过程,而从 MRP 向 MRP Ⅱ和 ERP 演化的过程就是一个扩散的过程。前者越来越涉及企业的核心竞争力,并关系到智能化高层管理决策;后者越来越涉及企业内部的不同部门,并逐渐覆盖业务领域和数字化的范围。特别地,深化和扩散是相互交叉融合进行的,二者同时或交替向前推进、集成创新,深刻影响着个人、组织和社会的发展。

本章围绕社会范畴下的信息系统应用,主要介绍数字经济与移动商务、社会化媒体、公共管理服务等信息系统综合平台以及新时代背景下的绿色 IT 与 IT 伦理。

3.1 数字经济与移动商务

数字经济(Digital Economy, DE),是指数字技术被广泛使用并由此带来经济环境和经济活动根本变化的一种经济形态。在全球信息化进入全面渗透、跨界融合、加速创新的大背景下,以计算机、网络、通信等为代表的现代信息技术革命催生了数字经济,所以数字经济也被称为网络经济、信息经济等。[204] 数字经济是新技术革命的产物,有助于减少信息流动障碍,加速资源要素流动,提高供需匹配效率和资源利用率。[204] 目前,数字经济带来的影响逐步渗透到不同领域和不同行业。在服务行业，其影响与作用已经得到较好体现，其中表现最为突出的是电子商务。

电子商务的原始形态可解析为“电子+商务”。[1]狭义上的电子商务系统是通过信息技术进行商务交易活动的系统的总称，包括企业内部电子商务系统、在线网络评论系统、电子商务平台推荐系统等与电子商务相关的系统。从广义上来说，电子商务系统是指电子商务发展至今所形成的功能完善的商业生态系统平台，是运用信息技术以整个市场为范围的商务活动。

电子商务的出现赋予全球经济一体化全新的经营理念与运作模式，代表着一种全新的运作模式和经营策略。为促进电子商务的发展，各个国家和地区都推出了相应的电子商务计划，电子商务能力不仅已经成为企业竞争力的重要表现形式，也是国家综合竞争能力的一个重要标志。[33]电子商务与百姓生活息息相关，例如，进入淘宝网（www.taobao.com）、京东商城（www.jd.com）、1 号店（www.yhd.com）等电子商务购物平台，人们可以方便地选择心仪的衣服、书籍、食品等；琳琅满目的商品种类让人目不暇接，下单后物流快递让到货变得简单而快捷，消费者足不出户即可享受良好的购物体验；许多传统的工作岗位和职能也因为电子商务的出现而发生了颠覆性变化。

现代电子商务发展的第一波浪潮发生于 20 世纪 90 年代末期。互联网的兴起带动了人们对于互联网经济的极大热情和憧憬，并催生出大量的电子商务企业和风险投资，推动了一系列电子商务国家和社会层面的基础设施建设和发展战略的出台。然而，由于技术、环境和社会诸要素的局限，电子商务运作和成长在信息流、物流、资金流方面的掣肘，使得电子商务的热流遭遇了寒冬。21 世纪伊始特别是近年来，电子商务发展出现了新一波浪潮并方兴未艾，进入了新兴电子商务时代。新兴电子商务与早期电子商务相比，呈现出移动性（如泛在互联、移动商务）、虚拟性（如虚拟体验、赛博空间）、个性化（如精准营销、推荐服务）、社会性（如社交媒体、社会商务）、极端数据（如富媒体、大数据）等鲜明的新特征。此外，社会环境、法律法规、电子支付、物流配送等的发展，也使得电子商务成为国民经济中一股新生力量，并在迅速地影响和改变着企业竞争格局和人们的生活方式。

概括说来，电子商务与社会的互动可以从多个方面来刻画，如经济发展、产业变革、企业管理、社会文化等。

1. 电子商务与经济发展

电子商务对社会经济发展有着十分重要的影响。以中国为例，2017 年中国网络购物市场交易规模达到 6.1 万亿元，占社会零售品总额比重达到 16.4%。[34]随着传统企业大规模进入电商行业，中国西部省份及中东部三、四线城市的网购潜力也将得到进一步开发，加上移动互联网的发展促使移动网购日益便捷。据电子商务“十三五”规划，中国网络购物市场整体还将保持较快增长速度，预计到 2020 年电子商务交易额达到 40 万亿元，网络零售总额达到 10 万亿元，相关从业者突破 5 000 万人。[35]该规划强调，电子商务既要全面融入国民经济各领域，推动形成全球协作的国际电子商务大市场，成为经济增长和新旧动能转换的关键动力；也要全面覆盖社会发展各领域，带动教育、医疗、旅游等社会事业创新发展，成为促进就业、改善民生的重要平台。[35]

电子商务在经济社会各层面具有较高的渗透度，国民经济重点行业和骨干企业电子商务应用不断升华，网络化生产经营与消费方式逐渐形成。电子商务广泛深入地渗透到生产、流通、消费等各个领域,改变着传统经营管理模式和生产组织形态,正在突破国家和地区局限,影响着世界范围内的产业结构调整和资源配置,加速经济全球化进程。可以说电子商务是社会经济新的增长点,是未来贸易的发展方向。

2. 电子商务与产业变革

电子商务作为商业系统,在生产、交换、流通和消费各个环节改变了社会经济活动的方式,带来传统产业功能的重新定位以及生产经营方式的变革。例如,许多传统制造业由此向小批量、多品种生产方式转变,传统零售业和批发业开拓了"无店铺"的网上营销新模式,各种在线服务为传统服务业提供了全新的服务方式等。从电子商务涵盖的业务范围看,以电子商务服务为主的服务业具有相当大的需求空间,如大量增值服务机构,为改善电子商务交易环境而存在的技术外包商、认证机构、人才服务机构等;从电子商务依托的社会经济背景看,电子商务对信息生产和流通的巨大需求,催生了知识型产业的兴起和发展,如教育及培训行业受到进一步热捧;从电子商务的作用看,电子商务行业的新兴商业模式改变了原有其他行业的运作方式,如支付宝、微信支付等电子商务支付体系,开始与传统金融机构展开竞争,余额宝、理财通等产品对其造成一定竞争和威胁;新的电子商务模式——O2O,将线下实体商家、顾客地理位置和互联网结合起来,通过协同线上优势和线下优势,基于顾客本地市场给其带来更好的消费体验,在外卖、团购、家居、社区、租车等领域得到良好发展。[205]电子商务的飞速发展促进相关产业的发展,除了交易双方以外,大量机构参与到电子商务系统的运作中,如物流企业、第三方软件服务公司、金融机构以及政府机构等。由此可见,围绕电子商务分化、融合的新兴产业的出现,是电子商务对产业结构深层次影响的结果。

3. 电子商务与企业管理

电子商务对企业发展来说既是机遇也是挑战。实施电子商务将有利于企业提升效率、效益和竞争优势。首先,实施电子商务能够帮助企业实现信息交换,整合运营管理,使企业接触更大的消费群体、获得更多的新顾客、加深企业与客户间的联系,有利于扩展市场,实现人性化服务。[36]其次,电子商务能力和基础设施的整合将有助于企业提升绩效,为企业带来价值。[37]再次,具有整合电子商务能力的公司如果将其纳入公司战略和运营中,将更容易获得可持续竞争优势。[38]最后,电子商务还能改变组织结构,帮助公司开拓新兴市场,从而促进企业持续发展。[36]

电子商务在给企业带来颇多裨益的同时,也对企业的运营提出了挑战。电子商务的实施使得竞争趋于全球化、一体化,导致竞争环境的复杂化;行业之间的界限日益模糊,非行业竞争者的出现及其对行业内部的企业所构成的威胁并不能小看,如银行业的电子商务业务遭受到互联网金融的强烈冲击,外界环境的改变要求企业在电子商务时代具有更强的适应能力和应变能力,并灵活地处理可能出现的危机与问题。

4. 电子商务与社会文化

电子商务的发展拉动了相关产业,提升了社会对人才的需求,创造出更多就业机会;由于经营相对灵活、进入门槛低,也带来了互联网创业的商机,在国家政策的配套实施下,电子商务已逐步成为新生代青年创业的重要途径,从而增加了就业保障,解决了某些社会群体就业难的问题。

电子商务也改变着社会文化和生活方式。例如,电子商务轻松便捷的购物理念使得消费者购物习惯逐步改变,消费者的购物习惯经历了线下到线上,再从线上到O2O模式的转变,产生了“宅男宅女”“双十一”等消费文化;电子商务发达的物流体系使得消费者不必再亲临商店,在家轻轻一点鼠标便可轻松购物;阿里旺旺中客服的“亲”等淘宝体的出现,拉近了消费者与商家的距离,成为网络流行语之一,并逐步延伸到线下使用;O2O 等商业模式的出现,使得消费者有效地利用实体店和网上商店做出最优的购买决策。

除了电子商务,共享经济(Sharing Economy, SE)也是数字经济的重要组成部分。具体而言,共享经济指利用互联网等现代信息技术,以使用权分享为主要特征,整合海量、分散化资源,满足多样化需求的经济活动总和。相比于传统经济活动,共享经济具有低成本、低门槛、低污染,高效率、高体验、高可信等优势。[206]

随着全球共享经济进入快速扩张期,最初的汽车、房屋分享迅速渗透到金融、餐饮、物流、教育、医疗、基础设施等多个领域和细分市场,并加速向农业、能源、生产、城市建设等更多领域扩张。[207]国家信息中心发布的《中国共享经济发展报告(2018)》显示,2017 年我国参与共享经济活动的人数超过 7 亿人,中国共享经济市场交易额约为 49 205 亿元。其中,共享金融领域交易额高达 28 264 亿元,生活服务领域交易额达 13 214 亿元,生产能力领域交易额达 4 120 亿元,交通出行领域交易额达 2 010 亿元,房屋住宿和医疗分享领域交易额为 215 亿元。为了鼓励共享经济持续发展,2016 年 3 月,《政府工作报告》明确提出要“以体制机制创新促进共享经济发展”;2016 年 7 月,《国家信息化发展战略纲要》强调要“发展共享经济,建立网络化协同创新体系”。共享经济已经成为国家信息化发展战略的重要组成部分。在未来,共享经济将助力在经济活动中实现更普惠的参与、更广泛的分享、更深入的渗透、更活跃的创新。

与此同时,随着智能手机的普及和移动互联网技术的发展,商务活动持续保持移动化趋势。通过移动终端,消费端应用能够实时、动态、全面地收集并分析消费者和服务商相关的信息,并通过智能分析,通过不同应用间的协同,提供更及时、精准、高效的服务。

根据《第四十一次中国互联网络发展状况统计报告》,截至 2017 年 12 月,我国手机网民规模达 7.53 亿,移动互联网服务场景不断丰富,移动终端规模加速提升,移动数据量持续扩大。首先,各类综合移动应用平台不断统合社交、信息服务、金融、交通出行及民生服务等功能,打造一体化服务平台,扩大服务范围和影响力;其次,以手机为中心的智能设备,成为“万物互联”的基础,车联网、智能家电促进“住、行”体验升级,构筑个性化、智能化应用场景;最后,海量移动数据成为新的价值点,庞大的数据量与大数据处理技术深度结合,为移动互联网产业创造更多价值挖掘空间。[203]随着网上支付、网上外卖、旅行预订、网络游戏、网络视频等应用的手机用户规模快速增长,使用比例不断提高,商务活动的移动化已经成为当前商务经济发展的新趋势。

总之,数字经济是不同信息技术及其创新应用催生的新的经济形态,在不断推动经济发展、产业变革、模式创新的同时,其自身也处于动态发展过程中,共享经济、移动商务已经成为目前商务经济发展的新趋势。

3.2 社会化媒体

社会网络(Social Network,SN)是指社会个体成员之间通过社会关系结成的网络体系。

社会网络中的个体或者组织以及他们之间的联系(同事、朋友、亲属等)相互聚集,并且各自承担着一定的社会角色。[39]对社会网络的研究最早来源于人类和社会科学,至今已有上百年的历史。随着互联网以及Web 2.0技术不断发展,社会网络逐步由线下向线上扩展,并出现了不同类型的在线社会网络(Online Social Network,有时简称社会网络)及其载体——社会化媒体(Social Media,SM)。

在《什么是社会化媒体》(What Is Social Media)一书中,作者安东尼·梅菲尔德(Antony Mayfield)将社会化媒体定义为一种给予用户极大参与空间的新型在线媒体,具有参与、公开、交流、对话、社区化、连通性等特征。[208]其中,社会化媒体最大的特点是赋予每个人创造并传播内容的能力。社会化媒体将传统媒体一对多的传播方式变为多对多的对话方式,模糊了媒体和受众之间的界限,鼓励人们评论、反馈和分享信息。

根据中国互联网络信息中心(CNNIC)发布的2017年《第41次中国互联网发展状况统计报告》,截至2017年12月,我国即时通信网民规模达到7.20亿人,互联网普及率为55.8%;手机即时通信网民规模为6.94亿人,网民中使用手机上网的人群占97.5%。使用率排名前三的社交应用分别是微信朋友圈、QQ空间和微博。其中,微信朋友圈和QQ空间的用户使用率分别为87.3%和64.4%,微博的用户使用率为40.9%。[203]"We Are Social"研究机构2016年发布的数据显示,全球有1/3的人使用社会化媒体,其中北美是社会化媒体使用比例最高的地区。在各大社会化媒体中,Facebook用户量占据全球榜首,活跃用户量达15亿人。

典型的社会化媒体应用包括多种形式,如社交网站、博客、微博、音视频分享网站、微信等。

1. 社交网站

社交网站是一种在线服务平台,旨在帮助用户维系、反映和塑造各自之间的社会网络和社会联系。全球首个社交网站是2002年出现于美国的Friendster.com,该网站的理念是帮助用户通过了解朋友的朋友来认识有趣的人,这一模式获得了巨大成功,在一年内获得了几百万用户。① 随后,各种社交网站开始出现在大众的视野中,国外比较典型的如MySpace、Facebook和LinkedIn等,而国内则出现了诸如人人网、开心网以及QQ空间等。

通常,社交网络服务平台支持朋友圈的凝聚。比如,百度贴吧根据相同的话题进行凝聚,CSDN根据技术爱好进行凝聚,人人网主要根据学习经历进行凝聚,大街网等主要根据工作情况进行凝聚等。这些不同层面的共同性聚合都属于社交网络的范畴。

2. 博客

"博客"一词来源于英文的"Blog",由"Weblog"(网络日志)一词演化而来,是一种由个人或组织管理、不定期张贴新文章的网络平台。博客作为Web 2.0技术的一种典型应用,是将个性化管理、信息共享和意见交流等功能有机地结合在一起的在线日记(博文)平台。

一般来讲,博客可分为个人博客和企业博客两种。个人博客是个人持续性的日记或观点评述平台。个人博客不仅是一个博主与外界沟通的窗口,而且反映了博主的生活方式以及艺术创作,他们通过定期编写博文抒发感情,进而引起人们的共鸣。很多博客都聚集了一定数量的拥有共同兴趣爱好的读者,即形成了博客圈子。企业博客是企业出于管理和运作目的而建立的博客,又可以分为企业内部博客与企业外部博客。前者用于公司内部,以增进

① 维基百科。

联系和文化交流;后者常常面向外部,旨在开展营销、品牌推广或公共关系等。

3. 微博

微博(亦称微博客、微型博客)是一种允许用户及时更新简短文本(如少于 140 字)并可以公开发布的微型博客形式。2006 年美国的 Obvious 公司首次推出了 Twitter 服务,使微博成为社交网络中一种新兴的传播载体 。在国内,从 2007 年的“饭否”①到如今几十种国内微博产品(如新浪、搜狐等相应的微博服务),微博在中国呈现出井喷式的发展态势,并通过移动终端的普及,正在以“碎片化”的信息形式渗透到每个人的生活中。

在微博上发表的“碎片化”信息呈现实时性的特点。一方面,微博成为一种大众媒体,可以使得人们将所要表达的信息尽量简洁明了地传达出来,同时还提供了各种图片、语音以及视频等的发布、分享服务,构成了一个生动丰富的即时媒体;另一方面,由于微博篇幅的限制,信息的“碎片化”嵌入到人们的时空间隙,使得生活方式、交往行为等正在发生潜移默化的改变。

4. 音视频分享网站

音视频分享网站是一类具有社会网络性质的基于富媒体分享的网络平台。音视频分享网站可供网民观看及分享短片,播放各式各样由上传者制成的音视频内容,包括电影剪辑、电视短片、音乐录像等,还包括由上传者自制的音视频内容,如 YouTube、Flickr、优酷等。音视频分享网站提供了简单的方法让普通用户上传短片,任何上传至网站上的视频在几分钟之内就可能被全世界观众观看,网民还可以建立自己的私人影院、影片发布站,或上传家庭生活短片。

5. 微信

微信(WeChat)②是腾讯公司于 2011 年推出的为智能终端提供即时通信服务的免费应用程序。微信支持通过网络快速发送免费语音短信、视频、图片和文字,同时,微信提供公众平台、朋友圈等功能,用户可以通过“摇一摇”、“附近的人”、扫二维码方式添加好友和关注公众平台。微信支持将内容分享给好友以及分享到微信朋友圈。目前,微信还提供了移动支付,为移动电商提供入口等功能,成为将社交功能、电商服务、支付功能融合的综合类应用。

随着在线社交网络的不断发展和渗透,可以说一场新的社交关系革命正在上演。小到人们的生活点滴,大到组织、社会的运营管理,都在发生着深刻的转变。目前,各类社会化媒体平台在内部积极聚焦优质内容,在外部积极与多产业拼接融合。一方面,社会化媒体平台成为连接优质内容生产方和用户的窗口,内容生产方从专业媒体、公关机构向网络红人、粉丝及普通用户延伸;另一方面,社会化媒体平台的移动性使行业不断与其他领域融合,从网红、直播、社群到广告、电商、O2O 等,微博等综合社会化媒体平台基于用户属性与兴趣,利用多种展现方式,开展精准广告推广。

3.3 公共管理服务

公共管理领域内信息系统的应用特点是公共管理职能的电子化、网络化、流程化。本节

① 饭否网。

② 百度百科。

分别对网络舆情系统、电子政务系统、电子医疗基础设施进行简要介绍。

3.3.1 网络舆情系统

网络舆情是通过互联网表达和传播的,公众对自己关心或与自身利益紧密相关的各种公共事务所持有的多种情绪、态度和意见交错的总和,主要通过电子邮件、新闻组、博客、微信等途径传播。[41]网络舆情与社会舆情密不可分,可以说网络舆情是社会舆情在互联网空间的映射,是社会舆情的一种直接表现形式。Web 2.0 环境下社会化媒体、社交网站、移动互联等新兴信息交流模式的兴起使得网络舆情事件层出不穷,网络舆情逐渐演化为常态。一方面,网络舆情已成为民意表达的集中阵地,公正和民主在网络舆情中得到释放,"草根"声音更多地在社会管理决策中得到关注;另一方面,负面的网络舆情可能激化和叠加社会矛盾,对社会秩序和公共安全造成威胁。[42]为了及时有效地分析和把握网络言论走向,有效化解网络舆论危机,网络舆情系统平台及其分析技术就很重要。

如图 3-1 所示[43],网络舆情系统是指对特征抽取、数据挖掘、文本分析、自动聚类、智能检索等技术的系统性集成与整合,其核心是运用商务智能、机器学习等计算机技术来识别、挖掘和分析网络上存在的舆情信息,解决海量、动态互联网内容的及时监管。同时,网络舆情分析为探索自然语言的计算模型提供了挑战与机遇,激发了许多自然语言处理的相关研究。[44]

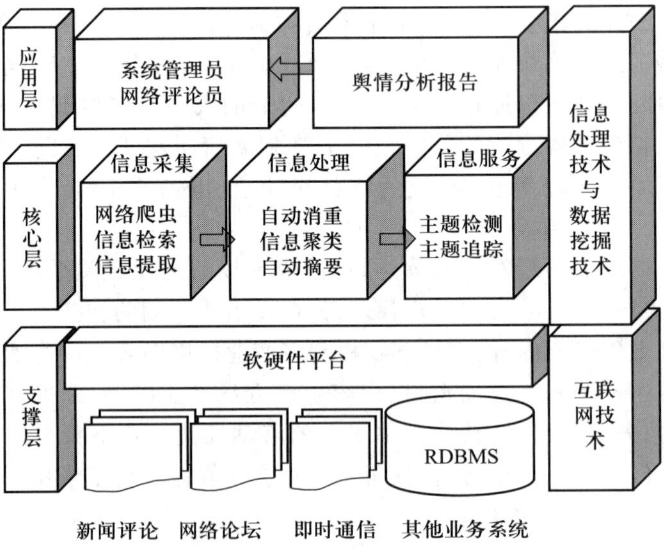

图 3-1 网络舆情系统构架[43]

按照信息时序传播规律,将狭义的网络舆情系统功能分为网络舆情的监测预警、识别评价和应急预控三大部分。[42, 45]具体说来,分别是监测和发现舆情信息,自动对负面信息、重大舆情及时发出预警;定性、定量分析舆情信息,协助用户判断舆情发展趋势;主动生成舆情资讯报告和统计各类汇总数据,提高舆情控制工作质量和效率,辅助领导决策。

建立网络舆情系统平台可以带来互动交流的新模式,对网络舆情的参与主体均有十分重要的作用。对政府而言,通过建立网络舆情系统平台可以实现对网络舆情的全过程监督,及时掌握舆情事件的相关信息,关注民众的声音及舆论倾向,积极主动了解事件始末,从而更为有效地应对突发事件。此外,通过建立网络舆情系统平台,有助于政府部门理解民众心声,制定社会管理政策[46],推进互联网问政,调节舆论生态。

对媒体而言,网络舆情系统也体现出 Web 2.0 环境下媒体职能和运作方式的转变,帮助监督和规范网络舆情媒体的作用机制,而网络新媒体的形式也可得到极大的丰富。对民众而言,公众作为权利主体,是突发事件舆情管理中最为重要的组成部分。[45]网络舆情系统中所反映的民意,可以表达不同阶层的声音,在一定程度上有助于维护和保障公民的合法话语权。

3.3.2 电子政务系统

电子政务系统可以看作一个基于现代信息技术,以交流、共享、协同和协作为核心,以政务的信息流、工作流相对集成为基本结构,以政务流程再造和治理结构变革为目标的政务管理平台。[47]电子政务系统通过将政府管理和服务职能进行整合,旨在打破不合理的部门分隔制约,全方位地向社会提供优质、规范、透明、符合国际标准的管理和服务,实现公务、政务、商务事务一体化管理。[48]

从 20 世纪 90 年代起,为了改善政府绩效,提升政府能力,增强政府实力和推进体制改革,各国政府相继投入电子政务建设之中。[49]伴随着信息技术应用的发展,相应的电子政务系统平台也经历了从政府办公自动化、政务信息门户网站,到智慧城市、云服务基础设施以及互联互动的政务平台的建设历程。近年来,电子政务系统进一步关注提升政府管理效能,利用信息技术改善政府、公民、企业等参与主体的关系,强调公民的广泛参与,注重社会各个层面的资源整合。[50]

我国也一直致力于构建健全的政务信息化基础设施和应用系统,包括一系列国家级工程。可以说电子政务已成为全球一体化中治国不可或缺的工具。[51]电子政务系统建设对国家竞争力和社会经济发展进程、信息产业发展、社会管理创新等有着重大意义。电子政务系统的广泛应用不仅意味着政府管理运作手段的变化,而且往往需要制度创新和制度重组。概括说来,电子政务系统的使用将有助于:

(1) 推进政府信息化建设,提高政府部门办事效率。有效的电子政务能够对政府信息资源进行整合和共享,节约时间和信息采集成本,进而节约政府管理成本。

(2) 塑造良好政务环境,打造“阳光政府”形象。提高政府透明度和责任性,控制渎职和腐败[52],实现政府资源优化利用,塑造透明的政务信息环境;协调各方利益,构建良好公共关系。有利于构建快捷、畅通的政府与政府、政府与民众、政府与企业的沟通渠道。[47]

(3) 提供决策支持,改善决策效果。有利于为科学决策和民主决策构建有效的信息沟通渠道,为政府决策提供强有力的信息支持,为决策人提供专业技术知识支持。[53]

(4) 促进新型公共管理实践。[48]有利于促进政府职能转变及政务形态、业务流程再造,提升公共服务创新能力,改变公务员工作职能,从而改善政府管理绩效。

可以看出,不论是政府还是民众都将从电子政务系统中受益。但是,电子政务能否获得可持续发展在很大程度上取决于是否对电子政务建设的体制、规划、运行、信息技术应用等实施了有效的管理。

3.3.3 电子医疗基础设施

电子医疗基础设施是所有与医学有关联的信息系统的统称，包括各类面向医院管理的信息系统，其中最主要的是医疗信息系统。目前，各国众多医疗机构致力于构建电子医疗基础设施，通过开发和集成不同医疗信息系统来支持各种各样的机构内部和跨机构的医疗业务过程。医疗信息系统是医疗行业信息化建设的载体，伴随着信息技术的发展，医疗信息系统的发展经历了医院管理数字化、临床医疗管理数字化、区域医疗卫生服务及可视化医疗等阶段。不同阶段的医疗信息系统经历不同变革，如区域医疗信息共享平台、新型农村合作医疗信息管理系统等典型应用。

目前国内外典型的医疗信息系统分为两大类：一类是管理功能的管理信息系统，如医生工作站系统、住院登记等信息系统；另一类是满足病人诊断要求的临床信息系统，如临床检验系统、护士工作站系统、电子病历系统、影像信息系统、设备管理系统等。医疗信息系统并不是简单的医院活动记录，而是具有完整的数据分析利用功能的开放式系统，呈现出集成化、区域化、标准化、智能化的发展趋势。随着信息化建设逐步完善，医疗信息系统已成为衡量医院信息化建设程度的重要指标，是医疗现代化的必由之路。

电子医疗基础设施建设是一项关乎民生的复杂工程，极大程度地改变了医疗行业的整体面貌和社会医疗水平，是为卫生服务组织提供信息管理、成本控制的市场化产物，是实施全面质量管理和可持续质量提升的途径。从医疗信息系统的角度，其评价不仅需要对信息技术有深刻的认识，还需要理解因信息技术的引进带来的影响和被影响的社会行为流程。[54]简单说来，医疗信息系统所起到的作用（对行业和社会），可以归纳为下列五个方面（即“5E”）。[55]

1. 效率

医疗信息系统的使用可以提升护理效率，优化医院环境。[56]例如，医院信息系统的普及节约了病患看病的时间；通过引进先进医疗技术，使得医疗质量管理覆盖医疗过程的各个环节，提高了临床诊治水平；医疗信息系统可以加强医院内部的管理，节约医疗卫生资源，降低医疗费用和医院管理成本。

2. 质量

医疗信息系统的使用能够提升就医质量。例如，遵循方案为本的护理准则[56]，丰富医疗护理类型，提升护理工作水平；通过医疗监控设施可以获得大量病患数据，用以分析支持疾病治疗，以此降低误诊率。

3. 决策支持

医疗信息系统的使用可以支持基于证据的决策。例如，医院信息系统可以为决策者及时调整各种人员和物资的安排提供可靠的依据，及时掌握各科室的日常运行情况；电子健康档案系统将使得医疗从业人员避免重复使用各种复杂的健康档案系统，加强医疗机构的竞争，提高医疗服务的性价比。

4. 鼓励建立新型医患关系

医疗信息系统的使用可以在鼓励建立新型医患关系方面发挥作用。首先，基于互联网和通信技术的医疗信息系统平台可以提供新型医疗信息渠道，使得病患对于疾病医理知识有更多、更快的了解；其次，基于 Web 2.0 技术的医疗信息系统可以改变医生和患者的传统交流方式，有助于建立良好的医患关系；最后，基于物联网应用的医疗信息系统可以使得医疗和护理概念更加开放和智能，并扩展至社区和个体的健康保健领域。

5. 提升医疗知识

医疗信息系统可以与开放资源和专业平台相连接，使得医疗保健信息更容易获得。这既可以帮助医务人员提升专业知识和经验共享，也可以帮助患者乃至普通公众获取治疗和健康保健的知识，对健全卫生服务体系和医疗保障体系具有积极意义。[57]

3.3.4 公共信息平台

公共信息是社会个体在衣、食、住、行、就业、医疗及其他各种个人规划中所必需的信息。信息技术的发展，为公共信息服务提供了多样化、高效率的手段，公共信息平台便是其中一种。公共信息平台是指基于计算机通信网络技术，提供信息、技术、设备等资源共享服务的信息平台。目前，在交通运输、物流、税收、金融等领域，公共信息平台得到广泛应用。

例如，为了解决物流行业中存在的资源共享难、互联互通难、业务协同难等问题，减少政企间、部门间、行业间、区域以及国际"信息孤岛"现象，促进信息资源开发利用，提升物流业整体运行效率，中国交通运输部于 2012 年正式启动了国家物流公共信息平台①的建设。该平台具有公益性、开放性、共享性等特点。具体表现为：该平台为不同的物流信息服务需求方提供基础性公共服务，不以营利为目的；该平台向全社会提供服务，不局限于特定行业、特定作业环节和特定的服务对象，具有开放性；该平台能够促进不同部门、不同行业、不同地区间的信息交换和共享，减少信息孤岛和重复建设。在功能上，首先，国家物流信息公共平台构建了一整套物流信息互联的标准体系，并进行实时维护，为中国物流链各主体之间数据交换共享提供"普通话"。目前已整合 687 项数据元，104 个代码集，68 个单证，17 个服务功能调用接口，涉及了主要的国家和行业标准。其次，国家物流信息平台通过建设数据交换系统，解决跨国、跨区域、跨行业、跨部门之间信息系统互联问题，打破各类物流信息孤岛。目前该平台在全国部署了 9 个交换服务器，实现 45 万用户的互联，日均交换单据量峰值超 3 000万条。最后，国家物流信息平台实现了信用、跟踪、资源、综合等 23 个物流公共信息库的集聚、整合，为各方提供物流公共信息一站式服务。目前已实现全国营运业户、车辆、从业人员资质信息、全国居民身份证信息、全国 400 余万辆货车实时位置数据、全国铁路物流跟踪数据、全球 90%海运船期信息和 18 万艘船舶实时位置数据、部分海关关区通关状态信息、部分空港物流信息等查询及核验，日均信息查询量 150 万次。该平台已经成为政企间、企业间物流相关信息资源共享交换的重要"电子枢纽"。

在税收领域，北京 12366 纳税服务平台是集合纳税咨询、发票查询、预约取号、A 级企业查询等多项功能的税务公共信息服务平台。企业可以通过该平台进行实名认证、变更税务登记、了解税务局发布的最新法规、咨询税务征收相关的问题、获得办税流程培训、查询相关企业的纳税情况，也可以通过该平台订阅关注的信息、提出改进意见或进行违法违纪举报。该信息平台清晰梳理了企业纳税流程，介绍了相关法规，并提供相关的培训指导服务，有助

---

① 国家交通运输物流公共信息平台。

于纳税企业准确、高效地完成纳税工作。

3.4 绿色 IT 与 IT 伦理

自然环境是人们赖以生存的必要条件。随着环境可持续发展在世界范围内获得广泛关注,生态文明逐步成为社会文明的有机组成部分,环境保护的理念也逐渐渗透到 IT/IS 领域。[58] IT/IS 应用的广泛普及,一方面替代了大量的纸质材料(如无纸化办公)、化学材料(如数码相机)、制造材料(如 3D 设计)等,改造了生产和服务流程(如网上购物、业务自动化),进而帮助节省了材料、人力、资金等资源,在环境可持续发展中发挥着积极作用;另一方面,IT/IS 应用本身也是产品和服务,需要占用资源并产生更新换代,这无疑也给环境可持续发展带来了一系列问题和挑战。IT 基础设施及其应用(如信息系统)的急速发展,在创造社会和经济价值的同时,也面临能源耗费、温室效应、消耗品污染、IT/IS 更新处置、人力资源投入等严重问题。

近年来,绿色 IT 日益成为社会和行业重视的话题。[58] 信息系统作为 IT 应用的重要形式,也是绿色 IT 的关注点。在此,我们将一般性地使用绿色 IT 的说法,并注意考虑信息系统在使用软性资源(如人力、财力)和间接硬性资源(如人力、财力导致的或过度信息消费中的材料)的排放和消耗。

概括说来,绿色 IT 指具有环境友好性、促使能源高效使用的绿色信息技术、绿色信息产品、绿色信息服务和绿色信息应用。绿色 IT 的现实目标是在保证业务正常进行和满足数据载荷需求的前提下,努力实现资源节约与环境保护,平衡业务发展和资源节约、环境保护之间的矛盾,力争在满足客户需求的同时,不使环境面临更大的风险,同时使企业更具有可持续性发展潜力。绿色 IT 的理想目标是兼顾宏观和微观利益,从产业层面涉及结构优化和重组,从企业层面涉及企业发展战略调整,将绿色环境指标作为目标变量和考核要素。绿色 IT 作为生态化的信息系统实践,与企业运营、环境保护等息息相关,可以从以下三方面进行说明:

(1) 绿色 IT 是企业努力降低数据中心及其相关信息系统运营成本的活动,在实施过程中企业对相关设备和软硬件资源的总体要有足够的重视,对信息化过程中的运行、管理、处置、更新、改造、设备效能挖潜等多方面进行“绿化”,节约财务预算、降低运营成本。

(2) 绿色 IT 是对 IT 系统、计算设备及相关系统的技术创新活动。绿色 IT 的技术创新不仅体现在 IT 系统高性能、低功耗的产品设计方面,还体现在企业在施行信息化、管理精细化过程中,需要考虑业务流程与信息化的结合度,引导企业管理和业务发展不断前进,更灵敏地应对业务峰谷需求。

(3) 绿色 IT 是跨行业内外共同的发展革新。绿色 IT 加速了企业发展目标的多元化倾向:企业不再是纯粹的自身利益最大化的追求者,而是“社会公民”,对于保护环境有着十分重大的责任和使命,从长远来看,也是生态可持续发展的受益者。

作为示例,图 3-2 描述了某企业的绿色 IT 框架,包括绿色经营、碳管理、绿色制造、绿色使用、绿色处理和可持续性等环节。

绿色 IT 的实践涉及社会中的不同主体。除与企业密切相关外,对政府而言,环境污染

图 3-2 某企业绿色 IT 框架①

治理问题是需要长期攻克的难题，通过法律法规引导、规范绿色 IT 应用，将有助于构建生态文明社会。对整个社会而言，绿色 IT 鼓励使用环保材料、可再生和可再利用资源。这种对电力能源、计算机等社会资源的合理使用、回收和再利用的方式，有利于减少 CO_2 等温室气体的排放，减缓温室效应，同时因绿色 IT 带来的时空资源和人力资源的节约也能使社会从中获益。

值得指出的是，IT/IS 本身是环境问题的一部分，同时也是解决方案的一部分。从企业、个人乃至整个社会来看，绿色 IT 的理念和实践还面临着巨大的挑战。从长远来看，绿色 IT 思想的提出和兴起缘于人类对其自身、环境及社会发展的深刻认识和反思。在当今环境保护和能源节约越来越成为大多数人的自然思考和本能选择的时代背景下，绿色 IT 顺应了社会可持续发展的要求，代表着信息系统应用和数据中心运作的发展趋势，有助于调和业务发展需求和资源供给利用之间的矛盾，并在构建绿色经济和绿色社会的进程中发挥着积极作用。

除了对绿色 IT 的关注，IT 技术及其应用的快速发展也带来相应的伦理问题。首先，随着越来越多的个体层面的细粒度的数据（如生活习惯数据、医疗记录数据等）被记录和利用于研究和商业活动中，用户隐私问题引起了广泛关注。对隐私数据的泄露和滥用可能会影响到人们作为消费者或者作为国家公民应该享有的权利。因此，除了个人应该对隐私数据负责外，还需要监管机构的介入来平衡个人的利益和数据利用实体的权利。[209]其次，借助 IT 技术，企业能够与世界各地的用户建立联系，它们既服务用户，也影响用户。例如，Facebook 和 OkCupid 两个公司通过改变产品设计诱导用户进行实验研究。如果将网络空间看作帮助

① 图片来源：百度百科。

理解人类行为的实验室，那么什么样的实验是合理的？是否需要一定的道德审查？科学的实验设计能够驱动科学知识发现，推动人类进步，但合理的审查监督也不能缺失。[210]

与此同时，人工智能技术的快速发展，也引发了学者对相应伦理问题的思考。早在1940年，科幻作家就提出了著名的"机器人三原则"来确定机器人的活动原则。随着人工智能的应用越来越广泛，对人工智能面临的伦理问题的思考也越来越全面和深入，如人权伦理、责任伦理、道德地位伦理等。[211]具体而言，人工智能技术的发展使得智能机器人具有了不同程度的情感及"人性"后，智能机器人是否会逐渐侵犯人类的"人权"（如危害人类生命和健康）？当智能机器人具有"人性"后，是否应该给予他们相同的"人权"？由于智能机器人是"高智能"的，具有学习功能，甚至能够像人一样根据所"见"所"想"做出决策，因此对于人工智能技术代替人力劳动带来的失业问题，医疗行业专家系统失误导致的医疗事故等，应该由机器还是人类自己（包括机器的开发者、使用者等）来承担相应的责任？人类是否需要承认智能机器人的道德地位，是否可以随心所欲地对待他们，如利用智能机器干最脏最危险的活、不顾智能机器的感受让他们夜以继日地工作等。

总之，IT技术在服务人类生活的同时，也引发了相应的伦理问题，值得人类对此进行更加深入、细致的探讨。

• 思考题 •

1. 如何理解信息系统在社会中应用的广度和深度？
2. 除书中的思路外，电子商务与社会的互动关系还可以从哪些角度进行诠释？
3. 请概括说明书中所列举的社会化媒体应用的四类形式的主要共同特征。
4. 信息系统在公共管理服务中的应用是广泛的，请指出信息系统在该领域中的应用与传统信息系统相比，有哪些不同之处。
5. 请阐述你对绿色IT概念以及IT技术带来的伦理问题的理解。
6. 请列举1~2种除书中所述以外的其他信息系统在社会范畴内的应用情况。

• 即测即评 •

请扫描二维码，测试本章学习效果。

2

第二篇 信息系统的技术基础

信息系统的正常运转离不开强有力的技术支持,其中最核心的是信息系统相关基础设施及数据管理方式。本篇将围绕信息系统主要的技术基础展开。第4章将重点介绍信息系统基础设施,介绍电子计算机软/硬件的组成结构和基本原理,以及计算机网络的基础概念、基本结构及发展沿革;第5章将着重讨论企业内部数据管理的方式,简要介绍数据库模型及其沿革,数据库管理系统、数据仓库构成及应用,以及大数据存储和云存储等相关议题。

第4章　信息系统基础设施

在兵荒马乱的年代，面对千万里外的人的思念人们却无法鸿雁传书；在背起行囊的闯荡中，面对家人的牵挂人们却无法即刻表达；在忙碌求学的日子里，面对亲朋的呼唤人们却无法常临身边……时光如梭，人们现在已经可以通过即时通信软件保持日常联络；可以通过微信朋友圈分享异国风光；可以通过远程视频进入现实场景……这展现的正是一幅纵横交错、跨越时空的信息高速公路的画卷，而这一切都离不开计算机、信息通信和互联网等基础设施。那么，这些基础设施究竟是什么模样？又是如何运作的？本章将带领大家了解与信息系统相关的计算机硬件、软件结构与基本原理，以及计算机网络相关基础概念及发展沿革。

计算机及通信技术是信息系统的基础性支撑技术。电子计算机是现代信息技术最重要的组成部分之一，也是信息系统基础设施中的核心元素。在经历了大型主机、个人计算机时代之后，现在计算机和通信技术已经进入了全面互联的网络时代。特别是进入 21 世纪以来，互联网的快速兴起使得信息技术的应用进入了一个新的高峰。正如计算机技术发展的“梅特卡尔夫定律”所指出的那样，计算机网络的价值与连接到网上的计算机的数量的平方成正比。换句话说，网络效应使得计算机给人类社会所带来的价值呈现出几何级数的增长。如今，网络已经成为信息技术基础设施中不可缺少的一个环节，成为构建现代管理信息系统的一个必要的支撑。本章将从信息系统基础设施的视角，介绍电子计算机硬件、软件的组成结构和基本原理，计算机网络的基础概念、基本结构、发展现状与未来趋势，以及分布式系统和区块链的基础概念和基本原理，以期形成对作为现代信息系统基础性技术元素的计算机和网络相关概念的概貌性了解。

4.1　计算机系统的总体结构

计算机系统由软件和硬件组成，其总体结构以层次化的方式组织，如图 4-1 所示。硬件包括计算机中所有的物理部分，如中央处理器（CPU）、输入/输出设备等。软件则是一系列按照特定顺序组织的计算机数据和指令的集合。硬件为软件提供了物理载体，并最终实现计算机处理操作的执行。软件则为计算机的运行提供了逻辑规范，并与用户交互，提供了可供用户使用的功能服务。软件可进一步划分为系统软件和应用软件。系统软件包括操作系统和程序语言、开发工具等其他系统软件，提供了对计算机资源进行控制的手段；应用软件则为个人或组织所最终使用,提供了真正直接服务于工作和业务的处理功能。

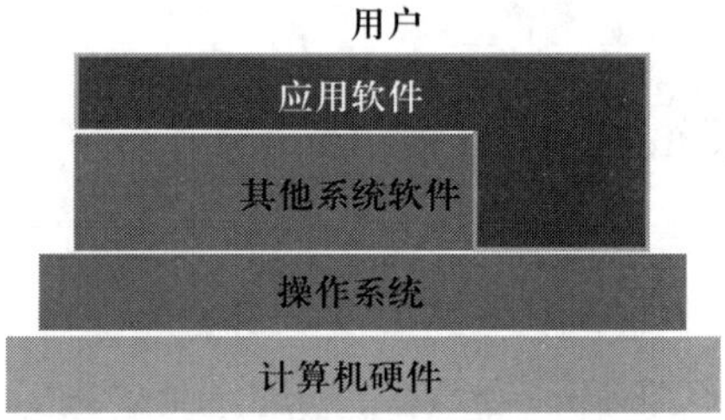

图 4-1 计算机系统总体结构

4.2 计算机硬件

一般而言,硬件是计算机系统中的物理组成部分,即人们可以看见、可以接触的部分。计算机系统中的其他内容均基于硬件之上。

根据规模和用途不同,计算机可以分为个人计算机(Personal Computer,PC,包括台式PC、笔记本电脑、平板电脑等)、工作站(Workstation)、小型机(Mini-computer)、大型机(Mainframe)、超级计算机(Super-computer)等各种各样的类型,并仍然处于多样化的发展之中,各种新型产品层出不穷。在各种类型的计算机中,个人计算机是当前最为普及也是最为重要的一种。近年来,以手机、平板电脑为代表的微型手持计算机设备,日益显示出其广泛的适用性和灵活性,嵌入手表、眼镜等日常用品之中的可穿戴计算机设备也已经出现并引起了广泛的关注,在未来的发展中可能成为电子计算机的一种重要形态。图 4-2 显示了一台台式个人计算机的基本组成。

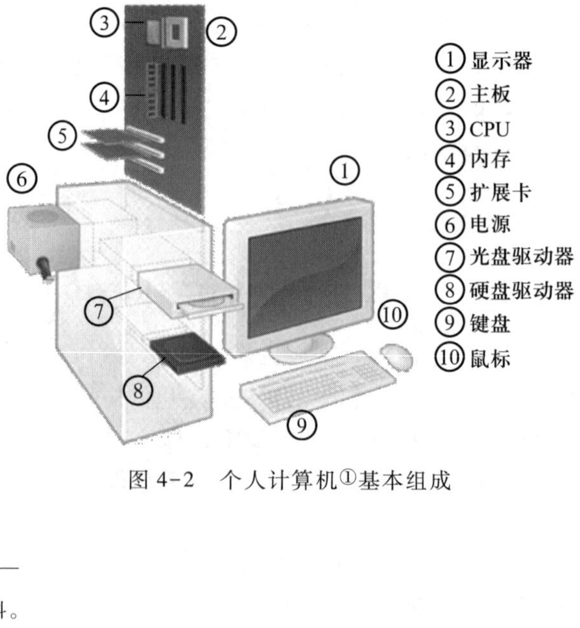

图 4-2 个人计算机①基本组成

① 图片来源:维基百科。

一般而言，计算机硬件的功能包括输入（Input）、处理（Process）、输出（Output）三个环节。同时，在处理的过程中还需要对数据进行存储。因此，总体而言，计算机硬件包括处理器、输入设备、输出设备、存储设备四大部分[59]，其结构如图 4-3 所示。

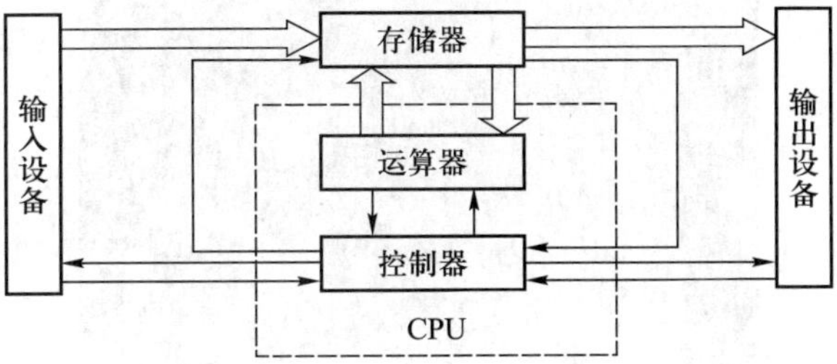

图 4-3 计算机硬件结构

在图 4-3 所示的结构中，中央处理器（CPU）位于中心部分，这体现了计算机系统中各部件的功能联系。在计算机硬件系统的实际实现中，为了获得更高的效率和灵活性，通常是使用公用的总线（Bus）来连接各个功能部件，如图 4-4 所示。

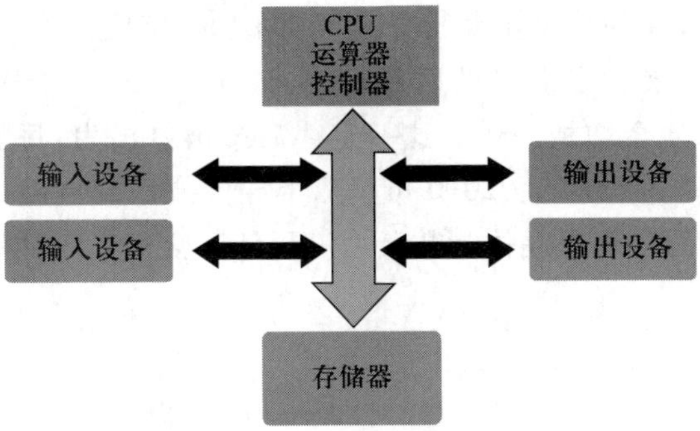

图 4-4 基于总线的硬件结构

4.2.1 中央处理器

中央处理器是进行处理活动的主要部件，又称中央处理单元（Central Processing Unit, CPU）或计算机处理器。中央处理器可以控制数据的算术和逻辑运算，它们也引导和控制数据在不同位置之间的传输。微型机中使用的处理器称为微处理器。Intel、AMD 等是目前主要的微处理器制造商。图 4-5 显示了一个较为常见的微处理器。

从逻辑结构上看，每个中央处理单元（CPU）包括三个互相关联的部件[59]：算术/逻辑单元（Arithmetic Logic Unit, ALU）、控制单元（Control Unit, CU）和寄存器。算术/逻辑单元（ALU）进行加、减、乘、除等算术运算和与、或、非等逻辑运算；控制单元进行指令译码，依据指令产生的一系列的操作命令脉冲协调 ALU、寄存器、主存、辅存和各种输入输出设备的数据流入、流出；寄存器是高速存储区域，用来暂时保存少量的程序指令和那些即将被 CPU 处理的、CPU 处理过程中用到的或刚被 CPU 处理完的数据。中央处理器的处理速度由机器周期、时钟速度、字长、总线宽度和物理特性等指标决定。

图 4-5 Intel Core i7 微处理器芯片①

随着技术的发展,CPU 的速度不断提升。20 世纪 60 年代,Intel 公司的创始人及董事会主席摩尔(Gordon Moore)提出了著名的摩尔定律(Moore's Law):集成电路上可容纳的电晶体数目,约每隔 24 个月便会增加一倍。这一定律后来被修正为:每隔 18 个月,计算机 CPU 芯片的性能就能够提高一倍。然而,2010 年国际半导体技术发展路线图的更新增长已经放缓在 2013 年年底,之后的时间里晶体管数量密度预计只会每三年翻一番。

4.2.2 内存

内存,又称主存、主存储器,可以存储将要处理的数据和将要执行的指令。内存可以看作中央处理器的工作空间。访问内存中的数据,速度要比访问辅助存储器数据快得多。用户可以感觉到微型机内存的容量影响计算机整体性能。微型计算机通常有 4G 内存或更大的内存。

存储器在硅芯片上集成了成千上万条的电路,数据在存储器中的表示是通过每条电路处于接通或断开的状态的组合来实现的。计算机主存的构成种类有很多,基本有随机存取存储器(Random Access Memory,RAM)和只读存储器(Read-Only Memory,ROM)。随机存取存储器又分为动态随机存储器(DRAM)和静态随机存储器(SRAM)。只读存储器也有可编程只读存储器(Programmable Read-Only Memory,PROM)和可擦除可重写只读存储器(Erasable Programmable Read-Only Memory,EPROM)等。

随机存取存储器(RAM)是暂时存储指令或数据的存储器,由许多对电流变化敏感的转接开关构成,切断电源后,该存储器上的数据即丢失。RAM 芯片直接安装在计算机主板上或主电路的外部插卡上。对于静态 RAM(SRAM),只要保持通电,里面储存的数据就可以恒常保持;而动态 RAM(DRAM)芯片需要以有规律的时间间隔,如两毫秒,提供高电压或低电

① 图片来源:维基百科。

压，否则就会丢失信息。SRAM 芯片比 DRAM 芯片快，但价格要高。

只读存储器（ROM）是永久性、非易失性的存储器。在 ROM 中，电路的组合状态是固定的，切断电源后，由这种组合表示的数据也不会丢失。ROM 为数据和指令提供的是永久存储，即存储在 ROM 中的数据和指令是不会发生变化的，这些数据和指令通常由计算机生产厂家在生产 ROM 芯片的时候写入。可编程只读存储器（PROM）是一种特殊的 ROM 技术，可以在芯片制造完成之后再用专门的设备将数据和指令写入其中。可擦除可编程的只读存储器（EPROM）则可以擦出并重写芯片中所存储的内容。EPROM 可以用于数据和指令不经常变化，但必要时需要更新的情况。例如，一个汽车制造商用机器人完成制造某种汽车的重复操作，机器人工作时要从 EPROM 中迅速访问固定的程序指令，但当汽车制造方法改变时，控制机器人操作的 EPROM 就要擦除再重写入另一种汽车制造方法的内容。手机、平板电脑等设备中的基础性数据和指令，一般也保存在 EPROM 之中，在必要的时候可以更新。这种保存于 EPROM 中、在平时使用时不能更改但在系统升级时可以更新的数据和指令，一般也被称作固件（Firmware）。

目前微型机常用的内存是 SDRAM（Synchronous DRAM）和 DDR SDRAM（Dual Date Rate SDRAM）及其衍生产品 DDR2、DDR3、DDR4 等。SDRAM 是指同步动态随机存储器，它可与处理器总线同步运行，速度可达 133 MH 以上；DDR SDRAM 又简称 DDR，即双倍速率 SDRAM。传统的 SDRAM 内存是在时钟的下降沿来存取数据的，而 DDR SDRAM 支持数据在每个时钟周期的两个边沿进行数据传输，从而使内存芯片的数据吞吐率提高了一倍。第二代和第三代双倍数据率同步动态随机存取存储器（DDR2、DDR3 及 DDR4）提供了相较于 DDR SDRAM 更高的运行效能与更低的电压，也是流行的存储器产品，其速度在 200 MH ~ 2 133 MH。

4.2.3 外存

主存是决定计算机系统整体性能的重要因素。然而由于主存容量的限制，主存存储的数据和指令相对有限，但是计算机系统通常需要存储更多的数据、指令，并需要存储信息能够保留更长时间。于是，我们需要外部存储器（外存），有时也可称作辅助存储器（Secondary Storage）。

与主存相比，辅助存储器有数据非易失性、容量大和价格便宜等优点。但是使用辅助存储器时需要电控机械处理，因此辅助存储器的存取速度比主存慢得多。选择辅助存储介质和设备需了解它们的主要特征，如存取方式、容量和便携性。

存取速度快的存储介质一般比速度慢的介质贵，存储容量和可携带性的成本变化虽然很大，但这也是要考虑的因素。除了成本外，还必须考虑安全性问题，即只能允许授权人访问关键程序。

数据和信息的存取方式分为顺序存取和直接存取。顺序存取就是要按数据存储的顺序来访问。例如，员工数据是按员工编号，如 100、101、102 这样的次序顺序存储的，这时如果要访问员工编号为 125 的员工信息，就要经过所有编号为 001 到 124 的数据。磁带等存储设备是典型的顺序存储介质。直接存取则不需要顺序经过其他数据而直接访问到所需数据的方式。如上例中能够直接找到并访问员工编号为 125 的数据，而不需要依次读完 001 到

124 的员工数据。因此，直接存取通常比顺序存取快。磁盘是典型的直接存取介质。

常用的辅助存储器包括磁带、磁盘和光盘。一些介质（如磁带）只允许顺序存取，而其他介质（如磁盘和光盘）可以顺序或直接存取。

1. 磁带

磁带是一种覆盖着铁氧化物的聚脂薄膜，磁带上每个被磁化的部分表示一个位数据。磁带是一种顺序存取的存储介质，也就是说假如计算机要从一卷磁带的中间读取数据，那么所有位于所需数据段前面的磁带部分都要被顺序读过，这是磁带的一个很大的缺点。由于这种顺序读取的特性，并且价格相对低廉，因而磁带主要用于数据备份。如今磁带已经很少使用。

2. 磁盘

磁盘也覆盖着铁氧化物，它们可以是很薄的钢质盘或聚酯薄膜磁盘。与磁带一样，磁盘也是用每一小块磁化了的区域表示一位数据的。磁盘是直接存取的存储介质，也就是说对磁盘读写数据时，磁盘的读写头能直接到达数据所在的位置，这样读写速度快，可以节省许多时间。

磁盘分为软盘和硬盘。软盘于 1972 年问世，并在随后的 20 多年的时间里迅速发展。软盘是很脆弱的，存在软盘上的东西很容易由于软盘保存和使用不当而丢失，这是软盘的一个很大的缺点。从软盘的发展来看，曾经有过 5.25 英寸的软盘、3.5 英寸的软盘和相应的软盘驱动器。由于软盘的存储容量很有限，一个 3.5 英寸的软盘的存储容量为 1.44 MB，加上上面提到的数据易丢失等缺点，随着更多更加方便的存储介质的出现，现在我们已经很少使用软盘了。

同软盘相比，硬盘具有存取速度快、容量大、可靠性高等特点。硬盘的盘体由多个重叠在一起并由垫圈隔开的盘片组成，盘片是表面极为平整、光滑且涂有磁性物质的金属圆片。由于硬盘盘片在驱动器内部，密封在金属盒中，防潮、防尘性能很高，工作时磁头悬浮在高速转动的盘片上方，并不与盘片直接接触，因此正常使用磨损很小。硬盘有针对台式机的，也有笔记本专用的笔记本硬盘。笔记本硬盘通常为 2.5 英寸，比台式机硬盘体积小，转速也比较低。移动硬盘，是以硬盘为存储介质，计算机之间交换大容量数据，强调便携性的存储产品。通常采用 USB 接口与计算机连接。

3. RAID

许多组织希望其数据存储设备能容错，即在一个或多个关键部件出现问题时整个设备能照常运行。于是，1987 年伯克利大学研制出来一种用于存储系统以提高系统性能和可靠性的独立/廉价冗余磁盘阵列（Redundant Array of Independent/Inexpensive Disks, RAID）技术。其基本思想就是把多个相对便宜的硬盘组合起来，成为一个硬盘阵列组，使性能达到甚至超过一个价格昂贵、容量巨大的硬盘。RAID 有多种不同的实现形式（也成为版本或级别），分别侧重于增强数据集成度、增强容错功能、增加处理量或容量等不同的方面。

4. 光盘

光盘是一种硬质塑料盘，这种盘上的数据是通过用激光在盘上烧灼出一个个小坑来记录的。光盘设备可直接读取光盘上的数据。光盘设备用一种低能激光测量盘上凹坑（或没有凹坑的地方）的反射光的差异来读数据。每个凹坑代表二进制数 1；每个没有凹坑的地方代表二进制数 0。这样如果制作了主光盘，就能用与生产 CD 唱片相似的技术复制光盘。

最常用光盘是只读式紧凑光盘(Compact Disk Read-Only Memory, CD-ROM)。写入CD-ROM的数据不能再次修改,所以称“只读”。CD-ROM的最大特点是盘上信息一次制成,可以复制,但不能再写。

只能写一次的光盘称为CD-R,它可以用专门的制作设备——光盘刻录机制成,每次只制一张,但不用一次将整张光盘刻满,可以根据需要以追加的形式续刻,直到整张光盘刻满。这时,这张CD-R就只能读,不能再写内容进去了。

可重写CD(CD-rewritable, CD-RW)技术允许光盘中的数据被多次擦除重写,从而为用户提供了一种既可写又可修改的大容量CD,在一定可以代替磁盘来保存资料。CD-RW能存储700MB左右的数据,正常情况下可存放数年。但与磁盘相比,CD的读写速度,特别是写入速度很低,因而仍无法完全取代磁盘。

目前广泛流行的光盘存储形式是数字视频盘(Digital Video Disk, DVD)。DVD标准早在1996年就已经提出了,它的特点是存储容量比CD-ROM大了很多。DVD盘很像CD-ROM盘,只是更薄一点,因此DVD播放器能读CD-ROM,但CD-ROM播放器不能读DVD,每张DVD单面能存储至少4.7 GB的数据。事实上,在1995年9月,索尼/飞利浦和东芝/时代华纳两大DVD开发集团达成DVD统一标准后,DVD的内涵有了很大的变化,它成了数字通用光盘(Digital Versatile Disc)的英文缩写。“通用”的含义表明了DVD用途的多元化,它不仅可以用于影视和娱乐,还可以用于多媒体计算机等领域。与其他辅存相比,光盘最主要的优点就是存储容量大。所以,光盘能够被用来存储声音和图像等大型应用软件,或者存储那些将来可能使用的不确定数据。然而光盘也有一些不足,比如同磁盘相比存取速度慢等,但这些不足会逐渐得到弥补。

5. 闪存类存储器

闪存类存储器的存储介质为半导体电介质。与其他移动存储器相比,闪存存储器具有体积小、寿命长、可靠性高等优点。采用Flash技术的存储器最常见的是数码产品上面用的CF卡,这种卡需要专门的插槽,如果想要和微机连接则需要读卡器,不是很方便。所以用CF卡作移动存储并不多见。在众多闪存存储器当中,USB闪存盘异军突起。这种闪存盘的优点是只要微机上有USB接口就可以相互传递数据,速度快,不用专门驱动器,体积超小,重量极轻,非常适合随机携带。现在USB闪存盘的容量不断扩大,比较常见的是8 GB~64 GB。

6. 固态硬盘

固态硬盘(Solid State Disk或Solid State Drive,SSD)是一种基于永久性存储器(如闪存)或非永久性存储器(如同步动态随机存取存储器,SDRAM)的计算机外部存储设备。固态硬盘用来在便携式计算机中代替常规硬盘。虽然在固态硬盘中已经没有可以旋转的盘状机构,但是依照人们的命名习惯,这类存储器仍然被称为“硬盘”。作为常规硬盘的替代品,固态硬盘被制作成与常规硬盘相同的外形,例如常见的1.8英寸、2.5英寸或3.5英寸规格,并采用了相互兼容的接口。和常规硬盘相比,固态硬盘具有低功耗、无噪音、抗震动、低热量的特点。这些特点不仅使得数据能更加安全地得到保存,而且也延长了靠电池供电的设备的连续运转时间。随着固态硬盘的兴起,现在一些移动硬盘也采用固态硬盘驱动器作为存储介质(即外接式SSD)。

4.2.4 输入设备

输入设备可以让我们将外部信息(如文字、数字、声音、图像、程序、指令等)转变为数据输入计算机中,以便加工、处理。输入设备是人们和计算机系统之间进行信息交换的主要装置之一。随着技术的发展,输入设备的形式日益丰富。除了最基本的键盘和鼠标设备外,扫描仪、光笔、压感笔、手写输入板、游戏杆、语音输入装置、数码相机、数码录像机、光电阅读器等都已不断普及。

1. 鼠标和键盘

最常用的键盘和鼠标用来输入字符、文本和命令等数据。通过键盘可以将信息转换为数据,输入到计算机中。鼠标可以用来"指向"和"点击"屏幕上的符号、图标、菜单和命令,使计算机产生许多动作,如将数据存放入计算机系统。

2. 语音识别设备

语音识别设备能辨识人的发音,用麦克风和特殊软件记录人的声音并转换成数字信号。在工厂车间中,机器操作员可用这种设备向机器发命令,而空出手来做其他事情。语音识别也可用在安全系统中以只允许授权的人进入控制区域。

语音识别设备分析语音并分类,再将其转换成数字代码。一些系统要"训练"计算机识别每个用户标准语句中的有限词汇。这通过重复每个单词以将其多次加入词汇的方式来实现。

3. 数码照相机和摄像头

数码照相机(Digital Camera)和摄像头(Webcam)一般具有视频拍摄和静态图像捕捉等基本功能,它是借由镜头采集图像后,由照相机或摄像头内的感光元件电路及控制元件对图像进行处理并转换成电脑所能识别的数字信号,然后通过电缆连接输入电脑后由软件再进行图像还原。

4. 扫描仪

图像和字符能用扫描仪输入。页扫描仪外观像复印机,要扫描的页被插入扫描仪中或朝下放在玻璃板上,盖好后扫描。手持扫描仪进行人工扫描图像,页扫描仪和手持扫描仪都能将单色或彩色图画、表格、文本和其他图像转换成数字形式。

5. 光数据读入器

光数据读入器是用于扫描文档的专用扫描仪,分为光标记识别读入器(Optical Mark Recognition,OMR)和光字符识别读入器(Optical Character Recognition,OCR)。参加考试的人用铅笔填充称为标记感知表格的OMR表格后,OMR读入器用来完成计分等工作,而大多OCR读入器根据反射光识别不同字符。OCR读入器用特殊软件将手写或打印的文档转换成数字数据,一旦数据被录入计算机,就能被很多人共享,能在网络中修改、传递。

6. 输入笔

用输入笔触击屏幕能激活命令或使计算机完成一项任务,输入手写的便条,或拖动对象和图像。输入笔要有特殊的软件和硬件。手写体辨认软件能将屏幕上手写文字换成文本格式。

7. 光笔

光笔在笔头中装了一个光球,这个球能辨认屏幕上发出的光从而确定笔在屏幕上的位置。和输入笔一样,光笔也能激活命令、拖动对象。

8. 触摸屏

屏幕技术的进步使得显示屏也能作为输入输出设备。触摸屏幕上的某个部分,就能执行程序或使计算机作某项操作。在一些小公司触摸屏是很受欢迎的,因为键盘占用空间。触摸屏常用于加油站里客户选择汽油,用于快餐店里订单服务员输入客户选项,用于旅店信息中心客户查询当地食品饮料机构信息,用于娱乐场所提供赞助人指南,也可用于机场电话亭和百货商店的服务。

9. 条形码(Barcode)及二维码(QR Code)扫描

条形码及二维码扫描仪是用激光扫描器读取条形码或二维码标签,这种设备广泛地用于商店结账处和仓库存储控制中。

10. 射频识别

射频识别(Radio Frequency IDentification, RFID)技术,又称电子标签,可通过无线电信号识别特定目标并读写相关数据,而无须在识别系统与特定目标之间建立机械或光学接触。射频识别技术可应用的领域十分广泛。特别是在物流管理方面,RFID技术可以实现从商品设计、原材料采购、半成品与制成品生产、运输、仓储、配送、销售,甚至退货处理与售后服务等所有供应链环节之即时监控,使企业准确掌握产品相关信息,比如生产商、生产时间、地点、颜色、尺寸、数量、到达地、接收者等。许多人把射频识别技术看作继互联网和移动通信两大技术之后,影响商务模式发展的又一项重大技术创新。

4.2.5 输出设备

计算机系统向决策者提供输出信息以解决业务的问题,或即时输出信息,帮助商家抓住竞争机会,另外也可作为同一信息系统中其他计算机系统的输入数据。输出设备可以输出图像、音频和数字信息。不管输出结果是什么内容或格式,输出设备的功能都是在合适的时间以合适的格式向合适的人提供合适的信息。

1. 显示器

计算机屏幕的一个最大进步是彩色显示器(与早期单显相比)和大屏幕。颜色使图像看起来更真实,显示器的扩大意味着一次在屏幕上可以显示更多的信息。

早期的CGA(彩色图形适配器)显示器最先从单色显示器中发展起来,它只有16种颜色。EGA(增强图形适配器)紧接着出现,允许在显示器上显示64种颜色。到了1987年推出VGA(视频图形矩阵)后,彩色显示器才真正流行开来。VGA标准允许同时显示256种颜色,且其分辨率达到了640×480,也就是说在显示器屏幕上的点有480行,每行640个点。分辨率的提高和可以显示的颜色的增多使得图形用户界面成为可能。

随后出现的SVGA等一系列技术进步提供了更高的屏幕分辨率和更多的颜色。目前个人计算机所使用的显示器的分辨率一般在1 024×768以上,高分辨率显示器则达到4 096×2 160以上。显示器的尺寸大小也从最初的13英寸发展到了20英寸以上,从而有效地支持了多窗口并行工作。

当前主流的液晶显示器(Liquid Crystal Display, LCD)是用液晶(在两个极化器之间有机的、油状的材料)在背景屏幕上形成字符和图像。LCD 屏幕有两种基本类型:被动阵式模式和主动阵列模式。在被动阵列模式显示中,CPU 将信号发到屏幕边界附近的半导体上,这些半导体控制了某行或某列上的所有像素。在主动阵列模式显示中,每个像素是由它自己的半导体控制的,这个半导体呈薄膜状附在像素后面的玻璃上。主动阵列模式显示亮度、清晰度均比较高,且比被动阵列模式显示有更大的视角。

2. 打印机

打印机经历了同样的进步,打印机变化主要体现在分辨率和打印速度这两个特点上。打印机从击打式打印机演变到非击打式打印机,分辨率和打印速度都有了很大的提高。击打式打印机需要机械设备接触到纸张才能输出打印的内容。非击打式打印机不需要机器接触纸张。激光打印机和喷墨打印机是非击打式打印机,目前已成为标准的打印设备。喷墨打印机把墨喷射到纸张表面,其分辨率大约是每英寸 300 点,优点在于体积小,而且成本比激光打印机低。喷墨打印机在实用方面优于激光打印机之处在于它能以相对低的成本输出彩色打印。激光打印机的分辨率每英寸从 300 点到 1 200 点,打印文本的速度从每分钟 4 页到 200 页。通常,打印图形的速度一般是打印文本速度的一半左右。

4.3 计算机软件

计算机系统硬件构成了计算机赖以活动的物质基础。然而,没有计算机软件支持的硬件,仅仅是集成电路芯片、电路板和其他电子元件的组合体,通常被称为“裸机”,不能进行数据处理。计算机硬件只能按照指令运行。计算机指令的集合称为程序,程序和相应的文档构成了计算机软件。在信息系统中,计算机通过软件接受输入的数据并进行处理,再转换成用户所需的信息输出给用户。

4.3.1 软件的概念

计算机软件就是一系列相关的程序和相应的文档组成的集合。它利用计算机本身提供的逻辑功能,合理地组织计算机的工作,简化或代替人们在使用计算机过程中的各个环节,提供给用户一个便于掌握操作的工作环境。不论是支持计算机工作还是支持用户应用的程序都是软件。[60]

计算机软件主要分为系统软件和应用软件两大类。系统软件(System Software)是用来管理计算机中 CPU、存储器、通信连接以及各种外部设备等所有系统资源的程序,其主要作用是管理和控制计算机系统的各个部分,使之协调运行,并为各种数据处理提供基础功能;应用软件(Application Software)是用来完成用户所要求的数据处理任务或实现用户特定功能的程序。[60, 61]

4.3.2 系统软件

系统软件负责管理计算机系统中各种独立的硬件,使得它们可以协调工作。系统软件使得计算机用户和其他软件将计算机当作一个整体而不需要顾及底层每个硬件是如何工作的。一般来讲,系统软件包括操作系统和一系列基本的工具(比如编译器、数据库管理、存储器格式化、文件系统管理、用户身份验证、驱动管理、网络连接等方面的工具)。

操作系统(Operating System,OS)是用于管理计算机软硬件资源的程序,同时也是计算机系统的内核与基石。操作系统负责诸如管理与配置内存、决定系统资源供需的优先次序、控制输入与输出设备、操作网络与管理文件系统等基本事务,也提供一个让用户与系统交互的操作界面(包括命令行界面和图形界面)。操作系统的形态非常多样,不同机器安装的操作系统可从简单到复杂,如从手机的嵌入式系统到超级计算机的大型操作系统。许多操作系统制造者对操作系统的定义也不大一致,如有些操作系统集成了图形化用户界面,有些操作系统仅使用文字界面,而将图形界面视为一种非必要的应用程序。

操作系统理论在计算机科学中为历史悠久而又活跃的分支,而操作系统的设计与实现则是软件工业的基础与内核。操作系统位于底层硬件与用户之间,是两者沟通的桥梁。用户可以通过操作系统的用户界面输入命令。操作系统则对命令进行解释,驱动硬件设备,实现用户要求。以现代观点而言,一个标准个人计算机主要包括以下五个部分的功能:① 进程管理(Processing Management);② 内存管理(Memory Management);③ 文件系统(File System);④ 设备管理(Device Management);⑤ 用户接口(User Interface)。

操作系统一般为用户提供两种方式的接口:一种是系统级的接口,即提供一组广义指令供用户程序及其他系统程序调用;另一种是用户直接与计算机进行交互操作的界面,它提供一组控制操作命令供用户去组织和控制自己作业的运行。用户操作界面包括命令行和图形界面两种形式。

4.3.3 主要操作系统产品

当前,使用较为广泛的操作系统产品主要包括 Microsoft Windows 系统、Linux 系统、Unix 类系统、Mac OS 系统等。

1. Microsoft Windows

Microsoft Windows 系统是微软公司(Microsoft Inc.)于 1985 年在 DOS 操作系统的基础上开发而成的。其后续版本作为面向个人计算机和服务器用户设计的操作系统,最终获得了世界个人计算机操作系统软件的垄断地位。Windows 操作系统及其后续版本可以在多种不同类型的平台上运行,如个人计算机、服务器和嵌入式系统等。其中 Windows 在个人计算机的领域应用最为普遍。最初 Windows 只是一种在 MS-DOS 上运行的附加组件,如今 Windows 已经垄断了整个个人计算机操作系统市场,拥有终端操作系统大约 90% 的市场份额。

2. Linux

Linux 操作系统是自由软件和开放源代码发展中最著名的例子。自由软件(Free Software)是一种可以不受限制地自由使用、复制、研究、修改和分发的软件。这方面的不受限制正是自由软件最重要的本质,与自由软件相对的是闭源软件(Proprietary Software),也常被称为私有软件、封闭软件(其定义与是否收取费用无关)。Windows 就是一种典型的私有软件。

Linux 内核最初是由芬兰人林纳斯·托瓦兹(Linus Torvalds)在赫尔辛基大学上学时出于个人爱好而编写的。1991 年,托瓦兹将 Linux 系统的源代码发布在互联网上,并邀请全世界的用户和编程爱好者来使用和共同开发这个系统。随后,Linux 得到了快速发展并产生了广泛影响。最初的 Linux 用户通常具有较为专业的计算机技术知识。随着 Linux 越来越流行,越来越多的原始设备制造商(OEM)开始在其销售的计算机上预装上 Linux,Linux 的用户中也有了普通计算机用户,Linux 系统开始慢慢抢占个人计算机操作系统市场。同时 Linux 也是最受欢迎的服务器操作系统之一。Linux 也在嵌入式消费电子市场上拥有优势,低成本的特性使 Linux 深受用户欢迎。近年来,许多价格低廉的便携式笔记本和上网本预装了 Linux 操作系统。Linux 同时也是一种重要的手机操作系统。2008 年,Google 推出的手机操作系统 Android 以及面向互联网的 Chrome OS 系统也都建立在 Linux 的基础之上。

3. Unix

Unix 操作系统是美国电话电报公司(AT&T Inc.)1971 年在 PDP-11 上运行的操作系统。该操作系统具有多用户、多任务的特点,支持多种处理器架构,最早由肯·汤普逊(Kenneth Lane Thompson)、丹尼斯·里奇(Dennis MacAlistair Ritchie)和道格拉斯·麦克罗伊(Douglas McLlroy)于 1969 年在 AT&T Inc.的贝尔实验室开发。随后几十年中,Unix 不断发展变化,衍生出了 IBM 的 AIX、HP 的 HP-UX、SUN(已被 Oracle 收购)的 Solaris、SGI 的 IRIX 以及 FreeBSD 等许多种著名的操作系统。后期的 Linux 以及 Mac OS 也都建立在 Unix 的接口标准之上。Unix 因为其安全可靠、高效强大的特点在服务器领域得到了广泛的应用。直到 Linux 广泛流行前,Unix 也是科学计算、大型机、超级计算机等所用操作系统的主流。

4. Mac OS

Mac OS 是一套运行于苹果 Macintosh 系列计算机上的操作系统,也是首个在商用领域成功的图形用户界面。新版本的 Mac OS 使用了基于 BSD Unix 的内核,具有 Unix 风格的内存管理和进程控制功能。Mac OS 以其优美的图形用户界面而闻名。

4.3.4 应用软件

真正能实现计算机最终用户的需求的是应用软件,能充分挖掘计算机系统潜力的也是应用软件。应用软件通过系统软件的接口实现同操作系统的交互和对计算机硬件的操作,最终用户通过应用软件和系统操作界面实现对计算机的利用;同时,也实现了计算机的高速、友好、高效处理数据和信息的价值。

应用软件是用来完成用户所要求的数据处理任务或实现用户特定功能的程序。应用软件还可以分为通用软件和专用软件。

1. 通用软件

通用软件是可以在多个行业中不同层次的用户使用的应用软件。常见的通用软件包括文字处理软件、电子表格软件、数据库管理软件等。

(1) 文字处理软件。文字处理软件是一个应用程序集,它允许用户创建、编辑和打印主要由文本组成的文档,当然这些文档还可能包括数据、图形、表格甚至声音。文字处理软件带有完整的校对工具,如在线拼写检查、语法检查和辞典。还可以画图、勾勒草图、建立索引和脚注、加入表格、为大邮件插入数据库文件中的记录地址和通过调制解调器插入传真记录。它还允许用户转化由其他文字处理软件产生的文档。文字处理软件的经济价值常通过使用这类软件的文秘人员的效率提高来衡量。尽管使用文字处理软件第一次准备文档也是很容易、很快速的,但真正体现效率提高之处在于原文档能够快速修改,不必重新敲入,大大减少了文档准备费用。它能把顾客的姓名和地址插入销售信函中并在信纸上自动地打印出成品,这也能减少大量的文秘开支。同时,因为管理者对微机的使用日趋广泛,许多管理者现在自己准备和编辑文档,而这些工作从前是由秘书做的。

目前,常用的文字处理软件包括 Microsoft Word、OpenOffice.org Writer、WordExpress、WPS 文字等。

(2) 电子表格软件。电子表格软件帮助管理者更轻松地准备预算表、税务分析、投资组合分析、销售和利润计划以及其他财务文档。它会显示由一系列行与列构成的网格。单元格内存放文本或数值。电子表格通常用于财务信息,因为它能够频繁地重新计算整个表格。电子表格软件允许管理者设计部分表格或表单,称为模板。它包括标题和图表中每一项的名称。模板还包括使用公式计算的行或列的总和、行和列的平均量和其他输入模板用数量表示量。例如,一个预算模板包括行名、列名、第一列上每行预算项目名称及进行小计、总计和百分比运算的公式。管理者可以多次使用设计好的模板统计和计算,每次只要输入每一项当前的数据和日期即可。电子表格软件的强大用途除了输入数据外还能输入公式,这样用户就可以使用假设分析的方法,模拟各种问题的解决方案。也就是说,用户可以输入大量不同的数值,如产品费用,以查看对结果的影响,如产品利润余额。输入的公式可以从简单的列合计或计算百分比到更复杂的计算投资净价值。因为电子表格软件允许管理者提供属于财务方面的假设分析问题,所以它提供了一个重要的决策支持工具。

第一个成功的电子表格软件是运行在 DOS 操作系统上的 Lotus 1-2-3。当前,Microsoft Excel 是运行在 Windows 系统上的主要的电子表格软件。除此之外,OpenOffice.org Cal 和 WPS 表格等电子表格软件也具有较为广泛的影响力。

(3) 数据库管理软件。数据库管理软件允许用户根据不同类型的记录中的数据建立报表。例如,管理者可能想准备一个人记录的员工和工资记录中的数据的报表;财务管理者可能想分析顾客发票记录中顾客的数据和存货中产品的数据之间的联系。数据库管理软件对组织中各个层次的管理者都是一个重要的决策支持工具。面向服务的大型数据库管理软件如 Oracle、IBM DB2、Microsoft SQL Server、MySQL 等主要运行在服务器系统上,提供集中共享的数据管理服务。面向个人用户的桌面数据库管理软件如 Microsoft Access、OpenOffice.org Base 等,则为个人日常工作中的数据管理以及简单的数据交换提供了便捷的手段。有关数据库管理软件的进一步讨论见本书的后续章节。

(4) 演示软件。演示软件帮助管理者制作幻灯片,幻灯片中包含图表、文本、图像和声音。管理者利用软件放映幻灯片的功能在屏幕上定时依次显示每张幻灯片。演示软件通常提供艺术图片库,以使幻灯片更吸引人,传递更多的信息。例如,一个演示软件包可以提供商业、教育、军事、科学和医疗卫生等图片库。商业图片库可能包括以下内容:身着商业服饰的人、档案柜、计算机、办公室和其他常在商业环境下出现的场面和景物。许多演示软件还包括绘图和图片操作功能。多数演示软件可以用来制作文本幻灯片,用户只要简单地准备一个提纲,系统就会自动把它转换成需要的幻灯片。用户可以通过加色、特殊字体、艺术剪切和其他功能来美化幻灯片。多数演示软件提供各种“转换时的趣味效果”,增加幻灯片转换的趣味。例如,可使用"渐暗"来结束一张幻灯片,开始另一张,第一张将逐渐隐去而被另一张取代。但是,演示软件也可能需要特殊的显示终端和打印机来产生高分辨率的、色彩丰富的幻灯片。

常见的演示软件包括 Microsoft PowerPoint、OpenOffice.org Impress、WPS 演示等。

(5) 多媒体软件。多媒体软件泛指用于图形、图像、视频、音频等各种形式的信息媒介处理的软件,主要包括图形绘制软件(如 CorelDraw、Inkscape 等)、图像显示和处理软件(如 Google Picasa、Adobe Photoshop、GIMP 等)、视频播放软件(如 MPlayer、VLC 等)、视频编辑软件(如 Adobe Premiere、Avidmux 等)以及大量具有不同功能的多媒体应用程序。

(6) 网络软件。网络软件指的是用于访问各类网络服务的软件,主要包括网页浏览器(如 Microsoft IE、Mozilla Firefox、Google Chrome、Apple Safari 等)、电子邮件客户端(如 Microsoft Outlook、Mozilla Thunderbird、FoxMail 等)、即时通信软件(如腾讯 QQ、Microsoft Windows Live Messenger、Google Talk、Skype、微信等)、FTP 客户端(如 Filezilla、CuteFTP 等)、下载工具(如迅雷等)以及其他种种不断涌现的新型网络工具。

(7) 套装软件。具有相关功能的一系列软件往往被组合成一套功能完备的套装软件以提供给用户使用,以使用户一次性获得更为全面的应用功能。例如,一套面向办公的套装软件通常包括一个文字处理软件、一个电子表格软件、一个数据库软件和一个演示软件。这些软件功能相关,使用方式相近,通过互补组合形成强大的软件包。例如,Microsoft 公司把 Word(文字处理软件)、Excel(电子表格软件)、PowerPoint(显示图形软件)和 Access(数据库管理软件)捆绑成一套软件包,称为 Microsoft Office。另一套著名的办公软件是以开源形式提供的 OpenOffice.org。此外,国内的 WPS Office、永中 Office 等也都是十分优秀的办公套件。

2. 专用软件

专用软件(Specialized Application Software),是指专门为某类用户或应某个用户的要求而专门设计的软件。一般地,这类软件都是自行开发的,但也可以从其他外部公司购买。如果组织有足够的时间和信息系统资源去自行开发,就可以选择自行开发软件。相反,组织也可以从外部供应商那里获得定制的软件。例如,第三方软件公司,通常被称为增值软件供应商,可以为某特定公司或行业开发或修改一个软件程序,以满足该公司或该行业的要求。

自行开发专用软件比较成功的一个例子是 OTR EXPRESS,它是堪萨斯州的一件运输公司。这家公司开发了一个分销控制软件,以追踪其装货、目的地、利用自己内部信息系统的人员的费率等信息。这些软件程序帮助组织将客户、最近的运输申请表和路线等均列示出来,同时,保证每天对数据进行更新。每 30 天进行一次数据汇总。这样,OTR 软件就能够对客户进行排序,将那些运输申请利润较高的客户清单排在前面,作为重要客户。OTR 的管理人员能够依据这个清单制定未来的目标,安排调度计划等。

4.3.5 软件版权形式

按照不同的版权形式,计算机软件大体上可以分为私有软件(Proprietary Software)、共享软件(Shareware)和自由软件(Free Software)三大类。私有软件又称非自由软件、专属软件、专有软件、封闭性软件等,是指在复制、分发、使用、修改上有限制的软件。私有软件需付费使用,有详细的付费方式,不能随意拷贝使用。私有软件一般只提供可执行的程序,而不提供源代码。私有软件一度是最为常见的软件版权形式,Microsoft 公司的产品是私有软件的代表。

与私有软件相对立,自由软件允许用户不受限制地自由使用、复制、研究、修改和分发。自由软件的版权仍属作者所有,但不对用户的使用加以任何限制。为了保证用户修改和分发软件的自由,自由软件通常公开发布其源代码,因此也称为开源软件(Open Source Software)。同时,为了确保软件始终是自由的,自由软件通常依靠“授权协议”来保证其开放性。例如,Linux 操作系统就使用了一份被称为 GPL 的协议。该协议的核心在于,对一个自由软件所作的任何复制、修改、分发工作,其所形成的新软件(或新版本)仍然应当是自由软件。在全世界范围内,自由软件为推动信息技术的应用发挥了巨大的作用。最为著名的自由软件包括 BSD Unix 操作系统、Linux 操作系统、Firefox 浏览器、OpenOffice.org 办公套件等。近年来,自由软件也得到了越来越多的商业公司的支持,例如 IBM、Google 的多种新产品均以自由软件的形式发布,其影响不断扩大。

共享软件是一种介于私有软件和自由软件之间的版权形式。共享软件通常是闭源的,但允许他人自由拷贝和使用。然而,这种使用一般附有特定的限制,如试用期、功能屏蔽或广告等,并鼓励用户通过缴纳软件注册费来消除这些限制。著名的共享软件包括邮件客户端 Foxmail 等。

需要指出的是,专有软件并不等同于商业软件,自由软件也不等同于免费软件。商业软件和免费软件并没有清晰的定义。一般说来,商业软件指由商业公司经营的软件,免费软件则是无须为使用付费的软件。私有软件和自由软件都可以免费或收费分发。它们之间的区别在于,私有软件的所有者可以决定是否分发该软件,以及费用的数额。而自由软件可以被任何持有者随意分发,相关的复制以及服务费用也可自行决定。

4.4 计算机通信技术基础

通信指的是信息以一定的形式,如语言、数据、文本和影像,使用电或光等传递介质,从一个地方发送到另一个地方。计算机数据通信指的是在一个或多个计算机与多种输入/输出终端之间传送和接收数据。计算机通信网络就是利用通信设备和线路将地理位置不同的、功能独立的多个计算机系统互联起来,以功能完善的网络软件(即网络通信协议、信息交换方式和网络操作系统等)实现网络中资源共享和信息传递的系统。[62]

4.4.1 通信方式

作为制造、传送、接收电子信息的系统,一个通信系统至少要包含 3 个基本要素:(1) 发送信息的设备;(2) 传送信息的通路或通信介质;(3) 接收信息的设备。信号从发送端传输到接收端时,有多种通信方式和数据编码可以选择。[63]

1. 模拟和数字传输

多数计算机利用数字信号进行通信。数字信号分为“开”“关”两种离散的电脉冲,多数系统用电脉冲构成比特,进而组成了节或字。例如,计算机可以通过向通路接入瞬时正5伏电压将其置于开状态;相反,接入负5伏电压使其复位。通过数字信号传递信息称为数字传输。

另外,声音(包括人的语音)是通过模拟信号传输的。模拟信号是连续的正弦波。在通信系统中,模拟信号持续向通路接入正5伏电压,但信号将在+5伏与-5伏之间连续变化。由于电话系统最初是被设计用来传递人的声音的,所以采用了模拟传输方式。无线电广播同样采用模拟传输方式。由于计算机使用数字信号,许多数据通路采用数字传播方式。虽然许多新型电话电路采用数字传输,但现代科技的发展已经允许语言和数据的信息以模拟和数字二者任何一种方式传输。

与模拟传输相比,数字传输的优势在于:一是它能够更容易地减少或消除传输中的噪声及错误信号,这一点在长距离传输中表现得尤为突出。二是它与数字计算机系统相兼容,这样就不必在计算机系统使用数字传输通路时进行多次模拟或数字转换。

2. 同步传输和异步传输

在网络通信过程中,通信双方要交换数据,需要高度地协同工作。为了正确地解释信号,接收方必须确切地知道信号应当何时接收和处理,因此定时是至关重要的。在计算机网络中,定时的因素称为位同步。同步是要接收方按照发送方发送的每个位的起止时刻和速率来接收数据,否则就会产生误差。通常可以采用同步或异步的传输方式对位进行同步处理。

异步传输(Asynchronous Transmission)将数据分成小组进行传送。发送方可以在任何时刻发送这些比特组,而接收方并不知道它们会在什么时候到达。一个常见的例子是计算机键盘与主机的通信。按下一个字母键、数字键或特殊字符键,就发送一个8比特位的ASCII代码。键盘可以在任何时刻发送代码,这取决于用户的输入速度,内部的硬件必须能够在任何时刻接收一个键入的字符。

同步传输(Synchronous Transmission)的数据分组要大得多。它不是独立地发送每个字符,而是把它们组合起来一起发送。我们将这些组合称为数据帧,或简称为帧。数据帧的第一部分包含一组同步字符,它是一个独特的比特组合,类似于前面提到的起始位,用于通知接收方一个帧已经到达,但它同时还能确保接收方的采样速度和比特的到达速度保持一致,使收发双方进入同步。帧的最后一部分是一个帧结束标记。与同步字符一样,它也是一个独特的比特串,用于表示帧数据传输完毕。网络计算机之间的数据交换通常采用同步传输。

3. 单工、半双工、全双工传输

有些网络的通道能够单向传输信息,称为单工传输。商用无线电广播网络系统即为单工网络系统。人们可以选择喜欢的段波,但不能用这个波段向电台反馈信息。单工通道常常用来将家中或办公室中的烟火报警装置与附近的消防队相连接,也用于机场的监视器。

有些网络的通道允许信息双向传输,但在某一特定时刻,仅有一个方向允许信息传送,如CB无线电收发装置,称为半双工传输。另外一些网络的通道允许同时向两个方向传输信息,称为全双工传输,公用电话网采用全双工的通道。许多公司的网络包含上述三种信道。

4. 线路交换和分组交换

在通信网络中,通信的双方要建立联系,存在线路交换和分组交换两种方式。线路交换(Circuit Switching)要求必须首先在通信双方之间建立连接通道。在连接建立成功之后,双方的通信活动才能开始。通信双方需要传递的信息都是通过已经建立好的连接来进行传递的,而且这个连接也将一直被维持到双方的通信结束。在某次通信活动的整个过程中,这个连接将始终占用着连接建立伊始通信系统分配给它的资源(有线信道、无线信道、频段、时隙、码字等)。传统的固定电话网络是一种典型的线路交换网络。

分组交换(Packet Switching)是数据通信中最重要的基础之一。分组交换的核心思想,是把发送方所发出的数据分割成小段,并将这些数据小段通过网络分别发送接收方,每个小段可能通过各自不同的路径抵达接收方。与线路交换相比,分组交换技术提高了网络系统的利用率。如果包很小,并且网络提供足够的可选路径,分组交换系统能够控制包在网络中进行合理的路径选择,以平衡线路负载。

4.4.2 传输介质

传输介质是指信息传输时经过的通道类型,包括双绞线、光缆、同轴电缆、微波、无线电波等。包括电话系统在内,许多通信系统同时使用几种介质。比如,当你给朋友打电话时,你的声音可能通过双绞线、光缆或微波到达目的地。

衡量传输通路性能的最主要指标是信道容量,可以用比特/秒或线路速度来表示。每秒传输 56 K 比特的信道当然比每秒传输 28 K 比特的信道容量大得多。

如今,许多网络系统都感到网络容量不能满足用户需求。这是由两个因素造成的:联网用户数量激增长率以及传输数据的性质发生了新变化。后一个问题的出现是因为,越来越多的人在原本为传送短的语言而设计的网络系统上传输图片、声音、视频等。

1. 双绞线

双绞线通路是与家用或办公室内的电话系统相同的传输通路。它价格低廉且便于安装。目前的技术发展已允许在短距离内使用双绞线,以 100 Mpbs 的速率传输数据。许多电话公司已经引入非对称数字用户环线(AOSL)设备,利用电话线获得 640 Kbps 的上传速度和 6 Mbps 的下载速度。

2. 同轴电缆

在相当长的时间里,同轴电缆是计算机网络连接的首选介质。电缆有多种规格以适应不同需要。同轴电缆一般用于局域网内部计算机的连接,如一间办公室、一层楼、一栋建筑物及一座校园,还可以用于有线电视的连接。

3. 光缆

光缆以光为传播媒介,在很多网络系统中,它已经取代了传统的铜线缆。它通过有无光线的速度变化,来编制计算机所需要的“0”“1”码。光缆的重量很轻,通过容量是传统铜线缆的数倍,并且可以用于一些不适合用铜线缆的地区,如潮湿或电磁干扰大的地区。与铜线缆相比,它也更不易被窃听或截取数据,所以保密性好。

4. 无线传输

无线传输以微波、无线电波或红外线为媒介传送文本、数据、图像和声音,常被称为无线信道。无线电波通路大量用于短程语音、数据传输。红外线、蓝牙等也可以用于数据传输,尤其是局部传输,如一层楼中的房间或楼层间的传输。事实上,无线电波和红外线信号也用于电视遥控器、计算机无线键盘、鼠标等。借助于通信卫星,无线传输也可以实现远距离的数据输送。

4.5 计算机网络的基本结构

在计算机网络中,多台计算主机通过通讯线路互联起来,为用户提供服务。现代计算机通信网络具有统一的网络体系结构、遵循国际标准化的协议。标准化使得不同类型的计算机能方便地互联,同时还能带来大规模生产、大范围集成和成本降低等一系列好处。

根据不同的应用范围和应用方式,计算机网络可以分为局域网(LAN)、城域网(MAN)、广域网(WAN)和国际互联网(Internet)。网络体系结构包括文件服务器/工作站体系、客户机/服务器(C/S)体系、分布式处理体系,以及浏览器/服务器(B/S)多层体系结构。在底层实现上,常见的网络形式包括以太网、令牌环网、高速以太网、FDDI(光纤分布式数据接口)和 ATM(异步传输模式)等。

计算机网络可以划分成资源子网和通信子网两个部分。资源子网由主机和终端设备组成,负责数据处理,向网络提供可供选用的硬件资源、软件资源和数据资源;通信子网负责整个网络的通信管理与控制,如数据交换、路由选择、差错控制和协议管理等,通信控制与处理设备(如程控交换机)和通信线路属于通信子网。

4.5.1 网络拓扑结构

网络中的节点相互连接的方式和形式称为网络拓扑,网络拓扑的结构主要有以下三种。

1. 星形结构

星形结构是以中央节点为中心,将其他多个节点通过点到点的线路连接到中央节点上(见图 4-6)。中央节点执行集中式通信控制策略,相邻节点通信也要通过中央节点,因而中央节点复杂且负担很重,不仅有路由选择功能,还有存储转发功能,而多个其他点通信处理的负担较小。这种结构主要用于分级的主从式网络,网络实行集中控制。星形结构的优点是结构简单、延迟小,容易进行节点扩充。缺点是可靠性差,一旦中央节点出故障,则整个网络系统瘫痪;每段线路为一个非中央节点专用,线路使用量大,利用率不高。基于交换机的网络普遍采用星形结构,以程控交换机为中心节点,其他节点通过交换机进行通信。

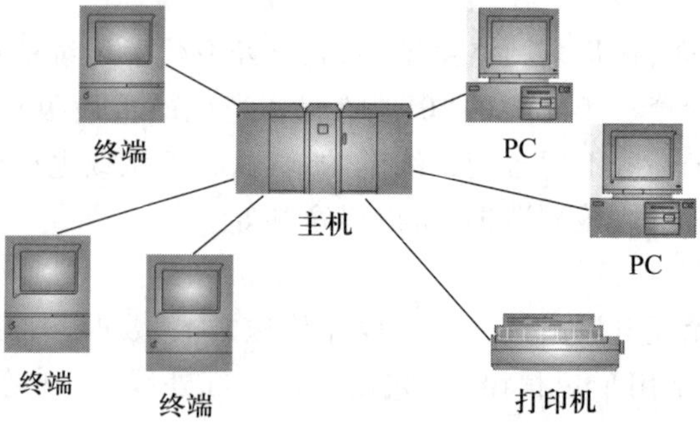

图 4-6 星形网络拓扑结构

2. 环形结构

在环形结构中，多个节点彼此串接并首尾相连，形成闭合环形（见图 4-7）。在环形结构中，各节点上的计算机地位相等，网络中的信息流是沿环定向流动的，因而网络的传输延迟是确定的。优点是网络管理简单，通信线路节小。缺点是一旦一个节点出故障，则由于环断开，造成全网不能工作；当环中节点过多时，传输效率降低，响应时间长。

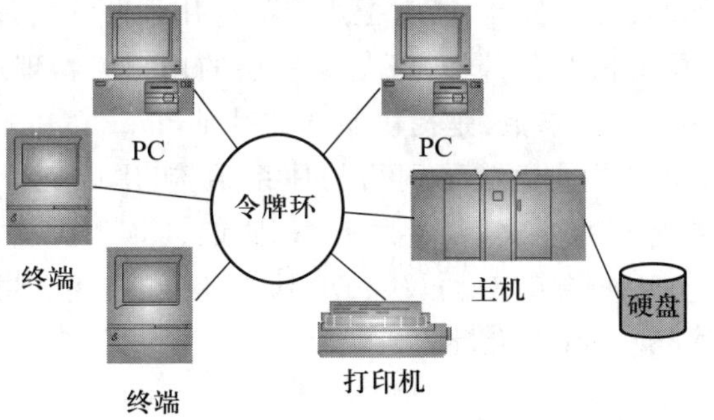

图 4-7 环形网络拓扑结构

3. 总线结构

在总线结构中（见图 4-8），多个节点都连接在一条公共的总线上，每个节点采用广播式发送信息，信号沿着总线向两侧传播，并可以被其他所有节点收到。整个网络上的通信处理分布在多个节点上，减轻了网络管理控制的负担。总线结构的优点是节点增加和拆卸十分方便，便于网络调整或扩充；所需线路很少，布线容易；可靠性高，某个节点发生故障对整个系统的影响很小；响应速度快，共享资源能力强。缺点是故障隔离困难，如果线路发生故障，则整个总线断开，不能正常工作。

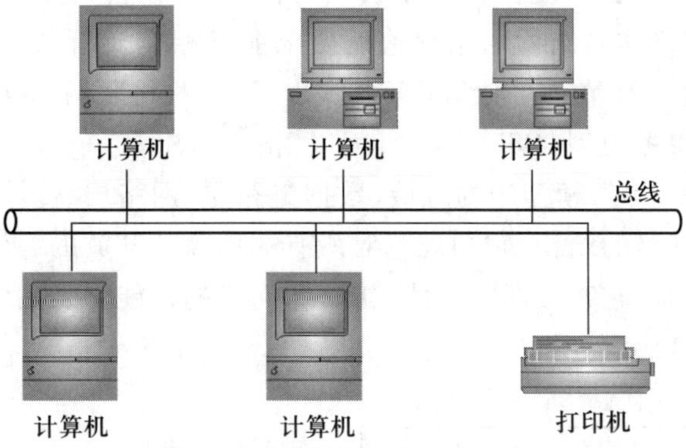

图 4-8 总线形网络拓扑结构

在实际应用中，网络的拓扑结构往往不是单一的，可能是几种结构的组合。选择拓扑结构时，应将网络应用方式、网络操作系统及现场环境结构结合起来考虑，并考虑布线费用、适应节点调整（增加、拆卸、移动）的灵活性以及网络可靠性等几方面问题。

4.5.2 网络协议

网络协议（Protocol）是计算机网络中进行数据交换而建立的规则、标准或约定的集合。

一个网络协议至少包括三要素:(1) 语法,用来规定信息格式、数据及控制信息的格式、编码及信号电平等;(2) 语义,用来说明通信双方应当怎么做,协调与差错处理的控制信息;(3) 时序,详细说明事件的先后顺序、速度匹配和排序等。

由于网络节点之间联系的复杂性,在制定协议时,通常把复杂成分分解成一些简单成分,然后再将它们复合起来。最常用的复合技术就是层次方式。在层次方式中,结构中的每一层都规定有明确的用户及接口标准,通常把用户的应用程序作为最高层。除了最高层外,中间的每一层都向上一层提供服务,同时又是下一层的用户。物理通信线路是协议中的最低层,它使用从最高层传送来的参数,是提供服务的基础。

各个层次上的各种协议共同组成了网络的体系结构,用以支撑种种复杂的网络应用。例如,在数据收发和网络管理的层次上,主要有 IP 协议、ICMP 协议、ARP 协议、RARP 协议等;在传输控制的层次上,主要有 TCP 协议、UDP 协议等;在应用的层次上,则有着 FTP、Telnet、SMTP、HTTP、RIP、NFS、DNS 等大量的协议。

4.5.3 网络体系结构

网络体系结构是指通信系统的整体设计,它为网络硬件、软件、协议、存取控制和拓扑提供标准。目前,最具规范性影响的是国际标准化组织(ISO)在 1979 年提出的开放系统互联(Open System Interconnection,OSI)的参考模型,而在实践中应用最为广泛的则是互联网中所实施的 TCP/IP 体系结构。

为克服计算机网络的复杂性,在早期网络设计时,就提出了分层的思想,即将庞大而复杂的问题分为若干较小的易于处理的局部问题。最初,各个公司都有自己的网络体系结构,就使得各公司自己生产的各种设备容易互联成网,有助于该公司垄断自己的产品。随着网络应用的发展,不同网络体系结构的用户迫切要求能互相交换信息。为了使不同体系结构的计算机网络都能互联,国际标准化组织 ISO 提出了“异种机联网标准”的框架结构,这就是著名的开放系统互联参考模型(OSI)。

如图 4-9 所示,OSI 参考模型用物理层、数据链路层、网络层、传输层、会话层、表示层和应用层七个层次描述网络的结构,它的规范对所有的厂商是开放的,具有指导国际网络结构和开放系统走向的作用。它直接影响总线、接口和网络的性能。从网络互联的角度看,网络体系结构的关键要素是协议和拓扑。

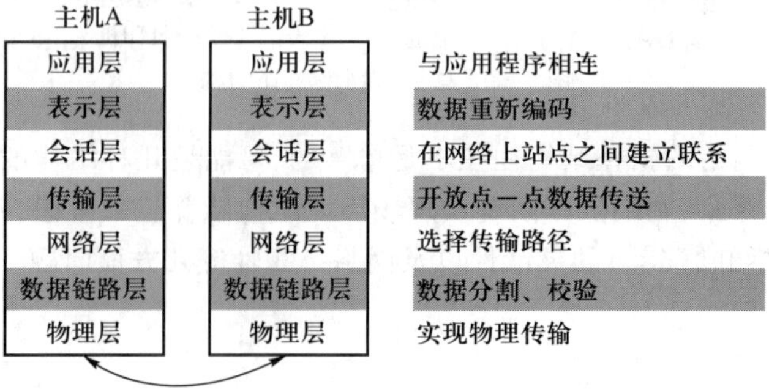

图 4-9 OSI 参考模型

尽管 OSI 参考模型得到了全世界的认同,但由于互联网的巨大影响,在实践中应用最为广泛的实际上是互联网中所使用的 TCP/IP 模型。TCP/IP 模型与 OSI 模型具有内在的一致性,其核心是网络层协议 IP 和传输层协议 TCP。围绕 TCP 和 IP,一系列的网络协议共同组成了一个全面的协议集(见图 4-10),支撑起了互联网这一当今世界上影响面最为巨大的计算机网络。

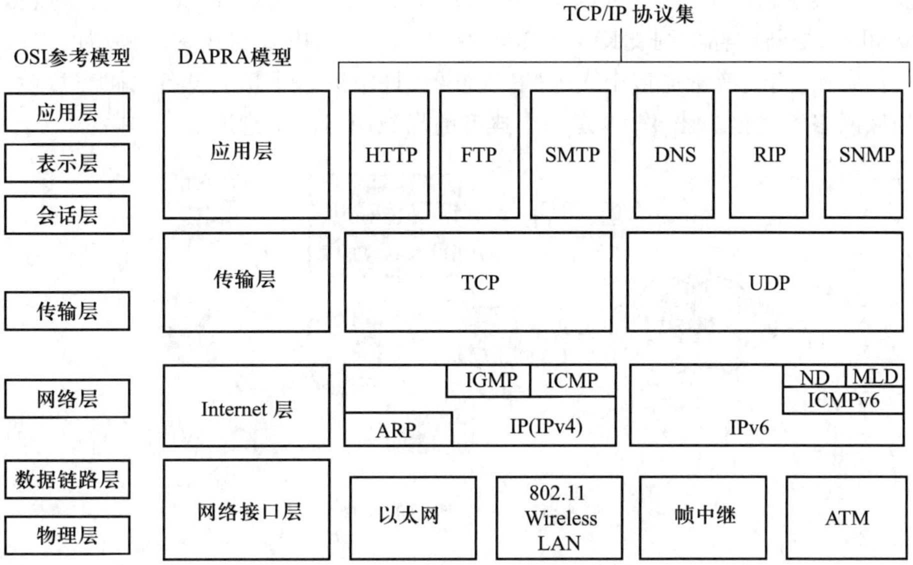

图 4-10 TCP/IP 协议集①

4.6 局域网与广域网

局域网(Local Area Network,LAN),指覆盖局部区域(如办公室或楼层)的计算机网络。广域网(Wide Area Network,WAN)指一个很大地理范围的由许多局域网组成的网络,比如一家大型公司在各地的分公司的内部网络互相联结组成一个网络。

4.6.1 局域网

局域网是在小范围内将许多数据通信设备以高速线路互联,进行数据通信的计算机网络。被连接的数据通信设备可以是微型机、小型机或中大型计算机,也可以是终端、打印机、大容量外存储器等外围设备。局域网一般可以提供较高数据传输速率和较低误码率的数据通信。局域网具有覆盖地理范围小、通信速率较高、一般为单个组织或单个部门所专有、成本较低等特点。

早期的局域网网络技术都是各不同厂家所专有,互不兼容。后来,国际电子电气工程师

① 图片来源:微软公司网站。

协会(IEEE)推动了局域网技术的标准化,由此产生了 IEEE 802 系列标准。这使得在建设局域网时可以选用不同厂家的设备,并能保证其兼容性。这一系列标准覆盖了双绞线、同轴电缆、光纤和无线等多种传输媒介和组网方式,并包括网络测试和管理的内容。随着新技术不断出现,这一系列标准仍在不断地更新变化。

以太网(IEEE 802.3 标准)是最常用的局域网组网方式。以太网使用双绞线作为传输媒介。在没有中继的情况下,最远可以覆盖 200 米的范围。最普及的以太网类型数据传输速率为 100 Mb/s,更新的标准则支持 1 000 Mb/s 和 10 000 Mb/s 的速率。典型的以太网用采用星形拓扑结构,用交换机连接个人电脑、服务器、打印机等计算机设备,并通过网关交换机与其他局域网络相连接。图 4-11 是一个典型的局域网络的示意图。

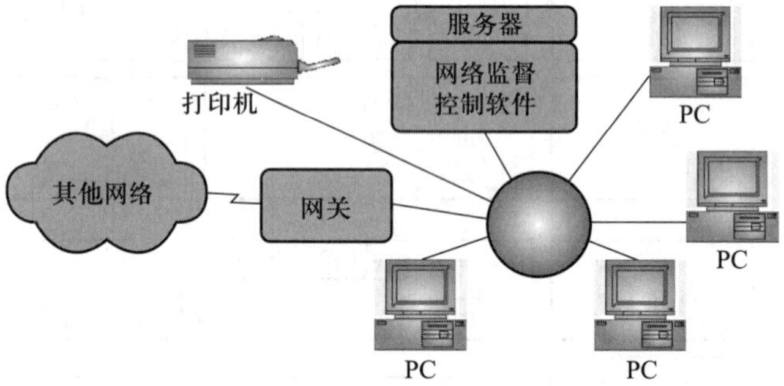

图 4-11 一个典型的局域网

其他主要的局域网类型有令牌环(Token Ring,IBM 所创,之后申请为 IEEE 802.5 标准)和 FDDI(光纤分布数字接口,IEEE 802.8)。令牌环网络采用同轴电缆作为传输媒介,具有更好的抗干扰性;但是网络结构不能很容易地改变。FDDI 采用光纤传输,网络带宽大,适于用作连接多个局域网的骨干网。

近两年来,随着 802.11 标准的制定,无线局域网的应用大为普及。这一标准通常也被称作 WIFI 标准,采用 2.4 GHz 和 5.8 GHz 的频段,数据传输速度可以达到 11 Mb/s 和 54 Mb/s,覆盖范围为 100 米。

4.6.2 广域网

广域网是能够将地理位置相距较远的多个计算机系统通过通信线路连接起来实现数据通信的计算机网络,也可以说是将分散于各地的局域网互联而形成的跨越地区的大型网络(见图 4-12)。广域网的根本特点是网络中的计算机分布范围很广,从数十千米到数千千米。针对这个特点,单独为每个系统建造一个广域网是极其昂贵和不现实的,因此只能采用公共的网络数据线路来实现。最初的广域网络通信就是采用传统的公共电话网实现,但对于大量数据传输来讲,这种方式性能差、效率低,速率最高不超过 64 Kbps,并且误码率很高。随着计算机远程通信需求的不断提高和通信技术的发展,广域网大多采用以分组交换为基础的数据通信网实现。

当前广泛应用的广域网络技术包括数字程控交换网络、光纤分布数字接口网络(FDDI)、基于 TCP/IP 的分组交换网络、综合业务数字网(ISDN)、非对称数字用户线路

图 4-12 广域网

(ADSL)、卫星通讯网络等。

4.6.3 存储网络

近年来,各种类型的信息系统应用导致了数据存储量激增,从而推动了网络存储技术的出现。在新的形势下,传统的存储技术以及客户机/服务器存储模式已经不堪重负,此时应运而生的存储网络便显现了强大的威力,得到了企业和厂商的广泛关注。存储网络打破了传统模式中存储设备高度依赖于计算机的限制,以高性能网络为桥梁,将存储能力与计算能力分离开来。[64]

首先,这种分离解开了束缚存储容量增长的缰绳,使得存储容量不再受到计算机内部体系结构以及服务器处理能力的制约,实现真正意义上的海量存储。其次,这种分离使得存储体系成为一种独立的基础设施平台,以整体形式为企业的信息系统应用提供全面的支撑,从而为信息的集成共享奠定了底层基础。再次,这种分离使得企业的信息系统技术架构得到了进一步层次化,有力地提升了灵活性和可扩展性,同时也有助于建立纵深的信息安全性体系。最后,技术架构的变革也推动着 IT 管理体系的调整,促使企业内部 IT 管理方式向着更高效有序的分工协作方向发展。

在新的环境中,数据存储不再仅仅扮演附加设备的角色,而是以独立的网络系统的形式存在。存储网络(Storage Network)的最重要的两种形式是网络连接存储(Network Attached Storage,NAS)和存储区域网络(Storage Area Network,SAN)。

NAS 模式建立在现有 TCP/IP 网络的基础上,实施过程较为简便,可以较为迅速地增加存储容量并提升数据共享能力,为初步改造企业存储模式提供了一条较为便捷的途径。NAS 的基本结构如图 4-13 所示。

SAN 则独立于传统网络之外,以高效率的光纤通道技术为存储建立专门的网络。以 SAN 为代表的存储网络具有现代数据存储所需要的高容量、高速度、高可用性、高可扩展性、集成性、远程虚拟存储等特性,并通过两个网络的分离充分保证了应用系统的效率。其未来发展的方向,是可将系统监控、资源管理、系统配置、安全策略、高可靠性、容量计划及冗余管理等众多功能集于一身的集成式数据分发与检索架构解决方案。图 4-14 显示了 SAN 的一种基本结构。

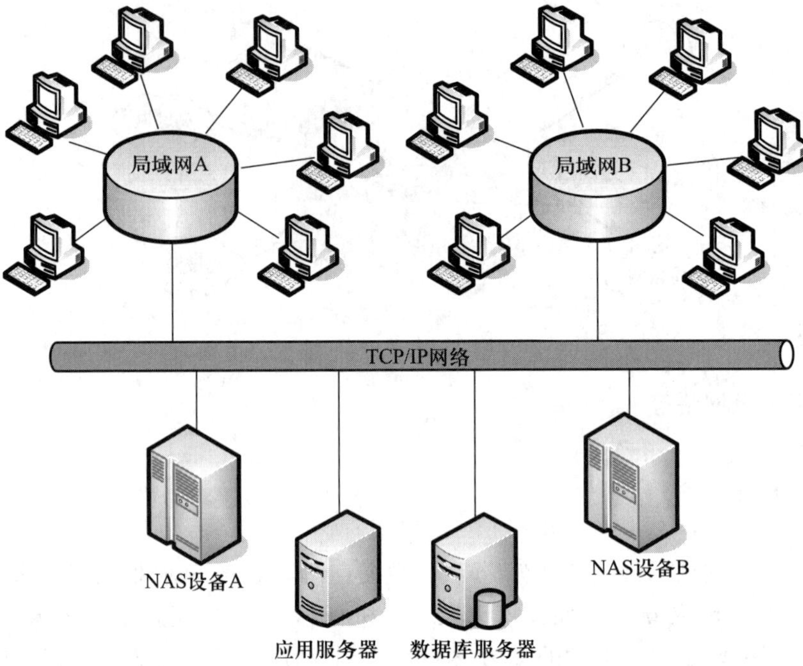

图 4-13　NAS 的基本结构[65]

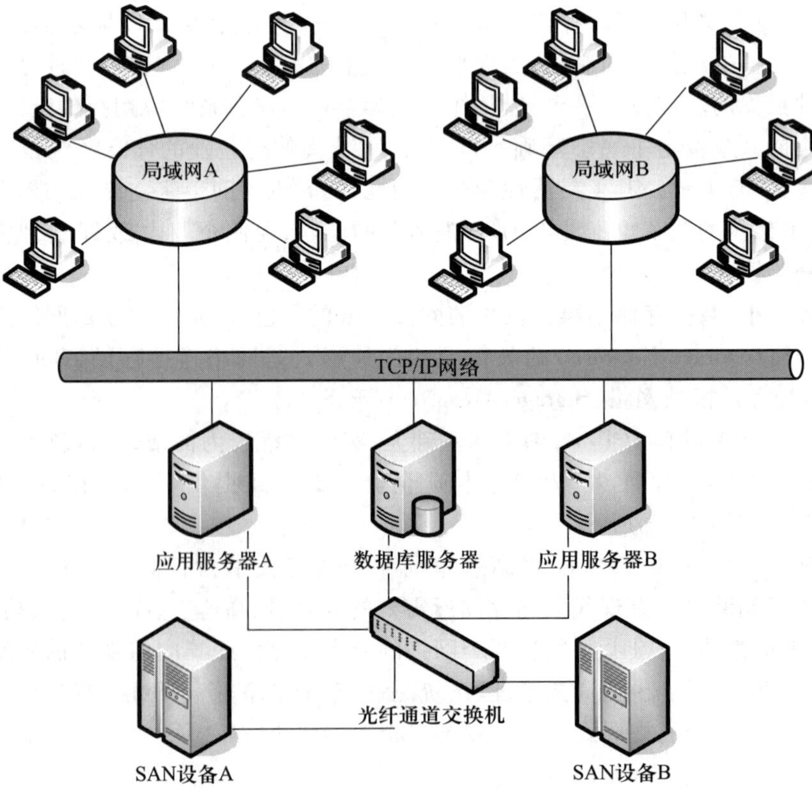

图 4-14　SAN 的基本结构

4.7 互 联 网

互联网(Internet)是20世纪80年代以来出现的最重要的计算机网络,它通过主干网络把不同标准、不同结构甚至不同协议类型的局域网在一定的网络协议的支持下联系起来,从而实现了更大范围的信息资源共享。目前互联网上提供的服务多种多样,包括电子邮件(Email)服务、万维网(WWW)服务、远程登录服务(Telnet)、文件传输服务(FTP)、新闻组等,为会话、娱乐和电子商务提供支持。

4.7.1 互联网发展

1960年美国国防部国防前沿研究项目署(ARPA)出于冷战考虑建立的ARPA网引发了技术进步并使其成为互联网发展的中心。1973年ARPA网扩展成互联网,第一批接入的有英国和挪威计算机。1974年,TCP/IP协议被设计出来并逐步引入ARPA网络。1983年1月1日起,ARPA网将其网络内核协议由NCP改变为TCP/IP协议。

在ARPA网络的技术基础上,1986年美国国家科学基金会(National Science Foundation,NSF)建立了大学之间互联的骨干网络NSFnet,这是互联网历史上重要的一步,从此之后大量的美国学术机构加入了这一网络。20世纪90年代初开始,整个网络向公众开放。1991年8月,在蒂姆·伯纳斯·李(Tim Berners Lee)在瑞士创立HTML、HTTP和欧洲粒子物理研究所(CERN)的最初几个网页之后两年,他开始宣扬其万维网(World Wide Web)项目。之后,随着Mosaic、Netscape等网页浏览器软件的出现,互联网进一步迈向大众用户。

在其发展的最初十年,互联网成功地吸纳了原有的计算机网络中的大多数(尽管像FidoNet的一些网络仍然保持独立)。这一快速发展要归功于互联网没有中央控制,以及互联网协议非私有的特质,前者促成了互联网有机生长,而后者则鼓励了厂家之间的兼容,并防止了某一个公司在互联网上称霸。

互联网是全球性的。这就意味着我们目前使用的这个网络,不管是谁发明了它,是属于全人类的。这种"全球性"并不是一个空洞的政治口号,而是有其技术保证的。互联网的结构是按照分组交换的方式连接的分布式网络。因此,在技术层面上,互联网不存在中央控制的问题。也就是说,不可能存在某一个国家或者某一个利益集团通过某种技术手段来控制互联网的问题。反过来,也无法把互联网封闭在一个国家之内。

4.7.2 互联网应用

在互联网之上已经产生了大量应用形式,其中万维网(WWW)、电子邮件等已经成为许多人日常工作、生活的一个重要组成部分。与此同时,新的互联网应用形式仍在不断地出现。下面我们将简要介绍其中的一部分典型应用。

1. 万维网

万维网(World Wide Web,WWW)是一个由许多互相链接的超文本文档组成的系统,通过互联网访问。在这个系统中,每个有用的事物,被称为一种“资源”,并且由一个全局“统一资源标识符”(URI)标识,这些资源通过超文本传输协议(Hypertext Transfer Protocol)传送给用户,而后者通过点击链接来获得资源。万维网应用建立在一种浏览器/服务器的结构上。浏览器向服务器发出请求以获取网页内容,服务器则负责向浏览器提供其所需要的信息服务。

今天,万维网使得全世界的人们以史无前例的巨大规模相互交流。可以说,万维网是人类历史上最深远、最广泛的传播媒介。它可以使它的用户和分散于这个行星上不同时空的其他人群相互联系,其人数远远超过通过具体接触或其他所有已经存在的通信媒介所能达到的数目的总和。

2. 电子邮件

电子邮件(Email)是指通过电子通信系统进行书写、发送和接收的信件。今天使用得最多的通信系统是互联网,同时电子邮件也是互联网上最受欢迎且最常用到的功能之一。电子邮件有时也被简称为电邮或邮件。通过网络的电子邮件系统,用户可以以非常低廉的价格、非常快速的方式,与世界上任何一个角落的网络用户联系,这些电子邮件可以是文字、图像、声音等各种方式。同时,用户可以得到大量免费的新闻、专题邮件,并实现轻松的信息搜索。

电子邮件因使用简易、投递迅速、收费低廉、易于保存、全球畅通无阻,使其被广泛地应用,它使人们的交流方式得到了极大的改变。另外,电子邮件还可以进行一对多的邮件传递,同一邮件可以一次发送给许多人。最重要的是,电子邮件是整个互联网以及所有其他网络系统中直接面向人与人之间信息交流的系统,它的数据发送方和接收方都是人,所以极大地满足了大量存在的人与人通信的需求。

电子邮件在 Internet 上发送和接收的原理可以很形象地用我们日常生活中的邮寄包裹来形容:当我们要寄一个包裹的时候,我们首先要找到任何一个有这项业务的邮局,在填写完收件人姓名、地址等之后包裹就寄出并到了收件人所在地的邮局,那么对方取包裹的时候就必须去这个邮局才能取出。同样,当我们发送电子邮件的时候,这封邮件是由邮件发送服务器(任何一个都可以)发出,并根据收信人的地址判断对方的邮件接收服务器而将这封信发送到该服务器上,收信人要收取邮件也只能访问这个服务器。

3. 即时消息

即时消息或即时通信(Instant Messaging,IM)是一个实时通信系统,允许两人或多人使用网络即时地传递文字消息、文件、语音与视频交流。典型的即时消息服务包括 Microsoft Windows Live Messenger、Google Talk、腾讯 QQ、微信等。即时通信不同于 Email 之处在于它的交谈是即时的。大部分即时通信服务提供了状态信息的特性(如显示联络人名单、联络人是否在线、能否与联络人交谈等)。

4. IP 电话和视频会议

IP 电话(Voice over Internet Protocol,VoIP)又名宽带电话或网络电话,是一种通过互联网或其他使用 IP 技术的网络进行的电话通信。过去 IP 电话主要应用在大型公司的内联网,技术人员可以复用同一个网络提供数据及语音服务,除了简化管理,更可提高生产力。随着互联网日渐普及,以及跨境通信数量大幅飙升,IP 电话亦被应用在长途电话业务上。由于世界各主要大城市的通信公司竞争日剧,以及各国电信相关法令松绑,IP 电话也开始应用于固网通信，其低通话成本、低建设成本、易扩充性及日渐优良化的通话质量等主要特点，被目前国际电信企业看成是传统电信业务的有力竞争者。目前最著名的 IP 电话服务包括 Skype 和 Google Voice。

视频会议系统是一种在位于两个或多个地点的多家用户之间提供语音和运动彩色画面的双向实时传送的视听会话型会议业务。大型视频会议系统在军事、政府、商贸、医疗等部门有广泛的应用。近年来，视频通话技术越来越多地应用在人们的日常生活之中。许多即时消息服务，如腾讯 QQ、Google Talk 等，都已经添加了视频通话和视频会议的功能。

5. 文件分享

文件分享是指主动地在网络上（互联网或小的网络）分享自己的计算机文件。一般文件分享使用点对点（P2P）模式，文件本身存在用户本人的个人计算机上，大多数参加文件分享的人也同时下载其他用户提供的分享文件。

Napster 是第一个大型的、为许多人使用的文件分享工具，它本来是一个中央集中的工具，用于分享 MP3 文件，后来因唱片商的法律诉讼而关闭。此后，一个叫作 Gnutella 的分散的网络出现了。这个服务完全是开放源代码的，它允许用户寻找任何文件形式，而不仅仅是 MP3 文件。它是吸取了 Napster 这样的中央集中制的服务的经验后发展出来的，克服了其弱点，在个别连接被中断后依然保证整个网络运行。除 Gnutella 外，目前使用最为广泛的文件分享工具还包括 BitTorrent 等。

6. 在线视频和网络电视

在线视频和网络电视应用已经在互联网上爆炸般地显现，但仍然存在着巨大的发展空间。目前，像 YouTube、Joost、Hulu、优酷这样的视频网站为人们提供大量可供在线观赏的视频节目。这些视频节目来自各种各样的渠道，既包括大型制片商投以巨资拍摄的作品，也包括一般用户自行录制的节目。在未来的发展中，在线视频和互联网电视将获得更高的画面质量、更强大的流媒体功能，以及更加灵活的个性化、共享等更多优点。

7. 网络游戏和虚拟世界

诸如《英雄联盟》（League of Legends）、《魔兽世界》（WoW）之类的网络游戏已经吸引了数以亿计的用户。新型的虚拟世界（Virtual World）正在网络游戏的基础上发展起来。虚拟世界是一个由联网计算机模拟的虚拟空间，用户可以通过自己的虚拟形象（化身）栖息其中，并可以与其他虚拟形象展开互动、交往。这种栖居通常是通过二维或是三维图形体现出来的。

目前在互联网上所表现出的“虚拟世界”是以计算机模拟环境为基础，以虚拟的人物化身为载体，用户在其中生活、交流的网络世界。虚拟世界的用户常常被称为“居民”。居民可以选择虚拟的三维模型作为自己的化身，以走、飞、乘坐交通工具等各种手段移动，通过文字、图像、声音、视频等各种媒介交流。尽管这个世界是“虚拟”的，因为它来源于计算机的创造和想象，但这个世界又是客观存在的，它在“居民”离开后依然存在。真实的人类虚幻地存在，时间与空间真实地交融，这是虚拟世界的最大特点。

8. Web 2.0

Web 2.0 是一系列新兴互联网应用的统称。这些新兴的应用包括社交网络（如 Facebook）、Blog（如 MySpace）、视频共享（如 YouTube）、音乐社区（如 Last.fm）、协同性知识管理（如 Wikipedia）、微博（Microblog，如 Twitter、新浪微博）等。

Web 2.0的核心特点是社会性和个性化。Web 2.0并不是一个技术标准,不过它包含了技术架构及应用软件。它的特点是鼓励信息最终利用者通过分享,使得可供分享的资源变得更丰盛。Web 2.0是网络运用的新时代,网络成为了新的平台,内容因为每位用户的参与而产生,参与所产生的个性化内容,通过人与人之间的分享,形成了现在Web 2.0的世界。

9. 云计算

云计算(Cloud Computing)是一种基于互联网的计算新方式,通过互联网上异构、自治的服务为个人和企业用户提供按需即取的计算。由于资源是在互联网上,而在计算机流程图中,互联网常以一个云状图案来表示,因此可以形象地类比为云(见图4-15),"云"同时也是对底层基础设施的一种抽象概念。

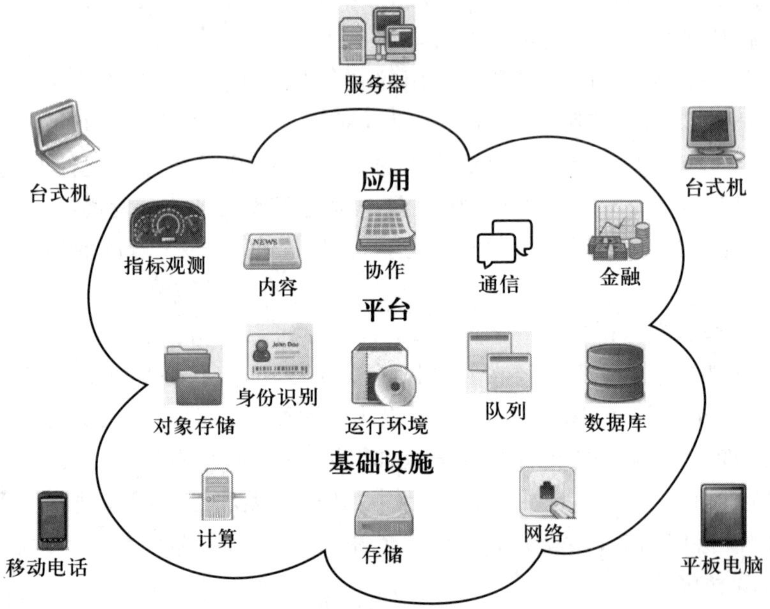

图4-15 云计算①

云计算的资源是动态易扩展而且虚拟化的,通过互联网提供。终端用户不需要了解"云"中基础设施的细节,不必具有相应的专业知识,也无须直接进行控制,只关注自己真正需要什么样的资源以及如何通过网络来得到相应的服务。

4.7.3 物联网

物理世界的联网需求和信息世界的扩展需求催生出了一类新型网络——物联网(Internet of Things, IoT)。物联网是一个基于互联网、传统电信网等信息承载体,让所有能够被独立寻址的普通物理对象实现互联互通的网络。[199]它具有普通对象设备化、自治终端互联化和普适服务智能化三个重要特征。

物联网是一种非常复杂、形式多样的系统技术。根据信息生成、传输、处理和应用的原

① 图片来源:维基百科。

则,可以把物联网分为四层:感知识别层、网络构建层、管理服务层和综合应用层。

(1) 感知识别层。感知识别是物联网的核心技术,是联系物理世界和信息世界的纽带。感知识别层既包括射频识别(RFID)、无线传感器等信息自动生成设备,也包括各种智能电子产品用来人工生成信息。

(2) 网络构建层。该层的主要作用是把感知识别层数据接入互联网,供上层服务使用。互联网是物联网的核心网络,处在边缘的各种无线网络则提供随时随地的网络接入服务。

(3) 管理服务层。在高性能计算和海量存储技术的支撑下,管理服务层将大规模数据高效、可靠地组织起来,为上层行业应用提供智能的支撑平台。

(4) 综合应用层。网络应用从早期以数据服务为主要特征的文件传输、电子邮件,到以用户为中心的应用,如万维网、电子商务、视频点播、在线游戏、社交网络等,再发展到物品追踪、环境感知、智能物流、智能交通、智能电网等,呈现多样化、规模化、行业化等特点。

物联网各层之间既相对独立又联系紧密。在综合应用层以下,同一层次上的不同技术互为补充,适用于不同环境,构成该层次技术的全套应对策略。而不同层次提供各种技术的配置和组合,根据应用需求,构成完整的解决方案。总而言之,技术的选择应以应用为导向,根据具体的需求和环境,选择合适的感知技术、联网技术和信息处理技术。

物联网的主要应用前景有:智能物流、智能交通、绿色建筑、智能电网、环境监测等。

4.8 网络应用体系架构

在当前的网络时代,基于网络,特别是基于互联网的技术是应用系统技术体系的主流。大体上说,网络应用的技术体系架构已经从最初的单机(主机-终端)架构发展到客户机/服务器(Client/Server,C/S)体系,进而发展到基于互联网浏览器的浏览器/服务器(Browser/Server,B/S)体系,也称为多层(Multi-tier)应用体系。

在 B/S 结构中,用户通过互联网浏览器(如 Microsoft Internet Explorer、Google Chrome、Mozilla Firefox 等)以基于 Web 的方式访问应用系统,在客户端计算机上不需要进行特别的安装和配置工作,从而大大简化了系统的实施和维护工作。当应用系统进行升级时,只需要更新服务器上的软件即可,而不需要像以往的 C/S 结构那样,逐个对客户端计算机进行更新。

B/S 结构通常都是多层的。“多层”的含义在于将系统服务器的功能分为多个逻辑上的层次,各个层次相互联系,同时每个层次相对独立,但是单独进行调整而不会对其他层次产生影响。如图 4-16 所示,层次的划分具有多种不同的方式,从基本的双层结构到复杂的五层结构都十分常见。[66]

在这些层次中,Web 浏览器是用户所使用的终端界面;Web 服务器层负责接收用户输入的数据并以满足用户要求的格式输出结果数据;信息规整(Servlet 引擎)层,也称数据规整层,负责根据需要筛选、转换数据并进行简单的运算;应用服务器层负责商务逻辑(Business Logic)的执行,并保证应用操作的完整性;数据库管理系统(DBMS)层负责执行数据的存储、管理、更新以及查询等任务。

层次的划分是为了提高逻辑结构上的合理性,每个层次应当具有明确的功能定义,并与

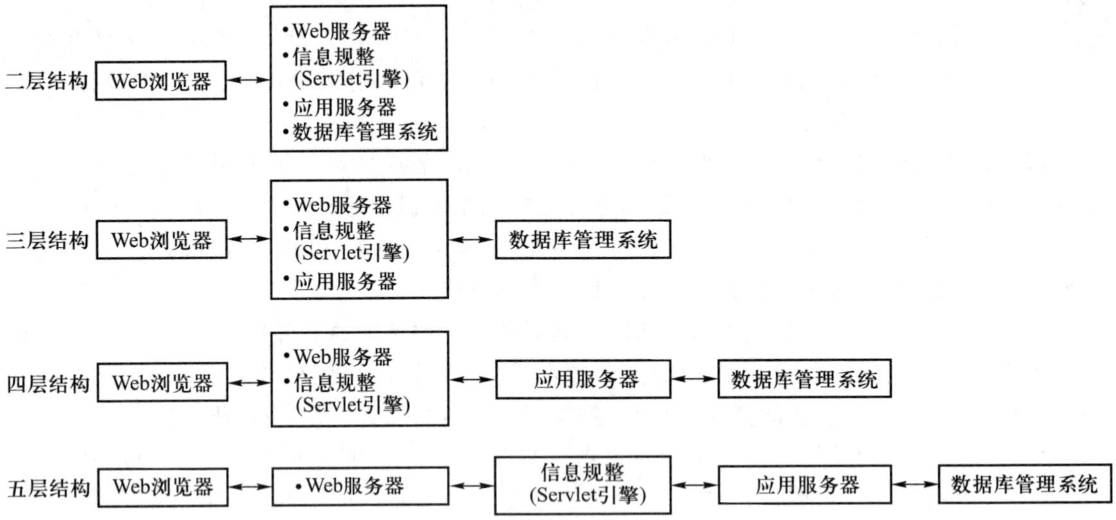

图 4-16 多层服务器体系

相邻的上下层次之间具有简明、清晰的数据交换接口。

每个逻辑层次并不一定都位于各自独立的物理服务器(计算机)上。如果有必要,一台服务器可以同时承担多个逻辑层次的运转。应当注意的是,当两个逻辑层次在同一台服务器上运行时,它们仍然是相互独立的,在需要的时候可以随时把其中的一个层次迁移到另一台服务器上运行,而不需对软件进行重大调整和修改。

同时,每一个逻辑层次都可以由多台物理服务器同时运行,并使用专门的控制设备协调各台服务器的负载均衡。从而整个体系的可扩展性能够得到大幅度提升。在实际的物理部署结构中,服务端的每个层次(DBMS 层、应用服务器层、Web 服务器层)均使用了多台计算机和负载均衡机制。在需要的时候,每个层次中的服务器数量可以随时增减而不会对其他层次产生影响。

同样,在进行软件修改和升级的时候,每个层次上的改动都可以独立进行。例如,当数据查询结果的展现形式需要修改的时候,就只需在 Web 服务器层上对程序进行改动,其他层次则完全按照原有方式运行。

此外,多层次的结构还有利于系统之间集成。从某种意义上说,系统间集成的实质就是让多个系统使用同一个逻辑层次。例如,在组织中建立中央数据库,为所有应用系统提供 DBMS 服务,实际上就是让多个系统共用同一个 DBMS 层。ERP 产品当中的集成,通常是建立在标准化的 DBMS 层和应用服务层的基础上,所有模块使用相同的 DBMS 和应用服务标准,就能够有效地实现数据和功能上的集成。

对于某些在企业中长期使用、在未来一段时间内无法替换的“遗留”系统(Legacy System),多层结构也有利于通过建立接口的方式实现集成。如图 4-17 所示,在多层体系结构下,遗留系统与新建整体信息系统平台之间的集成手段有多种选择。首先,可以通过数据转换、迁移接口建立遗留系统与新平台在数据库层上的联系;其次,可以通过数据提取接口建立新平台应用服务层与遗留系统数据库层的联系;此外,也可以通过应用逻辑接口建立二者在应用服务层上的联系。

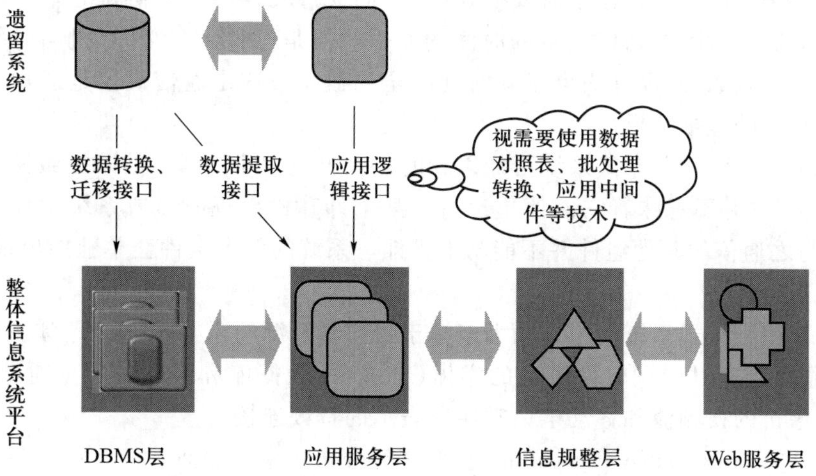

图 4-17 多层体系结构与遗留系统集成

在数据的提取、转换和迁移中，可扩展标记语言（Extensible Markup Language，XML）以及建立在其基础上的 Web Services 等技术，可以发挥有效的作用。

XML 由通用标记语言标准（Standard for General Markup Language，SGML）技术简化、改进而来，是一种针对网络数据交换而设计的开放性数据组织标准，具有很强的数据封装能力和语义描述能力，能够有效地支持各种形式的数据应用。近年来，XML 已经成为异构平台数据交换的首选手段，在其基础上发展起来的各种应用技术有效地对数据的提取、传递、转换和展现提供了支持。

Web Services 技术依托于 XML 数据交换手段，将系统应用功能组织成可以通过 Web 协议（如 HTTP）供应用程序访问、调用的功能服务，从而实现远程、异构的分布式应用功能集成。

4.9 分布式系统与区块链

4.9.1 分布式系统

分布式系统（Distributed System）是指一个其硬件或软件组件分布在联网的计算机上，组件之间通过传递消息进行通信和动作协调的系统。[196]分布式系统中每个处理器通常是执行半独立的程序序列，由于资源共享、可用性和故障容错等各种原因，各处理器之间需要协调行动。[202]

分布式系统有如下显著特征：

（1）并发。在一个计算机网络中，执行并发程序是常见的行为。用户可以在各自的计算机上工作，在必要时共享诸如 Web 页面或文件之类的资源。系统处理共享资源的能力会随着网络资源（如计算机）的增加而提高。

（2）缺乏全局时钟。在程序需要协作时，它们通过交换消息来协调它们的动作。密切的协作通常取决于对程序动作发生的时间的共识。但是，网络上的计算机与时钟同步所达到的准确性是有限的，即没有一个正确时间的全局概念。这是通信仅仅是通过网络发送消息这个事实带来的直接结果。

（3）故障独立性。分布式系统可能以新的方式出现故障。网络故障导致网上互联的计算机的隔离，但这并不意味着它们停止运行。某个计算机出现故障或系统中程序异常终止（崩溃）时，与之通信的其他组件并不能马上得知。系统的每个组件会单独地出现故障，而其他组件还在运行。

构造和使用分布式系统的主要动力来源于对共享资源的期望。“资源”涉及的范围从硬件组件（如硬盘、打印机）到软件定义的实体（如文件、数据库和所有的数据对象）。它包括来自数字摄像机的视频流和移动电话呼叫所表示的音频连接。

分布式计算（Distributed Computing）主要研究分布式系统如何进行计算。各组件之间彼此进行交互以实现一个共同的目标，把需要进行大量计算的工程数据分区成小块，由多台计算机分别计算，再上传运算结果后，将结果统一合并得出数据结论。

4.9.2 区块链

区块链（Blockchain）是用分布式数据库识别、传播和记载信息的智能化对等网络，也称为价值互联网。[197] 中本聪在2008年撰写的文章“Bitcoin：A Peer-to-Peer Electronic Cash System”中提出“区块链”概念，并在2009年创立了比特币社会网络，开发出第一个区块，即“创世区块”。

区块链的基本原理包括三个概念[198]：

（1）交易（Transaction）：一次对账本的操作，导致账本状态的一次改变，如添加一条转账记录。

（2）区块（Block）：记录一段时间内发生的所有交易和状态结果，是对当前账本状态的一次共识。

（3）链（Chain）：由区块按照发生顺序串联而成，是整个账本状态变化的日志记录。

如果把区块链作为一个状态机，则每次交易就是试图改变一次状态，而每次共识生成的区块，就是参与者对于区块中交易导致状态改变的结果进行确认。

在实现上，首先假设存在一个分布式的数据记录账本，这个账本只允许添加，不允许删除。账本底层的基本结构是一个线性的链表，这也是其名字“区块链”的来源。链表由一个个“区块”串联组成，后继区块记录前导区块的哈希值。新的数据要加入，必须放到一个新的区块中。而这个块（以及块里的交易）是否合法，可以通过计算哈希值的方式快速检验出来。任意维护节点都可以提议一个新的合法区块，然而必须经过一定的共识机制来对最终选择的区块达成一致。

• 思考题 •

1. 计算机硬件包括哪些主要的组成部分？各部分具有哪些功能和特点？

2. 什么是计算机软件？计算机软件具有哪些主要的类型？操作系统软件包括哪些主要的功能？

3. 计算机软件和硬件的未来发展具有哪些主要的趋势？

4. 什么是计算机网络？计算机网络包括哪些主要的类别？目前应用中的计算机网络主要采用怎样的拓扑结构？

5. 什么是互联网？它是如何发展起来的？具有怎样的特点？

6. 互联网上有哪些典型的应用？你认为未来哪些应用将会产生最广泛的影响。

7. 多层次的网络应用体系架构具有怎样的优点？

8. 你如何看待计算机软硬件及网络技术的未来发展趋势？

9. 什么是物联网？它包含哪些层次？

10. 什么是区块链？它的基本原理是什么？

• 即测即评 •

请扫描二维码，测试本章学习效果。

第 5 章　数据库和数据库管理系统

民以食为天。过去人们若想吃到可口的菜肴，常常需要奔波于喧闹的菜市场备货。要是稍不留神买多了，家中的货品堆积起来，储存和保鲜就是一个大问题。自从有了冰箱，人们可以将不同的食材分门别类地放好，并保持足够的新鲜和品质。现代社会的数据也是如此，若缺乏合理有效的存取管理，数据就会失去本身丰富的营养元素，无法为企业供给成长所需的养料。数据库与数据库管理系统让企业将繁杂凌乱的数据、报表、文档等原材料分门别类地存储起来，琳琅满目又井然有序，随时取出并可任意搭配。那么，数据库是如何构成的？又有哪些类别和功能？本章将介绍数据库的基本模型、数据库管理系统的架构，以及云数据平台等内容。

数据是信息社会企业的重要资产，是一种新的经济资产类别。对企业数据（如市场情况、商誉口碑、客户资料、需求订单、库存状态、生产过程、交易账目等）的管理有助于企业发现商业价值、整合内部业务流程、节约管理成本、创新产品服务，从而创造高效率、高质量的组织运作模式。

在网络应用广泛普及、数字化生活日益丰富、商务活动高度数据驱动的今天，数据的类型、规模、结构、分布、用途等特征日趋多元化和复杂化，进而使得数据的有效管理和利用显得至关重要。

数据库（Database）作为信息系统的核心构件，经历了半个多世纪的发展沿革，衍生出一系列数据模型和管理技术（包括商用系统与平台），为不同时代的商务应用和个人需求提供了强有力的数据表达、组织、存储、查询、分析、展现等方面的支持。

5.1　数据库模型及其沿革

传统的数据组织依赖于文件系统。使用文件系统存储数据，具有很强的灵活性。然而，随着数据量的增大和数据处理操作日益复杂化，文件系统逐渐难以满足应用程序对数据共享以及规范化管理的要求，凸显出大量冗余、浪费存储空间等问题。同时，由于数据的重复存储、各自管理，容易造成数据的不一致性，给数据的修改和维护带来困难。在这样的背景下，数据库作为一种高度规范化的数据存储和管理工具应运而生。数据库是基于计算机的数据资源的集合。数据库概念的两个主要目标是减少数据冗余和获得数据独立性。

数据冗余指的是数据的重复,即同样的数据存储在多个文件中。冗余数据意味着相同的事实。如果对这些相同的事实在进行多处修改时发生错误,使它们的值不相等,则很难确定哪一个值是正确的。当值不匹配时,这种情况称为数据的不一致性,这是数据冗余代价最大的一个方面。

数据独立性有两层含义:一是指减少数据间的不必要联系,以便在处理特定数据时减少对其他数据的影响;二是指适当区分数据的“型”(Type)和“值”(Value),以便在进行数据结构修改时减少对应用程序的影响。例如,将客户数据与产品数据分别放在两个文件表中的数据独立性,就比将它们放到一个表中的数据独立性高。再如,把客户数据的说明(类型、结构、值域等)放到数据字典中,并尽量使得应用程序的设计是面向数据字典的。这样如果有对于客户数据结构的改变时(如增加客户微信号码作为新的数据属性),则只需修改数据字典中的数据结构,而避免修改多个应用程序中的数据描述。

通常,数据库中的数据层次为:

- ●数据库
  - ■文件
    - ◆记录
      - ●项

不同的数据表达(包括语义、内容、关系等)和组织方式,就构成了不同的数据库模型。当应用程序是一个一个地开发时,简单的文件系统就可能满足要求。随着对数据集成的应用需求越来越高,渐渐发展出若干特定结构的数据库模型。从时间演化的轨迹来看,在文件系统之后,数据库模型最初产生于20世纪60年代,依次为层次模型、网状模型、关系模型、面向对象模型等。之后,以基本模型为基础,从应用和集成的视角,发展出不同的专用数据库系统及数据平台概念。其中,数据仓库和云数据平台体现出现代数据组织和管理的新特征(见图5-1)。

5.1.1 层次模型与网状模型

层次模型和网状模型是数据库发展早期的模型,它们均支持三级模式结构,通过外模式与内模式、模式与内模式之间的映像,保证了数据库系统具有数据与程序的物理独立性和一定的逻辑独立性。且均有独立的数据定义语言,用以描述数据库的外模式、模式、内模式以及相互映像,一经定义很难修改。其数据查询和数据操纵语言是一次一个记录的导航式的过程化语言。

1. 层次模型

说起层次模型,通常要提到由GE公司1964年开发的数据库管理系统IDS(Integrated Data Store)。这也进一步影响了数据语言系统协会(CODASYL)的工作。CODASYL成立了一个数据库任务小组,并责成该小组负责开发

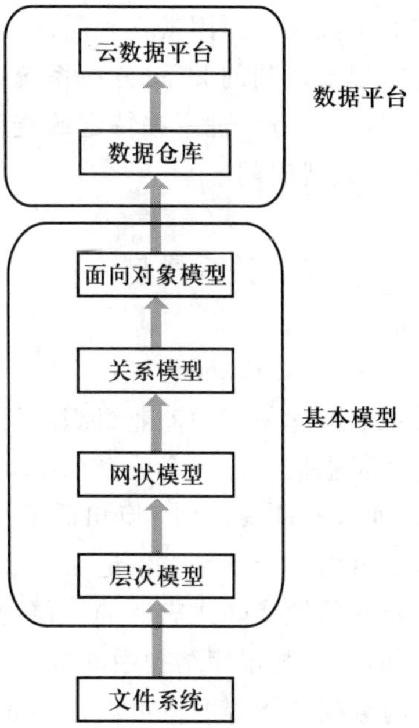

图5-1 数据库模型及其发展

数据库标准。

IDS 数据库管理系统采用层次数据库结构。在这种结构中,数据分成组,每组分成更小的组,更小的组再进一步分组,看起来像树的分枝。从一个分枝上的记录转到不同分枝上的记录要求数据库管理系统能够在分枝之间往返时掌握方向,有的时候也需要一直返回到数据库树形结构的最初树干上。

数据库的层次结构一度很受欢迎,因为它适合于处理订单录入、应收账款、应付账款及其他事务处理系统。当应用中需要使用数据库中的大量数据时,层次结构能高效地利用计算机资源。然而,当管理者想在数据库的大量数据中浏览查询几条记录时,层次结构的效率不是很高。层次数据库中的记录有一个字段能确定数据库中下一条逻辑记录的位置(外存地址)。记录在外存设备上不必一个挨一个地存放,逻辑后续记录的位置可以被指出,由数据库管理系统检索下一条记录。然而管理决策中有时需要某个特定的记录或一组数据库中逻辑不相邻的记录。

2. 网状模型

网状模型中的数据通过网状结构组织,允许给定的记录指向数据库中任何其他记录。CODASYL 的一个子协会数据库任务组在 1969 年发布了对于网状数据库结构的说明。

网状数据库模型通常将所有记录用系表示,每一系都包含一个主记录和若干属记录。这一点与层次模型中的父子关系有些相似。不同于层次模型的是网状模型允许一个记录同时属于几个系。例如,网状模型允许维修账单记录既是设备记录的子记录,又是买主记录的子记录。

网状数据库在解决问题时必须一路回溯到连接的数据库分枝中。理论上数据库中的记录有指向数据库任何其他记录的指针,但是正是这种大范围的连接成为应用网状结构解决实际问题的一个弱点,因为允许每个记录指向其他任何记录是非常混乱的。

同层次模型相似,网状模型一般也只在较老的数据库系统中使用,已经不是现代数据模型的主流。其原因就在于层次、网状结构没有其他数据库结构灵活,因为必须在查询之前就确定记录之间的关系,并在系统中实际实现这种关系。因此记录之间的关系就要求模型相对固定,一旦管理者在特定的查询中所要求的与已实现的关系不同,那么完成查询要么很困难,要么费时间。

5.1.2 关系模型

库德(E.F.Codd)等在 20 世纪 70 年代描述了基于关系代数的数据库结构。[67] 直到今天关系数据库一直为商业组织广泛使用。关系模型的数据库结构可以看成表(Table)的集合,一个表也被称作一个关系(Relation)。表是由若干数据属性(Attribute)(或称作数据项)构成,通常对应表的列。换句话说,一个含有 n 个属性的表对应着 n 个列,即对应着一个 n 元关系。表的一行就是一条记录。表之间的联系不是通过显式的索引或地址存储,而是通过属性及其属性值隐式表达的。层次和网状数据库依赖于以存储地址形式表示出来的物理联系,而关系数据库结构中的数据间联系是隐式的。当两个表中存在一个公共列时,表中公共列的数据值相等的行可以连接起来,表中的公共列是建立隐式关系的枢纽。

许多管理人员常接触一些表格形式的财务数据,因此他们很容易理解关系数据库模型。

关系数据库使管理人员可以灵活地进行数据库查询和建立报表。表的查询与新表的建立可以使用一个或多个表中的部分或全部数据。在建立关系数据库时不必明确数据项之间的所有联系,新的连接可以随时建立。因此关系数据库模型要比层次、网状数据库模型灵活得多,而且关系数据库可以使管理人员方便地制作特定的报告,进行特定的查询。

表 5-1 就是一个关系数据库中的示例,即销售商表。其中包括销售商编号、名称、所在城市三个数据属性。表中的每一行相当于一条记录。

表 5-1 关系数据库中的销售商表

销售商编号	名称	所在城市
0001	销售商甲	北京
0002	销售商乙	上海
0003	销售商丙	广州
0004	销售商丁	南京
0005	销售商戊	上海

5.1.3 面向对象模型

20 世纪 80 年代以来数据库技术在商业领域的巨大成功刺激了其他领域对数据库技术需求的迅速增长,新的数据管理需求也带动了数据库模型的发展,尤其是面向对象的数据库结构。面向对象的数据库技术看起来最适于管理复杂数据类型。在面向对象的数据库中,每个对象的数据、行为描述、属性说明三者是封装在一起的。其中对象之间通过消息互相作用,且每个对象都由一组属性来描述。例如,在一个建筑图纸数据库中,“建筑”这一对象与其他数据一样都要包含类型、尺寸、颜色等属性。每个对象还要包括一套方法或例行过程。例如,与某维护建筑的图纸封装在一起的方法有在屏幕上显示、旋转、收缩、爆破等。

具备相同属性及方法的对象被称为一个类。例如,建筑、楼层、房间就是建筑图纸数据库中分属三个类的对象,更进一步说,某对象的行为及属性可以由同一个类中的其他对象所继承。这样,与维护建筑在同一个类中的建筑可以继承该建筑的属性及行为。这种方式减少了编程代码总量,加速了应用程序的开发。结果产生了一个巨大的“可重用对象”库,其中的对象可以重复使用。将库中对象集成到一起,就可以生成新的应用程序,就如同一辆车由许多零部件组装在一起一样。

5.2 数据库管理系统

一个数据库管理系统(DBMS)是一系列软件程序的集合。它一般具备以下功能[1]:① 以规范、一致的方式存储数据;② 以规范、一致的方式将数据组织成记录;③ 允许用规范、一致的方式存取记录。

应用程序、数据库、数据库管理系统三者之间的关系如图 5-2 所示。在数据库管理系统中,应用程序不能直接从存储介质获得所需的数据,它必须先将请求提交给 DBMS,由 DBMS 负责从存储介质检索数据并提供给应用程序使用。因此一个数据库管理系统就是应用程序与数据之间的接口。

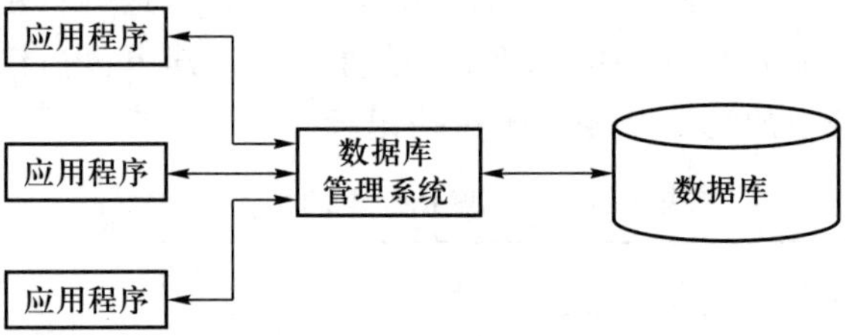

图 5-2 应用程序、数据库、数据库管理系统三者之间的关系

5.2.1 数据库管理系统的组成

大多数企业都从开发商那里购置了数据库管理系统软件。每一个特定的 DBMS 的组成都由于开发商不同而多少有些差异。DBMS 中的一些部件是专门供数据库方面的专家使用的。例如,信息系统专家所使用的几种典型的部件有:数据字典/目录、数据语言、数据视图、远程处理监督程序、应用程序开发系统、安全软件,以及数据库管理系统的文档和恢复部件等。管理者和各种非专业人员则可以使用一些其他的部件,比如报告书写器和查询语言。这里将主要围绕关系数据库管理系统进行讨论。

一个远程处理监督程序一般是用来管理数据库与远程终端之间通信的软件包。例如,远程处理监督程序通常可用于处理订货录入系统。这种系统往往在各个远程销售点都设有终端设备。远程处理监督程序可由数据库管理系统软件公司开发,作为其数据库产品的附属软件包。一套应用程序开发系统是一组程序,借助这组程序,程序员可以开发数据库的应用程序。包含在数据库管理系统产品中的应用开发工具,通常包括计算机辅助软件工程工具,即 CASE 工具。

一个安全软件包可以提供许多工具,用以确保数据库避免进行未授权的操作,同时这些工具也有助于保护数据库不受病毒攻击。

归档程序为数据库管理员提供了一套备份数据库的工具。当原始数据库遭到破坏或全部毁坏时,这些副本就将派上用场。重启/恢复系统是用来重启数据库并恢复因为事故而遗失的数据的一种工具。备份系统自动复制数据并与恢复系统协同工作用以恢复数据库。报表生成器使程序员、管理人员和其他人员不必使用具体的计算机编程语言就可以设计输出报表。

关于数据库管理系统其他重要部件将在下面逐一介绍。

5.2.2 数据字典/目录

数据字典可以是纸面上的,也可以是计算机文件。当它是计算机文件时,建立和维护数据字典系统(DDS)以便使用就是非常必要的了。DDS 可以是一个独立的软件包,但常见的形式是作为数据库管理的一个模块。

一个数据字典/目录应包含数据库中每一数据项的名称、对各数据项的描述和对各个数据项之间关系的描述。通过使用数据字典,DBMS 可以将数据以规范、一致的方式进行存储,从而减少了数据冗余。例如,数据字典可以确保代表存货号码的数据项具备规范的长度和其他规范的属性,而不必考虑使用这一数据项的程序。数据字典还保证用户及应用程序开发人员之间的协调,避免用户或应用开发人员向数据库中添加名称相同而意义不同的数据项。应用程序开发人员使用数据字典为他正在开发的程序创建记录,数据字典会自动将新记录与数据库中的已存记录相比较,从而防止了数据项名称及属性不一致的情况发生。

由于有了数据字典,应用程序不必再规定那些来自数据库的数据的特点,它只要在 DBMS 中调取数据就可以了。有了这种技术,当要改变某数据项的定义时,只需去修改数据字典而不必修改与此相关的那些应用程序。

5.2.3 数据语言

程序员使用一种被称为数据描述语言(DDL)的特殊语言来描述数据项的定义。为确保数据库中存取数据的规范性,一个 DBMS 要求应用程序必须使用标准命令。这些命令是数据操纵语言(DML)的一部分,程序员一般用这种语言检索和存储数据库中的数据。一种数据操纵语言通常由一系列命令构成,如 FIND、GET 和 INSERT。将这些命令放置在应用程序中,使数据库管理系统能在应用程序需要的时候及时获取数据。

5.2.4 数据视图

任何数据库都包含两种类型的数据:一种是实际的数据,如员工姓名、每小时工资、已工作时间;另一种是有关数据的信息,如每一数据项的定义信息、数据项与其他数据项的关系。这种关于数据的数据就叫作元数据。数据库中的数据有两种视图:逻辑视图是用户观察数据库中记录结构和记录之间关系的一种形式;物理视图是记录在存储介质上的实际组织与存储的方式。

一个关系数据库模型通常由若干关系模式(Schema)构成。关系模式不是数据内容本身,而是关于数据的描述,是一种对数据库逻辑视图的描述。换句话说,一个拥有 n 个属性 $A_1, A_2, \cdots, A_n$ 的数据库的关系 R 可以形式化地表示为一个模式:$R(A_1, A_2, \cdots, A_n)$。以表 5-1 为例,相应的数据库模式为:销售商(销售商编号,名称,所在城市)。

5.2.5 查询语言

查询语言主要用于从数据库中存取数据的一套命令。这种语言使管理者与其他人员在无程序员帮忙时也可以对数据库进行特定的查询。现在有三种用于查询数据库的结构化语言:SQL、自然语言和 QBE。其中,SQL 最为通用,在数据库产业中已成为一种被广泛认可的数据库查询语言标准。

SQL 含大约 30 个类英语命令。大多数 DBMS 商家都为它们的数据库软件提供了 SQL。

由于大多数数据库管理系统都使用SQL,所以管理者只要了解SQL句法,不管他们使用的是哪种数据库软件,都可以使用同一套命令。作为一个管理者,只要熟悉SQL,就可以在许多数据库系统中对数据进行操作。

SQL命令的基本形式是SELECT…FROM…WHERE…。SELECT后填写所查询的数据项名,FROM后填写所查询的数据所在的关系(表)名或记录组名,WHERE后填写查询条件。例如,查询客户数据表(CUSTOMER),以找出所有住在北京(PEK)市(CITY)的客户的姓名(NAME)和地址(ADDRESS),可以输入:

```
SELECT NAME,ADDRESS
FROM CUSTOMER
WHERE CITY="PEK"
```

值得指出的是,在当今的数据查询应用中,SQL不仅成为几乎所有关系数据库的查询语言,而且也成为其他类型的数据系统的查询语言形式。此外,在一些新型查询界面中(如菜单系统和Web搜索平台),SQL作为这些界面与后台数据库间的查询语言形式,仍然发挥着重要作用。

5.2.6 多平台数据库

有些DBMS软件厂家提供在不同的硬件及操作系统平台上都可以使用的DBMS软件。例如,一个DBMS软件产品可以有在大型机、小型机、工作站、PC机、笔记本电脑、智能手机上运行的不同版本。它能够简化从一个系统向另一个系统下载数据的操作,这使这些平台之间下载或上传数据非常方便。有些客户端版本甚至包括在服务器与移动终端之间进行文件转换的通信程序。由于有适应不同平台、不同操作系统的各种版本,开发者往往在某种平台上开发出应用程序,此程序经过适当定制化或升级以便在其他平台上使用。

5.2.7 Web服务软件

最近,许多DBMS生产厂家都将Web服务软件集成到它们的产品之中。这种软件将存放数据库的计算机系统转换到Web服务器上,使有线和移动上网的用户无论处于何地都可以对数据进行操作。这种软件可以将存储的数据转换成一种Web浏览器可识别的格式。浏览器软件在联网的计算机系统上运行,用户不但可查看本地数据库数据,而且对于万维网本身数据也可进行查询。因此,无论是在本地还是在其他地方的人员都可在其权限范围内,通过标准Web浏览器访问公司和外部计算机系统中的数据。

5.2.8 数据库管理员

负责数据库规划、实施、运维、安全的数据管理专家称为数据库管理员(DBA)。数据库管理员的工作范围包括以下四个方面。

1. 数据库规划

数据库规划包括与管理人员合作定义公司的模式,与用户合作定义用户子模式。另外,

DBA 在选择数据库管理系统软件和硬件方面起主要作用。

2. 数据库实施

数据库实施指的是按所选的 DBMS,建立与其特点一致的数据库,建立数据库使用的政策法规和使用过程。

3. 数据库运维

数据库运维包括对数据库进行性能监测、统计分析及评估、恢复、灾备以及维护服务等。还包括数据库使用中的用户培训和咨询。

4. 数据库安全

数据库安全是一个重要且复杂的课题。数据库安全包括两个方面:一是数据的安全等级界定以及数据存取的授权管理;二是数据和系统的安全检测和防护策略。

5.3 专用数据库系统平台

在信息技术与经济活动、社会生活日趋融合的背景下,随着数据库理论和实践的发展,根据不同数据类型和应用场景的多种数据库系统平台也应运而生。

5.3.1 超文本数据库

超文本数据库在当今网络搜索和链接应用方面扮演重要角色。超文本数据库是以超文本文件及其链接构成的系统。超文本文件包括文本、图片、声音、视频等多种数据类型。这些文件可以位于一个或多个与万维网连接的计算机上,并以浏览器形式进行非连续方式存取。例如,通过 HTML 格式,就可以方便地从当前的信息(诸如文章、条目、评论、论坛等)阅读位置利用超文本链接与其他的数据、图片、声音以及文本相连。这些信息既可以是内部资源,也可以是开放的外部资源。

从内部资源的角度,企业可以利用超文本数据库构建知识管理和信息共享的平台。比如,可以将现存的各种类型文件保存在数据库中,并转化为 HTML 格式,从而便捷地为管理者和员工提供检索、导航和浏览服务,支持业务运作和决策。从外部资源的角度,通过内外部网络互联以及其他链接,可以获取大量用户生成内容(UGC)和公众生成内容(PGC),包括行业动态,以便及时了解商务舆情和环境变化,进一步支持业务运作和决策。

5.3.2 在线数据库

随着数字化生活日益丰富,管理者和个人用户可以通过商业性、政府、非营利组织搭建的在线数据库系统平台获得大量信息。可以通过直接访问或通过在线信息服务方式获取这些数据库中的信息。通常,基于在线数据库的信息服务是与需求、领域、问题等密切相关的。在线数据库系统平台既收集、汇总、存储、链接相关的数据/信息资源,又提供分析、加工和展现等功能。如 Google Scholar (scholar.google.com)、百度百科(baike.baidu.com)、Gartner(www.gartner.com)、路透金融(www.reuters.com)等。还包括其他一些纵向的专业平台,提供相关领域的在线信息服务，涉及健康医疗、艺术设计、市场营销、生产制造、战略咨询、电子通信、环境保护、军事国防、公共管理等诸多行业。

目前，通过 Web 互联和浏览是访问在线数据库的主要形式，同时可以便捷地进行关键词搜索、数据上传下载、报表生成和多维视图、概要汇总等操作。显然，有效地利用在线数据库，将有助于提升企业运作管理和个人信息消费的质量。

5.3.3 多媒体数据库

多媒体、CAD/CAM、制图程序等软件已经广泛应用到商务活动中。特别是面向手机等移动终端的多媒体数据获取和处理技术的普及进一步扩展了对复杂数据类型的应用范围。多媒体数据库系统主要是对于视频、语音、图片、文本等非结构化数据进行存储、查询和管理。日趋流行的视频平台（如 www.youtube.com）、音乐平台（如 music.baidu.com）、微信平台（如 weixin.qq.com）等就是多媒体数据库系统平台的应用示例。

虽然多媒体数据库管理及其应用可以沿着面向对象数据库（如视频、语音、图片、文本等均为特定对象数据）和超文本数据库（如通过 HTML 链接）的扩展方向演化，其下列特征直接影响着数据的管理和查询。

1. 多媒体数据的规模

在传统关系数据库中，数据通过表的形式存储，每个表包含大量记录（也称作元组或行），而每条记录的规模则相对不大。在多媒体数据库中，每条记录的数据项则是视频、语音、图片或文本，其规模通常很大。因此，在数据库管理系统中，有效的数据压缩技术就必不可少。特别在分布数据源的情况下，数据存取和聚合技术也很必要，且需要具有足够的效率。

2. 多媒体数据的内容检索

在传统关系数据库中，由于数据类型相对规范，数据查询条件的判定通常比较明确，如：SQL 中 WHERE 条件语句“CITY = "PEK"”“INCOME ≥ 50000”等。而对于多媒体数据，查询条件的判定通常是一个模式识别和近似匹配的问题，这在效果和效率方面对于多媒体数据库的存取带来技术挑战。比如，对于给定的查询图片，如何有效、快捷地搜图；对于给定的查询文本（或关键字），如何有效、快捷地进行文本检索；对于给定的查询语音，如何有效、快捷地进行语音匹配；等等。因此，在数据库管理系统中，特征提取、模式匹配、语义处理等方法对于数据查询来讲就显得尤为关键。

3. 多媒体数据的实时检索

例如，随着智能手机、平板电脑的普及，人们对于视频数据存取和检索的需求与日俱增。视频的播放、快进、回放等功能成为重要的数据查询形式。在此背景下，服务器和客户端数据管理功能的同步、通信、数据交换等十分重要，且要求足够的实时特性。

5.4 数据仓库

数据仓库是数据库领域发展的一个重要标志，也是人们对于数据存储、组织、分析和利用的需求日益高涨的产物。数据仓库作为一类数据平台，旨在构建一个体系化的数据管理环境,支持面向数据分析的业务运作与决策。

简单说来,数据仓库是把相关数据收集到一个中央仓库中以便于处理。与普通物品仓库采用物品有序分类、货架布局、便捷摆放类似,数据仓库作为一个数据集合,强调通过集成、多维视图、回溯等技术进行数据分析与管理。从最基本的功能来看,数据仓库和数据库一样也是用来存储数据的,但是两者又有许多不同之处。具体地讲,数据仓库的主要特征可以概括如下[68]:

1. 面向主题

数据仓库可以根据用户的视角组织和提供数据。例如,数据仓库可以灵活地支持回答"为什么会发生"这类管理问题,而不拘泥于事先设定的数据结构和查询路径。

2. 管理海量数据

数据仓库支持大规模数据存储,同时具有多维视图(如时间维度)能力,这就使得数据仓库可以反映趋势性模式,以支持管理预测。此外,数据仓库拥有概括和聚集机制以在不同粒度上对数据进行组织,这就便于用户在"森林与树木"间的洞察缩放。

3. 集成多数据源

数据仓库的数据可以存储在多个介质上,并具有集成多数据库模式、版本、数据源的能力。

4. 支持分析决策

数据仓库的数据组织和管理技术侧重分析处理。通常,数据仓库是 OLAP 应用的环境和基础。

如图 5-3 所示,数据仓库三层体系包括操作环境层、数据仓库层和业务操作层。其中,操作环境层包括了整个企业内有关业务的 OLTP 系统(包括运营数据、客户数据、生产数据等)和一些外部数据源(包括网络口碑评论、用户浏览行为数据等);数据仓库层是把操作环境层的相关数据进行提取、清洗和转换所形成的数据层次;业务操作层则包括各种数据分析处理工具。

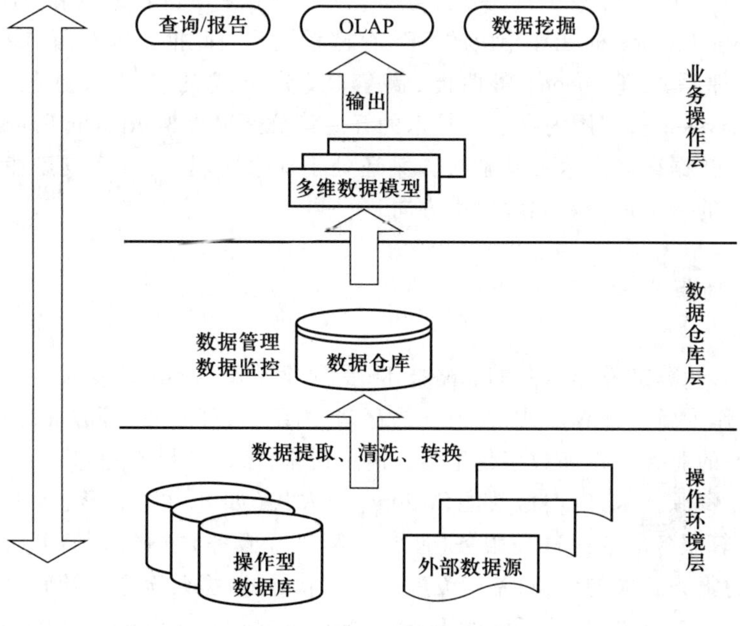

图 5-3　数据仓库体系结构

由于数据仓库中的数据有多种来源,包括业务数据库、财务数据库、文档资料、外部数据等,所以从这些来源获得的数据需要经过抽取、转换、装载的过程,才能纳入数据仓库之中。这种抽取、转换、装载过程通常由ETL模块(Extraction,Transformation,Loading)完成。ETL的主要功能是提取来自数据库的数据,对之进行整理、转换、数据规范检查等工作,并与外部数据进行一些必要的整合、清理、重构,把清理后数据装载入数据仓库中,保证数据符合数据仓库的要求。同时该模块还具有定期进行抽取、转换和转载数据的功能。

ETL是数据仓库系统的一个重要的组成部件。ETL提取和清理数据的能力,在很大程度上决定了数据仓库所能够获得的数据质量。在各种主流的数据仓库产品(如Oracle Express Server、Essbase/DB2 OLAP Server等)中,均配套提供了强有力的ETL工具。

5.5 大数据存储及云数据平台

5.5.1 大数据存储

当前,全球数据量暴涨,Web 2.0中社会化媒体的广泛应用、企业外部数据的大量产生、商务分析的广泛应用等带来了大数据时代。根据IDC的预测,到2020年,大数据技术和服务市场将有望达到589亿美元规模。[69] 毋庸置疑,在大数据时代中数据存储与管理是人们面临的重要挑战。大量的半结构化、非结构化数据的存在,以及动态剧增的数据规模,使得分布式、可拓展式存储势在必行。

从针对不同规模海量数据的存储平台和技术来看,提出的解决方案包括:存储海量非结构化数据的分布式文件系统;存储海量无模式的半结构化数据的NoSQL数据库;存储海量结构化数据的分布式并行数据库系统;等等。而目前较为著名的大数据存储方案包括Google提出的MapReduce框架和相应的GFS存储系统及因此推出的开源Hadoop项目,高容错的分布式文件系统Tachyon,高性能、高容错、分布式的开源大数据文件系统QFS(Quantcast File System),使用内存运算技术的开源集群运算框架Apache Spark等。

目前关于大数据存储技术及其解决方案还处于探索阶段,有许多问题亟待解决。云数据平台也是其中的一个理论和实践探索方向。

5.5.2 云数据平台

近几年来,云计算被看作重要的战略技术,受到业界和学界的广泛关注。云计算与物联网、大数据一起作为新型计算范式,在数据的存储、组织、管理、利用等方面带来一系列变化,进而影响着人们的业务运作和数字化生活。简单说来,云计算旨在通过一系列动态、虚拟化的整合优化计算资源技术,以类似效能(Utility)的方式(如电力供应形态)提供"随时获取,按需使用"的计算服务。通过这种服务(通常是第三方服务)方式,人们可以相对固定的价格获取标准化的服务。换句话说,基础设施、平台、软件、数据乃至业务流程都可能从服务提供方那里获得。这就派生出了所谓的IaaS(Infrastructure as a Service)、PaaS(Platform as a

Service)、SaaS(Software as a Service)、DaaS(Data as a Service)、BPaaS(Business Process as a Service)等概念。随着信息技术的飞速进步,云计算的相关技术和解决方案也层出不穷。同时,由于技术和应用的局限,也出现了各种形态和不同标准的云计算模式和平台(如公共云、私有云、局域云、企业云等)。企业的云计算应用也出现了诸如云办公、云 CRM、云 BI 等。

需要特别指出的是,云存储以及相应的云数据平台也出现了应用扩展趋势。我国的云数据中心建设也呈现出新兴产业特征。云存储是基于云计算模式的数据管理系统,是指通过集群应用、网格技术或分布式文件系统等,将网络中大量不同类型的存储设备通过应用软件集合起来协同工作,共同对外提供数据存储和业务访问功能的系统。[70]与传统存储设备相比,云存储不再是硬件或者具体设备,而是一个由网络设备、存储设备、应用软件等多个部分组成的复杂集合体。云存储技术最核心的特征是将数据分布在大量分布式计算机上,且支持海量数据处理,实现资源按需扩展。通过部署云存储,企业和个人用户可获得高性价比的存储路径,随时接入、随时访问存储资源,无须考虑技术细节即可享受所购买的存储服务。

实际上云存储思想由来已久,如电子邮箱等就可以认为是云存储概念的雏形。如今的云存储已经逐渐形成了公共存储(Public)、个人存储(Private)和混合存储(Hybrid)三类存储管理方式和清晰的逻辑模型架构。从 SNIA(Storage Networking Industry Association)于 2010 年 4 月推出首个云存储标准 CDMI(Cloud Data Management Interface)开始,云存储开始进入实践应用阶段,并广泛运用到数据备份、归档和应用程序数据存储中。[71]如图 5-4 所示,该云存储管理模型提供了各类支持应用的云存储接口,通过该类接口可以实现创建、获取、更新和删除等一些数据管理功能。目前主流的云存储平台包括 EMC V-MAX、IBM XIV、Amazon SimpleDB、Google BigTable 等企业级存储平台,以及 HDFS、GFS、Hbase、Hypertable 等开源解决方案。[72]虽然云存储在安全性、数据整合能力、可靠性等方面仍然存在一系列问题,技术细节和管理模式均有待进一步完善和提升。[70]但是不容置疑的是,云存储所代表的

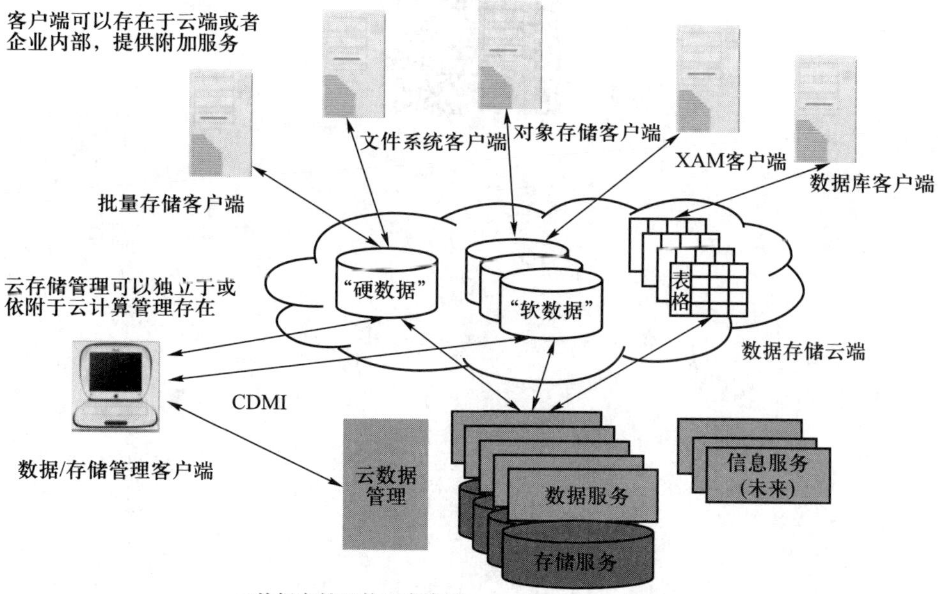

图 5-4 云存储管理模型[71]

存储模式的出现极大地改变了企业管理数据的方式，尤其是对于中小企业而言，云存储技术使得大部分数据迁移到云存储平台，所有的运维任务由云端服务提供商完成，节约了企业数据管理成本，且灵活扩展数据服务空间，使得它们可以基于 Web 快速构建各类应用，在任意地点通过简单的终端设备对企业数据进行实时动态的全方位管理。除此以外，云存储平台的发展和成熟也催生了新一代的数据库技术，加速了新一代体系结构和数据模型的演化。

• 思考题 •

1. 数据的组织方式经历了哪些主要的发展阶段？传统的文件系统组织方式存在哪些局限性？为什么说数据库有助于克服这些局限性？
2. 与层次和网状数据库相比，关系数据库结构具有哪些方面的优越性？
3. 什么是数据库管理系统？数据库管理系统包括哪些主要的组成部分？数据库应用系统中包括哪些要素？
4. 什么是数据仓库？与数据库相比，数据仓库有哪些异同点？
5. 大数据存储中主要面临哪些问题和挑战？
6. 如何理解云存储的概念？你认为云存储的核心是什么？

• 即测即评 •

请扫描二维码，测试本章学习效果。

3

第三篇

信息系统的应用

在高度发达的现代社会，信息系统已在不同领域广泛应用并逐渐完善。本篇从实践的视角出发，重点介绍不同类型信息系统的应用情况、应用特征等内容。第6章将介绍组织内部信息系统的基本功能类型，以及客户关系管理系统、企业资源计划系统、企业2.0等主流集成应用系统。第7章将围绕跨组织信息系统，阐述供应链管理、电子商务等典型系统的相关概念及特征，揭示信息系统对管理的影响和支持。第8章将主要介绍在线分析处理、商务智能方法与应用，以及决策支持系统、专家系统、人工智能与深度学习等应用于支持企业决策和知识发现的信息系统和方法。

第6章 组织中的信息系统

在人类繁衍进化的漫漫长河中，人类的中枢神经和周围神经系统得到了长足演进，并变得愈加智慧、灵敏和强健，指挥着身体组织内部各个器官和部件的活动与协同。与之相似，企业信息系统建设过程可以看作一个构建企业组织的数字神经系统的过程，以使得企业组织的各职能、业务和各环节的经营管理活动能够更敏捷地感测外界变化，“凌波微步”般辗转腾挪，在高手如云的市场竞争中游刃有余。那么，企业组织中的各类信息系统以及它们的相互联系是怎样的呢？本章将介绍企业组织中的信息系统类型、功能、与经营管理活动实体的联系，以及企业 2.0 等内容。

应用系统是把概念、技术和组织的实际相联系的桥梁。它直接面对用户，面对组织的高层领导、中层管理人员和基层业务人员。组织中应用的信息系统类型可以从多个不同的维度进行划分。现代应用系统的发展趋势，一方面体现为集成的范围越来越大，紧密性越来越高，出现了组织内部一体化集成的企业资源计划（ERP）系统、客户关系管理系统（CRM）以及融合 Web2.0 技术的企业 2.0（Enterprise 2.0）；另一方面则体现为信息系统的智能化程度不断提升，决策支持与商务智能应用不断深化。本章主要介绍组织中信息系统的基本功能类型以及主流集成应用系统，阐述销售与营销系统、制造与生产系统、会计与财务系统、人力资源系统的基本特点及其应用，并在此基础上详细介绍企业资源计划系统、客户关系管理系统以及企业 2.0 的特点及其在企业中的应用。

6.1 组织中的信息系统概览

现代信息系统的类型是多种多样的，可以用技术、信息支持深度、管理层次、职能、组织等维度来对之进行分类。从技术的维度来看，信息系统具有不同的技术深度，包括从基本的电子数据处理系统，到办公自动化系统，到支持协同工作的计算机系统，再到云计算服务平台；从信息支持的维度来看，信息系统可以分为提高效率、及时转换价值和寻找商业机会等类型；从管理层次的维度来看，信息系统可以分为基层、中层和高层系统；从职能的维度来看，一般企业均有市场、生产或服务、财务和人事四大职能系统；从组织的维度来看，不同类型、不同行业的组织使用不同的信息系统。[2, 73]

一个组织中有不同的机构、专业和层次，所以需要不同种类的系统来满足不同的信息管理的需求。没有任何一个系统能够提供一个组织需要的所有信息。按照管理层次,组织通常被划分为操作、管理、战略三个层次,三种信息系统——操作层次系统、管理层次系统和战略层次系统,分别为这三种组织层次服务。

1. 操作层次系统

操作层次系统的目的就是回答常规问题和跟踪组织活动,如销售、收入、现金节余、存货水平、职员薪水,以及工程中的物流来支持各种操作。操作层次系统为这些问题提供准确、及时的数据。

2. 管理层次系统

管理层次系统的目的是为中层管理人员的管理、分析和决策提供信息。管理层次系统面临的最常见的问题包括本月销售情况评价、投资回报分析等,系统通常是为这些问题提供定期报告,而不是即时的业务数据。

3. 战略层次系统

战略层次系统的目的是帮助高级管理人员处理公司内部和外部环境中的战略性问题和长期趋势问题。他们关注的主要问题是企业如何适应外部环境的变化,如工业成本的长期趋势如何、今后三年内的产品策略如何等。

如果按照职能领域划分,企业组织通常包括销售与营销、制造与生产、会计与财务和人力资源四个主要部分。与此对应的职能信息系统如图6-1所示。在本章中我们将从职能系统的角度介绍组织中的信息系统。

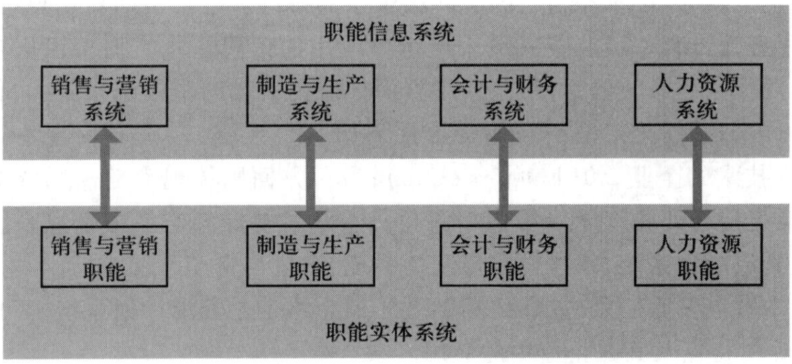

图6-1 与职能实体系统相对应的职能信息系统

图6-2描述了组织中的信息系统,包括经理信息系统及销售与营销系统、制造与生产系统、会计与财务系统、人力资源系统四个职能系统。需要注意的是,虽然图中显示了明显的界限,但这些系统之间不存在物理分割,它们有公用的数据库,有些还有公用的程序。

经理信息系统(Executive Information System,EIS)是专门为经理进行战略决策而设计的,它从职能系统中获得各类数据和信息,对它们进行提取与综合,转化为更有意义的信息形式,提供给高层的管理人员。EIS提供信息的方式一般是自上而下,逐步求精的。用户首先看到的是整体数据,而后可以将某一局部扩大求精,如此不断求精得到越来越细节化的数据。EIS系统与用户的交互是十分关键的,界面必须友好、实用,使经理人员能够使用最便捷的操作通过表格、图表和文字说明等最快地了解到各种情况。[17,74]

组织中的信息系统有两种帮助员工和管理者解决问题的基本方式[75]:一是提供组织范

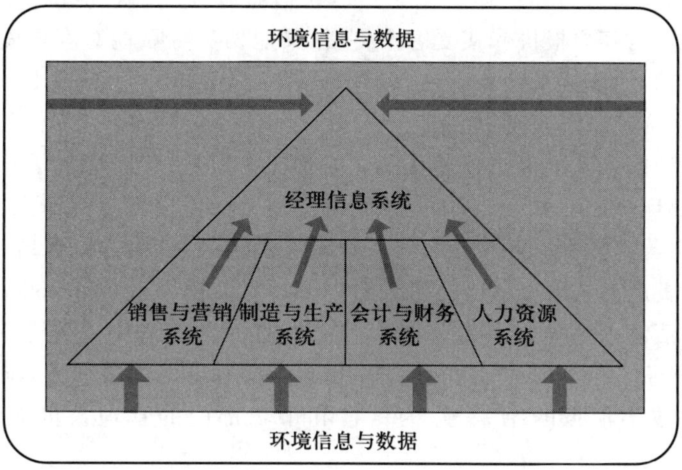

图 6-2 组织中的信息系统

围的信息资源。组织中的信息系统在整个组织范围内提供解决问题的信息，同时也为外部信息资源整合以及与其他应用系统的连接提供关联和集成支持。二是确认问题和理解问题。组织中的信息系统主要是向管理人员提供信息，帮助他们发现问题或分析问题，进而通过指出它们的位置和起因来帮助管理人员理解问题。

6.2 信息系统的基本功能类型

一般企业组织中的信息系统大体都包括销售与营销（市场）系统、制造与生产（服务）系统、会计与财务系统和人力资源系统四种功能类型。[76]

6.2.1 销售与营销系统

销售与营销（市场）的主要内容包括广告、促销、产品管理、定价、销售预测、销售自动化以及销售业务管理等。销售与营销信息系统也包括战略层、策略层、控制层和业务处理层。

销售预测包括短期和长期的预测。信息系统支持下的预测均使用某些模型。短期预测一般使用移动平均数模型、指数平滑模型，中长期预测则要使用回归模型或系统动力学模型等。在广告和促销方面，信息系统有助于选择好的媒体和促销方法、分配财务资源、评价和控制各种广告和促销手段的结果。在产品管理方面，信息系统能够支持产品在引入、成长、成熟和衰退等不同阶段的转移及其决策。在定价方面，定价系统要协助决策者确定定价策略。在销售渠道管理方面，信息系统可以对产品系列管理、产品分析、顾客类型分析、销售员业绩管理、销售区域管理等提供支持。其中，销售点系统（POS）是最基层的信息收集和处理单元。在市场情报和市场研究方面，信息系统可以对数据收集、数据评价、数据分析、情报存储、情报分发等环节提供支持。

1. 销售与营销系统的组成

销售管理的核心是从客户的需求和市场预测的需求等出发，来计划企业如何销售产品、如何定价、何时交货、如何为客户提供运输发运与售后服务。确切地说,更重要的是如何既能快速响应、准确地向客户报价和接受客户订货,又能切实可靠地对客户做出交货承诺。销售与营销系统是与其他职能系统相互协作,用以支持营销相关问题的计算机系统。图 6-3 描述了一个销售与营销系统模型,包括输入子系统和输出子系统。三个输入子系统提供营销组合的信息:会计信息系统提供描述营销业务状况的数据;营销情报子系统提供与公司营销活动相关的外部环境的信息;市场研究子系统对营销活动进行专门研究,目的在于了解消费者的需求并提高营销效率。四个输出子系统是产品子系统、渠道子系统、促销子系统和定价子系统,分别负责产品(Product)、分销渠道(Place)、促销活动(Promotion)和价格(Price)四种信息,这四种信息即市场的主要职能,常常被称为销售管理中的关键"4P",因而销售与营销系统的功能覆盖了市场的主要职能。输出子系统通过提供多种形式的信息,如周期报表或者专用报表、数学模拟的结果等,为销售和市场部门的管理人员提供管理和决策的支持。

销售与营销系统的逻辑结构如图 6-3 所示。它从会计信息系统、市场研究子系统和营销情报子系统中获取信息输入,通过产品、渠道、促销和定价四个子系统完成销售和营销功能。

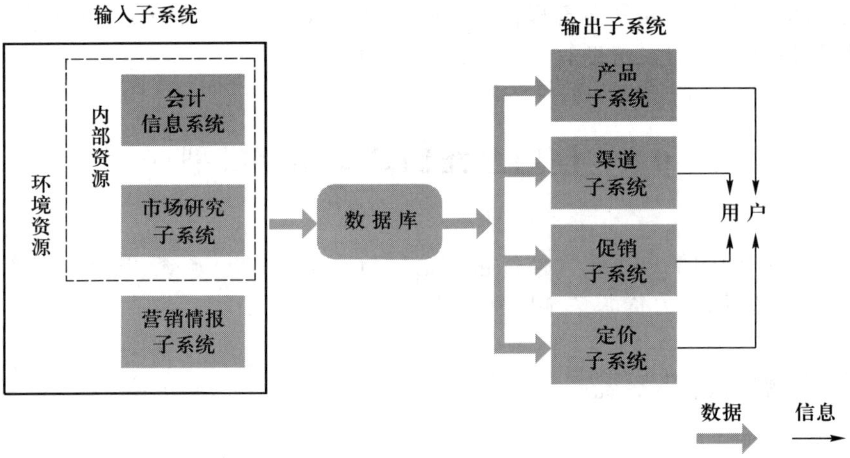

图 6-3 销售与营销系统模型

(1) 会计信息系统。会计信息系统作为销售与营销系统的输入子系统,使用销售订单数据对销售情况进行分析和报告。一个典型应用是销售分析,即分析公司正在销售什么产品,哪些消费者在购买这种产品,以及哪个销售代表在销售这种产品。会计信息系统可以提供销售分析的周期报表。会计信息系统还可以为管理人员的特定需求提供专用报表。另外,管理人员在使用数学模型和知识系统进行业务分析时,经常需要会计信息系统加工和提供某些信息,比如定价模型的大部分输出信息都是根据会计信息系统提供的数据加工生成的。可以说,该系统是管理人员有效解决问题的重要基础。

(2) 市场研究子系统。市场研究子系统对营销活动进行专门研究,目的在于了解消费者的需求并提高营销效率,扩展新的销售领域。市场研究子系统存储市场研究收集到的原始数据,以及收集和购买的二手数据。各种市场研究软件包可以运行从辅助电话访谈到复杂统计分析的功能,并以图形等直观的方式显示研究结果。尽管这些软件是市场研究的一个有力工具,但是用于设计研究项目和解释研究结果的专业知识才是市场研究成功的关键。

(3) 营销情报子系统。营销主要负责企业和消费者、竞争对手打交道,营销情报子系统则收集消费者和竞争对手的信息。这里的收集营销情报指的是合乎行业规范和商业道德的收集关于竞争对手信息的活动。

(4) 数据库。数据库的数据提供给各个输出子系统,进行各种分析和加工,提供给系统的用户。数据库中有一些数据是销售与营销部门专用的,但大部分与其他职能部门共享。

(5) 产品子系统。产品通常是企业营销组合中最受关注的,营销管理人员需要为产品制定产品导向的决策,以及评估新产品,并将它们结合到一个总体营销规划中。

① 制定产品导向。产品都有一定的生命周期,即从进入到退出市场的整个销售过程,包括引入期、成长期、成熟期和衰退期四个阶段。图 6-4 显示了这些阶段以及产品子系统帮助管理人员制定产品导向的决策内容,它们是在产品引进前决定是否开发并销售该产品,考虑多种战略以保证产品旺销,以及在衰退期决定是否撤出这种产品。

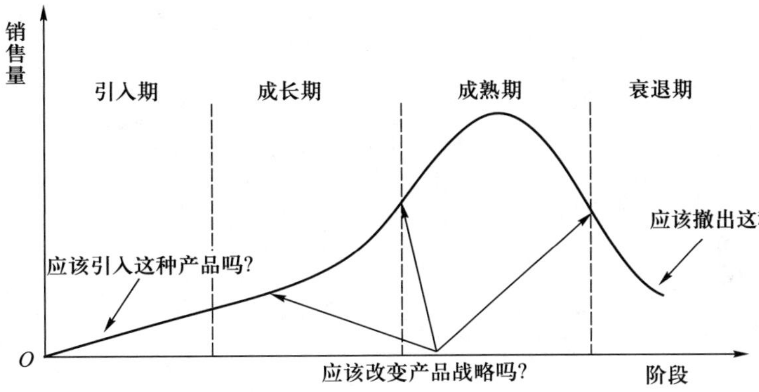

图 6-4 产品的生命周期

② 评估新产品。开发和销售一种新产品,应当有可靠的财政保障,并由首席执行官拍板。企业应当有负责新产品相关事宜的机构,利用新产品评价模型为候选新产品评级,作为高层管理人员进行是否开发和销售新产品的决策的支持。

(6) 渠道子系统。渠道子系统是指企业产品到达消费者手中的销售渠道。有些企业采用直销方式,销售渠道很短;有些企业的产品则通过中间商网络(包括批发商和零售商)到达消费者手中,销售渠道较长。产品或物料通过销售渠道从企业到达消费者手中,同时,资金从消费者到达企业。信息通道则提供双向信息流,与物流流动方向相反的是反馈信息,与之同向的是前馈信息。到达中间商的前馈信息包括新产品的声明、销售和促销方面的求助、需求预测;到达消费者的前馈信息包括使用说明、安全提示和质量保证。

(7) 促销子系统。促销子系统的目的在于帮助管理人员:选择好的广告媒体和促销方式;分配财务资源;评价和控制各种广告和促销方式的结果。

促销子系统可以在以下这些方面支持推销员的工作:查找产品的价格、运输成本以及客户的信息;输入销售订货数据到系统中;提交促销报告,总结促销活动,确定下一个销售目标;获取最能获利的产品的信息。

这些信息可以帮助推销员识别和理解销售额的变动。

(8) 定价子系统。定价领域在决策支持难度上可能仅次于促销,它与公司的定价政策密切相关。定价政策主要有两种:基于成本的定价和基于需求的定价。

基于成本的定价是在成本基础上加上期望的管理费和利润幅度。该定价方法是相当谨慎的,因为商品出售时就实现了期望的利润,但顾客有可能付得更多。如果有会计信息系统的支持,就可以得到精确的成本数据,使定价系统更加有效地支持基于成本的定价政策。

基于需求的定价确定的价格要与消费者对产品的价值估计一致。该方法的关键在于正确估计需求,这需要对消费者及市场,包括竞争和经济状况有比较好的了解。定价子系统为管理人员提供数学模型,进行灵活定价。

2. 销售与营销系统的用户

主管销售和营销的企业管理人员使用销售与营销系统来了解消费者的需要和要求,制定有效的营销组合,进一步了解消费者接受营销组合的情况。公司的其他主管也有可能使用该系统,信息输出对他们同样有价值。表 6-1 列出了销售与营销系统的用户。

表 6-1 销售与营销系统的用户

	产品	渠道	促销	定价
营销主管	√	√	√	√
其他高层主管	√	√	√	√
品牌经理	√	√	√	√
销售经理			√	√
广告经理			√	√
市场调查经理	√	√	√	√
产品规划经理	√			
物流配送经理		√		
其他经理	√	√	√	√

6.2.2 制造与生产系统

制造与生产(服务)系统既包括提供技术以实现产品生产的系统,也包括对生产进行管理的系统。技术系统包括计算机辅助设计(CAD)、计算机辅助制造(CAM)等。管理系统则包括物料管理、生产计划管理、库存管理、成本计划与控制等子系统。以制造和生产系统为中心,经过不断演变、扩展和集成,发展出了 MRP、MRP Ⅱ和 ERP 等现代应用系统。[77,78]

企业中的生产部门在应用计算机时,既把它作为一个概念系统,也把它视为实体生产系统的一部分。计算机辅助设计(CAD)、计算机辅助制造(CAM)和机器人科学都代表了在实体系统领域里应用计算机技术的方式。

在存货领域能够非常清楚地看出作为概念性制造系统的计算机系统的演变过程。最初的系统致力于解决重新订货点问题,然后出现了 MRP 概念和 JIT(Just In Time)概念。后续章节将对这些概念和演变进行详细的介绍。

1. 制造与生产系统的组成

制造与生产系统包括三个输入子系统和四个输出子系统,如图 6-5 所示。输入子系统包括会计信息系统、工业工程子系统和制造情报子系统。会计信息系统收集描述生产运营的内部数据、企业与其供应商交易的外部数据；工业工程子系统从系统内部收集数据，提供便于例外管理的生产标准；制造情报子系统从企业外部收集数据。输出子系统包括生产子系统、库存子系统、质量子系统和成本子系统。生产子系统逐步跟踪工作流，根据时间对工序进行评估；库存子系统用数学模型来决定订货期和订货量；质量子系统通过检测从供应商提供原料开始到消费者使用产品结束的整个物流来保证产品质量；成本子系统通过信息反馈来控制生产成本。

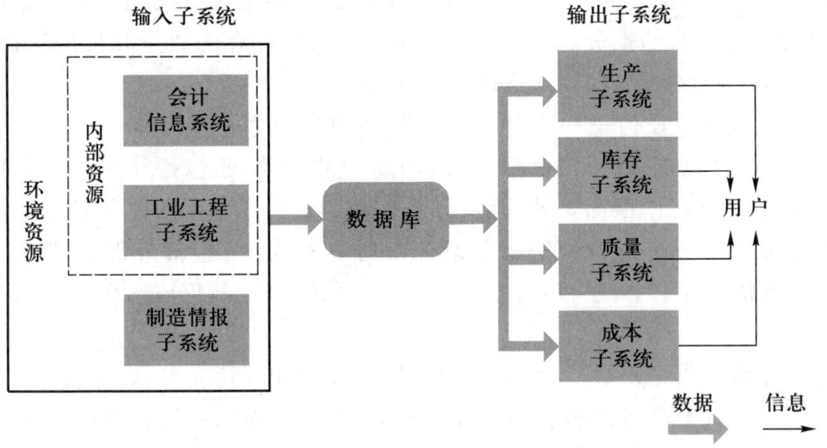

图 6-5 制造与生产系统模型

（1）会计信息系统。会计信息系统收集描述生产运营的内部数据、企业与其供应商交易的外部数据。收集这些数据的任务最好采用数据收集终端实现，生产部门的工人使用机器可读的媒介、键盘或其他输入装置向终端输入数据。这些可读媒介大多是附带可以通过光学方式读取的条形码的文档，或者用铅笔涂写的可以扫描读取的文档和带有磁性记录芯片的塑料标签。数据读取后传输到中心计算机，由中心计算机负责对数据库进行更新，以反映实体系统的当前状态。会计信息系统为生产部门的管理人员提供丰富的数据资源，以便于监控整个生产系统的活动。

（2）工业工程子系统。工业工程子系统从系统内部收集数据，制定例外管理的生产标准。该系统通过研究各个生产过程，确定它们应当花费多少时间来制定管理标准。这些标准数据被存储在数据库中，会计信息系统提供的实际数据与这些标准进行比较，任何例外的变化将报告给管理人员。

（3）制造情报子系统。制造情报子系统从企业外部收集员工、供应商等相关的数据。

① 生产部门与人力资源部之间存在人员信息流。生产部门向人力资源部提交人员需求书，然后人力资源部从不同的外部机构收集信息，与申请人建立联系并对其进行审查，进而将数据提交给生产管理部门。当申请人被雇用时，人员信息被输入人力资源系统的数据库和工资子系统中。雇员被解雇时也同样存在信息流。

② 制造情报子系统还收集供应商的相关信息，主要的数据来源有三个：供应商的基本情况及产品的描述；从生产中得到的材料和产品的情况，作为质量控制数据；从客户处得到的材料和产品情况，作为客户服务数据。

(4) 生产子系统。生产子系统主要用于管理日常生产过程,逐步跟踪工作流,根据时间对工序进行评估。生产子系统生成生产计划,包括总量计划和主生产调度计划。

① 总量计划是关于总体水平的规划,其目标在于充分利用人力和资源设备。通常是制定一年的计划,并使用一些方法平衡全年生产。

② 主生产调度计划是安排具体产品的生产计划。如果说总量计划的目的是进行宏观控制的话,那么主生产调度计划就是用微观的方法安排可执行的年度计划。主生产调度计划要解决生产什么产品、数量多少、什么日期完工的问题。

(5) 库存子系统。生产部门要负责原材料和生产过程的存货问题。存货管理是相当重要的,因为它是一项巨大的投资。库存子系统帮助企业对库存的数量和价值进行管理,计划并检查所有货物的流动状况,制定正常的库存策略。

① 库存子系统提供任何一种原材料和在制品的当前库存量。每一种原材料的库存水平包括仓库中的库存也包括已订购但还在运输途中的货物,还包括放在生产车间仍未用于生产的库存,系统对这些库存都要进行监控,并自动调整实际库存和计划库存。

② 库存子系统对库存的价值进行管理。对每一种物流(包括外部的和内部的物资流动),系统除了更新库存水平,还将自动更新成本子系统中的账目分配、会计信息系统中的总账模块。

③ 库存子系统根据经济订货量模型,权衡库存成本和订货成本,确定最优的库存策略。

④ 库存子系统计算各种原材料和零部件的需求时间、需求数量和需求部门。

⑤ 库存子系统配合作业控制,使仓库和车间管理员对采购、物料运送、设备和工具需求等事宜提前做好准备。

库存子系统的输出大致有这样几种:指示库存管理员做出行动的命令;向生产子系统提供机内输出信息,指示每个项目的初步开发计划;库存子系统执行主生产调度计划情况报告;库存子系统与库存控制的执行情况报告。

(6) 质量子系统。质量子系统的责任领域贯穿企业的所有过程,包括从产品开发到销售分销整个过程中的质量循环,同时也包括产品的使用阶段。质量子系统的主要功能包括:

① 管理基础数据,包括质量规划、检验计划、物料规格说明等数据。

② 进行质量检验。按照检验计划进行样本计算和质量检验,记录检验结果和存在的问题,作出决策并布置下一级任务。

③ 质量控制。根据质量水平记录进行样本选择,运用质量控制图表等控制技术进行统计处理,为检验产品进行质量评分,对检验过程中发现的内部或外部的问题发出质量通知并对其进行更正,对产品检验、检验结果和质量通知等进行管理。

(7) 成本子系统。成本子系统通过信息反馈来控制生产成本。其主要功能包括:

① 成本目标管理。集成化的各个后勤模块形成了一条后勤供应流,为成本目标的实际消耗提供及时的信息,并进行持续的成本核算。产品成本规划引起了生产成本的追加计算,帮助企业分析实际生产成本与计划成本之间的差异。

② 成本核算。可以支持企业实现对跨部门业务处理的监控。

③ 生产成本控制。确定生产一件产品或提供一项服务所消耗的成本。对生产的成本进行规划,使产品成本标准化,为计算仓库库存提供数据,并将产品成本及其收入进行对比。此外,还通过模拟的方式描述生产方式改变对成本的影响。

2. 制造与生产系统的用户

制造与生产系统产生的信息提供给高层主管、生产部门的管理人员以及其他部门的管理人员。表 6-2 显示了该系统的用户情况。

表 6-2 制造与生产系统的用户

	生产	库存	质量	成本
生产总监	√	√	√	√
其他高层主管	√	√	√	√
车间负责人	√	√	√	√
计划和控制经理	√	√		
技术经理	√		√	√
质量管理经理			√	
供应部经理		√	√	√
仓库经理		√		
其他经理	√	√	√	√

6.2.3 会计与财务系统

会计与财务管理的功能,对内是以核算为基础并对资金流实行全局管理与控制,对外是提供反映企业经营成果和财务状况的财务报告和报表。会计与财务系统是向公司内外提供有关公司财务信息的子系统。该系统提供一个统一的会计核算和财务管理的平台,不仅实现内部各个功能模块的充分集成,而且与生产、销售等进行无缝连接,根据各个部门的数据帮助管理者做出关键的决策。

会计与财务系统的目的是加工和利用会计及财务信息,对经济活动进行控制,以满足经营管理的需要。其中处理规程既包括会计核算方法的规则,也包括各种会计管理制度。会计部分的核心是账务处理功能,其中一般包括日记账处理、报表处理、工资管理、固定资产管理、采购与应付账款管理、销售与应收账款管理、存货管理等。财务部分的总体目标是实现资金的优化利用,它从会计信息系统、内部审计子系统和财务情报子系统获得数据输入,由预测子系统、资产管理子系统和控制子系统执行处理和输出。财务系统往往使用电子报表,并具有一定的决策支持特性。

1. 会计与财务系统的组成

图 6-6 描述了会计和财务系统的模型。和其他职能系统一样,会计和财务系统包括若干输入子系统和输出子系统。三个输入子系统是会计信息系统、内部审计子系统和财务情报子系统,其中前两者是涉及企业内部的输入系统,内部审计子系统确保系统以正当的方式来处理财务数据,财务情报子系统收集来自股东、金融界和政府的相关信息。三个输出子系统是预测子系统、资产管理子系统和控制子系统。预测子系统规划公司在经济环境中的长期活动,资产管理子系统将对资金流的产生、平衡和盈利进行管理,控制子系统可以使管理

人员有效利用获得的各种资源。这三个输出子系统会对公司的资金流产生影响。下面对各个子系统分别进行介绍。

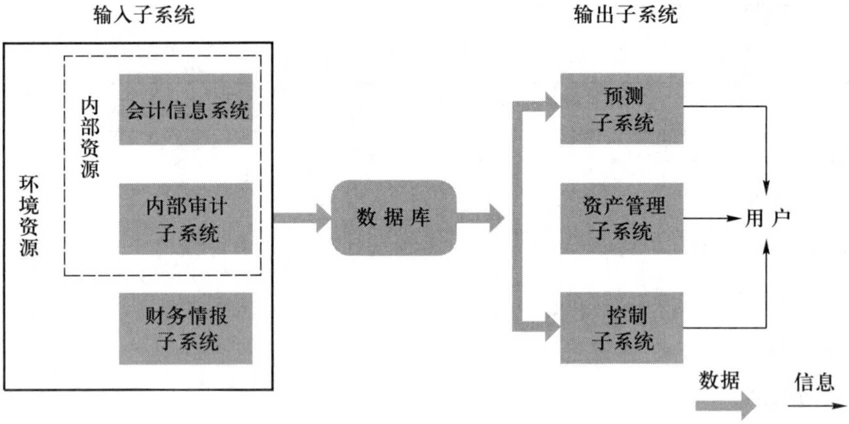

图6-6 会计与财务系统示意图

（1）会计信息系统。会计信息系统着重处理会计业务，重复输出会计事务信息，包括工资、供货商的发票、顾客的发票、采购订单等常规报表和单据，这些信息为企业进行管理控制和战略决策提供信息支持。会计信息系统通常包括如下几个基本功能模块。

① 总账。总账（GL）是综合各子系统的数据以提供运营全貌的模块，为管理人员提供周期性的会计报表和经营状况报告，如收入状况报告和平衡表。该模块支持设置总账、定义会计经营期、定义账目处理需求和报表需求等功能。

② 订货处理。该模块接受和处理客户的订单，并产生给客户的发票和进行销售分析。当客户送来订单时，系统检查其信誉，即衡量其付款能力，从而决定是否接受订货。

③ 应收应付账。该模块中的账目与其他模块产生的原始会计财务数据相结合，当相关过程在其他模块中发生时，应收应付账就自动执行处理。从数据建立、归纳到支付、银行转账的过程均采用标准的商业规划。

④ 固定资产管理。该模块管理企业的固定资产、租赁资产和在建资产，并产生相关联的数据报表。其最显著的特点是提供遵守所在国和地区的法律规定的折旧计算，支持从资产购买到资产报废整个资产循环过程中的折旧价和利息计算。

（2）内部审计子系统。大公司拥有内部审计队伍，他们与外部审计人员进行同样的分析，但具有更广的职责。图6-7中表示了内部审计在组织中的地位。董事会包括审计委员会，它确定内部审计部门的职责并接收审计报告；内部审计主管管理内部审计，向首席执行官（CEO）或财务主管（CFO）负责。

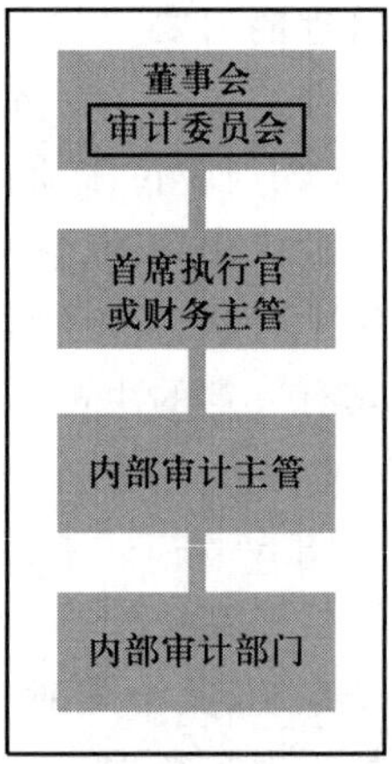

图6-7 内部审计在组织中的地位

内部审计子系统能够从财务角度独立地评估和影响公司的运作。基本的内部审计活动有四种：财务、运营、实时审计和内部控制系统设计。在运营和实时审计中，内部审计人员研究的对象是现有系统，因此他们应该积极地参与到系统开发中去，而不是等系统建成后才开始工作。这样做有两点基本原因:一是修改系统流程的费用随着系统生命周期的推进而急剧增加;二是内部审计人员的参与可以提高系统开发质量。

(3) 财务情报子系统。财务情报子系统从股东、财务机构和政府部门收集数据和信息,为财务部门提供追加资本来源以及盈余资金投资途径的相关信息。

① 股东信息。财务部门通常设有股东关系部,该部门负责维系公司与股东之间的沟通,以年报和季报的形式将信息传达给股东。股东将建议、意见和其他想法传达给公司。

② 金融界信息。金融界信息通常以经济信息和环境信息的印刷品和数据库的形式出现,以及时传达经济环境对公司的影响。

③ 影响资金流的环境因素。资金流的直接影响因素来自银行和保险公司等财务机构,间接影响因素如中央银行的利率调节等。

④ 财务数据库服务。近年来,财务数据库服务有了很大的发展。公司可以订购财务数据库服务,或者从互联网上免费获得某些财务信息。

(4) 预测子系统。预测子系统协助管理人员进行短期和长期的预测。短期预测如营销部门制定下季度的销售计划;长期预测常常是营销部门以外的其他部门,如财务部制定今后三年的融资计划。

预测方法有量化方法和非量化方法之分。量化方法中使用最为广泛的一种技术是回归分析,通过在需要预测的事件(因变量)和现有事件(自变量)之间建立关系,从而预测因变量的值。只有一个自变量的回归分析称为简单回归,或双变量回归;有一个以上自变量的回归分析叫作多元回归,或多变量回归。非量化预测方法以主观估计为基础,不涉及数据的计算。德尔菲(Delphi)方法是一种重要的非量化预测方法,它由一群专家填写事先准备好的一系列问卷,每一轮问卷的内容都是根据前一轮的结果来设计,从而使内容逐渐得到提炼。

量化方法和非量化方法都是可用的,并且两者可以相互结合,将量化系统输出与非量化预测相衔接。

(5) 资产管理子系统。资产管理子系统为企业对资产流动性、投资组合和风险的有效管理提供支持,使管理人员能够跟踪企业中的资金流动,并且能够影响资金流动。资产管理子系统主要包括以下三个基本功能模块。

① 现金管理。该模块以时间周期为基础,提供现金等级管理、短期现金管理和中长期财务预算等功能。现金管理监督和控制企业的现金流,提供短期的货币市场投资和借贷所需的信息。提供用于分析有关企业资产变现能力的全部信息。此外,还提供有关存款的使用和来源的信息,以确定资产的变现能力,满足存款到期时的支付需要。

② 资产管理。在进行财务决策时,必须了解企业目前的货币变现能力、现金量和风险等级,以及货币市场和资本市场的趋势。资产管理提供管理企业金融业务和财务等级的功能,提供进行金融业务、财务等级和投资组合分析所需的评估结构,同时支持灵活的报表功能。

③ 风险管理。该模块具有对风险的监控和管理功能,包括数据收集、风险预计、风险分析和风险模拟。风险管理为利率和货币风险的分析和评估提供了多种方案。该模块与其他资产管理模块有密切的联系,各个业务部门的现金流应当按照风险管理的目标使用,风险管理根据各个执行部门产生的现金流对企业的业务交易进行评估。

(6) 控制子系统。控制子系统的主要功能包括决策与执行、业务规划和预算、利润中心核算。公司多个层次的管理人员使用预算作为控制机制,同时利用其将各自部门的经营情况与企业所在行业一般业务确定的标准进行比较。

① 决策与执行。该模块将其他子系统和模块中的数据与企业内/外部的系统之外的数据相结合,提供所有的投资报表和投资组合,这些信息被用于进行预测,进而提供进行管理决策时需要的信息。

② 业务规划和预算。该模块使各个职能部门能够制定各自的业务目标,同时支持核心投资的规划、资金预算的分配及资金的使用监控,自动地完成由业务申请引起的投资需求数据的变化和内部经费计算,为企业进行预算监控提供广泛的分析功能。

③ 利润中心核算。该模块分析各个职能部门的获利能力,在会计、物料、资本、销售分销的管理中产生的所有影响利润的交易都自动地反映到利润中心核算模块中,通过计算相关比率,企业可以对资产负债表中的不均衡项目进行分析。

2. 会计与财务系统的用户

会计与财务系统各个子系统的信息多以报表的形式传递给用户。会计与财务子系统的内容与各个部门有密切联系。具体地说,财务主管对三个子系统的信息感兴趣,其他高层主管也使用这些子系统的输出信息,经理和专业人员使用与他们职责有关的子系统。表6-3是会计与财务系统的用户情况。

表6-3 会计与财务系统的用户

	预测	资金管理	控制
财务主管	√	√	√
其他高层主管	√	√	√
审计负责人	√	√	√
会计经理		√	
财务规划经理	√	√	
预算主管		√	
其他经理	√	√	√

6.2.4 人力资源系统

人力资源系统涉及的工作包括人事档案维护、人员业绩考核、薪酬体系管理、招聘、晋升、岗位设置、员工培训以及健康、保安和保密等内容,实际上贯穿着人员雇用的整个周期。[79]人力资源系统的结构也像其他系统一样,有输入子系统和输出子系统。输入子系统包括会计信息系统、人力资源研究子系统和人力资源情报子系统。输出子系统包括工作量管理子系统、工资子系统、差旅子系统、招聘子系统、培训子系统和职业规划子系统等。

1. 人力资源系统的组成

大多数企业设置人力资源(HR)部,专门处理与人事相关的事务,包括招聘、培训、人事数据管理和福利管理等。出现于20世纪80年代的人力资源系统,是专门收集和维护描述人力资源的数据,将数据转化为信息,然后向用户报告信息的系统。与其他职能系统相比,该系统的一个特征是它的应用具有多样性，这一点可以从人力资源系统模型(见图 6-8)的六个输出子系统中反映出来。

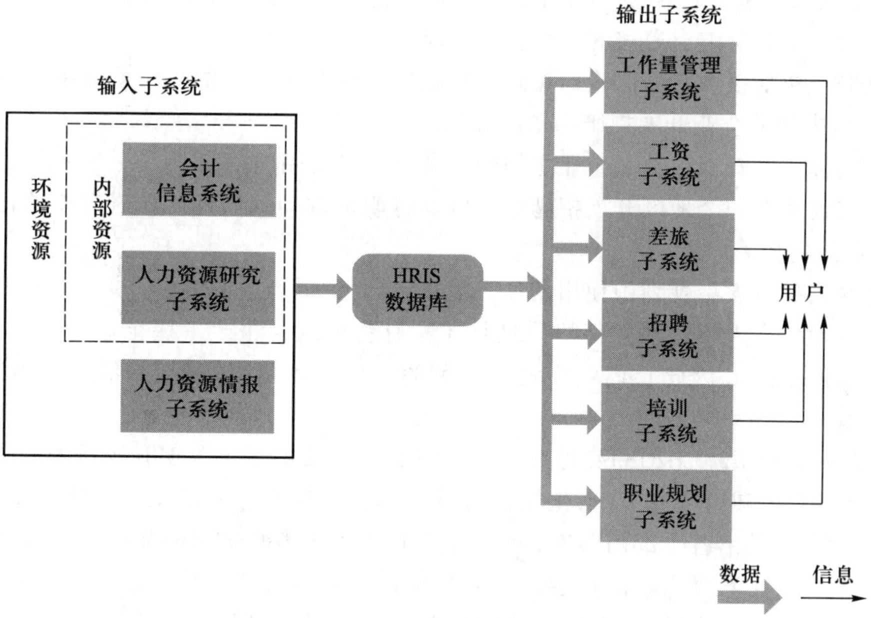

图 6-8 人力资源系统(HRIS)模型

人力资源系统包括三个输入子系统：会计信息系统、人力资源研究子系统和人力资源情报子系统。其中前两者涉及的是公司内部的资源：会计信息系统提供财务上出现的人事数据，人力资源研究子系统将特殊研究项目中得到的数据和信息输入数据库中去。人力资源情报子系统从公司各种环境中收集数据和信息。

人力资源系统数据库不仅包括职员的数据，还包括在公司环境中出现的会影响人事流程的个人和组织的相关数据。

人力资源系统包括六个输出子系统：工作量管理子系统、工资子系统、差旅子系统、招聘子系统、培训子系统、职业规划子系统。这些系统为用户提供周期报表或者数据库查询结果。下面将对人力资源系统的子系统分别说明。

(1) 会计信息系统。人力资源系统处理的数据包括人事数据和会计数据。会计信息系统为人力资源系统提供会计数据，以便数据库包含完整的人力资源信息。

① 人事数据如职员姓名、性别、出生日期、学历等，在本质上属于非财务数据。

② 会计数据如月工资、当前毛利、应收账款等，从根本上讲是财务方面的，与人事数据相比，更具动态性。

(2) 人力资源研究子系统。人力资源研究子系统将特殊研究项目中得到的数据和信息输入数据库中，主要的项目有继任调查、职位分析和评估、抱怨研究三种。

① 继任调查的目的是在关键职位的候选人中确定继位人选，确保当关键人员的职位由于死亡、受伤、退休或其他原因而空缺的时候关键性的组织人员能得到替换。

② 职位分析和评估的目的是确定某个领域中的每个职位的范围，以及所需知识和技能。

③ 抱怨研究的目的是受理职员提出的抱怨和申诉。

(3) 人力资源情报子系统。人力资源情报子系统从公司各种环境中收集数据和信息，其数据和信息来源包括政府、供应商、工会、社团、金融界和竞争对手等。

① 政府提供企业应当遵守的各种就业法律的信息。

② 供应商包括提供职员保险的保险公司和作为新职员来源的高校就业中心、职业介绍所等，它们提供协助企业开展招聘活动的信息。

③ 工会提供在管理工会和企业之间的劳动合同时使用的信息。

④ 社团提供在一个地区开展招聘活动以及将职员调动到当地工作时需要的住房、教育和娱乐等资源的相关信息。

⑤ 金融界提供人事规划中使用的经济信息。

⑥ 竞争对手在人事活动方面的信息是非常有价值的情报。一些企业认为竞争对手是最好的新员工的来源，因此它们收集竞争对手的人事活动情报，甚至是潜在新员工的个人信息。

(4) 人力资源系统(HRIS)数据库。人力资源系统数据库包含现有职员的相关信息，还包括一些相关个人和组织的信息，比如招聘机构、大学、政府等的信息。这些信息不再属于个别部门专有，而是由各个部门共享，从而提供了一个整体的全面的数据结构，消除了文件的复制过程，减少了数据出错的机会。大多数企业的人力资源系统数据库安装在中央计算机上，由信息管理部门来维护，也有一些安装在人力资源部门及其他运营部门，甚至外部服务中心。数据可以由管理者或者普通职员，甚至公司外的某些人来录入。

(5) 工作量管理子系统。工作量管理子系统的主要应用包括绩效评估、培训、职位分析/评估、重新定位、组织结构设计等。

(6) 工资子系统。工资子系统可以为企业的工资发放和调整提供灵活的解决方案，其主要应用包括评绩提薪、薪水册、行政补偿、奖金激励、出勤率等。当临近工资分发日时，系统可以自动进行工资核算，并提示管理人员；工资发放完毕后，系统自动建立历史记录，供以后参考。工资子系统还应支持不同语言、不同货币和不同管理制度的需要。

同时，工资子系统还应当支持福利管理，包括定义贡献、定义福利、福利现状、机动福利、股份购买、申请处理等。

(7) 差旅子系统。差旅子系统帮助企业以不同的货币、不同的形式方便、快捷地管理差旅费用。该子系统可以处理整个业务旅行——从最初的出差申请到财务部门和控制部门的旅费报销，与其他系统的接口确保了正确的税收和费用的支付。此外，系统还可以对出差期间产生的工资、应付账款或其他成本进行补偿计算，还可以将费用分摊到多种会计事务中去。

(8) 招聘子系统。招聘子系统的职能范围包括整个招聘过程中的每个方面，具体包括管理空缺的职位，申请人的登记、筛选、通信和雇用，生成报表以及成本分析等过程。招聘子系统允许直接访问其他子系统，包括工作量管理、工资、福利、培训等各子系统。这些共享信息被用作招聘子系统的广告，同时也是招聘中的标准，用以评价申请人的资历是否符合空缺职位的要求。

(9) 培训子系统。培训子系统协助管理人员规划、管理、分析员工培训计划的日程、课程及商业案例。企业内部和外部的详细信息都被保存在系统中，例如参加培训的员工条件，培训计划的目的、内容、日程安排,培训班的容量及费用等,以及教师、教室、设备和教材等资源信息。系统将对培训的具体安排给出建议,还会提出一套完整的培训课程和奖励方法。

(10) 职业规划子系统。职业规划子系统帮助企业选拔优秀人才,有效地提高人才的利用率。管理人员把每个职位的技能需求和职员的情况输入系统后,系统可以自动根据工作需要进行人才选拔,帮助决策者自动选出需要进一步培训和考核的人员,制定有效的人员发展计划。同时,系统为每个员工寻找合适的工作机会,并且判断员工还需要进行哪些培训。这些信息建立后,就转入培训子系统进行处理。

2. 人力资源系统的用户

六个输出子系统的信息以周期报表或者数据库查询的形式传递给用户。人力资源系统的内容各部门的管理者都会感兴趣,在这一点上人力资源系统与财务信息系统类似。具体来说,HR 总监、其他部门经理和部门的管理人员使用所有输出子系统的信息和报告;HR 部门内部的管理人员对与他们的工作相关的某些子系统更有兴趣,比如,HR 规划的负责人主要感兴趣的是工作量管理子系统和职业规划子系统。此外,鉴于工资和福利会对企业财务状况产生一定影响,财务经理会比较关注工资子系统和差旅子系统;会计部门的工资经理也对工资子系统和差旅子系统感兴趣。表 6-4 是人力资源系统的用户情况。

表 6-4 人力资源系统的用户

	工作量管理	工资	差旅	招聘	培训	职业规划
HR 总监	√	√	√	√	√	√
其他高层主管	√	√	√	√	√	√
工资/福利经理		√				
HR 规划经理	√					√
劳资关系经理	√					
招聘经理	√			√	√	
培训经理	√				√	√
财务经理		√	√			
工资经理		√	√			
其他经理	√	√	√	√	√	√

6.3 企业集成化应用系统

面向生产运营的信息系统起步于物料库存管理,在持续的发展中不断提升集成的广度和深度,从而形成了整合全组织资源管理的企业资源计划(ERP)系统。

6.3.1 物料需求计划

20 世纪 60 年代初,计算机首次应用于库存管理,这标志着制造业生产管理与传统方式比产生了质的变化。与此同时,在美国出现了新的库存与计划控制方法——计算机辅助编制的物料需求计划,即MRP。美国生产与库存协会(APICS)在推动MRP的发展方面起了很大的作用。

早期的物料库存计划通常采用订货点法。订货点法产生于20世纪20年代,在20世纪40年代到60年代得到广泛的应用。订货点法的前提是:对各种物料的需求是相互独立的;物料需求是连续的;库存消耗之后能及时补充库存。但在许多实际应用中,这些前提条件不一定能够很好地得到满足。

20世纪60年代中期,美国IBM公司的约瑟夫·奥列基(Joseph A. Orlicky)提出把物料需求分成独立需求和相关需求两种类型,并按时间和优先级分时段确定各个物料的需求量,以克服包括订货点法在内的传统库存管理方法的缺点,从而出现了MRP。如图6-9所示,MRP的基本思想就是从最终产品的生产计划(MPS)反推出相关物料的需求量和需求时间,并根据物料的需求时间和生产与订货周期,确定其开始加工或订货的时间。与订货点法相比,MRP的优点在于订货点控制由一维(数量)发展为二维(数量、时间),因而系统性更强、准确性更高,使库存管理水平有了很大的提高。不仅如此,MRP系统的输出信息能够成为诸如能力需求计划、车间作业管理、采购作业管理等其他生产管理子系统的有效输入信息,从而推进整个制造系统的管理。

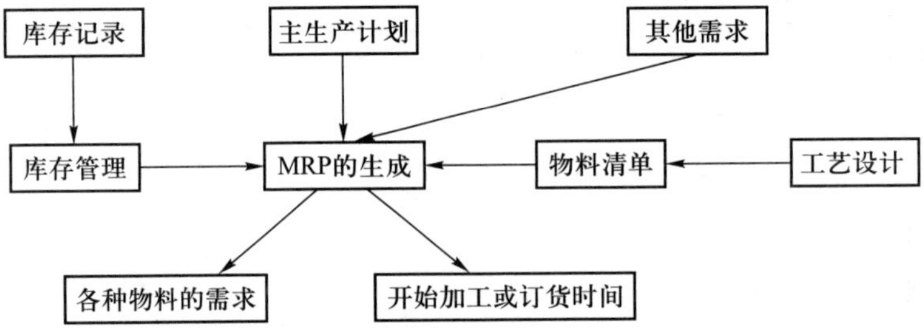

图6-9 MRP计算机管理信息系统

MRP的这种从最终产品出发反推物料需求的思想早已有之,但MRP直至20世纪70年代才发展起来,这是与计算机的发展密不可分的。现代工业产品由几十种、几百种甚至成千上万种零部件构成,用手工方法不可能在短期内确定如此多的部件的需求时间和数量。在使用电子计算机之前,如此繁重的工作用手工进行动辄几周,甚至几个月,因此计划不可能制定得很细致、准确。应用计算机后,情况就大不相同了,物料需求量及生产和订货计划可以在极短的时间里由计算机生成。于是伴随着20世纪六七十年代商用计算机的普及,MRP开始步入企业。

1. MRP系统的输入信息

作为计算机化的信息系统,MRP系统的输入信息主要包括如下四项:

(1) 主生产计划(MPS)。主生产计划是对企业将来产品的品种、数量和时间的描述。它是联系企业销售部门与制造部门的桥梁,也起到了从企业的宏观计划向微观计划过渡的作用。主生产计划的功能可以简单地用图6-10表示。

(2) 物料清单(BOM)。物料清单详细载明产品的组成结构以及产品制造的过程,是一个制造企业的核心技术文件。它说明当产品将被制造或被采办时产品的母物品与组件物品

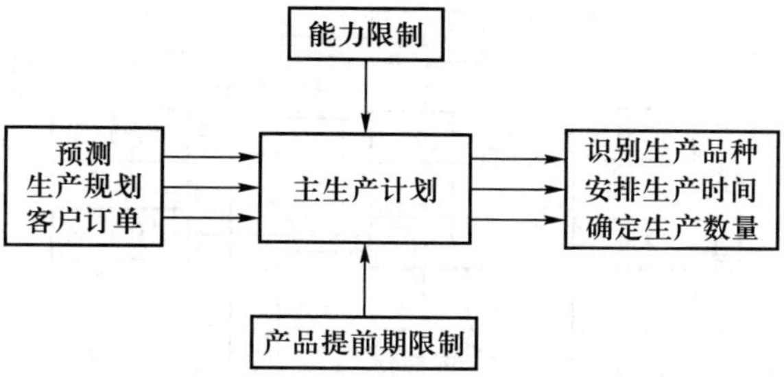

图 6-10 主生产计划(MPS)

的关系。在 MRP 系统中,对物料清单的要求是非常严格的,其准确率应接近或达到 100%。这是因为各个部门的活动都要用到物料清单:生产部门要依据物料清单生产产品,财务部门要依据物料清单核算成本,库房要依据物料清单发料,维修和服务部门要通过物料清单了解产品需要的备件等。如果物料清单不准确,就会严重影响 MRP 系统的正常运行和效果。

(3) 库存记录。库存记录是 MRP 系统的重要数据,说明物料存放的地点、现有余额、安全库存量、未来时区的预计入库量和已分配量。

(4) 未在 MPS 中反映的其他需求。包括替换件需求、从外企业或车间来的订单、为进行质量控制需要的产品量等。

2. 物料需求计划(MRP)的生成

MRP 系统把 MPS、BOM 和库存记录等输入转换为最终产品对各层物料的需求以及订货安排的过程,叫作 MRP 的生成过程。这个过程主要包括分解 BOM、计算净需求和计算计划下达。

当 MRP 系统接收输入信息之后,按照毛需求量、现有库存量、已分配量、净需求量、计划收到量、计划交付量等各项进行计算。由于产品结构复杂,对准确性要求高,这个工作只有计算机才能够胜任,这也是为什么只有随着计算机的普及 MRP 才推广开来的原因。随着计算机技术的进步,以前需要在大型计算机上运行几天的计算量,如今在微型计算机上十几分钟就可计算完毕。

MRP 系统的输出主要由两部分组成:一部分是主要报告,即生产与库存控制用的进度日程计划,包括零部件生产计划和原材料采购计划;另一部分是一些辅助报告,包括紧急缺件报告和效益控制报告。

3. MRP 的发展:从开环到闭环

MRP 系统在 20 世纪 70 年代发展为闭环 MRP 系统。闭环 MRP 系统除物料需求计划外,还将生产能力需求计划(Capacity Requirement Planning)、车间作业计划和采购作业计划也全部纳入 MRP,形成一个封闭的系统。这是因为 MRP 的主要依据是 MPS,而 MPS 必须经过生产能力负荷分析,才能够真正具有可行性。在计划执行过程中,根据来自车间、供应商和计划人员的反馈信息进行计划的平衡调整,从而使生产计划方面的各个子系统得到协调统一。其工作过程是一个“计划—实施—评价—反馈—计划”的封闭循环过程。只有这样的闭环系统,才能把计划的稳定性、灵活性和实用性统一起来。与主要作为物料计划制定系统的基本 MRP 相比,闭环 MRP 成为一个完整的生产计划与控制系统。闭环 MRP 的逻辑流程图如图 6-11 所示。

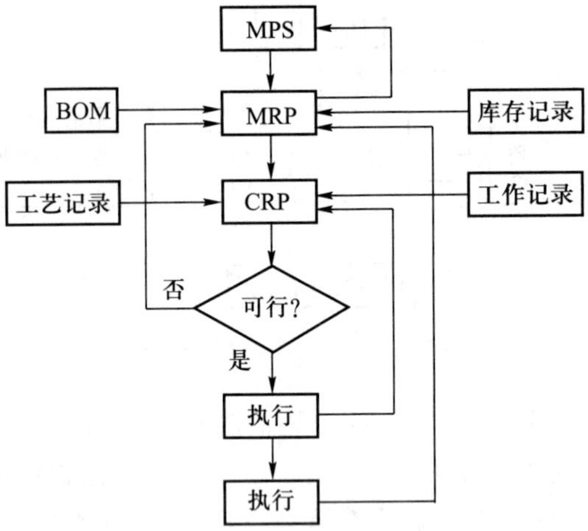

图 6-11 闭环 MRP

6.3.2 制造资源计划

闭环 MRP 系统的出现,使生产计划方面的各种子系统得到统一,但在企业的管理中,物流只是一方面,企业的经营状况和效益最终要靠资金流表现出来。于是在闭环 MRP 推行了近十年的 20 世纪 70 年代末,人们希望 MRP 能够在管理物料的同时,同步处理财务信息。这样库存记录可以反映资金占用情况,物料清单可以用作成本核算,采购及供应商的情况可以建立应付账,成品销售的情况可以建立应收账等。财务系统可以从生产系统获得同步的资金流信息,控制和指导生产经营活动。

于是闭环 MRP 又进一步发展,把物流与资金流结合起来,形成了生产、销售、财务、采购工程等紧密结合的完整的经营生产信息系统。这种系统实际上涵盖了进行生产制造活动的各种资源,因此被称为制造资源计划(Manufacturing Resources Planning)。由于其英文名称的缩写也是 MRP,为了与物料需求计划区别开来,人们把制造资源计划缩写为 MRP Ⅱ。这也表示制造资源计划是由物料需求计划发展而来的。

1. MRP Ⅱ的特点

MRP Ⅱ与闭环 MRP 的本质区别体现在前者包括了财务管理和模拟能力,财务子系统与生产作业管理子系统的结合,使 MRP Ⅱ在成本控制上更加广泛、有效。具体说来,MRP Ⅱ有如下特点:

(1) MRP Ⅱ把企业中与生产相关的各种子系统有机地结合起来,形成一个一体化的面向企业生产的系统。

(2) MRP Ⅱ的所有数据来自中央数据库,各子系统的数据环境得到了统一。

(3) MRP Ⅱ具有模拟功能,能根据不同的决策方针模拟出各种未来将会发生的结果,因此也是辅助决策工具。

企业应用 MRP Ⅱ后,可以获得如下优势:

(1) MRP Ⅱ通过对供应、生产、销售、财务、工程技术等诸多系统集成,使采购作业成本控制、生产作业成本控制、营销作业成本控制以及技术开发成本(费用)控制与财务管理全方位结合。

（2）MRP Ⅱ可以降低库存，减少库存损耗。

（3）MRP Ⅱ可以加强财务计划能力。由于 MRP Ⅱ集成了生产和财务两方面的管理功能，从而能及时协调企业生产活动中的物流和资金流。

（4）MRP Ⅱ可以改善劳动运用状况。应用 MRP Ⅱ后，一般说来直接劳动生产率平均提高 5%～10%，装配线生产率平均提高 25%～40%，间接劳动成本降低 25%，加班时间减少 50%～90%。

（5）MRP Ⅱ可以提高管理水平。由于 MRP Ⅱ是一个模拟系统，它可以使管理人员超前看到企业运营的发展趋势，从而具有更好的计划能力，可以把各方面更好地协调起来，使企业的管理人员能够作为一个整体更好地工作。它不但为企业的日常管理提供了工具，也为企业的高层管理提供了决策支持。

2. MRP Ⅱ的主要模块

标准形式的 MRP Ⅱ包括 16 个功能领域，分别是销售与生产管理、需求管理、主生产计划、物料需求计划、物料清单子系统、库存管理子系统、计划入库子系统、车间作业管理、能力需求计划、投入—产出控制、采购、配送资源计划、工具准备、财务计划接口、仿真模拟、绩效评价。MRP Ⅱ的主要逻辑模块如图 6-12 所示。

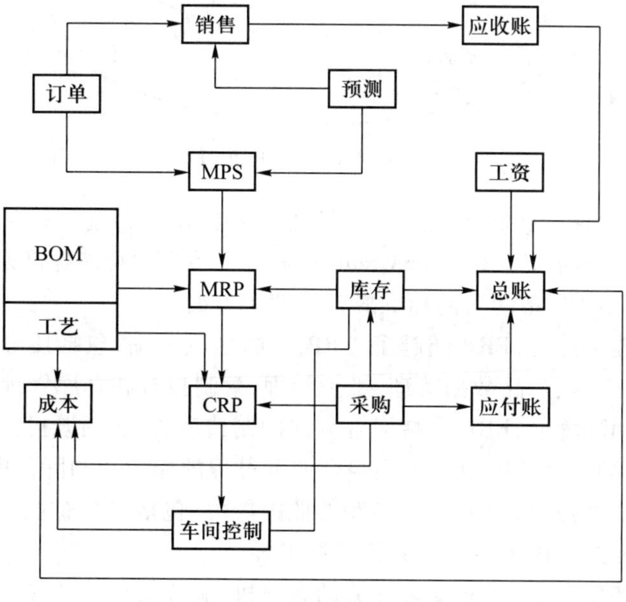

图 6-12 MRP Ⅱ的主要逻辑模块

由图 6-12 可以看出，MRP Ⅱ从订单及预测入手，产生主生产计划（MPS）。系统再根据 MPS、BOM 与库存记录，产生物料需求计划（MRP）。之后执行能力需求计划（CRP）和车间作业计划。车间控制接收来自能力需求计划（CRP）的作业详细计划和来自库存管理的出入库信息、外加工订单信息，产生生产实绩报表和生产进度报告。成本管理接收来自车间控制、采购及工作中心等处的信息，产生成本报告。成本、采购、销售及库存等处产生的成本费用、应付账、应收账和库存费用等财务信息汇入总账，工资处理的结果也进入总账。这样 MRP Ⅱ就把销售、制造和财务三大系统集成为一个统一的整体。

6.3.3 企业资源计划

企业资源计划(ERP)是 MRP Ⅱ的进一步发展。从管理范围上,MRP Ⅱ是面向企业的生产/制造部分,而 ERP 的管理范围则包括了整个企业的各个方面,包括财务、制造与人力三个大的职能区域。从应用行业上,ERP 打破了 MRP Ⅱ局限在传统制造业的格局,可应用于诸多行业,如金融业、高科技产业、通信业、零售业等(见图 6-13)。

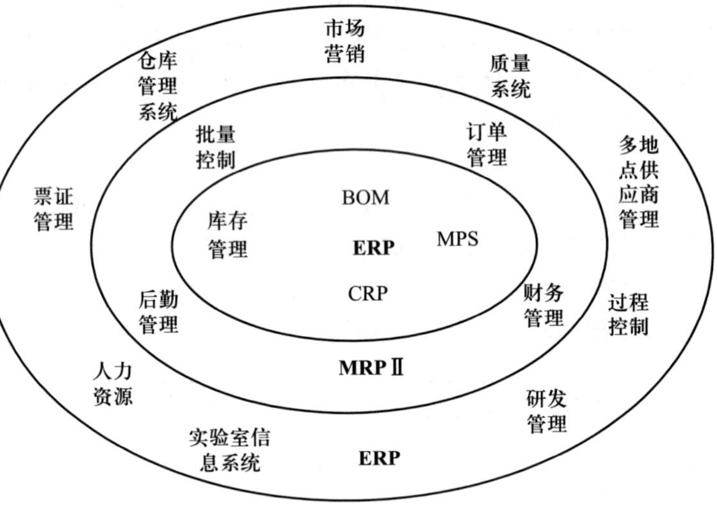

图 6-13 MRP-MRP Ⅱ-ERP

ERP 由 Gartner Group 于 20 世纪 90 年代初首先提出。目前,最具权威性的标准仍是 Gartner Group 对 ERP 的定义。Gartner Group 是通过一系列的功能标准来界定 ERP 系统的。Gartner Group 提出 ERP 具备的功能标准应包括四个方面①:

(1) 从软件功能范围上,ERP 超越了 MRP Ⅱ的集成范围,包括质量管理、实验室管理、流程作业管理、配方管理、产品数据管理、维护管理、管制报告和仓库管理等。

(2) 从软件应用环境上,ERP 支持混合方式的制造环境,包括既可支持离散又可支持流程的制造环境、按照面向对象的业务模型组合业务过程的能力和国际范围内的应用。

(3) 从软件功能增强上,ERP 支持能动的监控能力,包括整个企业内采用控制和工程方法、模拟功能、决策支持和用于生产及分析的图形能力。

(4) 从软件支持技术上,ERP 支持开放的客户机/服务器计算环境,包括 C/S 体系结构、图形用户界面(GUI)、计算机辅助设计工程(CASE)、面向对象技术、用 SQL 对关系数据库进行查询、电子数据交换集成等。

1. ERP 的业务功能

ERP 作为当今整合企业资源的信息系统,已经成为行业信息化的基本实践。下面以 SAP 公司的 ERP 系统为例[80],介绍 ERP 系统的构成。SAP 公司是国际上著名的应用软件公司,成立于 1972 年,总部设在德国南部的沃尔道夫市。SAP ERP 由 SAP R/3 系统演化而

① 参见互动百科网站。

来。SAP ERP 遵循 SOA(Service-Oriented Architecture)理念,支持 Internet 和 Web 服务等开放标准,并且可以与 Microsoft .NET 和 J2EE 互操作。总体来看,SAP ERP 的核心业务功能包括以下五个①:

(1) SAP ERP 财务(SAP ERP Financials):SAP ERP 对 R/3 系统财务处理模块进行了进一步升级和完善,将萨班斯—奥克斯利法案和巴塞尔Ⅱ的合规检查整合入财务管理系统,使得公司财务管理活动更加正规化、科学化。

(2) SAP ERP 运营(SAP ERP Operations):SAP ERP 的运营管理模块基本由 R/3 系统扩展而来,主要包括原料采购、物流管理、产品研发及生产、产品销售以及相关服务等一体化流程。而且,SAP ERP 将这些基本运作流程与协同作业解决方案进一步整合,形成了更具灵活性的高效能运营管理模式。此外,SAP ERP 现在也支持移动终端设备的接入,使得包括供应商和客户等在内的供应链上相关节点能更及时地了解公司在某个时点的经营运作情况,系统的及时性大大提升。

(3) SAP ERP 人力资本管理(SAP ERP Human Capital Management):主要面向企业人力资源管理部门,通过将企业人力资源管理活动与新兴技术相结合,形成了更加高效、多元化的人力资源管理模式。比如,SAP ERP 将人力资源管理与 Web 融合,使其能够支持在线招聘、员工培训及相关自助服务等功能,从而实现了人性化、科学化地管理企业最核心的资源——人。

(4) SAP ERP 公司服务(SAP ERP Corporate Services):主要是将一组协助公司运营的服务活动进行融汇整合。主要业务过程涉及项目和产品组合管理,环境、健康和安全(EH&S)管理,不动产管理,旅游管理,质量管理等。

(5) SAP ERP 分析(SAP ERP Analytics):整合云计算平台,融入商务智能以及 Web 智能(Web Intelligence)等数据分析功能,能够更高效地配合企业财务、运营以及人力资源管理等生成分析和报表,以提供决策方案。

ERP 的根本特征是集成。从管理的角度看,ERP 的目标是将组织内管理的各种职能,包括生产运营、财务管理、库存管理以及人力资源管理等各个部分全面地整合在一起,从而实现企业内外部信息的集成共享、数据的纵深分析以及业务活动的集成调度。而从系统的角度看,ERP 的这种集成体现为各个模块的紧密结合。

2. ERP 的发展趋势

ERP 的发展从深度上将扩展对内部供应链的支持,从广度上则将面向外部全球供应链。展望下一代 ERP 产品“XRP”,将具有下述特点:支持系统适应性及扩展性,融合商务智能,支持移动性,社会化程度加强,支持实时处理,支持电子商务和虚拟企业概念等。

(1) 系统适应性及扩展性。系统适应性要求系统能够根据企业的组织结构或业务流程变动而动态调整,而系统的扩展性则要求系统能够融汇整合外部技术的升级变更。如今的企业面临着越来越大的竞争压力。外部市场环境的瞬息万变导致企业在组织与流程方面的变动更加频繁。因此,ERP 系统必须具有高的系统适应性(System Adaptability)。这通常包括建模和开发方法论的许多方面。这方面的一个有益尝试是动态企业建模(Dynamic Enterprise Modeling,DEM)概念及其方法。支持 DEM 的典型产品是博安(Baan)ERP 系统。[81] 此

---

① 参见 SAP 网站。

外,不仅是企业内部的组织及业务流程在发生变化,企业的外部技术环境也在不断改变,这些变化要求企业ERP具有跨平台的整合性。比如,云计算的出现实现了企业系统架构在物理上的分散与逻辑上的集中,因此,新一代的企业ERP系统需要具备这种扩展性,NetSuite公司在这方面做了重要的应用实践,其推出的ERP系统能够与企业云平台实现无缝对接。①

(2)融合商务智能。随着互联网技术及通信技术不断发展,一个数据“聚变”的时代已经到来。大数据为企业带来了新的机遇和挑战。企业决策人员面临这样一个矛盾:一方面是手中掌握着海量的公司业务数据,另一方面由于缺乏有效的信息分析手段而难以将这些信息加以有效利用以支持决策。此时,以数据挖掘为核心的商务智能(Business Intelligence,BI)开始发挥它的威力。

与传统的企业信息系统相比,商务智能是通过最新的数据处理手段将企业中保存的素材进行加工和分析,进而识别出模式,发现潜在未知的规律,并形成新的观点以对未来作出合理的预期。因此商务智能过程是将数据转换成决策知识的过程。作为企业信息系统的ERP系统,在集成了商务智能的功能后,将不仅仅是面向业务过程,更可以为管理者提供决策支持(详细讨论请见后续章节)。

(3)移动化ERP。随着移动互联网技术不断渗透、普及,人们对各类移动互联终端的依赖性越来越高,移动终端设备不再仅仅局限于方便人们的日常生活,许多人已经开始习惯“移动办公”,移动技术对业务的影响将越来越显著。因此,ERP向着移动迈进也是必然。移动ERP能够支持人们随时随地了解公司业务状况,及时发现运营管理中存在的问题并采取措施。上文中提到的SAP ERP现在已经能够支持企业接入移动互联设备。

(4)社会化ERP。如今,Web 2.0技术的广泛应用将企业带入了一个崭新的社会化时代。哈佛商学院教授安德鲁·麦卡菲(Andrew McAfee)于2006年在《斯隆管理评论》(MIT Sloan Management Review)上提出了企业2.0(Enterprise 2.0)的概念。根据安德鲁·麦卡菲的定义,企业2.0是企业为了改进其业务及管理模式,实现其内、外部的沟通、协作及资源整合等活动而在企业内部、企业与企业之间,以及企业与其合作伙伴及顾客之间进行社会性软件的运用。而这种企业由内而外的社会化必然要求未来ERP系统能够实现管理的社会化。

(5)支持实时分析。从ERP软件的发展演化来看,最早的MRP是周期性或不定期地计算物料需求,发出订单,安排生产。按照这种思路发展而来的ERP系统不是实时系统。如今随着IT的发展,企业获取实时信息越来越便捷,计算机对信息的处理速度也越来越快。竞争的加剧也迫使企业尽可能地实时响应市场的变化和顾客的需求。实时的信息非常关键:设想在顾客填写完一份订单后,公司职员立刻获悉,库存经理马上看到这份订单对库存的影响,甚至公司老板可以追踪当前销售的情况。特别是在大数据和移动应用背景下,实时感测和响应能力对于ERP系统来说将越来越重要。

(6)集成电子商务功能。企业电子商务的开展直接涉及经营业务的方方面面,诸如需求、生产过程、库存状况、生产能力、营销服务、客户管理等,包括许多高层管理决策问题。

目前人们对电子商务的最大关注点是它如何能够与现存的业务融合起来。随着网络应用的普及和深入,这种IT融合或e化过程将逐步达到新的高度。其中,电子商务功能将成为现代ERP系统的基本特征。

---

① 参见Netsuite网站。

3. ERP 与业务流程重组

由于市场竞争越来越激烈,随之而来的新的企业管理思想和技术也层出不穷,如并行工程、精益生产、敏捷制造、业务流程重组等。其中,进行业务流程重组(BPR)包含两个主要内容:一是职能解析;二是业务过程分析与重构。通过职能解析,可以确定企业的基本职能和为实现基本职能所需执行的工作内容。通过业务过程分析与重构,即对为实现基本职能所进行的活动顺序进行分析,可以找出其不合理部分,进行重新安排,以使活动更加有效。

BPR 常常与企业信息系统建设密切相关。ERP 作为一类企业信息系统,同时携载着特定的业务模式和管理思想。如果不同步考虑 BPR,一方面 ERP 自身可能建立在低效的业务模式基础上,难以发挥其应有的效率;另一方面考虑当前业务流程优化需要和未来业务流程变化需要,会导致原有的 ERP 难以继续使用。因此在实施 ERP 的过程中,往往要伴随着流程重组。

6.4 客户关系管理

经济全球化趋势和电子商务的快速发展,正以前所未有的广度和深度改变着传统的业务运作方式;网络和移动技术的进步、Web 2.0 和社会网络应用也正在建立和强化人与人之间的联系。面临新的竞争格局、依赖于客户生存的企业必须学会如何对待具有不同背景的客户,并通过现代技术手段提高个性化的程度,加强对客户的吸引力。

6.4.1 客户关系管理产生的背景

客户关系管理(CRM)被描述为利用现代技术手段,使客户、竞争、品牌等要素协调运作并实现整体优化的自动化管理系统,其目标定位在提升企业的市场竞争能力、建立长期优质的客户关系、不断挖掘新的销售机会,以帮助企业规避经营风险、获得稳定利润。[7]

客户关系管理的产生是市场需求和管理理念更新的需要。具体说来,CRM 的兴起与以下三个方面的因素有密切的关系。

首先是客户关系管理产生的需求基础。面对竞争日益激烈的市场,很多企业在信息化方面已经做了大量工作,收到了较好的经济效益。然而,一个普遍的现象是,在很多企业,销售、营销和服务部门的信息化程度越来越不能适应业务发展的需要,迫切需要将面向客户的各项信息和活动进行集成,组建一个以客户为中心的企业,实现对面向客户的活动的全面管理。

其次,计算机技术、通信技术、网络应用的飞速发展使得上述需求的实现成为可能。业务自动化程度、员工计算机应用能力、信息分析与决策水平、企业管理水平的提高都有利于客户关系管理的实现。而且当前信息化、网络化的理念在国内很多企业已经深入人心,数据仓库、商务智能、知识发现等技术大大提高了收集、整理、加工和利用客户信息的质量。

最后,管理理念的更新已经为客户关系管理做好了准备。目前一些企业的理念正在经历着从以产品为中心向以客户为中心的转移,通过与客户建立共同发展的关系,达到双赢的结果。

6.4.2 CRM应用系统的基本架构

一个完整、有效的客户关系管理应用系统中,应当包括如下四个子系统[82]:

(1) 业务操作管理子系统。该子系统中的CRM应用主要是为实现基本(营销)商务活动的优化和自动化,主要内容包括营销自动化、销售自动化和客户服务与支持。

(2) 客户合作管理子系统。该子系统中的CRM应用主要是为实现客户接触点的完整管理,客户信息的获取、传递、共享和利用以及渠道管理,主要内容包括业务信息系统、联络中心管理、Web集成管理。

(3) 数据分析管理子系统。该子系统的主要目的是实现商务决策分析的智能化,主要内容包括数据仓库、知识仓库、管理信息系统及商务决策分析智能等。

(4) 信息技术管理子系统。该子系统是为系统的运行提供保障,主要内容包括其他子系统应用软件管理、中间软件和系统工具管理、系统集成管理、电子商务技术和标准管理。

由上述四个子系统组成的CRM应用系统的基本架构如图6-14所示。

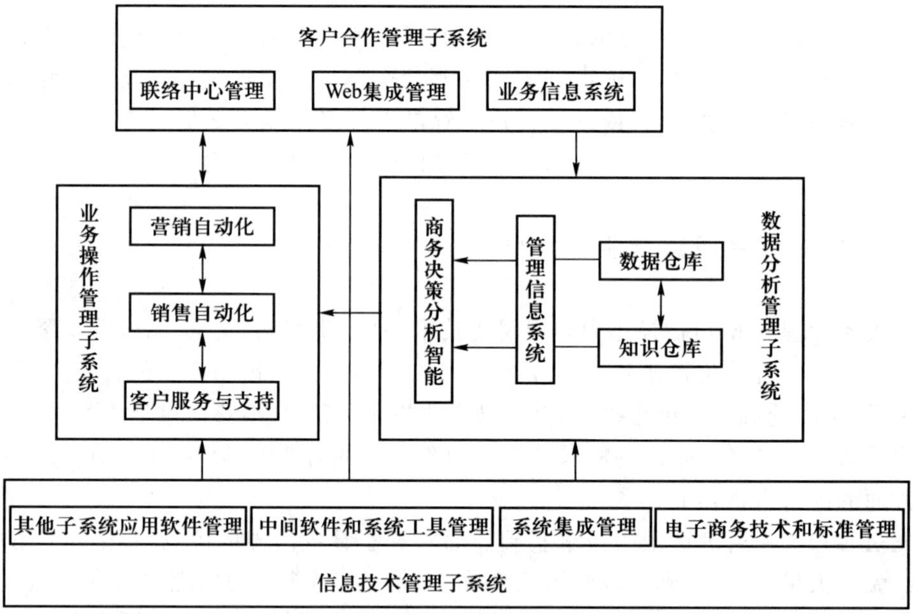

图6-14 CRM应用系统的基本架构

6.4.3 实现CRM的相关技术

实现CRM的相关技术和应用可以大致分为四种类型:计算机软件、计算机硬件、流程和专业服务、电信产品和服务,如图6-15所示。

(1) 计算机软件。计算机软件产品包括通信支持、基于计算机的培训、数据仓库及电子邮件和语音识别等,而且每一种类下的许多产品经常还能在一定程度上提供其他领域的功能。

计算机软件	
分析	电子商务
商务智能	电子邮件
电话中心管理	行政决策支持
商业活动管理	野外服务
线路支持	帮助桌面管理
通信软件	信息保护
以计算机为基础的培训(CBT)	促销自动化
接触管理	中间设备
客户忠诚软件	移动计算解决方案
客户服务自动化	操作
数据集中	安全
数据采集	电话促销
数据提取	地域管理
数据仓库	语音识别
数据库管理系统	员工管理

计算机硬件	
数据备份系统	外围设备
显示器	安全系统
网络硬件	不间断电源
个人计算机	无线设备

流程和专业服务	
应用服务提供商	网络管理
后台集成	在线资源
电话中心服务	过程再造
咨询	软件设计
客户通信	系统集成
野外支持服务	技术外包
网络支持服务	培训/教育

电信产品和服务	
电话中心设备	电话网络
信息传递	无线系统
寻呼服务	

图 6-15　CRM 行业中的四类基础产品和服务

（2）计算机硬件。计算机软件和硬件是相互依赖的，不仅因为一方离不开另一方，而且因为很多系统还使用软硬件的某种组合来完成工作。CRM 系统的性能和可用性便取决于硬件和软件在一起工作的效果。

（3）流程和专业服务。美国的信息系统项目只有 1/4 是在预算内按时按质地完成的。考虑到时间延误及项目失败的损失，除投入一定的资金外雇用有良好记录的 CRM 咨询公司或个人来管理 CRM 可能是一个明智的选择。

（4）电信产品和服务。在计算机还没进入 CRM 领域之前，电话和其他电信产品装置是进行远程客户支持的基础，当前许多企业面临的问题是如何扩展和提高现有的电子通信系统。现代化的呼叫中心依赖于一系列电子通信产品和服务。

特别值得一提的是,近年来出现了一些基于上述技术及其扩展的新型组合技术应用。其中,基于商务智能方法的关系技术和Web2.0/社会网络分析技术受到重视。

(1) 关系技术。CRM主要面向的目标用户是那些对企业产品和服务回头率高、满意度高并能给企业带来收益的价值增值客户(Value-added Customers)。因此,企业CRM的工作重点就落在了如何更好地发现市场,挖掘用户新的需求,并通过对用户行为的分析进一步细分市场,根据不同的用户制定具有针对性的关系管理方案,最终的目的则是留住客户并获得客户对企业产品及服务的持续性关注与支持。与上述CRM的工作任务相对应,一些基于商务智能分析方法的关系技术手段各显其能。比如,在发现市场及挖掘客户新需求方面,模式发现及预测技术提供了有力的证据;联机分析处理(OLAP)支持的多维度/粒度切分技术能够全面地展示企业业务运营情况,为企业进行市场细分提供了多维、动态的新视角。而在客户的行为分析方面,通过重点分析"离开客户"的共同行为特征,企业能够发现需要重点改善与提升的业务内容;同时,与之对应,企业通过对忠诚客户的行为特征进行分析,利用偏好挖掘以及关联模式发现等技术手段,可以有效保留现有客户,获得持续的利润增长。

(2) Web2.0/社会网络分析技术。Web 2.0的出现极大地丰富了用户在网上的沟通形式,社交网站、论坛、博客、微博以及微信等已然成为用户发表意见、分享经验以及交流体验的重要领地。因此,企业CRM的另一个重要技术应用则是融合Web 2.0与社会网络分析技术,通过对用户在这些平台上的行为及产生的内容以及用户形成的社会网络关系进行深度分析,企业可以加强客户黏性和关系管理效果。比如,企业可以通过融入Web 2.0技术,进一步拉近与用户的距离,鼓励用户在企业Web平台上积极互动,增强用户参与感;而且,互联网上大量的用户生成内容(UGC)也为企业进行客户深度需求发现及个性化偏好挖掘提供了广袤的空间。此外,利用社会网络分析技术,企业可以更好地分析用户的关系属性,甄别出用户的特定"圈子",进而实施具有针对性的关系管理策略。

6.5 企业2.0

互联网的飞速发展给人们的交流方式带来了巨大变革。Web 2.0应用正不断地为数以亿计的用户提供着日新月异的沟通体验,并已经成为很多人生活中不可或缺的元素。与此同时,Web 2.0凝聚智慧、创造知识的功能也吸引着人们开始思考Web 2.0能否应用于企业内部,并体现出其在开放互联网环境下所具有的诸多优点。Web 2.0应用于企业环境下即企业2.0的基本理念。

6.5.1 企业2.0的概念及主要内容

企业2.0是企业为了改进其业务及管理模式,实现其内、外部的沟通、协作及资源整合等活动而在企业内部、企业与企业之间,以及企业与其合作伙伴及顾客之间进行社会性软件的运用。简言之,企业2.0的核心思想就是沟通和协作。[83]

沟通强调要让合适的人员在适当的时间获取适当的信息,从而做出正确的决策,以便完成企业的工作任务。协作是指大家朝着同一个目标而相互合作。良好的协作在一定程度上意味着良好的运作与管理。企业可以通过加强协作来提高运营能力，扩大其流程的范围和功能，并发展新的业务方式。

企业 2.0 的主要内容可以从不同方面进行描述，概括为 SLATES，即搜索（Search）、链接（Links）、创作（Authoring）、标签（Tags）、扩展（Extensions）、信息通知（Signals）。[83]

1. 搜索

搜索主要面向企业内部信息网络平台，用户能够通过信息网络平台搜索、抽取、整合相关信息，并进一步形成能够指导行动的知识。对于任何有价值的信息平台，用户能够便捷地搜索到他们需要的东西。一般而言，网站内容布局以及页面导航等能够在一定程度上帮助用户找到自己想要的内容，但是，随着用户需求的不断升级，传统的布局与导航已经不能满足用户需要。基于此，现在大多数企业内部信息门户网站都集成了关键词搜索的功能。但是，Web 技术的不断发展表明，单纯地提供关键词搜索并不能满足用户信息检索的需求，除了关键词检索之外，整合优化网页之间的链接也是至关重要的。

2. 链接

网页之间的链接能够使用户检索信息更加便捷、高效。链接为互联网上的内容提供了向导，并且形成了一种链接结构：一些中枢网页广泛地与其他网页发生链接，形成信息沟通、传播的枢纽渠道；而一些具有权威性的网页，则频繁地被其他网页所链接。搜索引擎的成功和普及正是因为在它背后形成了一个不断变化而且能够反映众多网络用户意见的密集的网络链接结构。当然，这主要是一种互联网上的模式。但是对于企业内部网络来说，网络链接往往是由企业内部一小部分负责 Web 开发的群体形成的，这样就不能有效地促进企业内部信息的聚集、流通与整合。因此，企业需要将链接的建立过程开放化，让更多的人参与其中，形成企业内部更广泛、更密集的用户链接网络。

3. 创作

在 Web2.0 的背景下，人们能够通过各种社交媒体表达自己的观点、想法，分享自己的经验、知识，一个协同创作的时代已经到来。博客和维基百科是两个最典型的应用。博客让人们可以独立创作，而维基百科则满足了人们协同创作的愿望。博客上的内容是累积的，而维基百科则是更迭的。当一家企业内部部署和使用了社会化的创作工具后，企业内联网平台从由一部分人创作转变为许多人协同更新的互动式创作。维基百科的成功证明了团队能够做出一致收敛的、高质量的内容，现代企业需要这样的创作模式，让工作变得更加有效。

4. 标签

据 Forrest Survey 的调研显示[84]，在搜索机制优化之后，企业用户希望在互联网上获得更多的关于企业产品、服务等相关内容的分类。一些网站整合了大量的此类内容，而把分类的工作外包给了他们的用户，他们让用户给相关内容加上标签，即用一句简单的话去描述。典型的网站如用户照片分享的 Flickr、进行博客内容整合的 Technorati 以及网站书签管理利器 del.icio.us 等。企业 2.0 通过借鉴这种模式，借助于一定的工具记录企业用户所查询的那些有用的网页，并且将这些网页指定的标签作为内容备忘。同时用户之间也可以查看其他用户有谁使用了相同的标签以及访问了哪些站点。这样，知识工作的模式和过程变得更加透明。

5. 扩展

利用工具将标签分类法进一步发展为自动完成一些分类和模式匹配的工作，对于企业用户无疑是有益的。现在,有很多智能算法能够根据用户之前分类的内容,推测出用户有可能关注的内容,进而帮助用户快速获得其感兴趣的内容。这样的扩展性能够有效提升用户的工作效能。亚马逊的推荐系统便是早期的一个基于 Web 扩展的智能系统。

6. 信息通知

即使有强大的工具来搜索和分类网络上的内容,由于网络内容频繁更新,用户获取有用的信息仍然会有难度。信息通知就是在用户感兴趣的新内容出现的时候通知他们。信息通知可以是来自电子邮件的提醒,但是这样造成了信息的“过度包装”而且会被当成垃圾邮件而忽略。对此,RSS 技术提供了一种解决方案。比如,博客作者每天增加了新的内容以后就使用 RSS 来产生一个短的通知,这个通知一般包含一个标题。这个标题也包含一个返回到全文内容的超链接。用户使用称为“集成器”(Aggregators)的软件定期去查询有哪些用户感兴趣的内容的新通知,下载之后按照排序显示它们的标题。有了 RSS,用户就不必花费时间再去刷新网站来获得最新的信息,只需要简单利用“集成器”软件就可以获得感兴趣的信息内容。

6.5.2 企业 2.0 的典型应用

1. 企业博客[85]

许多投资建设企业 2.0 平台的公司都以建立企业博客为起点。博客(Blog)由网络日志(Weblog)一词演化而来。从本质上来讲,博客是由张贴的文章(Posts)和信息分类(Chunks of Information)按时间逆序排列而组成的一种网页或者说是一种日记形式的个人主页。Web 2.0时代最显著的特征之一便是博客的兴起。由此可见,博客是一种很典型的 Web 2.0 应用。最早的博客可以追溯到 20 世纪 90 年代,其中许多都是由个人随意所创,旨在分享个人信息。此后,博客又最先为 Macromedia 等大公司重视,并逐步完善为企业博客。

博客是 Web 2.0 的典型应用,而用户生成内容(UGC)是 Web 2.0 的重要理念。因此,博客的存在与发展有赖于用户通过使用来贡献内容。企业博客可以按照使用者的不同分为员工博客(Employee Blog)、管理者博客(Executive Blog)以及团队博客(Group Blog),前两种博客由个人维护,后一种则由属于同一团队的多个成员来撰写。企业博客还可以按照访问权限的不同,分为仅供公司内部员工访问的企业内部博客(Internal Corporate Blog)和发布在公共网站上供所有人访问的企业外部博客(External Corporate Blog)。前者供企业员工分享产品和服务方面的专长,发表见解,就感兴趣的话题与其他员工发起讨论等;后者则代表公司的公共形象,一般由市场部或公关部负责。已建设企业内部博客平台的企业包括微软、IBM、波音、中国移动等。

2. 维基百科

维基百科(Wikipedia)成立于 2001 年,由维基媒体基金会负责维护。维基百科最大的特点就是只要在联网环境下,可供任何人在任何时候于任何地点进行查看、创建和编辑等,而且,维基百科可以保存旧版本的修订记录和编辑者的信息。这样,如果发表了错误的信息,用户还可以返回原来的版本。由于其完全的开放性和协同创造性,维基百科也被称为 Web 2.0 时代的在线百科全书,是知识社会环境下用户广泛参与、大众协同创新的生动诠释。

许多企业现在已经将维基百科引入日常的管理运作过程中,这主要得益于维基百科可以进行协同编辑,企业中的任何人员都可以访问相关页面,并且对其进行修改或者发表新的内容,实现知识的更新与积累。这种协同创造的模式在企业研发过程中表现得尤为明显,因此,很多企业的研发部门内部都采用维基百科进行高效的项目开发和管理等工作。维基百科已成为许多企业 2.0 平台的部件。

3. Web 会议

Web 会议是另一项典型的企业 2.0 应用。传统的会议工具由于计算机操作系统以及软件版本等诸多限制,不能实现跨平台应用,可移植性差。比如,Mac OS、Linux 及其他非 Windows 操作系统用户不能参加 Microsoft NetMeeting 会议。而 Web 会议很好地解决了这一问题。Web 会议工具通常提供为宿主服务或者能够部署到企业自有 Web 服务器上的可下载模块。在 Web 会议的支持下,企业可以进行实时消息传送,建立聊天室,进行语音、视频会议以及存储、共享会议资料等。

4. 微信

微信(WeChat)是腾讯公司于 2011 年推出的为智能终端提供即时通信服务的免费应用程序,是一项近些年逐渐兴起的企业 2.0 应用。微信不仅能够支持个体用户通过网络快速发送文字、语音短信以及视频、图片等多种形式的文件,并满足其社交分享、移动支付等需求,也通过组建群聊的功能支持企业员工以团队形式展开的多项日常工作。

目前,很多企业的各工作组、部门,甚至企业整体都组建了大小不同、职能不同、管理层级不同的多个微信群聊,在群聊中通过发送和接收语音、文字消息实现工作内容的交流沟通,通过发送和接收文档、图片文件实现工作文件的共享,也通过发起和接收语音群聊实现不受空间限制的即时工作业务讨论。另外,微信群聊支持用户翻看和搜索历史聊天记录,从而使用户即使未能与其他同事同步参与讨论,也不会错过重要的工作信息,且能够根据需要对特定的历史相关信息进行检索复查,即微信可以起到重要工作信息备案的作用。

最后,值得一提的是,企业 2.0 还是一个发展中的新事物,在企业引入 Web 2.0 技术及其信息系统平台,旨在获取更大的团队认同、更高的工作满意度、更好的创新氛围和更良性的企业文化,以产生对绩效的正面作用的同时,也存在技术采纳与使用行为、新型沟通模式与传统沟通模式匹配、新型沟通模式与工作任务匹配,以及工作满意度与绩效匹配等方面的管理挑战。这种机遇与挑战并存的局面为相关的理论探索和应用实践开拓了广阔空间。

• 思考题 •

1. 组织中的信息系统包括哪些主要的功能类型?这些不同功能类型的信息系统之间具有怎样的联系?

2. 销售与营销系统、制造与生产系统、会计与财务系统、人力资源系统分别具有怎样的输入信息、输出信息及处理功能?

3. MRP 和 MRP Ⅱ分别具有怎样的功能和特点?

4. 什么是 ERP?其核心特征是什么?SAP ERP 系统主要包括哪些功能?

5. 什么是客户关系管理?客户关系管理系统的基本架构是什么?客户关系管理系统中

涉及哪些主要的技术？

6. 企业2.0的核心思想是什么？其主要内容包括哪几个方面？

• 即测即评 •

请扫描二维码，测试本章学习效果。

第7章 跨组织信息系统

微信朋友圈中有人点赞了一本新书,激发了你去阅览的兴趣;博客上一篇火锅店的创业经,吸引你点击相关搜索的链接;网店上的一篇产品评论,促使你去关注更多的产品体验和点评。当然这些只是冰山一角,社会化经济(Social Economy)时代消费者与企业的关系被极大地改变,个体用户甚至主动成为企业营销过程的重要环节,而这一切都离不开跨组织信息系统的支撑:供应链系统准备好充足的供给,电子商务系统洞察着你的偏好与习惯,社会化媒体亲切地提醒你企业新动态,众包系统热情地邀请你加入企业的服务改善计划。在商业社会中,跨组织信息系统及其应用平台正深刻影响着企业经营和个体消费活动的方方面面。那么,跨组织信息系统有哪些类型?分别有哪些作用?本章将分别介绍供应链管理、电子商务、社会化信息系统以及组织内外部、大数据集成管理系统的基本概念和特征。

现代信息系统的发展方向主要表现在集成化、智能化以及社会化。通信网络技术的发展为企业间的信息系统集成提供了支撑,由此产生的供应链管理(SCM)和电子商务(EC)系统是跨组织信息系统应用的经典。随着 Web 2.0 技术和互联网技术的不断更迭发展,融合商务智能的现代企业系统应用,包括社会化营销和众包等社会化信息系统备受关注。而近年来随着大数据等新型计算范式的涌现,企业能否科学高效地整合内外部大数据成为获取新一轮竞争优势的关键。本章将主要围绕上述信息系统的最新发展,阐述供应链管理、电子商务系统、社会化信息系统以及组织内外部大数据集成管理的相关概念,进一步揭示信息系统对管理的影响和支持。

7.1 供应链管理

近年来,伴随着全球经济一体化进程不断加快,IT 技术的飞速发展,以及互联网和电子商务的广泛应用,企业所处商业环境发生了巨大变化。顾客需求瞬息万变,技术创新不断加速,产品生命周期越来越短,市场竞争日趋激烈。企业在更为严峻的挑战面前,需要在提高客户服务水平的同时努力降低运营成本,在提高市场反应速度的同时给客户以更多的选择。此外,有供需关系的上下游企业之间的联系越来越紧密。一个成功的产品的推出,需要从原料到成品再到销售与服务的一连串的企业的配合。而成本的降低,也与上下游企业的配合协调紧密相关。在这种情况下,企业内部和企业间关于运作和价值增值的相应的供应链管理理论和方法得到了很大的发展。

7.1.1 供应链管理理论的产生背景

供应链是由波特(Michael Porter)的价值链理论发展而来。[86]波特在1980年指出,任何一个组织均可以看作由一系列相关联的基本行为构成,这些行为对应于从供应商到消费者的物流,依次是:内部后勤、生产作业、外部后勤、市场销售以及售后服务。在这些基本行为之上是四种包含各个基本行为的支持行为,它们是采购(提供输入原料)、技术开发、人力资源管理、公司基本建设(如会计、组织和控制等)。物料在企业流动的过程就是被企业的各个部门不断增加价值的过程。[87]如图7-1所示。

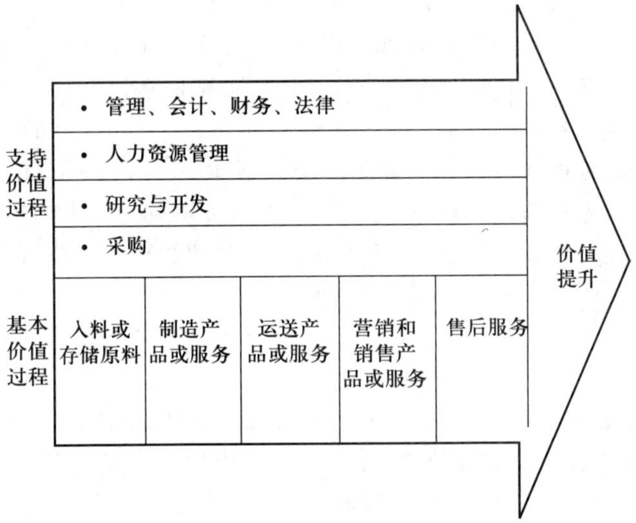

图7-1 波特的企业价值链

每一家企业都是这样的一个价值链,但是一家企业的产品又成为另一家企业的原料,这样不同的价值链就通过供需关系联系起来,构成一个网络,或更高层次的价值链(或称为供应链)。在这个链中,每家企业既是链中某个对象的顾客又是另一个对象的供应者(见图7-2)。供应链的管理目标就是把这个供需的网络组织好,让这个有机组织比它的竞争对手更高效。企业之间的竞争,上升为供应链与供应链之间的竞争。

供应链管理建立的是一种跨企业的协作,覆盖了从供应商的供应商到客户的客户的全部过程,包括外协和外购、制造分销、库存管理、运输、仓储和客户服务等。居于同一供应链的厂商之间的协议不再是零和,而是双赢。举例来说,如果上游的供应厂商能够将包装箱体的尺寸减半,虽然会使自己的成本稍有增加,却会使下游的销售厂家库存成本减少30%,那么从整个供应链的角度来说,这种改进可以使整个系统的收益增加。以宝洁公司为例,在18个月的时间里通过供应链管理节省了约6 500万美元。这种收益来自于把制造者和供应者紧密地结合起来,消除了整个供应链中不必要的活动。香港利丰集团利用供应链管理成功转型为信息流的管理者,发展成世界顶尖的商贸集团企业。[27, 88]

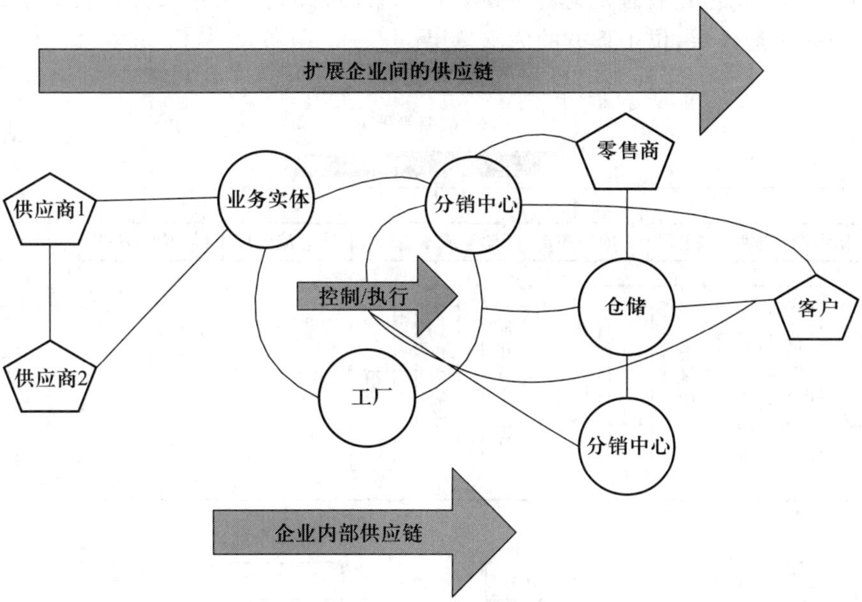

图 7-2 企业间的供应链

7.1.2 供应链管理的主要内容

供应链管理的范围包括从最初的原材料购买直到最终产品到达顾客手中的全过程，管理对象是在此过程中所有与物资流动及信息流动有关的活动和相互之间的关系（见图 7-3）。

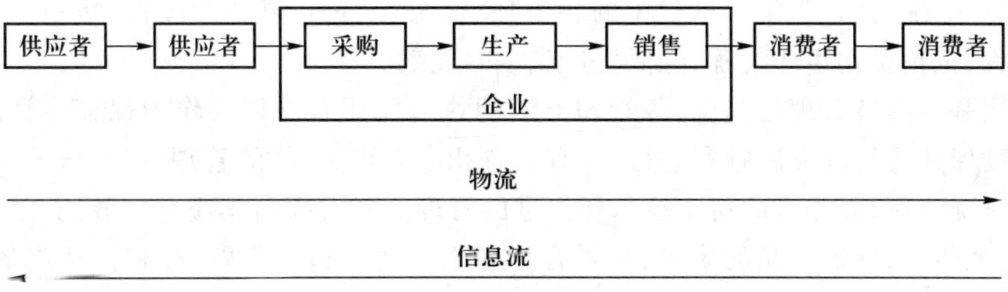

图 7-3 供应链系统的范围

供应链系统的功能是，将顾客所需的产品在正确的时间、按照正确的数量和正确的质量送到正确的地点，并且使总成本最小。

集成的供应链管理（Integrated Supply Chain Management），是指购买者、供应商和顾客的联盟以及他们共同努力达到一个更具有竞争力的先进组织的过程。在早期所研究的供应链管理中，通常将视点集中在一个企业内部的供应链管理，而现在的研究则主要集中在跨公司的计划与执行，即供应链的垂直一体化。

由于供应链系统所包含的范围很广，所以供应链系统的合理运作的关键在于供应链系统的垂直一体化，即供应商、制造者、客户为同一个目标而共同努力，从而提高效率。

图7-4给出了供应链管理的总体框图。可以看出,供应链管理共分为三个层次,最上层为战略层,中间为运作层,位于下方的为支持层。

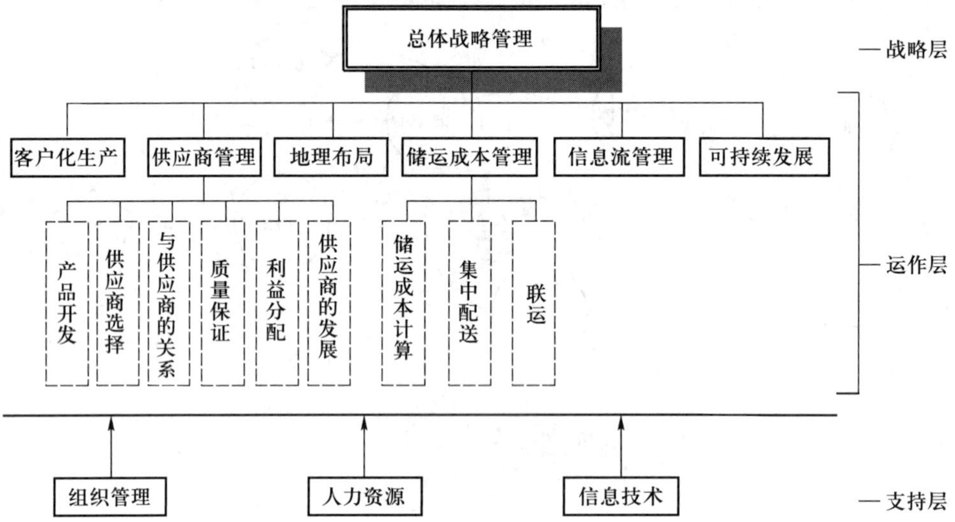

图7-4 供应链管理的总体框图

战略层也可以称为决策层,是供应链管理的核心,是对供应链管理的总体规划及总体控制。在这个层次的管理上,需要结合企业的总体目标,制定出供应链管理的目标,以及供应链管理的主要内容。

运作层是供应链管理的重要组成部分,许多具体的操作都要在这个层次的管理上进行。这个层次的管理不仅包括企业内部的供应系统管理,还包括与其他企业的协调、合作管理,而合作管理不但要与本企业上一级的供应商、下一级的客户合作,还要与同类企业合作,包括购买、生产分配、销售等生产过程中的各个环节。这是一个复杂的过程,是一个需要不断优化的过程,也是优化生产过程、降低生产成本的关键。

支持层是供应链管理的基础,各管理方法的执行需要有支持层作为保证。合理的组织结构和制度保证了管理方法顺利进行;只有具有相应知识、技能的管理、工作人员,才能使得管理方法正确执行;而先进的科学技术使先进的管理方式发挥出其应有的效用,如保证信息快速、准确地传递,保证产品的质量,加强合作者之间的沟通。所以,没有支持层的保障,以上所有的管理方式只是纸上谈兵,无法发挥出其应有的效用。

7.1.3 选择合适的供应链管理策略

企业的产品大致可以分成两类:一类是功能型的,如肥皂;另一类是时新型的,如计算机与时装。

功能型产品具有如下特征:生命周期长(比如2年),边际回报率低(比如5%~20%),产品品种少(同类商品只有10~20种),缺货率低(1%~2%),没有被迫的降价销售,订货周期长(大于6个月)等。

时新型产品具有如下特征:生命周期短(3个月到1年),边际回报率高(20%~60%),产品品种多(每一类甚至有上百万种),预测失误率高(可达 40%~100%),缺货率高(10%~40%),降价销售幅度大(达全价的 10%~25%),订货周期短(一天到两周)。

即使同一行业的产品,也可以分为这两类。比如书籍,经典的书籍是功能型的,新发行的流行读物则是时新型的。

为了获取竞争优势,对于功能型产品,应当努力提高质量,降低成本;对于时新型产品,则应当努力加快对市场的反应速度。

供应链也分为两种类型:一种是物流高效型的(Physically Efficient);另一种是市场反应型的(Market-responsive)。二者的比较如表 7-1 所示。

表 7-1 供应链类型

	物流高效型	市场反应型
成本控制要素	持有库存;运输和生产成本	过时的库存;销售策略/服务质量
成本策略	大批量生产以获得规模效益;减少订货次数以降低订货费用;整车运输	预付定金获得将来灵活变更的权利:更快的运输,小批量生产;尽量增加现有产品的生命周期;减少低附加值的新产品
关注要点	关注传统的成本控制方法:库存周转率、设备使用率等	关注灵活性:避免强调传统的成本控制方法(如库存控制、运输效率、设备利用率等);考虑因销售和服务质量不好带来的机会成本

不难看出,供应链类型与产品类型存在对应关系。功能型产品对应物流高效型供应链,时新型产品则应当建立起市场反应型供应链,因为功能型产品的竞争优势在于成本,而时新型产品的竞争优势在于对市场的反应迅速。匹配关系如表 7-2 所示。

表 7-2 供应链类型与产品类型的对应关系

供应链类型	产品类型	
	功能型	时新型
物流高效型	匹配	不匹配
快速反应型	不匹配	匹配

7.2 电子商务系统

20 世纪 90 年代初期,互联网开始用于商业用途,信息的处理和传递突破了时间和地域的限制,计算机网络化和经济全球化成为不可逆转的潮流。电子商务系统的出现,掀起了新一轮企业业务模式变革。

7.2.1 电子商务的概念与分类

正如第 3 章所述,电子商务系统的概念可以从狭义和广义两个层面来解读:狭义的电子商务系统主要指企业通过信息技术进行交易活动的各种系统的总称；广义的电子商务系统是指整个电子商务生态系统，即以通信技术为支撑的全市场范围内的商务活动。一般认为，电子商务系统包括生产、流通、分配、交换和消费等环节中所有活动的电子信息化处理。具体地说，主要包括以下列方式进行的交易或商务活动：

- 通过互联网进行的交易，如在线商店（Online Shop）和网上直销（Internet Direct Sale）等；
- 通过互联网进行商务活动，如在线服务（Online Service）和网上广告（Internet Adv.）等；
- 通过增值网络（Value-added Network）进行的电子交易和服务，如通过 EDI 进行采购和报关等；
- 通过连接企业或机构的计算机网络发生的交易和服务。

在上面所描述的几种电子商务形式之中，基于互联网的商务活动无疑是最为引人注目的，因为它具有最为深广的触须以及最为灵活的服务能力。在现在许多人的意识当中，电子商务其实就等同于互联网商务。事实上，电子商务并非是一个刚诞生的事物。早在 20 世纪 70 年代，电子数据交换（EDI）和电子资金传送（EFT）作为企业间电子商务应用的雏形已经出现，然而它们在企业规范化的要求上过高，规程过于死板，因而渗透缓慢。而真正为电子商务的大规模发展奠定技术应用基础的是互联网。因此，也有人称：电子商务 = Web+IT。

电子商务系统按照其运作模式可以分为：B2C（Business to Consumer）、B2B（Business to Business）、C2C（Consumer to Consumer）、B2G（Business to Government）。B2C 指商家对消费者的电子商务模式。目前国内主要的 B2C 电子商务企业有京东、当当等。B2B 指企业对企业的电子商务模式。目前国内主要的 B2B 电子商务企业有阿里巴巴等。C2C 指消费者对消费者的电子商务模式，简单地说就是消费者本身提供服务或产品给消费者。目前国内主要的 C2C 电子商务企业有淘宝、易趣等。B2G 则将政府纳入企业电子商务环节，政府作为一个重要的“客户”，在电子商务发展过程中提供了重要支持。当然，随着电子商务系统的不断深化发展，此后又出现了诸如 BMC（Business Medium Consumer）、ABC（Agents Business Consumer）、B2M（Business to Manager）以及 O2O（Online to Offline）等多种模式。

从功能上说，电子商务系统为企业提供的是全方位的电子化服务，支撑着大量的个人信息消费，包括网络营销、咨询洽谈、在线交易、物流调配、任务分包、电子支付、网上银行、网上休闲、移动客户端应用等。

可以将电子商务系统看作企业信息系统的一个新的发展阶段。在这个阶段中，新的信息技术打破了一些企业从前所无法克服的时间、空间上的制约，从而使得企业有可能在更大的范围内对自身的业务过程模式进行重大的调整和改造，以求得更高的效率和更强的柔性。

在美国，AOL 和 Yahoo！作为网络时代的先驱引领了一代潮流。而被许多人看作电子商务丰碑的 Amazon.com，更是开创了一个全新的网络商业时代。在国内，阿里巴巴、京东、1号店等电子商务企业的蓬勃发展也为国内电子商务发展注入了强大的动力。它们为我们描画出了新时代商务世界变幻莫测而又流光溢彩的景象，构成人们数字化生活的丰富形态。在这个世界里，现代的资本运营手段和企业管理方法与最新、最好的计算机及通信技术融为一体，构造出了典型的信息时代的企业标本。

7.2.2 电子商务的基础框架

电子商务的基础框架指的是实现电子商务的技术和环境方面的支撑性保证。如图 7-5 所示,支撑电子商务的要素包括三个层次和两个支柱。[90]

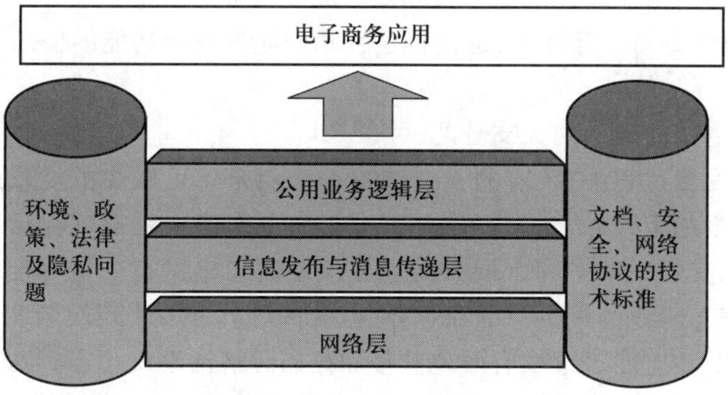

图 7-5 电子商务的基础框架

三个技术层次包括网络层、信息发布与消息传递层、公用业务逻辑层;两个支柱是技术标准和政策、法律。这些基础性条件支撑着各种类型的电子商务应用。

1. 网络层

网络层是支持电子商务的硬件基础设施,是通过电子化手段传递商务信息的基础平台。目前广泛使用的信息传递网络包括电信网络(包括固定电话网络和移动通信网络)、有线电视网络、国际互联网(Internet)以及卫星通信网络等。其中影响最大的是基于 TCP/IP 协议的互联网技术。

随着技术的发展,各种类型的网络逐渐在以 TCP/IP 协议为主的统一的标准下联结为一体,从而为电子商务提供随时随地、多种形式的信息访问、发布和交换能力。在这种条件下,不仅个人计算机,移动电话、PDA(个人数字助理设备)、数字电视等设备也都可以成为电子商务的终端工具。

2. 信息发布与消息传递层

信息发布与消息传递层关注的是电子商务信息的表达形式。正如我们在第 1 章中所阐述的那样,信息只有以数据的形式存在,才能被最有效地传递和处理。同时,以数据形式存在的信息,需要具备一定的格式规范,才能在不同的实体之间顺利地交换和正确地理解。例如,历史悠久的电子数据交换(EDI)标准,就详尽地规定了贸易过程中各种信息交换的严格规范,世界银行间金融电信协会(SWIFT)的银行清算系统协议,也对有关银行间资金往来的各种信息传递进行了严格的数据标准规定。

基于互联网的电子商务系统最初缺少严格的数据标准,主要是以结构较为松散的 HTML 数据格式为基础,根据需要自行设计数据格式。这也导致了数据格式标准林立(或者说是无标准)、难以沟通的局面。由于可扩展标记语言(eXtensible Markup Language,XML)等新一代数据表达和交换技术出现,信息发布与消息传递层也正在朝着更为统一、灵活并且智能化的方向发展。

3. 公用业务逻辑层

公用业务逻辑层实现的是一些具有普遍意义的基础性商务活动服务,以方便交易展开,如标准的询价、报价以及电子化支付功能等。

在互联网电子商务出现的早期,这些功能往往都由电子商务参与的各方自行开发,目前则逐渐走向专业化的业务逻辑服务形式。例如,电子化支付功能均由商业银行开发并提供服务,询价、报价功能则由专业性的电子市场服务商或行业协会提供。新兴的分布式组件处理、中间件以及 Web Services 等技术,也使得这种基础业务逻辑功能的公用化成为可能。

4. 政策与法律

政策与法律是电子商务的两大支柱之一。

在电子商务的发展过程中,政府的支持和推进作用是不可缺少的。政府行为从来就是各种商务活动的基本约束条件之一。一方面,电子商务作为一种对现代市场经济起巨大冲击作用的革新力量,其宏观形态和发展方向也应该由政府来进行一定程度的调控。另一方面,电子商务作为信息时代的重要特征和趋势,也应该对政府的宏观政策制定产生重大的参考作用。电子商务对政府能否继续有效地监督和控制经济活动提出了严峻的挑战。由于电子商务的透明性,传统的监督方法(如收据)开始变得无能为力了。同时,政府如何在电子商务中发挥管理、监视、协调、促进和服务的作用,将对电子商务的进一步发展起到重要的影响。[91]此外,政府自身的"电子化"也将对电子商务的发展起到重大的示范和激励作用。"电子政务"是指政府机构,运用现代计算机和网络技术,将其管理和服务职能转移到网络上去完成,同时实现政府组织结构和工作流程的重组优化,超越时间、空间和部门分隔的制约,向全社会提供高效、优质、规范、透明和全方位的管理与服务。"电子政务"的实施也能为企业创造更为完整的外部电子商务环境,逐步形成一些能够被普遍认可的规范,有利于企业在更高的视野上开展电子商务的实施和应用。

法律维系着商务活动的正常运作,违规活动必须受到法律制裁。网上商务活动有其独特性,买卖双方很可能存在地域的差别,他们之间的纠纷如何解决？如果没有一个成熟的、统一的法律系统进行仲裁,很多纠纷就不可能解决。法律制定得成功与否直接关系到电子商务活动能否顺利开展。法律在电子商务中的另一个重大任务是知识产权的保护。

5. 安全性与技术标准化

网络商务活动的安全性与技术标准化是电子商务应用的另一个支柱。

安全问题是电子商务中最受关注的问题之一。目前,加密、电子签名和认证是网上比较成熟的安全手段。在电子商务中常用的网络安全技术包括安全套接层(Security Sockets Layer,SSL)协议、HTTPS(安全 HTTP)协议等。

对电子商务安全的保障,一方面是通过技术手段来保护信息不被窃取、篡改和滥用,另一方面也需要通过法律法规的建设来限制、打击电子商务中的不法行为。

标准则是数据通信和信息交换的核心原则,因而也是电子商务活动得以顺利进行的基础性要求。美国从 1977 年公布数据加密标准(DES)开始,国家标准技术研究院(NIST)制定了一系列信息处理标准(FIPS)。1998 年 11 月,ISO、IEC 和 UN/ECE(联合国欧洲经济委员会)共同签署了电子商务标准化谅解备忘录,为 21 世纪电子商务标准化发展奠定了基础。

电子商务标准包括两个层面:底层的数据标准和高层的面向流程的标准。[92]其中,底层的数据标准包括:

（1）基础数据标准：是构造商务信息和信息管理系统的基础，由信息建模标准、元数据标准、数据元标准、代码标准、条码标准等组成；

（2）数据管理标准：向电子商务提供管理数据的基础性标准；

（3）数据交换标准：解决电子商务信息封装和传送问题的标准；

（4）描述语言类标准：以 SGML、HTML、XML 为代表，提供构造和解释商务信息的规则。

高层的面向流程的标准则包括：

（1）安全体系标准：是保障电子商务应用的基础，包括基本安全技术和 CA 安全认证等；

（2）单证格式标准：提供规范化的单证式样，是统一电子商务票证的基础；

（3）交易模式协议标准：针对不同的交易类型来描述业务步骤、业务过程及各种技术综合集成应用的方式等；

（4）电子支付标准：解决电子商务应用的支付问题，来保证支付者身份合法性和支付工具的有效性；

（5）其他标准。

企业在规划和设计自身信息系统以及建立与外界系统的连接时，必须充分考虑信息交换标准的现行要求和未来走向。同时，政府和行业组织应当在参考国际主流标准的基础上，根据我国的实际情况，制定与外部标准兼容的、便于实施的区域性和行业性电子商务标准，并通过社会力量加以推行。在建立区域或行业信息交换及电子商务系统时，也应对此予以充分的重视。忽视了标准的要求，电子商务的未来发展就会受到通信“方言”和信息“孤岛”的严重制约。

2002 年 1 月，国务院信息化工作办公室和国家标准化管理委员会在北京成立了电子政务标准化总体组，全面启动电子政务标准化工作。电子政务标准化对于企业电子商务标准化进程具有重要的示范和引导意义。电子商务标准化的另一个里程碑事件则是第三方支付企业运营牌照的颁发。2011 年，中国人民银行在 5 月 18 日、8 月 29 日分别向 27 家和 13 家国内知名的电子商务第三方支付企业颁发了运营牌照；后来，又分别于 2012 年 6 月 27 日、2013 年 1 月 6 日向 95 家和 26 家国内电子商务第三方支付企业颁发了运营牌照。① 这一举措充分说明中国第三方支付企业的身份得到了正式的认可，而且必将进一步推动中国电子商务产业的发展。

7.2.3　电子商务新发展

近年来，我国互联网和移动通信的发展已经进入了一个全新的阶段。大量的新兴技术、新型信息产品、新颖网络应用形式的出现在深刻影响着人们的社会生活和组织的运营方式，从而对社会和经济环境带来“质”的改变，新兴电子商务的时代已经来临。

新兴电子商务在理论和实践领域都出现了许多创新。例如，在电子商务平台建设中，针对移动终端的屏幕限制和浏览特点，信息搜索结果（或前 1～2 页屏显结果）的简洁性和代表性就十分重要[93]，这就要求创新有效的信息提取方法；针对个性化网络购物，提供准确的关联推荐服务对消费者购买决策具有价值，这就涉及诸如根据网购行为关联、根据人群特征聚

---

① 参见中国人民银行网站。

类关联、根据产品属性关联的方法创新；针对社会网络特征，可以帮助辨识舆论中心和关系强度以增强营销效果，这就需要发现信息传播模式，设计新型在线营销技术和策略。此外，新兴O2O（线上线下）模式、面向虚拟体验的赛博空间服务、社会化媒体与协作环境下的运营策略、基于位置服务的移动商务，以及面向大数据分析的数据商务等成为电子商务发展中的重要创新领域。

O2O的概念最早在2010年8月被提出，是一种将线上电子商务模式与线下实体经济相融合，通过互联网将线上商务模式延伸到线下实体经济，或者将线下资源推送给线上用户，使互联网成为线下交易的前台的一种商业模式。[212]与传统的电子商务不同，O2O模式中，消费者仅通过互联网浏览商品和服务信息，甄选购买，并完成在线支付，但在获取商品和服务的环节则需要到线下实体经济中去消费或享受服务。国外运作比较成功的O2O模式网站有Uber、JHilburn、Jetsetter等，国内目前发展较好的O2O网站有大众点评网、美团网、赶集网等。ii Media Research（艾媒咨询）发布的《2016—2017年中国O2O市场发展状况研究报告》显示，2016年中国O2O市场规模已达到6 659.4亿元。O2O模式的良性运转便于商家搜集消费者的购物信息、实现精准营销，帮助消费者在享受线上优惠价格的同时获得线下贴身服务，也为O2O平台带来大量高黏性用户，能够达成"三赢"的效果。目前制约O2O发展的瓶颈主要是盈利模式问题，O2O网站除了传统的广告模式外尚未找到更好的盈利方向，因此，借助自身的媒体优势为商家提供精准的增值服务以提升其积极性将是O2O网站未来重要的着眼点。

同时，共享经济正逐步成长为现代社会服务行业最重要的一股力量。共享经济可以被视为以群体资源共享为基础，通过协同消费与对等经济，使消费者可以按照个人需求获得相应服务及产品的商业模式。[213]21世纪之前的共享经济受制于空间、关系两大要素，直至O2O平台逐渐发展和完善，共享经济的结合效益开始走向最大化和最优化，凸显出这种商业模式的优势。通过O2O平台寻找闲置商品的使用者并科学组合需求，能够有效提升资源使用效率，降低需求开支。总的来说，共享经济与O2O的高度融合已经成为必然的发展趋势，这种融合的商业潜力也势必会随着信息技术不断完善而逐步显现。

面向未来，我们将继续看到新兴电子商务在我国经济建设中发挥日益重要的作用。而新兴电子商务伴随着技术进步和商务创新的脉动，在带来理论和实践挑战的同时，也孕育了大量的商业机遇和广袤的探索空间。

7.3 社会化营销

7.3.1 社会化信息系统

Web 2.0浪潮下，我们的生活被各式各样的社会化信息系统充斥着，使用社会化信息系统已经成为了互联网用户最喜爱的活动之一。在回家的路上、旅途的小憩、工作的间隙，总会有人拿起手机，发布此时此刻的心情、状态。时而晒晒旅行的美景，分享生活感悟，转发创意的帖子；时而与朋友圈好友、微博粉丝进行互动。这就是社会化媒体时代人们的一些生活状态，这个时代的人们被“社会”紧紧包围着。

社会化信息系统是基于社会化技术和开放式协同合作的信息系统，它与传统的商务信息系统不同，将核心系统功能从工作支持转移到了在线社会交互（如评论、打分、加好友等反馈机制）或开放式协同合作（即系统中的贡献者或参与者数目非事先确定）。[214] 社会化信息系统很大程度地扩展了传统信息系统的外沿，它在人们日常工作、学习、生活和消费中的普及使得组织与组织之间、组织与外部用户之间、用户与用户之间的距离被迅速拉近，从而通过社会化的方式更有效地实现组织间沟通、企业营销、群体协作等。

根据主要功能和交互协作的方式不同，社会化信息系统可以主要分为五种类型。

1. 即时通信类

即时通信（Instant Messaging，IM）是一种基于互联网的即时交流消息的系统，允许两人或多人使用网络实时地传递文字消息、文件、语音和视频等。国际上主流的即时通信类社会化信息系统包括 Skype、QQ、Google Talk、LINE、微信等。这类社会化信息系统使用户不受到空间的限制即能实现信息的实时交互，其中的群组功能也便于将分散在各处的成员联系起来，实现重要消息的统一发布和成员间的讨论交流。尤其当与移动终端相结合时，即时通信的场景将变得更加自由。即时通信类社会化信息系统的广泛应用显著地节约了组织内尤其是跨组织的沟通成本，提高了工作效率。

2. 社交网络类

社交网络服务（Social Networking Services，SNS）是建立人与人之间的社交网络或社交关系连接的平台，大多数是基于网络的在线社区服务，通过话题（如贴吧）、职业（如 LinkedIn）或学习经历（如 Facebook、人人网）将一部分相关用户凝聚起来。社交网络类社会化信息系统通常以个人为中心展开社交活动，允许用户在自己的网络中共享想法、图片、文章、活动、事件等，也允许其他用户对其分享做出反馈。同事间、合作伙伴间能以此为平台建立工作之外的情感联系，达成更亲密的伙伴关系。同时，六度分割理论（Six Degrees of Separation）表明，社会化的现代人类社会成员之间，都能通过一定的联系方式发生关联。社交网络类社会化信息系统允许用户结识“朋友的朋友”，扩大交友圈，低成本地收获新的合作伙伴。

3. 信息发布类

信息发布类社会化信息系统目前最典型的即微博。微博是一种通过单向或双向关注机制分享简短实时信息的广播式社交网络平台。与传统博客不同，微博更注重时效性和随意性，便于用户随时随地分享最新动态。由于这类社会化信息系统具有发布信息便捷、信息传播快速的特点，许多企业利用这一渠道与其目标客户群产生联系，一方面低成本地发布与企业或产品相关的最新消息，另一方面也及时得到消费者的反馈意见。而作为消费者，同样可以借助信息发布类社会化信息系统高效集中地整合自己感兴趣的企业和产品信息，降低信息收集的时间和经济成本。

4. 位置服务类

基于位置的服务（Location Based Service，LBS）是通过电信移动运营商的无线电通信网络或外部定位方式获取移动终端用户的位置信息，在地理信息系统平台的支持下为用户提供相应服务的一种增值业务。LBS 由移动通信网络和计算机网络结合而成，二者之间通过网关实现交互。大众点评网、游玩网等是国内位置服务类社会化信息系统的代表，它们根据用户的地理位置为其生活消费提供信息支持，且允许系统中的用户之间通过发表评论、分享攻略和心得等方式沟通交流。这类社会化信息系统的存在为用户的生活消费提供了便利,能够帮助合作企业促进消费,与此同时也优化了消费的过程,使消费者能够根据自身的偏好选择最适合的商家和服务。

5. 兴趣类

兴趣类社会化信息系统支持具有某种兴趣的用户使用相应的基本功能,同时聚集平台上兴趣相同的用户,支持用户间以多种形式进行社交活动。国内较具代表性的兴趣类社会化信息系统主要有唱吧、马蜂窝、有宠等,分别面向对 K 歌、旅行、养宠物感兴趣的用户,大多通过社区构建来建立用户间的社交关系。这类社会化信息系统将社交元素与传统的兴趣功能相融合,帮助提供相关产品或服务的企业迅速集中地锁定目标用户群体,进而有针对性地分析用户画像、制定相应的营销策略等,也能有效地借助社交关系进一步地扩大其消费者群体,并提升当前用户的黏性。

近些年来,伴随着智能手机的使用、普及,为了更好地满足人们对社会化生活、工作、消费的需求,社会化信息系统与移动互联的融合发展呈现出广阔的市场前景,“SoLoMo”的概念也应运而生。Social(社交的)、Local(本地的)、Mobile(移动的)三个特征的结合被公认为未来互联网发展的趋势,微信、微博、大众点评等社交 App 的流行即很好地印证了这一点。另外,功能多元化、跨平台信息融合将成为社会化信息系统在未来一段时间内的又一发展趋势。例如,即时通信类的微信兼具 SNS(朋友圈)和 LBS(附近的人)等多元功能,也有许多其他信息系统支持以微信账号直接登录以实现平台间的信息交互和用户跨平台的社交网络整合。这种趋势无疑将带来更大的便利,但也会导致用户的工作、社交、消费等信息高度集中,信息与移动设备之间的联系高度紧密,因此安全性问题将是社会化信息系统发展下一步的关注重点。

7.3.2 社会化营销

商业社会同样也在经历着一场“社会化”变革,营销的成功离不开对现代人社会属性的剖析,由此产生了在线社会化营销(以下简称社会化营销)。社会化营销是在 Web 2.0 环境下的营销新趋势。随着 2006 年以来 Twitter 等应用的兴起,社会化媒体慢慢渗透到人们的生活中,以“Social Media Marketing”为关键词进行谷歌搜索,即刻就可以获得 20 500 000 多条相关结果,而更常见的微信等应用充斥的软文、人人网分享的话题、微博发布的状态,都可能成为企业分析市场的数据来源,都是社会化营销的一部分。毫不夸张地说,如今的社会化营销已经是企业与消费者沟通的重要环节,成为社会化媒体向社会化商业的迈步。

社会化营销是基于社会化媒体的,在企业、营销者、信息搜索者和消费者之间能够彼此简化对话形式并且实现内容分享的实践,是在理念和技术层面基于 Web 2.0 的互联网应用。[94]从字面浅析,社会化营销是“社会化媒体+营销”的组合。社会化媒体作为信息传播媒介,与传统媒体相比所具有的特性影响着社会化营销的模式和特点。从营销角度来说,开展社会化营销的组织并非仅限于企业,而是泛指包括团队、企业、政府、社会非营利机构等在内的各类型组织;从营销方式来说,社会化营销并非社会化媒体的简单堆砌和照搬,并非营销渠道的简单电子化和媒体化,而是与原有精准营销、个性化营销等相结合的工具,是互联网环境下营销方式更加人性化的具体体现。实际上社会化营销是对传统媒体的创新,对传统电子营销渠道的整合,对原有营销手段的合理利用,是由信息技术和营销所构成的广义信息系统。

社会化营销是企业运作、营销、客户关系管理等职能的融合,带来了企业内部协作和工作边界的模糊,而社会化媒体的特性也使得社会化营销具有平等、开放等性质。社会化媒体产生于碎片化时代,在其催化之下,社会化营销呈现出不同于传统营销手段的新特征:

1. 沟通方式交互化,裂变传播效率高

在社会化营销时代,企业与消费者之间的沟通方式变得更为人性化。企业主动融入消费者,聆听消费者的心声,而消费者由被动接受变为主动创造,直接参与创作流程,以轻松愉悦的方式来谈论自身使用的感受或者相关购买经历等。这类互动式营销拉近了消费者和企业的距离,消除了彼此的对立感,建立起“朋友”关系,形成了以消费者为中心的社会化营销流程。[95] 而基于社会化媒体用户所建造起的庞大的在线社交网络,以及分享、转发机制的产生,使信息传播呈现出网络化、病毒式的传播特征,传播广度和深度得到一定提升。

2. 体验服务人性化,用户信任度提高

社会化营销具有比传统网络营销更高的针对性。社会化媒体开放特性和分享特性等使得用户社会关系和行为习惯被极大程度地还原,企业可由此去判断用户兴趣点,了解用户需求,从而提高营销的针对性,让消费者获得更为个性化的服务,使得社会化营销成为对传统精准营销、个性化营销的升华和融合,以及对口碑营销、主动营销的整合运用。在社会化媒体营销中,利用社会化媒体构造的真实可感的网络平台,形成的“圈子”更有信任感、更具有一致性,使得社会化媒体营销克服了传统营销模式的弊端,增加了用户的信任度。

3. 营销方式无痕化,产品呈现立体化

一方面,在社会化营销过程中嵌入社会关系且注重营销内容而非营销对象的方式,让消费者在不知不觉中接受企业品牌和信息所传递的价值。如微信的朋友圈中,好友所转发的各类企业软文,虽然是对企业价值的宣传,但是由于渠道的可信度高,使得用户容易接受该类信息所传递的内容。另一方面,产品信息在传统媒体和社会化媒体等多渠道中传播,构建起立体的传播网络。

4. 直观价值易获得,投资回报难计算

在社会化媒体大行其道的当下,无论是企业还是咨询公司都在大谈社会化媒体营销对营销效果的明显提升,人们强烈地感知到这一新鲜事物改变着企业营销管理方式,但由于社会化媒体给企业带来的作用是潜移默化的,营销效果衡量指标投资回报率(ROI)往往不能够直观计算,因此其效果评估较为模糊。

5. 数据多源异构,深度挖掘显价值

社会化媒体中用户生成内容的媒体属于大数据范畴,其形式多种多样,包括语音、视频、文字等,使用传统技术方法分析无法得到深层次的数据价值,因此社会化营销强调结合商务智能中的数据分析和挖掘方法,进行社会化分析,得到关于市场、客户和商机的洞察力。

7.3.3 社会化协作

当生活的节奏和工作的压力让我们没有多余的时间去思考琐碎之事时,我们不由自主地被群体所指引着。我们去餐馆吃饭,可能会去看看点评网上自己所在商区有什么好吃的,其他用户的评价如何,特色菜是哪些;我们去远方旅行,总会上网搜一些攻略来安排自己的行程;我们去网络购物,总会先看一下已经买过该商品的消费者的评价和打分情况。当网络发挥作用时,发现、利用或建立少量的链接,可以使一些小群体汇集成一个小世界,且不易分离。[96]这些大家广泛参与的看似微不足道的一句一言,一点一滴的记录,大大小小的攻略和创意,在互联网的连接下形成了一个强大的 CPU 系统,汇总成为帮助别人决策的知识。尊重群体智慧,有助于帮助我们科学理性地认识瞬息万变的世界。[97]

如今在线社会化协作(以下简称社会化协作)不再是新鲜词汇。比如,维基百科、RSS 使得大规模协作成为一种特有的经济学现象;一品威客(http://www.epweike.com)、猪八戒(http://www.zhubajie.com)等平台的兴起,智能标记陌生来电等模式,使得众包走进日常生活;互联网金融平台上,众多 IP 地址出现在某个项目筹集资金的页面,让素不相识的人们成为该项目的共同投资人;等等。简单说来,社会化协作是指在 Web 2.0 环境下,用户自发地为某个特定目标组织产生的创造和分享行为,使得社会资源得到协调配置和优化。

从基于网民群体参与的"知识社区"视角,可以将用户以免费互助的形式生产、聚合和传播信息的群体智慧分为五种类型,对应不同的 IT/IS 平台:① 在线问答平台,包括网民提问,其他网民免费回答的在线互动,如百度知道、知乎等;② 文档分享平台,网民可以分享有价值的文档,如百度文库、豆丁网等;③ 众包平台,网民可以在平台接受创作任务,如维基百科、猪八戒、互动百科等;④ 在线消费者评论平台,如淘宝、京东商城等电子商务平台;⑤ 群体推荐平台,如社会化书签网、豆瓣网等。

社会化协作模式是一种集中与分散结合的创新模式。这里主要介绍众包与众筹。

1. 众包

"众包"(Crowdsourcing)一词最早出现在 2006 年,由美国《连线》杂志的杰夫·豪提出。[98]众包是一种新型生产或创造组织模式,是指公司或机构把过去由员工或者承包商完成的工作任务,以自由自愿的形式外包给非特定的而且通常是大型的大众或社区,扩大资源范围,统筹运行内外各要素以形成高效率的具有独特核心竞争力的运行系统。[99]由于众包参与的自愿或志愿性,也常被称作一种"零成本"的商业行为。如图 7-6 所示,众包系统主要由发包方、接包方与中介平台构成。

(1) 发包方。发包方通常是企业或者拥有工作任务需要解决的个人。对于发包方来说,其发布任务的方式有两种:一种是在公司网站上直接发布,以悬赏的方式吸引众多的网民来参与解决问题。这种方式避开了中介机构从而使解决问题的成本更低。还有另外一种方式,就是通过中介机构,通常是网站社区协会等,发包方与新型网络签订合约,合约中包括了需要解决的问题、价格和售后服务条款等。

(2) 接包方。接包方就是数量众多的互联网用户,在中国有一个特定的新名称,叫威客。他们既可以是专业人士,也可以是非专业的兴趣爱好者。如乐高公司的用户下载三维的乐高玩具组装软件以设计自己喜欢的模型,再将设计图上传到乐高网站并进行出售;微软的用户加入体验建议计划,为用户体验服务提出改善意见;搜狗拼音输入法皮肤设计者将自己的方案交给平台管理等。[100]

(3) 中介机构。众包机构(众包平台)是沟通发包方和接包方的桥梁,也称中介机构。如网络零售巨头亚马逊推出了提供众包服务的平台 Mechanical Turk(Beta 版)。拥有任务的企业或个人通过与中介机构(通常是网站)签订合约,并缴纳保证金,在中介平台——任务库中发布需要解决的任务、课题及其相关要求。

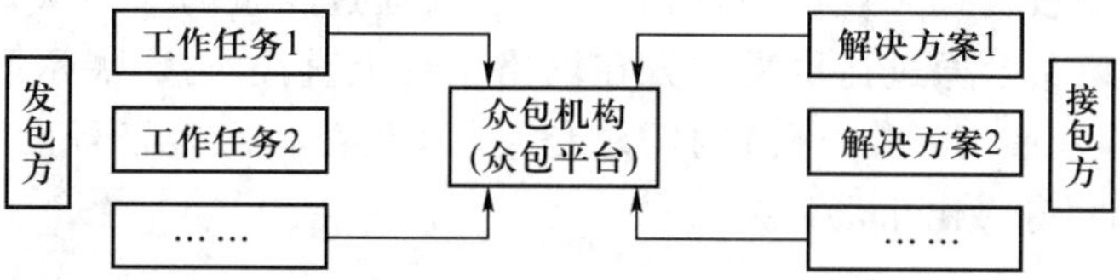

图 7-6 众包商业架构

众包模式意味着知识、产品和服务的生产已经成为一项越来越多的人都可以参与的集体活动。现代服务观点认为:客户不再是被动的价值接受者,而是主动的创造者,企业不再是标准化产品的生产者,而是合作产生价值的促进者。众包服务平台正是这种理念的体现。众包是利用互联网突破地域约束,以全世界人才为基础的“超级外包”,经历了从“外包”到“开源”再到“众包”的商业模式更新。它利用愈发普及的互联网,充分发挥网民的创新热情和能力,以“用户创造内容”为核心,强调统筹企业、客户以及大众的价值,正在彰显出不可忽视的商业价值。由于创新参与者来自网络中自愿满足于收取小额报酬甚至免费提供服务的网民大众,一方面既能集思广益,促进创新质量;另一方面创新者出于兴趣的自愿参与模式也大大减少了企业的创新成本。

众包的概念包含着四个特征:开放、对等、共享和延伸。

(1) 开放性。众包是开放式的信息系统,是集社会资源来解决特定问题、完成特定工作任务的一种生产模式。它将全球资源纳入互联虚拟空间中,通过虚拟方式来实现对实体资源的优化配置。众包不但是资源的开放式配置,而且是人的开放式成长,为人的价值提供了广阔的增值空间。

(2) 对等性。众包模式中互联网使得任何一个众包的客体都可以受到广泛关注,不同的人会从不同角度对其提出解决方案,同样,也会有很多人对各种方案进行比较、审视,并提出改进建议。最终形成的方案将是得到大多数人支持和赞成的。

(3) 共享性。共享的效力不局限于知识产品,也可以延伸到其他资源,如计算能力、宽带、信息和科学知识。维基百科、YouTube 等协作方式让知识、生活都成了共享的来源。

(4) 延伸性。互联网是众包运营的坚实基础,在互联网创造的赛博空间里,资源实现了可以 24 小时无间断地进行配置。借助虚拟化运作,众包资源突破了地域的局限,分布于世界各地的资源可以很方便地以众包模式进行整合。

在互联网科技和信息技术不断渗透的背景下,除了传统实体商业的众包外,虚拟众包服务平台正在高速发展,如基于移动网络的众包平台。此外,值得指出的是,众包为个体参与者、企业和社会带来价值的同时,其商业模式还处于进一步发展成熟之中,相关的法律和知识产权等还需完善。

2. 众筹

众筹(Crowdfunding)又称为大众集资,是众包的衍生形式。众筹平台作为 IT/IS 应用发展的产物,是指通过互联网向众人筹集小额资金为某个项目或企业融资的做法。[①] 众筹中包含了筹资人(项目发起人)、中介机构(众筹平台)及出资人(公众)。如图 7-7 所示,众筹项

① 参见《牛津字典》。

目往往是具有明确目标的、可以完成的、具有完成时间的非公益活动,筹资人借助于互联网融资平台为其项目向投资人大规模融资,每位投资人通过少量的金额从筹资人处获得实物或者股权回报。众筹平台通过让供需双方在网络平台上直接对接,展示融资项目和描述预期产品,收集和掌握消费者(出资人)的需求信息,以是否满足融资额度为标尺,对供给方(筹资人)的产品和服务做出市场评判。

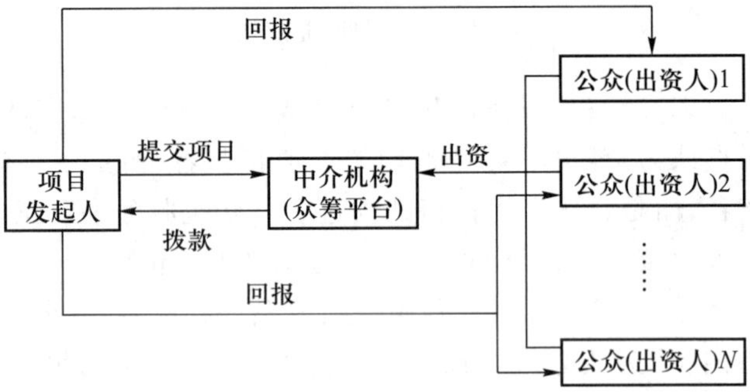

图 7-7 众筹商业模式的构建与流程[101]

以美国著名众筹平台 Kickstarter 为例,其目前仍是以音乐、电影、漫画等与文艺相关的项目为主。而我国国内也是如此,从绝对数量来看,60%~70%的项目都可以归属于文化创意产业范畴。[101]

作为新生事物,众筹模式的迅速发展值得关注。由于根植于互联网平台,众筹模式具有与传统融资方式不同的特征和作用。

(1) 互联网透明公开的环境缓解信息不对称难题。互联网是众筹模式开展的基础设施。众筹模式利用网络平台传播融资信息,网络化的渠道加速了信息的传播速度和效率,且信息的交互性强,公众在推送信息的同时也能接收信息,与投资方进行高效的互动,加速信息的流动,使得投资环境更为透明化,从而缓解信息不对称的难题。

(2) 大众的广泛参与极大程度地分散了融资风险。众筹模式的核心思想在于"众"字,互联网使得随时随地沟通成为可能,参与的民众可以在短时间被聚集起来,而每位参与者只需投资较低额度资金即可,从而通过分散的方式降低了融资风险。

(3) 融资平台成为民间资本投资的有效途径。众筹模式为民众提供了直接参与金融市场的渠道,有利于实现民间资本与中小企业的高效对接,缓解资本市场资金紧缺而民间投资无门的双重困境。

在互联网浪潮的推动下,众筹已经成为金融行业的创新发展方向,成为使得资金从储蓄者直接流向借款人的便利渠道。众筹模式的出现对传统融资方式产生了深远影响。众筹模式呈现出一种互联网金融模式形态,其对于解决我国中小企业融资问题、引导民间资本转化为投资的作用成为学术界和实业界关注的课题。

7.4 内外部大数据集成管理

数据规模海量增长,数据维度不断丰富,一个大规模生产、分享和应用数据的时代正在开启。大数据(Big Data)的概念可以通过下列四个方面的特征进行描述:体量(Volume)、多样性(Variety)、价值(Value)、速度(Velocity)。[102]

(1) 体量:大数据意味着超常规模数据(Volume)。与之前的大规模数据不同的地方在于,大数据对企业来讲意味着数据规模超越了企业本身的内部数据,延伸到了企业外部,成为一种社会化的企业数据。每个人作为终端使用者,既是信息的使用者,又是信息的创造者。全社会的人在社会活动的各个环节,都与数据发生关联,而不仅仅局限于之前的某些企业、某些部门职能环节。

(2) 多样性:大数据意味着多样性(Variety)。富媒体(Rich Media)大大扩展了人们的数字化生活体验,全球数据和数字流量中70%~80%都是视频、语音、图像,而不是过去以二维的、规范化的、非常简单的数据形式为主的结构化数据。多样性成为大数据的显著特征。

(3) 价值:低价值密度。价值来源于对海量数据的深度分析。在大数据环境下,有用的信息往往隐藏在大量不相关的数据中,这些数据既包括结构化的数据,也包括诸多非结构化数据,企业面临的一个重要挑战是确定哪些数据有用,然后对这些数据进行转换、提取、整合与分析。

(4) 速度:实时数据流。在大数据环境下,数据的产生是实时的,具有“流”特性。比如,社交媒体数据流(Twitter、微博、微信实时数据流等)、传感器实时数据流以及视频监控实时数据流等。实时性要求人们对数据的分析必须实时,而“流”特性则满足人们对数据“即用即取”的需求,即“信息要像开着的水龙头一样,源源不断地出来”。人们打开手机看新闻、支付账单,都需要得到及时响应,而不是等到晚上再看新闻,排队才能支付账单。信息是连续的、实时的、流涌的。这种流信息是时时刻刻(Real-time)的,构成了大数据之“大”和无时不在。大数据包含了互联网、医疗设备、视频监控、移动设备、智能设备、非传统IT设备等渠道产生的海量结构化或非结构化数据,并且时时刻刻都在源源不断地渗入现代企业日常管理和运作的方方面面。

此外,企业还需要关注内部数据与外部数据的融合(见图7-8),即不仅关注内部资源整合(如ERP),而且需要关注企业外部数据(如评论、口碑、商誉、社会关系、消息等用户和公众生成的内容),基于内外数据的交互来做决策。

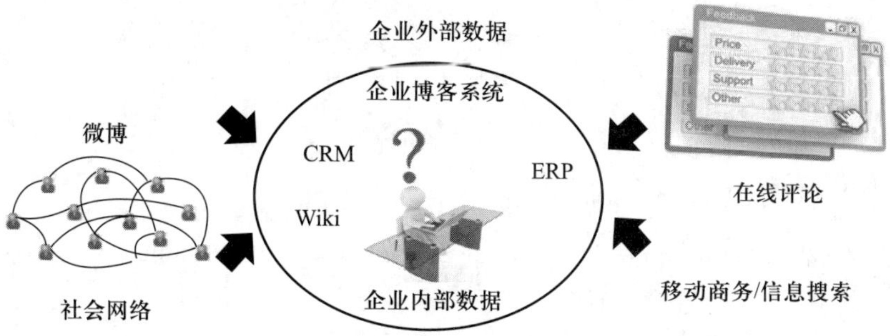

图7-8 企业内部和外部数据

在这样的背景下,企业信息系统建设应该具有下列三个特点:① 内部应用系统与外部IT/IS平台具有充分有效的衔接和集成功能,使得企业内部活动与相关的外部活动可以协调运作;② 数据资源管理具有虚拟整合和优化配置的功能,使得企业保持动态更新的全局视图;③ 应用子系统和功能模块具有深度分析(BA)能力和扩展适应性,使得企业能够提升精细运作和决策水平,同时应对内外环境的变化。

• 思考题 •

1. 供应链管理的核心思想是什么？如何选择合适的供应链管理策略？

2. 电子商务包括哪些主要的形式？电子商务系统的基础框架包括哪些主要的组成部分？

3. 社会化信息系统是什么？包括几个主要类型？

4. 社会化营销的特性包括哪些方面？

5. 社会化协作包括哪些方面？各自有哪些特点？

6. 什么是大数据？组织内外部大数据集成管理的特点是什么？

• 即测即评 •

请扫描二维码,测试本章学习效果。

第 8 章　商务智能与决策支持

> 从愚昧走向文明的进程中，人类始终不断探寻事物之间的联系：通过星相的观察来预测天气；通过树叶的飘零感知季节更迭；通过月相的盈亏了解潮汐的涨落……而在高度文明的今天，当面对海量观测数据的记录和存储的时候，从纷繁复杂的数据海洋中挖掘出有价值的知识则成为决策和竞争的利器。此时，通过智能手机传送而来的广告不再千篇一律，而是恰恰投你所好；逛街购物时商家能够迅速推荐令你满意的搭配组合，省去劳顿之苦；基于位置的服务与你如影随形，成为衣食住行的随身参谋……这些都是商务智能在各个领域应用的缩影。那么，究竟都有哪些商务智能方法？它们又怎样影响着我们的生活？本章将介绍商务智能的主流方法和产品及其在多个领域的应用。

当前，随着大数据时代的到来，由于信息技术进步和广泛应用驱动的技术融合不断深化，信息系统对于人们的社会生活和经济活动产生着日益深远的影响。越来越多的企业开始通过信息系统来处理大量的企业内外部数据，并以此解决企业管理过程中方方面面的问题，如客户行为分析、企业流程再造、人力资源管理、市场竞争分析等。其中，商务智能(Business Intelligence，BI)已经成为信息系统领域的重要内容，商务智能的方法和技术、商务智能的使用和实施已经分别成为现代信息系统技术视角和管理行为视角的重要关注点。

本章主要介绍应用于支持企业决策和知识发现的信息系统和方法，具体包括在线分析处理、商务智能方法和应用，以及一些其他较为常见的信息系统，包括决策支持系统(Decision Support System，DSS)、专家系统(Expert System，ES)、人工智能与深度学习系统等。事实上，这些都是特定类型的信息系统，它们侧重支持解决不同的管理问题。值得指出的是，商务智能方法作为当前主流的面向管理决策的智能方法，已经成为决策支持系统、专家系统、人工智能与深度学习系统的重要方法。

8.1　在线分析处理

如本书第 1 章所介绍的，不同的管理层级关注的管理问题会不同，其相应的信息系统形态也不同。在线事务处理(OLTP)系统、在线分析处理(OLAP)系统和知识发现(KDD)系统分别重点面向管理决策过程中的“发生了什么”“为何会发生”和“将发生什么”的问题。商务智能系统是一类针对信息分析和知识发现的信息系统，其主要形态为 OLAP/KDD。

特别地，读者可能注意到在当前的业界和学界经常出现商务分析（Business Analytics，BA）的说法，并与商务智能的说法交叉使用。简单说来，两者的概念关系可以通过下列两个方面描述：① 从狭义的角度，BA是OLAP的深化，重点仍在分析处理层面，解释“为何会发生”，并随着问题复杂性的增加和新兴IT应用的融合，洞察力和分析力都显著提升；② 从广义的角度，特别在应用中，人们在分析现象发现规律的过程中常常把发现看作分析的延伸，故而把整个过程视为一个分析的过程。也正是基于这两方面的概念关系，我们通常把BA称作深度商务分析，并结合现阶段的BI应用水平，将深度商务分析（BA）看作商务智能（BI）发展演化的现阶段产物。

8.1.1 从OLTP到OLAP

20世纪70年代，随着Codd提出关系数据库的理论模型，基于关系数据库管理系统（RDBMS）的事务处理逐渐成为商业界IT应用的主流。但是总体来看，在这个阶段，企业的IT应用主要还是着重于对业务职能的自动化以及对信息的存储、汇总、统计和查询等方面，而分析能力较弱。因此，这样的信息模式称为事务处理。进而，在网络应用和实时交互处理功能日益强大和普遍的今天，基于在线计算的事务处理被称为在线事务处理（OLTP）。[3]

随着数据库应用系统的普及，积累在企业内部的数据量不断增多，对这些数据的查询请求也越来越复杂，关系数据库系统已无法满足要求。在日常管理中，企业管理人员除了要解决基本的信息处理外，还需要解决更复杂的问题。为了弥补RDBMS在这方面的不足，很多厂商开发一种前端产品，通过专门的数据综合引擎，辅之以更加直观的访问界面，用于支持复杂的查询和分析操作，侧重对决策人员和高层管理人员进行决策支持，以便他们准确地掌握企业的经营状况，了解市场需求，制定正确的运营方案。这就是在线分析处理（OLAP），它使分析人员能够迅速、一致、交互地从各个方面观察信息，以达到深入理解数据的目的。

事务处理和分析处理都是信息创造过程。事务处理侧重于组织的业务职能的自动化，典型的处理形式是统计报表和数据查询。而分析处理则侧重于对信息的分析，通常涉及对信息的切分、多维化、前推和回溯，以及回答“what if”（情景分析）问题。很明显，分析处理相对于事务处理来说，与中高管理层的业务范围更相关，并更集中于对企业管理决策的支持。常见的分析处理应用如多维视图、预测、敏感性分析、成本控制等。同时，分析处理往往需要较为强大的软硬件以及复杂的分析方法与工具的支持。[3] OLTP和OLAP的关系如图8-1所示，表8-1则概括了OLTP与OLAP的主要区别[103]。

我们曾在第5章中介绍了数据仓库。数据仓库，就是把一个组织中的历史数据收集到一个中央仓库以便于处理。它是支持决策过程的、面向主题的、集成的、随时间而变的、持久的数据集合，是OLAP应用的环境和基础。[3] 事实上OLAP之所以能够高速发展，得益于数据仓库技术的出现和完善。由于这两者结合得非常紧密，以至于在实际应用中，OLAP应用与数据仓库应用经常是指同一个任务。

从最基本的功能来看，数据仓库和数据库一样也是用来存储数据的，但是两者又有许多不同之处。如此前第5章所介绍的，数据仓库的主要特征可以概括为：面向数据、管理海量数据、集成多数据源、支持分析决策等。[3]

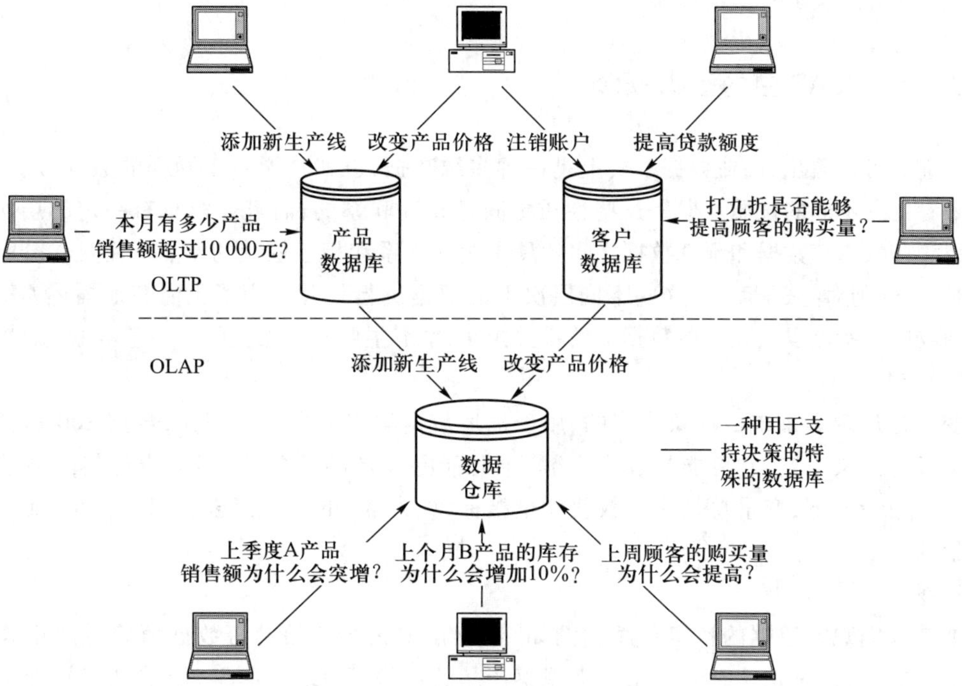

图 8-1 OLTP 和 OLAP

表 8-1 OLTP 与 OLAP 对比

OLTP	OLAP
数据库原始数据	数据库导出数据或数据仓库
细节性数据	综合性数据
当前数据	历史数据
经常更新	不可更新,但周期性刷新
一次性处理的数据量小	一次性处理的数据量大
响应时间要求高	响应时间合理
用户数量多	用户数量相对较少
面向操作人员,支持日常事件	面向决策人员,支持管理需要
面向应用,事务驱动	面向分析,分析驱动

之所以将 OLAP 应用构建于数据仓库,而不是数据库之上,主要是由于以下三个技术方面的原因。首先,计算机处理速度的阶跃式增长,存储成本和处理成本大幅度降低,是保证数据仓库能够有效运行的物理基础。其次,决策分析理论的完善和应用使得数据仓库中的分析技术能够有效实现,使得决策人员可以直接从系统中获得需要的决策支持信息。最后,传统的信息处理方式是根据用户的需要,通过系统能够接受的任务形式得到目标结果,而在数据仓库系统中,数据用于支持各种分析任务,并生成多角度、多层次和不同粒度上的分析结果,人们通常无法提前预测或控制决策数据的存取路径,这些数据仓库技术的特点为

OLAP 的应用提供了坚实的基础。

8.1.2 OLAP 中的基本概念

从前文可以看出,商业数据事实上是一种多维数据,也就是说对于同样的数据,从不同的角度来看具有不同的性质。但是这些性质之间是相互联系的,而且通常具有一定的层次。例如,销售数据、库存数据和预算数据之间就具有相互联系和相互依赖的特点。而且在分析销售模式时,要分别对年、季度、月这些不同层次上的数据进行处理。为了更清楚地描述 OLAP 所处理的数据的特点以及在这些数据上的相关操作,本节主要介绍相关的一些基本概念。[103, 104]

1. 变量

变量是从现实系统中抽象出来的,用于描述数据的实际含义。例如,数据 100 本身并没有意义或者意义未定,它可能是客户人数,也可能是某产品的单价,还可能是某商品的销售量等。一般情况下,变量总是一个数值度量指标,如人数、单价和销售量都是变量,而 100 则是变量的一个值。

2. 维

维是人们观察数据的特定角度。例如,企业常常关心产品销售数据随着时间推移而产生的变化情况,这时是从时间的角度来观察产品的销售,所以时间是一个维(时间维)。企业也时常关心自己的产品在不同地区的销售分布情况,这时是从地理分布的角度来观察产品的销售,所以地理分布也是一个维(地理维)。其他还有产品维、顾客维等。

3. 维的层次

对应于数据的粒度,维也存在层次性问题。比如时间维度可以用"日"作为单位刻度,也可以使用"周""月""年"等作为时间维度的单位刻度。同样,地理维度可以用"县"作为单位刻度,也可以使用"市""地区""省"等作为其单位刻度。

4. 类别

类别(Category)是构成一个维的独立的数据元素,存在于层里每一个数据。如地理维度中区域层的类别有欧洲、远东和北美,它们是你在报表的行、列或层中所看到的数据片。维、层和类别之间的关系如图 8-2 所示。

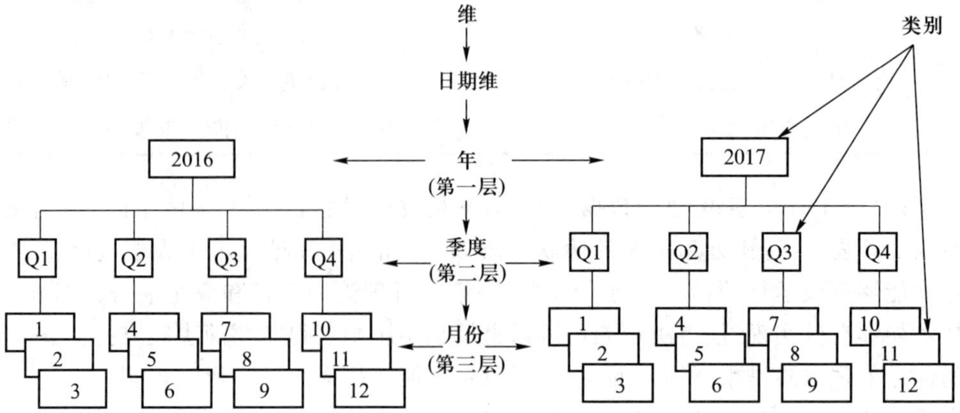

图 8-2 维、层和类别的关系示意图

5. 维的取值

维的取值也称为维的成员。比如客户维的取值包括整个客户集合。由于维度存在层次性，当维度具有多个层次时，维成员由各个维层次的所有类别取值的组合构成。比如，地理维度由国家、省、地区三个层次构成，则“中国浙江省嘉兴地区”就是维的一个取值。有时候，维度取值不一定要包含所有的层次，如“中国浙江省”，它实际上也是一个唯一的取值。

6. 度量

度量是企业收集和存储的用于评价业务状况的数值性数据，以监测和评估企业成效。例如，一个公司的销售部经理，可能喜欢用销售量、销售金额、成本和利润指标来衡量其业务成效。不同的度量能够反映出不同的业务性质。例如，假设针对企业的关键成功因素是客户的满意度，那么对于产品制造商来说，可能要通过及时运输货物（或使用质量体验评价）来衡量它，而客户服务部门可能要用电话支持回应时间来衡量它。

度量一般是指不同维度在某一取值下对事件的描述。比如事件“张三于 2017 年 10 月 2 日在北京进行了一次通话”，它的时间维的取值是“2017 年 10 月 2 日”，客户维度取值“张三”，地点维度取值“北京”，它们所对应的事件的度量可能会是通话长度、通话费用等。

7. 多维数组

一个多维数组可以表示为（维 1，维 2，…，维 n，度量）。例如日用品销售数据是按时间、地区和产品组织起来的三维立方体，如图 8-3 所示。如果度量选择为销售额，就组成了一个多维数组（地区，时间，产品，销售额）。如果在此基础上再扩展一个销售渠道维，就得到了一个四维的超立方体，对应的多维数组为（产品，地区，时间，销售渠道，销售额）。

8. 数据单元（单元格）

多维数组的取值称为数据单元。当多维数组的各个维都选中一个维成员，这些维成员的组合就唯一确定了度量的值。因此数据单元就表示为（维 1 维成员，维 2 维成员，…，维 n 维成员，度量的值）。例如在图 8-3 的数据立方体中，假设我们在产品、时间和地区维度上各取维成员“电视机”“2017 年”和“北京”，则它们唯一确定了度量“销售额”的一个值（假设为 10 000），该数据单元可以表示为（电视机，2017 年，北京，10 000）。

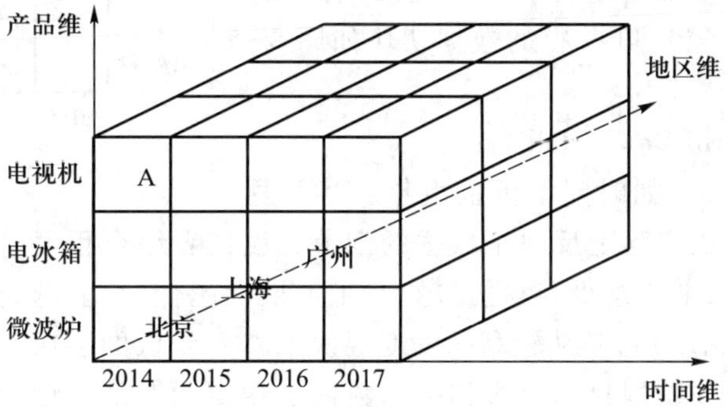

图 8-3 多维数据立方体

8.1.3 OLAP 的基本操作

OLAP 分析指对以多维形式组织起来的数据采取切片、切块、旋转等各种基本操作，以求剖析数据，使最终用户能多角度、多侧面地观察数据仓库中的数据，从而更深入地了解包含在数据中的信息、内涵。OLAP 分析方式迎合了人们的思维模式，本节主要介绍其分析所使用的基本操作。[103][104]

1. 切片(Slice)

在多维数组的某一维上选定其维成员的动作称为切片，即在多维数组（维 1，维 2，…，维 n，度量）中选中某一维，如维 i，并取其某一维成员（设为维成员 V_i），所得的多维数组的子集（维 1，维 2，…，维成员 V_i，…，维 n，度量）称为在维 i 上的一个切片。

例如，图 8-3 中按照产品维、地区维和时间维组织起来的产品销售数据，用多维数组表示为（地区，时间，产品，销售额）。如果在地区维上选定维成员（设为“上海”），就得到了地区维上的一个切片；在产品维上选定一个维成员（设为“电冰箱”），就得到了产品维上的一个切片，如图 8-4 所示。显然，这种切片的数目取决于每个维上维成员的个数。

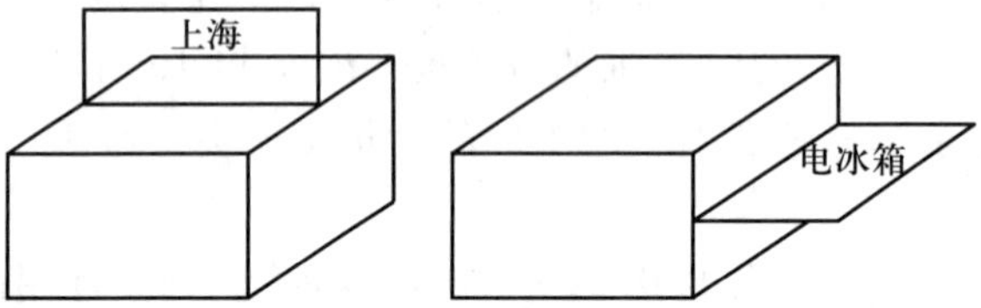

图 8-4 切片

2. 切块(Dice)

数据切块就是将完整的数据立方体切取一部分数据而得到的新的数据立方体。选取多维数组（维 1，维 2，…，维 n，度量）中若干维度（通常是 3 个维度以便于图形显示）的取值范围，从而形成了多维数据的子集（维 1，维 2，…，A_i<维 i<B_i，…，B_j<维 j<B_j，…，维度 n，度量），这个多维数据子集被称为切块。

例如，在图 8-3 所对应的多维数组中，选中所有的三个维度：时间维、地理维和产品维，指定时间维的取值为 2015—2017 年，地理维指定为（北京，上海），产品维选定为（电视机，电冰箱），则获得的数据切块如图 8-5 所示。

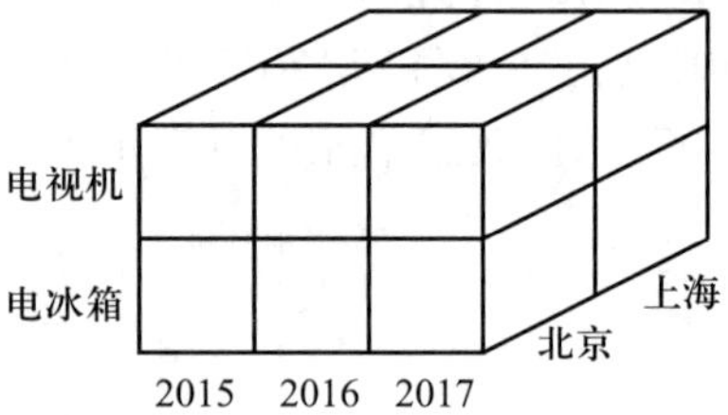

图 8-5 切块

3. 下钻/上卷(Drill Down/Roll Up)

维度是有层次性的，如时间维可以由年、季度、月、日等构成。维度的层次实际上反映了数据的细节程度或者综合程度。维度层次越高，代表的数据综合度就越高，细节越少，数据量越少；维度层次越低，细节越充分，数据量越大。数据下钻（也称为向下钻取）就是从较高的维度层次下降到较低的层次上来观察多维数据，而增加额外的维度也能使数据显示更多细节。数据上卷实际上是下钻的逆向操作，是对数据进行高层次聚合的操作。例如，可以将每个月的数据上卷来聚合成季度数据，再将季度数据聚合成年度数据，以此类推。

图 8-6 展示了一个企业在不同时间和不同地区上的销售额的分布情况。图中的第一张表，时间层次是“年”，如果选择时间维度下钻，得到图中的第二张表，它显示的是该企业每年每个季度在各个地区的销售额分布情况。显然，第二张表中各个季度的销售额的总和应当

等于第一张表中对应年份的年销售额。如果时间维度上还有“月”这个层，则可以继续下钻，以获得该企业在每年、每季度、每月在各个分区上的销售额分布。如果从图中的第二张表按时间维上卷，则可以获得综合度更高的第一张表。因此，上卷和下钻是互逆的。

地区	2016年	2017年
北京	200	230
上海	456	478
广州	100	120

时间	2016年				2017年			
地区	1季	2季	3季	4季	1季	2季	3季	4季
北京	50	50	50	50	50	50	50	80
上海	120	120	100	116	120	120	120	118
广州	24	24	24	28	25	25	25	45

图 8-6 下钻/上卷

4. 旋转(Rotate)

数据旋转是改变维度的位置关系，使最终用户可以从其他视角来观察多维数据。比如，图 8-7 的例子是把横向的时间维度和纵向的地区维度进行了变换，从而形成了横向为地理、纵向为时间的报表。图 8-8 中的例子则是在维度层次之间进行了交换，这使得最终用户能够更好地对不同年份同时期的数据进行比较。

时间	2016年				2017年			
地区	1季	2季	3季	4季	1季	2季	3季	4季
北京	50	50	50	50	50	50	50	80
上海	120	120	100	116	120	120	120	118
广州	24	24	24	28	25	25	25	45

时间		北京	上海	广州
2016年	1季	50	120	24
	2季	50	120	24
	3季	50	100	24
	4季	50	116	28
2017年	1季	50	120	25
	2季	50	120	25
	3季	50	120	25
	4季	80	118	45

图 8-7 不同维度间的旋转

总的来说，在线分析处理主要实现以下一些功能：

(1) 给出数据仓库中数据的多维逻辑视图。

(2) 通常包含交互式查询和对数据的分析。交互式通常有多种方法，包括细分较低级别的详细数据或统揽较高级别的概括性和聚集数据。

(3) 提供分析的建模功能。基于数据，根据已有的决策分析模型确定合适的变量、比率等计算引擎或多维的数字数据。

时间	2016年				2017年			
地区	1季	2季	3季	4季	1季	2季	3季	4季
北京	50	50	50	50	50	50	50	80
上海	120	120	100	116	120	120	120	118
广州	24	24	24	28	25	25	25	45

地区	1季		2季		3季		4季	
	2016年	2017年	2016年	2017年	2016年	2017年	2016年	2017年
北京	50	50	50	50	50	50	50	80
上海	120	120	120	120	100	120	116	118
广州	24	25	21	25	24	25	28	45

图 8-8　同一维度不同层次间的旋转

(4) 生成概括数据和聚集、层次,以及在每一维的交叉点上对聚集和概括级别进行审计。

(5) 支持功能模型以进行预测、趋势分析和统计分析。

(6) 检索并显示二维或三维表格、图和图形化的数据,并且应该能够容易地变换基准轴。这一点相当重要,因为对于商业用户,需要从不同的角度来分析数据,并且在分析某一个侧面的数据时所产生的问题可能需要在另一个侧面中来检验。

(7) 迅速响应查询,保证和商业活动同步,以具有实际应用价值。

(8) 具有多维数据存储引擎,按阵列存储数据,这些阵列是商业维的逻辑表示。

目前,各厂商已经推出了为数众多的数据仓库和 OLAP 的产品,包括 Oracle Express Server、Oracle Discoverer、Sybase Adaptive Server IQ 等,这些产品已得到较为广泛的应用。一些专门针对某些业务领域的 OLAP 应用产品,如面向销售分析的 Oracle Sales Analyzer 等[105],也具有比较大的影响。另外,OLAP 传统产品也包括 Business Objects、Hyperion①、Cognos② 等,它们后来分别被 SAP、Oracle 和 IBM 收购。在近年来的发展中,这些产品的高版本产品线中逐步加入了更多的 KDD 内容。这方面的介绍详见后面章节。

随着数据仓库和 OLAP 技术不断成熟,其在企业中的应用前景也变得逐渐广阔。但需要指出的是,OLAP 的应用可以根据管理需要和业务范围在相应的 OLTP 有关数据上开展,而不是一定要等到建设完成整个企业系统后再开展。

8.2　商务智能方法与应用

近年来,随着信息技术的快速发展,在社会生产和人们生活的过程中,大量的非结构化信息不断生成,如企业内部的库存信息、物流信息、财务信息,企业外部的用户生成内容,包括消费者在线评论信息、搜索结果信息、社会网络信息等。其中,以用户生成内容为代表的企业外部数据为企业管理者提供了大量的决策资源,同时也为管理者如何把握大数据时代

① 参见 Oracle 网站。
② 参见 IBM 网站。

的商机提出了新的课题。

在基于 OLAP 的管理决策过程中,管理者大多根据已知的领域知识和规则(如业务规则和商务规律)来构造模型,并通过数据仓库的支持进行多维视角预测和回溯分析。此外,在商务不确定性和大数据环境中,管理者要考虑的是基于大量数据的领域知识和模式的发现与获取。这需要通过强大的计算能力,对数据进行多层次和多角度的处理,从而得到新颖的、具有潜在有用性的知识。由于这些知识是事先未知的,而且也不是通过已有的规则或模式推断得到的,如果它反映了商务运作中潜在的某种规律性,并被及时利用和把握,将有助于企业获得竞争优势。面向这种决策知识的发现是信息创造的更高形式,也是商务智能的核心内涵。

商务智能的核心技术是数据挖掘(Data Mining,DM)。顾名思义,数据挖掘是在庞大的"数据山脉"中将有价值的"知识矿藏"挖掘出来,用以解决实际中的具体问题。目前国内外商务智能的一些成熟应用领域包括生产制造、金融、电信和市场营销等。此外,随着智能手机的普及和社交网络、在线社区、知识协同等 Web 2.0 应用的广泛流行,移动终端与社交媒体也开始与商务智能技术相互融合,出现了移动商务智能、社会化商务智能等新的应用形式。本节将分别就商务智能的方法和应用展开介绍。

8.2.1 知识发现过程

由于数据库存取技术的飞速发展,企业决策者在决策过程中经常面临着这样一个问题:一方面,企业能够比较容易地获得和存储大量的业务信息;另外一方面,除了业绩报表和数据库查询之外,这些信息并没有被进一步发掘和使用,更没有有效用于分析处理和决策支持。结果出现了"丰富的数据,贫乏的信息"的现象。

为了从数据库中提取有用的信息,人们开始借助人工智能的成果进行数据分析。20 世纪 80 年代末,机器学习方法在数据分析中的应用导致数据库知识发现(KDD)的产生。它是一个新兴的交叉学科,汇集了来自机器学习、数据库、模式识别、统计学、人工智能、管理信息系统等各学科的研究成果。1996 年,Fayyad 等人给出了知识发现的定义,即知识发现是从数据集中识别有效模式的非平凡过程,该模式是新颖的、有潜在应用价值的和最终可理解的。[3] 该定义得到了普遍的认同。如图 8-9 所示,知识发现的过程具有多个步骤,它包括数据选择、预处理、数据转化、数据挖掘、知识解释/评价、商务智能等,并通过反馈不断自我改进。其中数据挖掘又称数据采掘或数据开采,是知识发现的关键步骤。通常情况下人们并不严格区分数据挖掘和知识发现。

20 世纪 90 年代以来,以数据挖掘技术为核心的商务智能(知识发现在商业的应用)受到了学术界和业界的广泛关注。它所得到的模式蕴涵数据集当中对象之间的特定关系,揭示一些有用的信息,可以为经营决策、市场策划、金融预测等提供依据。[106] 从目前的应用情况来看,数据挖掘技术已经通过银行、电信、金融、营销、电子商务等诸多领域为投资者带来了丰厚的回报。例如,通过对市场销售数据的分析,来识别顾客的购买行为模式,从而帮助确定商店货架的布局来促进某些商品的销售;根据客户的采购历史数据对客户进行商品销售定位,有针对性地向客户发送商品目录或打电话,提高直接销售或电话销售的成功率;利用客户的信用记录,识别银行或商业上经常发生的诈骗行为,如恶性透支等,也可以用于探

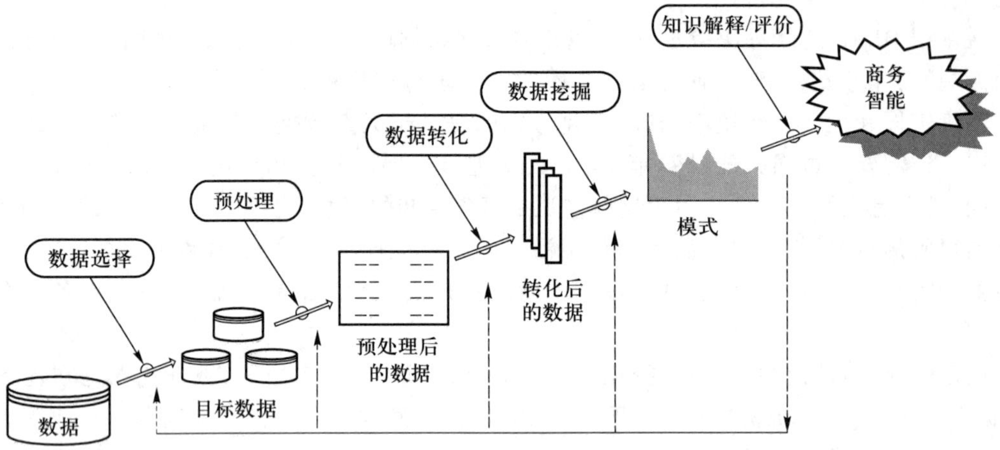

图 8-9 商务智能中的 KDD 过程

测可疑的信用卡交易,或识别与洗钱有关的金融交易。

8.2.2 数据挖掘方法

数据挖掘和别的分析工具一样,具有对数据进行归纳和分析的功能,但除此之外,它还有一些传统的决策分析工具所不具有的特点。在传统的决策分析技术中,都是决策人员事先给出逻辑假设和模型,而后在数据中进行检验和参数评估。但是,在大规模的数据中,如果仅是根据某个或是某几个逻辑假设来进行验证的话,就可能丧失对一些潜在而事先未知的模式进行检验的机会,这样就不会得到新颖的模式了。因而,与传统的决策分析技术不同,数据挖掘是数据驱动的。[3]它并不是始于一个有待证明的具体逻辑模式,而是始于纷繁复杂的海量数据,利用强大的数据分析工具和特定的知识提取方法,从数据出发,挖掘其中有效的模式。正是这个特点使得数据挖掘技术成为商务智能的核心,能够得到传统分析工具所得不到的新颖的、潜在的、有用的管理知识和业务规则。

数据挖掘方法一般都是基于机器学习、模式识别以及统计方法的。通过对这些方法的综合与集成,完成在海量数据中挖掘决策知识的工作。从更高的认识层次来看,数据挖掘的基本任务是预测(Prediction)和描述(Description)。[107]所谓预测就是利用数据中已知的变量和字段来确定一些感兴趣的未知或未来的值,如分类等。而描述则集中于寻找一种人类能够理解和解释的模式对数据进行刻画,如聚类、关联规则等。下面介绍几类主要的数据挖掘方法:

(1) 概念描述(归纳或简约):包括概念的识别与比较。它是通过将数据进行一般化、汇总或将可能矛盾的数据的特征进行说明,以寻求对一个数据子集的简约的描述。

(2) 分类和预测:找出描述并区分数据类或者概念的模型(或函数),然后使用模型预测类标记未知的对象类。从机器学习的角度来看,是一种监督学习方式。

(3) 聚类:与分类不同,聚类事先不知道已知数据的类标记。它用于将数据分成簇,使得在一个簇中的数据具有很高的相似性,而与其他簇中的数据的相似度较低。从机器学习的角度来看,是一种无监督学习方式。

(4) 关联规则:发现数据之间的关联性、相关性和因果关系,如发现“购买啤酒⇒购买尿布”这样的规则。

(5) 文本挖掘:将大量无结构的原始文本转化为结构化的计算机可以识别处理的信息,即对文本进行科学的抽象,建立数学模型用以描述和代替文本,进而从产生的结构化数据中发现隐含的知识和模式。

(6) 富媒体分析:对声音、图像、视频等多媒体形式的数据进行挖掘,从预处理得到的结构化或半结构化数据中抽取与挖掘任务相关的特征矢量,建立多维特征矢量空间,并在此基础上进行分析,发现有用的视听和结构模式。

(7) 其他的一些模式识别和统计方法,如孤立点分析、时序数据分析等。

下面我们对其中的主要任务和相关技术进行更加详细的说明[3, 107, 108]。

1. 概念描述(归纳或简约)

概念描述与数据概化密切相关。给定存放在数据库中的大量数据,能够以简洁的形式在更一般的(而不是在较低的)抽象层描述数据是很有用的。允许数据集在多个抽象层概化,便于用户考察数据的一般行为。例如,给定一个销售数据库,销售经理可能不想考察每个客户的事务,而愿意观察更为概化的数据,如根据地区按顾客的分组汇总,观察每组顾客的购买频率和顾客的收入。这种多维、多层数据概化类似于数据仓库中的多维数据分析。在这种意义下概念描述类似于前面所描述的 OLAP,但是两者存在以下主要差别:

(1) 更为复杂的数据类型。数据仓库和 OLAP 工具基于多维数据模型,将数据看成立方体形式,由维和度量组成。然而,对大部分数据仓库产品来说,维和度量的类型是很有限的。当前许多 OLAP 系统限制维必须是离散数据,而度量也仅用于数值数据。相反,对于概念描述来说,数据库中的属性可以是各种各样的数据类型,包括数值的、离散的、空间的、文本的、图像的等。而数据库中属性的聚集也可能包括复杂的数据类型,如非数值数据的集合、空间区域的合并、图像的合成、文本的集成等。因此,相较于 OLAP,数据库中的概念描述可以处理有复杂数据类型的属性和它们的聚集。

(2) 用户控制与自动处理。数据仓库中的联机分析处理单纯是用户控制的过程。多维数据的基本操作,如旋转、切块等都是由用户进行控制。尽管在大部分的 OLAP 系统中,用户界面是比较友好的,但仍然需要用户对每个维的作用有比较透彻的了解。为了找到一个满意的描述,用户需要尝试很多 OLAP 操作。而数据挖掘系统中的概念描述努力成为更自动化的过程,根据数据自身的特点,协助用户确定哪些维(或属性)应当包含在分析中,给定的数据应当概化到什么程度比较合适等,以便产生有趣的数据汇总。

2. 分类和预测

从名称上可以看出,这种方法有两个阶段。首先给定已有的数据和类别,通过分类算法训练得到描述和区分数据类或概念的模型。然后,将此分类模型应用到要进行测试的数据上,对未来或者未知的数据进行预测。

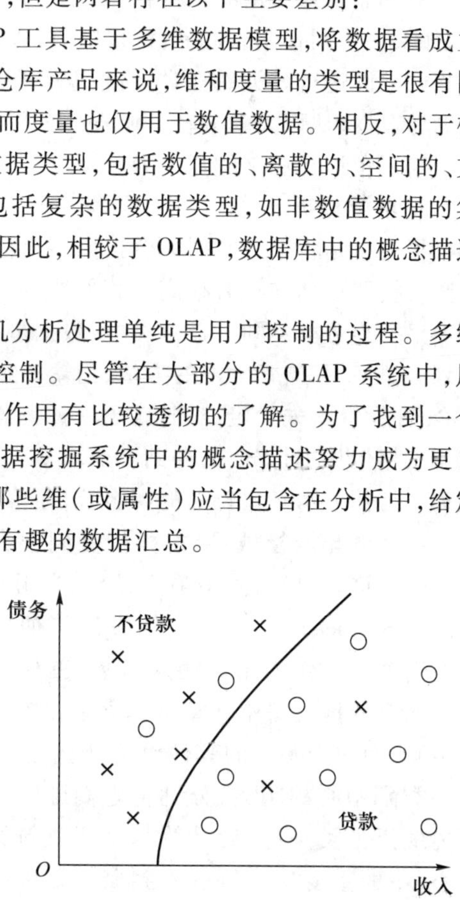

图 8-10 贷款分类模型

例如,图 8-10 给出了一个运用分类技术对顾客的信用水平进行分类的例子。○代表所对应的收入—债务情况下偿还贷款的客户,而×代表所对应的收入—债务情况下不偿还贷款的客户。利用历史数据和选择的分类算法,可以训练得到判断客户是否偿还贷款的分类模型。对于申请贷款的新客户,可以使用该模型根据客户的收入—债务状况预测其还款的可能性。这样银行就可以大致了解应该向什么样的顾客发放贷款。

分类在机器学习领域也被称为模式识别,它是数据挖掘中最为重要、使用最为广泛的智能技术。目前来看,分类技术包括传统的统计方法(如 Logistic 回归、线性判别、二次判别、费歇尔判别等)、K—近邻分类、决策树分类、基于关联规则的分类、贝叶斯分类、神经元网络分类、支持向量机分类等。这些分类方法来源于不同的背景,具有不同的技术特征。事实上,没有哪一种分类方法能够适用于所有类型的数据,在实际应用过程中需要具体问题具体分析。一般来说,可以通过以下几种方法来评价分类方法的优劣:预测精度、速度(包括训练分类模型的速度和预测新数据的速度)、鲁棒性(包括对噪声、遗失值的容忍度)、处理数据的规模以及可解释性等。

在商业决策应用中,分类和预测方法就是通过对业务信息进行全面的分析,得到业务信息所代表的对象的显著区别,从而根据这方面的区别对对象进行业务上的区别对待,进而达到控制成本或提高效率的目的。比如,在柴油机市场上,厂商都要为用户提供保修。当接收到用户的申诉后,公司就需要派出专业技师对客户进行调查以判断其是否合理地使用该机器。对于非正常使用的机器,公司不予以免费维修。但是,在实际中,大量的情况是正常故障,如果一一调查,必将浪费大量财力、人力。于是某柴油机公司通过采用数据挖掘方法,对用户的申诉进行分类处理,然后根据分类结果对客户使用情况进行事先估测,显著提高了调查的针对性,从而大大减轻了调查的工作,每年节约了几百万元的费用,降低了运营成本,从而提高了在该行业中的竞争力。

3. 聚类分析

聚类就是将一个数据集合按照某个标准分成几个簇的过程。其结果使得在每个簇内部的数据按照该标准具有很高的相似性,而簇与簇之间的数据的相似性很低。

聚类与分类不同。在分类中,数据事先是给出类标记的,然后选择分类算法对这些类进行划分,是一种监督学习的方法;而聚类则是将数据集合按对于特定属性测度的相似性进行聚合,并没有事先给定类别,属于一种无监督的学习。图 8-11 是聚类的一个实例。通过对数据点相似性进行分析,得到三个聚类。经过观察,发现聚类 1 是债务水平一般的顾客群,聚类 2 是债务水平比较高的顾客群,而聚类 3 是债务水平比较低的顾客群。

在商务智能领域,聚类分析受到很大关注并涌现出许多方法,其中最为经典、应用最为广泛的是 K-means 方法。[109] 该方法将期望获得的类别个数 k 作为用户输入参数,首先从待聚类的 n 个数据对象中任意选择 k 个作为初始类别中心;而对于剩下的其他对象,则根据它们与这些类别中心的距离,分别将它们分配给与其距离最近的类别;然后计算每个所获新类别的中心;不断重复这一过程直到聚类评价函数收敛为止,如连续两次迭代后类别中心没有发生

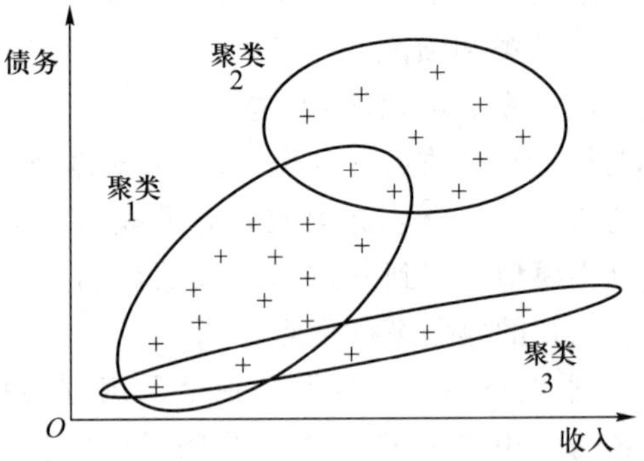

图 8-11　客户的聚类分析

变化。K-means 聚类的优点是算法效率高,算法复杂度为 O(knt),其中 n 为数据对象个数,k 为类别个数,t 为迭代次数。通常情况下 k 和 t 均远小于 n,则 K-means 方法在处理大规模数据时具有近似线性的复杂度和较好的扩展性。当然 K-means 也存在一定的缺陷和不足,比如方法常常会终止于局部最优,需要用户指定 k,对于噪声和孤立点也很敏感。

除 K-means 方法之外,也有其他多个聚类分析方法,如 K-modes 方法[110]、DBSCAN 方法[111]、AGNES 方法[112]等。其中,K-modes 方法是 K-means 算法的变化版本,它通过用模来替换类别均值、采用新的差异程度计算方法来处理符号量,以及利用基于频率对各类别模进行更新的方法,将 K-means 方法的应用范围从数值量扩展到符号量。DBSCAN 方法是一种基于高密度连接区域的密度聚类方法。该方法将类别定义为密度相连的点的最大集合,它将具有足够高密度的区域划分为类别,并可以在有噪声或孤立点的数据集类别中找到任意形状的类别。AGNES 方法最初将每一个数据对象作为一个类别,然后按照某些准则被一步步地合并,直到类别数目达到了用户规定的数值或所有数据对象都合并在一个类别中为止。这种方法能够为用户提供不同粒度的聚类结果而不需要用户指定类别个数 k,但这种方法的计算复杂度为 O(n^2),难以处理大规模数据。综上可见,由于不同方法的聚类过程不同,因此没有一种方法能够适用于所有类型的数据和情景,在应用的过程中需要根据数据类型、数据规模、应用需求等方面选择适当的聚类方法。

聚类分析在金融、市场、销售等方面的应用十分广泛。比如,利用聚类分析可以帮助市场分析人员对顾客群进行区别定位,然后根据不同特点的顾客群推出相应的产品;在房地产市场上,可以分别根据房屋的类型、市值、地理位置等特性对房屋进行归类,然后制定相应的销售策略进行促销活动。

4. 关联规则挖掘

关联规则挖掘,就是对业务的所有不同类型的信息进行全面的处理,得到不同类型信息之间的相互关系,从而进一步分析不同信息之间潜在的逻辑规律,为业务运作提供参考和决策支持。关联规则概念的提出最早源自对超市购物篮的分析,用于分析消费者一次购买商品之间的关联性,发现哪些商品会被顾客一起购买。这在一定程度上反映了消费者的购买行为。

从技术层面讲,关联规则挖掘是在给定的事务数据库中找到所有满足最小支持度和最小置信度的形如 $X=>Y$ 的规则,其中 X 和 Y 分别代表属性集合(称为项集),并且 $X\cap Y=\varnothing$。假设 T 为要进行处理的所有事务记录的集合,$||X||$ 为 T 中包含 X 的事务记录的个数,$||X\cup Y||$ 为 T 中同时包含 X 和 Y 中的所有属性的事务记录个数,$|T|$ 为 T 中所有事务记录的个数。则支持度和置信度可以表示为:

规则 $X=>Y$ 的支持度:$D_{\text{support}}(X=>Y) = ||X\cup Y|| / |T|$

规则 $X=>Y$ 的置信度:$D_{\text{confidence}}(X=>Y) = ||X\cup Y|| / ||X||$

因此,规则的支持度表示 X 和 Y 同时出现的概率,它用来刻画该规则在数据库中是否具有代表性;置信度用来表示在出现 X 的前提下出现 Y 的概率,描述规则成立的可信度。用户可以设定最小的支持度 α 和置信度 β,然后通过关联规则算法将所有满足条件的规则挖掘出来。

例如在表 8-2 所表示的销售数据中可以发现,同时购买苹果和猪肉的事务出现了 5 次,购买苹果事务也出现了 5 次,而总共有 9 个事务。因此,规则"苹果=>猪肉"的支持度为

5/9,置信度为 5/5=1。根据这样的规则,在安排货架时,我们可以有针对性地将苹果和猪肉安放在相对比较接近的位置,从而可以促进两者的销售。当然这里例子中的事务数目较少,得到的结果可能具有偶然性。如果是在数据量非常大的情况下,这种挖掘出来的规则可能代表了某种客观联系。而正是由于数据量太大,仅仅通过人的观察和一般的分析方法不太可能预先得知。于是这种商业规律就更加具有意义,可能带来潜在的竞争优势。

表 8-2 销售数据集合

购买记录(TID)	购买的商品
$T1$	苹果,猪肉
$T2$	橘子,猪肉
$T3$	苹果,橘子,猪肉
$T4$	苹果,猪肉,可乐
$T5$	西红柿,茄子
$T6$	猪肉,茄子
$T7$	苹果,猪肉,茄子
$T8$	苹果,猪肉,牛肉
$T9$	猪肉,西红柿

关联规则挖掘的经典算法是 Apriori 方法[113],该方法是 Agrawal 等人在 1993 年根据频繁集特征提出的。项集 X 如果满足最小支持度($D_{\text{support}}(X)=||X||/||T||\geqslant\alpha$),则称 X 为频繁集。频繁集具有一条重要的支持度性质:如果一个集合是频繁集,则其子集也是频繁集(即 $D_{\text{support}}(X)\geqslant D_{\text{support}}(XY)\geqslant\alpha$)。该命题的等价逆反命题是:如果一个集合不是频繁集,那么其超集也不是频繁集(即 $\alpha>D_{\text{support}}(X)\geqslant D_{\text{support}}(XY)$)。这样的支持度性质说明:在计算项集支持度的过程中,可以采用逐层扩展方式,即先计算 1 项集,然后计算 2 项集,以此类推。当计算 k 项集支持度时,只需要考虑那些子集是频繁集的 k 项集。这样可以省去大量的数据库扫描和规则生成的时间消耗。

Apriori 采用上述逐层迭代的方法来挖掘关联规则,该方法的过程如下:

(1) 首先找出频繁 1 项集,记为 L_1。

(2) 连接操作:利用频繁 1 项集连接生成候选 2 项集 C_2,满足最小支持度的 C_2构成频繁 2 项集 L_2。

(3) 按步骤(1)和(2)逐步迭代,在第 k 步中,为找出 L_k,可以将 L_{k-1}中的两个项集连接起来以获得 L_k的候选集合 C_k。

(4) 剪枝策略:在第 k 步中,根据之前频繁集的支持度性质,使用 C_k中的不频繁 k 项集连接生成的 k+1 项集均不是 k+1 项频繁集,因此计算 C_k的支持度,将不频繁 k 项集 C_k剪枝去掉。

(5) 生成所有的频繁集,直至第 m 步($m>k$),所有的 m 项集 C_m均为不频繁项集。

(6) 产生关联规则:对于每个频繁集 V,产生 V 的所有非空子集,并找出 V 中所有满足最小置信度的关联规则。

在 Apriori 方法的基础上，后续有许多针对关联规则的研究，例如通过兴趣度[114]、冲突度[115]、影响度[116]等测度来评价规则并消除规则的冗余；通过简化集（Simple Set）的概念将挖掘目标缩小在规则右项为单个属性的规则上，利用这样的规则集合没有信息损失地将整个规则集合恢复[117]等。

目前，关联规则挖掘已经成为商务智能领域中引人注目且发展相当迅速的分支。作为一种知识类型，由于它的直观性以及语义非常明确，因此在企业决策中得到了广泛的注意和应用。

5. 文本挖掘

在传统的数据挖掘和商务智能工程中，数据多是以结构化的形式存储在数据库或数据仓库之中，但对于日常经济活动而言，大量信息都是以文本的形式生成、呈现、存储、加工和处理的。随着互联网的快速发展，电子化的文本数量增长速度越来越快。和传统数据不同，文本数据都是半结构化或非结构化数据。而且，原始文本中经常存在大量的噪声，同时多以自然语言的形式进行表达。自然语言具有模糊性、歧义性、上下文相关、情景依赖等特点，加之语法结构变化多端，使得传统的针对结构化信息的数据挖掘方法难免捉襟见肘。因此，如何有效地将文本表示为计算机可处理的结构化数据，并提炼出隐藏在其中的知识模式，对于学界和业界都具有十分重要的意义。

文本的表示与特征提取是文本挖掘领域中的基本问题。目前，通常采用向量空间模型生成文本向量来表示文本数据。但是，将直接通过分词和词频统计得到的以词为特征的高维度向量作为文本表示，不仅会给后续文本挖掘任务带来巨大的计算负担，也会有损所得信息的精确度。因此，很多相关研究着眼于设计有效的文本特征选择与压缩方法，在保持文本核心信息表达的同时，尽量降低特征向量的维度，从而提高文本处理的效率。TF-IDF 是一种主流的基于统计的文本特征评估方法，用以评估一个词对于一个文档集合或一个语料库中的其中一份文档的重要程度。[243]该方法认为词的重要性随着它在文件中出现的次数成正比增加，但同时会随着它在语料库中出现的频率成反比下降。对于词 t，定义其对文件 d 的重要程度为：

$$tf\_idf(t,d)=tf(t,d)\times idf(t,d)$$

式中：$tf(t,d)$ 指词频，即 t 在文档 d 中出现的次数；

$$idf(t,d)=\log\frac{N}{1+df(t)},$$

N 表示语料库中的文档总数，$df(t)$ 表示语料库中包含 t 的文档数。

TF-IDF 方法能够有效地突出代表性强、区分度高的重要词，但无法反映特征词的分布情况，也没有体现出词的位置对其重要性的影响，因而精度有限。此外，还有基于互信息、期望交叉熵、信息增益等统计量来评估特征词与类别信息相关度的方法。[215]而在文本特征选择阶段，常用的方法包括[215]：N-Gram 算法，将文本内容按字节流进行大小为 N 的滑动窗口分段，根据全部字节片段出现的频度筛选出关键特征；主成分分析，通过搜索最能代表原数据的正交向量来将原数据投影到一个替换的、较小的特征集合；遗传算法，对文本空间进行编码，以文本向量构成染色体，通过选择、交叉、变异等遗传操作不断搜索问题域空间，逐步得到文本的最优特征向量；等等。词向量（Word Embedding）是目前文本挖掘领域的一个重要概念，即将一个单词表示为固定长度的低维实数向量。Word2Vec 是 Google 在 2013 年提出的能够高效完成该任务的一款开源工具,它采用的模型有 CBOW(Continuous Bag-of-Words)和 Skip-Gram 两种,通过训练可以把对文本内容的处理简化为 K 维向量空间中的向量运算,由于词向量中包含上下文信息,因此向量空间中的相似度能够用来表示文本在语义上的相似度。

主题发现是文本挖掘领域一个较新的研究方向,旨在将属于同一个主题下分散的信息有效地汇集并组织起来,从而帮助用户在大规模文本数据中快速准确地找到自己感兴趣的信息。[216]传统基于向量空间模型的方法在主题提取方面已经得到不错的效果,但在面对超高维、高稀疏的大规模文本数据时仍存在复杂度过高的问题,因此概率主题模型被引入该问题领域之中。[244]概率主题模型中,主题表现为一系列相关单词的条件概率分布,每篇文档又由多个主题混合而成,由此可以将文档和词映射到同一个潜在语义空间——主题上。PLSI(Probabilistic Latent Semantic Indexing)是基于最大似然的生成式概率模型[245],通过降维将文档从高维空间投影到低维语义空间,达到主题发现的目的。由于 PLSI 模型中的参数个数会随着语料库的规模线性增长导致严重的过拟合问题,且无法确定如何对训练集之外的文档设定概率,因此有研究在此基础上进行改进。被熟知的一种改进方式即 LDA(Latent Dirichlet Allocation)主题模型[217],它在 PLSI 的基础上加入了 Dirichlet 先验分布,增强了模型的泛化能力。

图 8-12 给出了 LDA 的模型表示。它是一个三层贝叶斯模型,包括文本、主题和单词。基本思想是每个文本都可以表示为一系列主题的多项分布,而每个主题又可以表示为一系列在词汇表中的单词的多项分布。其中,M 和 N 分别表示文档数目和某个特定文档的长度,θ 表示该文档的主题概率分布,w 和 z 分别表示该文档中的某个特定单词及其主题,α 和 β 则分别是文档—主题和主题—单词多项分布的 Dirichlet 超参数。目前对于 LDA 模型的求解大体上有基于变分贝叶斯推断、基于期望传播和基于吉布斯采样三种方法。一般而言,吉布斯采样方法推导比较简单且求解效果好,因此较为常用。

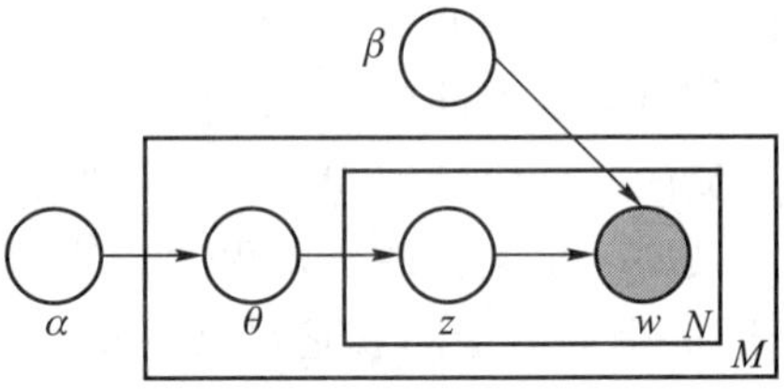

图 8-12 LDA 的模型表示[217]

随着互联网上用户生成内容(UGC)的不断积累,博客、论坛帖子、产品评论等文本形式的信息爆炸式增长,通过对这些文本的观点挖掘,能够更高效、更准确地了解用户心理和用户行为。观点挖掘即通过文本对意见持有者的主客观性、情感态度等信息进行挖掘和分析,根据观点挖掘的结果,商家可以有针对性地为目标客户推荐其感兴趣的产品,或参照消费者的意见改进产品设计、调整营销策略等。情感信息抽取是观点挖掘的基础性任务,抽取内容主要包括评价对象和情感词。[218]评价对象指情感表达所面向的对象,大部分学者将评价对象局限在名词或名词短语范围内,根据名词短语的组成结构和位置,通过相似性检测与所制定规则比较,从而确定评价对象。但这类方法只能找到显式评价对象,对于隐式评价对象的抽取仍是学界的一大挑战。情感词又称为评价词语,可分为褒义和贬义两大类。也可根据不同情绪特征具体划分为多个类别。情感词的抽取需要借助事先构建的相关领域的情感词典。

在抽取情感信息后,通常要对识别出的主观性文本进行情感分类,目前相关研究中的情感分类方法主要有基于规则和基于机器学习两大类。基于规则的方法主要通过人工制定语义规则,有时结合语料库和情感词典来抽取文本中的情感信息,而后利用由共现概率得到的点互信息、词汇语义网中的权重向量等计算相应的情感值,以此区分不同的情感倾向。基于机器学习的方法可以采用K—近邻、决策树、朴素贝叶斯、最大熵、支持向量机等分类工具对主观性文本做情感分类,也可以将这些基本学习算法与Bagging、Boosting等集成算法结合来完成情感分类任务,通过集成学习有效地提高分类的准确率。[218]

6. 富媒体分析

在互联网发展初期,因为带宽的原因,网站的内容以文本和少量的低质量GIF、JPG图片为主。而随着技术的进步以及消费市场的成熟,出现了具备声音、图像、文字等多媒体组合的媒介形式,富媒体(Rich Media)的概念由此而生。富媒体本身并不是一种具体的互联网媒体形式,而是指具有动画、声音、视频和/或交互性的信息传播方法,它既包括多媒体(二维和三维动画、影像及声音),也包括HTML、Flash、JavaScript等。当越来越多的信息聚集于结构化数据和文本数据之外,针对富媒体的数据挖掘和深度分析也逐渐受到学界和业界的广泛重视,语音、图像、视频是其中被关注较多的几种数据形式。

语音数据由于包含具有明确表意的内容信息,较之一般的声音数据有更普遍的实际应用价值。针对语音数据的挖掘分析任务主要包括语音识别、语义理解、情感分类等,其中语音识别是后两项任务执行的基础。语音识别的技术框架大体可以分为前端和后端。前端将语音信号做分割,形成小的识别单元,然后将每个单元表示为一个特征向量;后端则主要负责搜索和匹配,根据事先训练好的模型得到对应的文字识别结果。出现较早的一种语音识别技术即基于动态时间规整(Dynamic Time Warping,DTW)的样本匹配法,核心思想是将前端处理出来的特征向量和已经学习出的序列做比较,令相似度最大的序列作为输出结果。[219]由于这种方法不太适合连续语音、大词汇量的识别,从20世纪80年代开始,隐马尔可夫模型(Hidden Markov Model,HMM)被运用到语音识别中来。[246]基于HMM的语音识别即用一个含有双随机过程的拓扑结构来刻画语音序列,将每个单元提取得到的特征参数作为可观测值,再利用高斯混合模型学习参数。识别后的语音需要借助知识编码器实现语义理解。知识编码器是一个把音位、音变、韵律、词法、句法、语义、语用等彼此分离的各种知识集中起来的统一网络,合格的语义理解系统应能够排除噪声、理解上下文含义、澄清不确定语义,以及处理不合语法或不完整的语句。语音情感分类的常用方法与文本情感分类相类似,朴素贝叶斯、支持向量机、决策树、K—近邻等都是常用的工具,此外也可以用支持向量回归等方法从多维、连续的角度看待情感,将语音情感的识别建模为连续值的预测回归任务。

基于图像数据的挖掘一般利用数学模型结合图像处理技术来分析原图像的底层特征和上层结构,进而从中提取具有一定智能性的信息。对于输入计算机的图像数据,一般可以先通过预处理突出图像特征,根据具体任务可能需要使用像点技术、区域技术等对其做进一步分割(如从物景图像中分解出物体和它的组成部分),而后提取图像特征用于对象识别,最终用启发式方法或人机交互技术结合识别方法对识别出的结果进行解释。[220]图像的预处理环节通常包括:针对彩图的灰度处理或二值处理,以便对图像内容进行分析;平滑处理,减少或消除噪声污染;高通滤波、梯度算子及拉普拉斯算子等处理,以更好地凸显细节特征。在特征提取环节,为保证后续对象识别的准确性,应关注图像位移、大小、旋转不变形及其特征的唯一标识性。不同方法提取出的图像特征大体包括四种类型:可视化特征,用纹理、边缘等对图像进行描述,常用方法有多尺度边缘检测、模糊增强边缘检测等;像素统计特征,通过对像素的统计来实现特征提取;代数特征,典型方法是奇异值分解,直接从图像存储矩阵中提取特征;变换系数特征,通过分析图像的小波或小波包对傅立叶变换过程中的特征进行提取。图像的识别算法则主要包括结构性方法、基于决策理论的判别法、光学模式识别、基于软计算技术的识别法等几类。在实际应用中,图像数据挖掘技术可以在众多领域发挥重要作用,如检测生产劣品、监控交通路况、勘探矿物位置、筛选医学图像、跟踪军事目标等。

随着图像分析技术的逐渐成熟,针对视频形式的信息,也陆续出现了一些有效的数据挖掘方法。视频数据的挖掘和分析采用计算机图像视觉分析技术,通过对视频序列进行实时自动分析,实现对视频场景中所关注目标的定位、识别和跟踪,并在此基础上分析和判断目标的行为,以侦测和应对某种事件模式。目标检测和目标跟踪是视频分析的两个核心任务。前者属于低层次的视觉问题,目前已有多种较为成熟的算法;后者则属于中等层次的视觉问题,是当前制约视频分析系统性能的主要瓶颈之一。[221] 主流的目标检测方法包括[221]:背景分割法,用图像序列的特征参数与背景模型进行比较,适用于运动场景固定且比较简单的情况;相邻帧间差分法,将相邻图像帧的特征参数做减法,通过差与阈值的大小关系来判断是否有运动;光流法,通过检测图像像素点的强度随时间的变化情况来推断物体的移动速度及方向;统计法,用统计模型来区分前景和后景,适合在复杂场景中检测运动对象。目标跟踪的任务既要在图像序列中检测出目标,也需要获取目标的位置、速度、运动轨迹、加速度等运动参数,目前发展出基于特征匹配、基于贝叶斯、基于动态轮廓、基于模型等几类方法。[221]

7. 其他数据挖掘方法

其他的一些数据挖掘方法主要是在数据和处理技术两个方面展开。

(1) 在处理的数据方面:

① 时序数据挖掘。时序数据大量存在于各种各样的数据资源中,所以对这些数据进行模式识别以及基于该模式进行预测十分重要。时序数据分析包括趋势和偏差分析、后果分析、序列模式分析和周期性分析。一些常用的挖掘方法有可能性方法、离散化傅立叶变换、相似度匹配、线性变换等,其他方法包括动态时间规整(DTW)和模糊聚类方法。

② 空间数据挖掘。这种挖掘方法主要是针对于大量的空间、地理、气候数据进行处理。前面介绍的数据挖掘方法和算法都可以应用到这种数据资源上。比较成熟的应用技术有 GeoMiner、Spatial OLAP 等。

(2) 在处理的技术方面:

① 可视化数据挖掘。可视化技术对于数据挖掘来说尤其有意义,通过可视化技术可以将挖掘到的知识以一种直观的形式提交给用户。可视化数据挖掘技术包括数据可视技术、失真技术以及交互技术。通过这些技术可以将前面介绍的所有数据挖掘方法可视化,使得数据挖掘过程更加直观并有助于与用户的交互,从而能有效地得到有价值的知识。

② 在线分析挖掘(OLAM)。OLAM 技术相对于批处理的数据挖掘来说,具有更快的响应速度,它能不断地在挖掘过程中与用户进行交互,使得挖掘的时间、速度和性能都得到改善。同时通过与 OLAP 进行集成,它能在数据仓库和数据挖掘两个阶段中进行信息交流和反复,从而提高整个 KDD 的效率。目前这方面的产品有 DBMiner。

③ 网络挖掘。网络是数据存储量和流通量最大的场所。尤其是在当前社会网络中,如何对网络日志、网络连接和网络内容数据进行挖掘是一个非常具有挑战性的工作。目前已经有数十种商业化的应用工具,但是一般来说这些工具的速度都比较慢、处理的规模还不够

大、模型的建立还存在很大的困难、有效性得不到保证等。目前常见的产品有 Virtual-U、Stratum 等。

需要指出的是，虽然已经有了许多数据挖掘的方法，但每种方法所能解决的问题是有限的，不存在某个方法可以解决所有的企业决策问题。在具体应用时，应该根据问题特点和具体需要来选择合适的方法。

8.2.3 商务智能应用

1. 金融领域应用

金融和银行系统是应用信息系统最早也最成熟的领域之一，在互联网时代，它们也是最早网络化的领域之一。由于银行和金融系统对数据质量的要求很高，因此经过长时间的运作，银行和金融机构中通常都拥有大量的且相对比较完整、可靠和高质量的数据。这就大大方便了系统化的数据挖掘和进一步的商务智能分析。一些主要的应用包括：利用分类分析方法对贷款偿还进行预测；利用时间序列挖掘方法对收益率进行预测；利用聚类和分类方法对目标市场客户进行分析和归类；利用关联规则分析方法对金融欺诈进行分析等。[107][118]下面以客户信用分析、客户类别识别以及防治金融欺诈和金融犯罪为例对商务智能在金融领域的应用情况进行介绍。

（1）客户信用分析。贷款是银行的主要业务形式，客户信用分析是银行贷款的主要依据。由于银行贷款的业务量巨大，如所有业务都需要通过人工判断，那将不利于风险控制，业务效率也会大大降低。采用商务智能方法，如特征选择和属性相关性计算，可以帮助银行服务人员从大量的因素中识别关键因素，剔除非相关因素，提高业务效率和完成质量。例如，与贷款偿还风险相关的因素包括贷款率、贷款期限、负债率、偿还与收入比率、客户收入水平、受教育水平、居住地区、信用历史等。[119]通过分析，可以确定影响当前所在地区的用户贷款偿还的关键因素是收入水平和负债率，而其他因素的影响相对不那么显著，则可以将重点放在这两个因素上，特别是在审批新的贷款客户的时候要着重考察这两个因素。

（2）客户类别识别。分类和聚类的方法可以用于银行用户群体的识别和目标市场分析。例如，通过多维聚类分析，可以将具有相同储蓄和贷款偿还行为的客户分为一组。有效的分类技术可以根据客户历史数据对客户行为进行划分，在有新客户时直接将其分类到相应客户群，并采取相应的营销措施。

（3）防治金融欺诈和金融犯罪。金融欺诈是影响金融系统健康的主要风险之一，如何在早期识别金融欺诈行为，也是商务智能在金融领域的重要应用。金融欺诈一般包括恶意拖欠、身份盗用、洗黑钱、非法账户转账等。商务智能通过多个数据库的信息关联（如银行交易数据库、恐怖分子和罪犯国家档案库等），结合可视化方法、链接分析方法、分类方法、聚类分析方法、孤立点分析方法、序列模式分析方法找出异常模式。如在某段时间内，某一账户发生了大量现金流量等。商务智能对异常模式进行重点分析以识别潜在的金融欺诈行为，这将有助于调查人员发现并聚焦可能的线索。

由于商务智能系统在金融行业中的应用逐渐成熟且计算机系统的处理效率很高，现在许多银行系统已经应用上述商务智能分析系统对业务数据进行实时分析。当天就可以对交易数据进行分析，一旦发现异常模式立刻预警，从而可以更加有效地防止金融欺诈和金融犯罪。

2. 电信领域应用

电信业是继互联网后又一高速发展的新经济产业。电信系统以其高水平的数据加工和高速的数据传输的特点，成为海量数据存储和加工量最大的领域之一，也为商务智能应用的开展提供了良好的基础。随着电信业的迅速扩张和激烈竞争，利用商务智能分析手段来更好地理解商业行为、确定优势模式、捕捉盗用行为及更好地利用资源变得越来越有必要和迫切。一些主要的应用包括：利用聚类分析方法对盗用和异常模式进行分析，利用序列分析方法对通信模式进行分析，利用关联规则方法对客户行为模式进行分析等。[107]

（1）盗用模式分析和异常模式识别。电信盗用行为每年对用户造成的损失是非常巨大的，及时识别和发现盗用行为将有效地避免损失，更好地保护消费者的利益。例如，通过商务智能对每个用户的消费数据进行异常点分析，会发现某个用户平常的月话费都在200元左右，但突然某个月达到5 000元，这时集成在业务数据库上的孤立点分析方法就会自动提示运营商的客户服务部门关注，需要防止恶意盗用等情况。另外，由于电信的数据量非常大，因此盗用行为相对而言只占了极小的比例，如0.02%。[120]在这种情况下，某些通用的商务智能系统可能会将此视为噪声而无法有效识别。因此，对于电信行业而言，需要有针对性地设计商务智能系统予以分析。此外，对于盗用和欺诈行为，还可以采用时间序列模式进行趋势分析，以判断盗用行为的发展态势。也可以采用关联分析的方法，结合号码用户的特征，来提炼可能会引起盗用的显著因素。

（2）时间模式分析。由于电信服务在人们生活和工作中的重要性不断提高，所以通过各种通信方式进行沟通的行为十分频繁。而更为重要的是，由于大量的号码是和用户身份绑定的，因此电信数据系统中保存着大量以客户为个体单位的通信数据序列。例如，A客户每天早上用手机查看微博和新闻，上午用手机打国内长途，中午发数个微信，晚上用手机玩游戏等。采用序列分析的技术对这些数据进行模式挖掘[120]，进而分析得到消费者的使用习惯，将有助于电信企业对所提供的服务进行优化。

3. 营销领域应用

随着全球竞争日趋激烈，广大客户拥有更多的选择机会，这迫使企业的经营理念从“以产品为中心”转变为“以客户为中心”。[121]这种转变也使得企业希望能通过对客户的历史数据分析来充分了解客户的需求和特征，从而可以更好地吸引客户并实现利益最大化。总的来说，在市场营销领域中采用商务智能有助于识别顾客购买行为，发现顾客购买模式和趋势，改进服务质量，取得更好的顾客忠诚度和满意程度，提高货品销量比率，设计更好的货物运输与分销策略，降低企业成本。

（1）市场定位分析。市场定位分析的目的是进一步改进定向市场的营销活动。如果不掌握市场定位信息，则在发布广告过程中就要针对更大的顾客群进行推广，从而使得营销成本过高。而如果通过数据挖掘掌握了市场细分的定位结果，就可以有针对性地进行营销。一般来说，可以根据所掌握的顾客信息，如性别、年龄、收入、住房及是否有孩子等，进一步通过关联分析发现“哪些顾客更可能购买哪类产品”这类知识。在顾客匹配中，可以通过聚类的方法对顾客的关键特征（如年龄、性别、收入等）进行归类。[122]

（2）潜在客户挖掘。对于许多企业来说，一旦形成一定的销售规模，进一步寻找潜在客户是一个挑战，边际成本也会大幅上升。而商务智能则有助于有效地寻找潜在客户，并进一步为接近潜在客户选择沟通渠道，而且可以针对不同的潜在客户群选择合适的信息。寻找潜在客户的主要方法是寻找与现有客户类似的人。例如，经过已有的销售数据分析发现一种新型电器的购买者中有60%都受过本科以上教育、40%的家庭收入在50 000元以上、80%以上是男性。这种信息通常称为用户特征数据。针对这样的分析知识，在进一步的营销过程中，可以有针对性地采取措施。例如，更多地在男性杂志上投放广告；电视广告的诉求可以更高档；采取短信或微信推送的方式对特定人群进行促销。

(3) 客户关系管理。客户关系管理(CRM)将重心放在客户上。客户信息是商务智能应用的最丰富的来源。客户数据反映了客户的个性化行为：客户的付款习惯、信用等级、最近一个月的购买行为和购买商品的序列、消费的金额数、客户投诉情况、客户是否多次惠顾等。这些信息都是非常重要的商业知识的来源，通过商务智能系统的分析和转化，这些信息可以直接成为企业发展和盈利的源泉。

客户关系管理的关键技术功能有：对客户需求进行管理和分析、对客户群体进行划分和分析、对顾客信用和忠诚度进行管理和分析、对客户价值进行测定及提供交叉销售和销售推荐建议等。[122]基于Web 2.0的社会化客户关系管理强调顾客的参与和互动，使得CRM演变成对话工具，有效帮助用户和企业更好地交流和沟通。这种新型CRM可以帮助企业在博客、社交网络、在线社区中挖掘丰富的客户关系数据和信息，其应用形式包括通过舆情分析进行趋势预测、利用社群发现进行客户细分、即时互动以维持顾客忠诚度等。

(4) 网上产品/服务推荐。通过市场定位分析，可以对顾客的行为模式和消费特征有所掌握，并进一步开展有针对性的营销推广活动。随着电子商务的推广，这种有针对性的营销活动变得更为突出，成为目前商务智能应用的一个重点，即网上产品/服务推荐。[123]

网上产品/服务推荐有多种实现方式，可以通过从以往的销售记录中挖掘关联、分类等信息，发现如购买某一品牌香水的顾客可能购买其他一些商品这样的模式；也可以利用协同过滤的思想，根据消费者的历史购物数据找到其相似用户，从而依据相似用户的购物模式来预测该消费者未来对商品的偏好，并直接进行推荐或进行必要的货架摆放。产品/服务推荐并不只是在电子商务中才有，但是只有在网络电子商务的环境下，购买推荐才充分显现出自动化、智能化和个性化的特点。所谓自动化，是因为只有在完全数字化的环境下，所有的购买行为才直接转化成数字化信息存储到数据库中，可以自动通过商务智能系统的推荐规则库进行匹配，并自动形成网页提交给用户浏览；所谓智能化，是因为通过电子商务后台的商务智能系统，可以自动对数据进行分析，并通过数据挖掘技术的集成得到有价值的新颖推荐知识，这种知识是具有智能性的；所谓个性化，是因为在电子商务环境下，所有的规则匹配和页面生成都是针对不同用户的个性特征而设计的。

正是由于网络电子商务的这些特点，才使得产品/服务推荐在网络环境中具有广阔应用空间。例如，通过关联规则分析，得到“购买了《数据库原理》一书的顾客中有40%还购买了《商务智能》一书”这样的显著规则，则可以向购买了《数据库原理》但还未购买《商务智能》一书的顾客推荐购买；通过协同过滤分析，发现与目标消费者历史购物模式最相似的若干其他用户都购买了《管理信息系统》一书且评分很高，则可以预测该消费者未来可能会购买《管理信息系统》并向其推荐。事实证明，这种推荐的成功率相对于随机推荐而言高得多，会有效促进销售量。这种产品/服务推荐技术大大增加了网络业务赢得更大利润的机会。

4. 移动商务应用

近年来,智能终端的普及,打破了离线媒体与线上媒体、实体店与线上商店的界限,使得移动商务成为可能,为顾客提供新的商务体验和增值服务。[124]移动终端的多个传感器源源不断地产生数据流,一方面为商家分析和预测客户行为提供了新的契机,另一方面低密度价值的数据也对商务智能分析技术提出了新的挑战。典型的应用包括提供基于地理位置的服务(如搜索、推荐、即时信息推送等)、通过流量分析挖掘用户使用行为从而发现相似用户[125]、利用定位技术追踪产品并进行移动库存管理等。

(1) 移动库存管理。从企业的角度出发,移动库存管理是整个移动零售领域的重要一环,其中位置追踪、滚动库存(Rolling Inventory)作为支撑移动库存管理的两个重要概念,分别对应移动商务中的B2C和B2B应用。随着GPS、RFID、无线/微波传感器等定位技术的发展和普及,对产品和服务的"位置追踪"成为可能。通过获取产品的地理位置信息、追踪其物流过程,一方面可以帮助商家决定何时给顾客发货;另一方面,当库存不足时,可以定位距离最近的流动库存进行及时(Just-in-time)补货(即"滚动库存"的概念),帮助供销商减少库存、节约成本。此外,移动库存管理还包括通过移动手持设备,如手持式扫描器,实现移动性库存交易的自动化和实时性,有助于提高库存数据的准确性和劳动生产率。

(2) 基于地理位置的服务。地理位置因素一直被认为是电子商务和移动商务的根本区别之一,整合地理位置信息为用户提供的增值服务被称为基于地理位置的服务(Location-Based Services,LBS),分为位置感知(Location-aware)服务和位置追踪(Location-tracking)服务。[126,127]二者的区别在于位置追踪服务只是收集用户所处位置的坐标信息,并不提供给用户其他方面的服务,如社交网络中的"签到"功能、地图定位功能。相比之下,位置感知服务向用户提供除个人位置信息外的增值服务,比如汽车导航、基于地理位置的广告等。随着商务智能技术在LBS中的应用逐渐成熟,互联网平台的数据和移动终端数据被整合在一起,为用户提供实时、准确的信息服务,包括移动广告和移动搜索等。

① 移动广告。移动的地理位置数据能够直接反映用户的实际消费活动,通过对这些数据的深度挖掘,不仅可以发现用户的消费需求,还能知道需求在何时、何地发生,从而实现精准营销。例如,移动广告公司Sense Networks推出的产品AdMatch,利用机器学习模型,通过时间、位置信息以及用户行为特征提取用户属性,预测用户需求并有针对性地投放广告。

② 移动搜索。当越来越多的信息处理和决策过程都被移植到移动平台上时,对移动搜索的需求也越来越大。由于移动设备的位置感知特点,使得基于位置的精准搜索成为可能。例如,基于地理位置的周边服务(如餐饮、娱乐等)搜索,基于用户签到数据(如Foursquare.com)的实时搜索和深度挖掘等。

5. 社会化商务应用

作为电子商务的一种衍生模式,社会化商务在社交媒体普及和用户广泛参与的推动下受到越来越多的关注。其特点是借助在线的社交互动来进行商务活动,辅助商品的推广和销售行为。根据其依托平台主要可以分为三种类型:基于电子商务平台形成的社会化商务——仍然以"商务"为主,通过在电商平台上搭建在线社区,增加"分享""喜欢""信任"等社交元素来增强用户间互动,提升电商平台的销售,如淘宝的淘江湖、凡客的凡客达人、京东的京东乐享;基于社交媒体平台形成的社会化商务——许多社区平台,如Facebook、Twitter、新浪微博、微信朋友圈等,以其庞大的用户群体和便捷的信息传递分享机制,使企业对它们青睐有加,通过对用户生成内容的深层次分析来挖掘用户价值,成为社会化商务的最主要模式;独立社会化电子商务平台——其运营方式在于将用户引导至商家平台进行消费,以获得销售佣金。

在社会化媒体的海量数据背景下,商务智能技术的应用尤为重要。对用户生成内容(如评论、微博、搜索日志等)以及社交网络结构的获取和分析,将大大帮助商家改善营销策略并支持用户的购买决策。主要应用包括:通过社会传播和关系强度分析以辨识舆论领袖,进行病毒营销;通过评论内容分析和信任关系挖掘以获取用户的行为偏好,进行社会化推荐;通过舆情监测和社群发现做出客户细分和趋势预测,进行社会化客户关系管理等。

(1) 病毒营销。随着社交网络成为影响产品和服务采纳的重要信息来源,利用用户口碑传播原理的病毒营销受到商家热捧。病毒营销是随着 Web 2.0 和社会网络发展起来的一种新型社会化网络营销模式。它通过使用类似于病理病毒或计算机病毒自我复制和传播病毒过程的机理来增加品牌意识或提高销量。这种"口碑"(Word-of-mouth)传播的方式借助社交媒体这个强大的信息共享平台,使得病毒营销不仅高效迅速,更重要的是,由于用户之间的信息分享和传播是自发进行的,因此产品推广过程几乎没有任何营销成本。

作为一种以人际传播为基础的营销方式,病毒营销的关键在于种子用户的选择。通过社会网络分析(Social Network Analysis,SNA)和关系强度分析以辨识舆论领袖,将其作为种子用户,利用这些用户的社会影响力达到营销效果。同时还应该考虑信息在不同结构和规模的网络中传播规律的差异,依靠用户网络对信息的正反馈机制实现营销目的。

(2) 社会化推荐。将社交网络引入产品/服务推荐中有两个思路:一是从社会化媒体数据中获取用户的偏好和行为模式,整合多源数据,以提高预测的准确率;二是利用社交网络分析的方法,挖掘和预测用户之间的在线社会关系(信任关系、朋友关系、关注关系等),利用社会媒体特有的社交关系信号扩展推荐技术,例如扩展传统协同过滤方法中对相似用户的定义,替换成社交网络中的好友和信任关系。这种社会化推荐通过好友的信息传递和共享,增加了用户对推荐结果的信任度。

从广义上来说,社会化推荐的信息来源不仅包括在线社交关系,还包括社会化标签、用户间交互、用户点击行为等。由于用户的决策很大程度上会受到其社交网络中好友的影响,因此将社交媒体数据引入推荐领域,可以产生更好的效果,如建立链接关系后的用户建模与挖掘使得推荐结果与传统推荐技术得到的结果不同,可以提高推荐的多样性,发现意外兴趣,挖掘潜在商机;多源数据的整合可以减少冷启动用户数量,缓解稀疏性问题对推荐的影响等。

8.3 决策支持与专家系统

8.3.1 决策支持系统概念与功能

顾名思义,决策支持系统(Decision Support System,DSS)是一类面向决策支持任务的信息系统。具体而言,决策支持系统是以管理科学、信息科学、行为科学等学科理论为基础,支持决策活动的具有智能特点的人—机计算机系统。[73][128]在企业组织应用中,决策支持系统通常针对中高层管理决策。决策支持系统的发展已经有了几十年的历史,并主要围绕着系统构架和决策方法两个维度演化。

所谓决策过程,指的是人们为实现一定目标而制定行动方案,并准备实施的活动过程。这个过程也是一个提出问题、分析问题和解决问题的过程。由于决策过程通常存在不确定性和复杂性,决策方法和相关的决策模型就成为决策支持系统的重要部件。这就使得决策支持系统在重视高效的数据管理的同时,更强调模型管理对决策的支持作用。

为了能够辅助决策者更加有效地做出决策,决策支持系统一般具有如下功能[1]:

(1) 管理并随时提供与决策问题有关的组织内部信息,如运作、资源、财务等信息。

(2) 收集、管理并提供与决策问题相关的组织外部信息,如政策法规、经济统计、市场行情、用户生成内容(UGC)等。

(3) 能以一定的方式存储和提供与决策问题相关的各种数学模型和算法,如运筹优化、统计分析、生产运作、商务智能、行为分析等。

(4) 管理数据、模型和算法,如维护、更新、连接、汇总、通信、查询、展示等。

8.3.2 决策支持系统的构架

如图 8-13 所示,决策支持系统可以被表示为 DSS 本身以及它与真实系统、管理者和外部环境的关系。[128]其中,管理者处于核心位置,他运用自己的知识和经验,将其与 DSS 的响应输出结合起来,对他管理的“真实系统”进行决策。管理者在决策中往往需要协作人员的帮助。对于“真实系统”而言,提出的问题和操作的数据都是输出信息流,而管理者的决策信息是输入信息流。图的下部表示与 DSS 有关的一些基础数据,包括来自“真实系统”并经过处理的信息(如管理运作信息、统计信息等)、环境信息、与人的行为有关的信息等。图的右边是 DSS,由模型库系统、数据库系统和人机对话系统等组成。管理者运用自己的知识和经验,结合 DSS 的响应输出,对他所管理的“真实系统”进行决策。

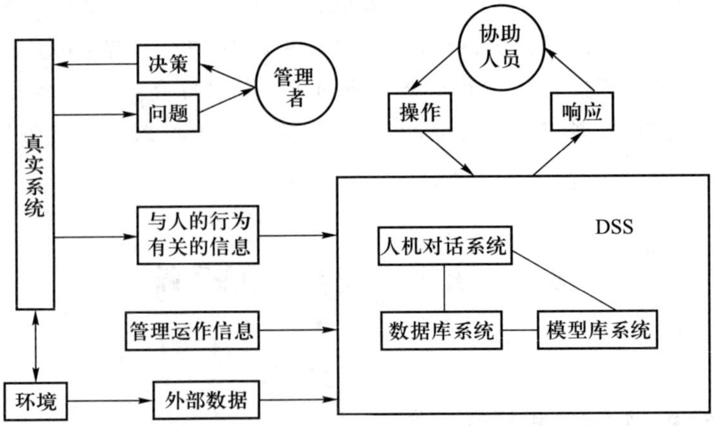

图 8-13 决策支持系统的基本构架

图 8-13 中右下方的决策支持系统由人机对话系统和数据库、模型库、方法库、知识库等基本构件组成。其中人机对话系统与数据库和模型库构成了最基本的二库系统,依次加入

方法库和知识库则构成三库和四库系统。下面介绍这五个基本构件。

1. 人机对话系统

人机对话系统,简称对话系统,是 DSS 中用户与计算机的接口,起着在操作者、模型库、数据库和方法库之间传送、转换命令和数据的重要作用,其核心是人机界面。对于使用人员来说,对话系统需要使用户了解系统现有的模型和数据情况,可以让用户通过“如果……则……”的方式提问,并且对请求输入有足够的检验与容错能力,给用户某些必需的提示与帮助。当需要的时候,可以按照使用者要求的方式,很方便地以图形及表格等丰富的表达方式输出信息、结论及依据。而决策过程结束后,用户能够把反馈结果输入系统,对现有模型提出评价及修正意见。对于维护人员来说,系统提供的接口应该能够帮助维护人员了解系统运行的状况,分析存在的问题,找出改进的方法,并保证迅速可靠地完成修改任务。例如,报告模型的使用情况(次数、结果、使用者的评价和改进要求),利用统计分析工具分析偏差,以及根据要求自动迅速地修改系统等。

2. 数据库系统

它是存储、管理、提供与维护用于决策支持的数据的基本构件,是支撑模型库系统及方法库系统的基础。

3. 模型库系统

它是传统的 DSS 的重要支柱,是 DSS 最有特色的构件之一。模型库系统在不同的条件下通过模型来实现对问题的动态描述,并通过推理、比较和分析,探索或者选择令人满意的问题解。传统上,DSS 提供的决策支持多是模型驱动的,如构建消费因素回归模型、能源结构优化模型等。从发展看,由于 BI(商务智能)系统旨在支持管理运作和决策,可以将其看作 DSS 演化的一类现代产物。从这个意义上讲,BI 的数据驱动特点也成为现代 DSS 的一个特点。这些模型的应用最终获得的输出结果可以起到三种作用:直接用于制定决策;对决策的制定提出建议;用来估计决策实施后可能产生的后果。

4. 方法库系统

它是存储、管理、调用和维护 DSS 各构件要用到的通用算法、标准函数等方法的构件。方法库中的方法一般用程序方式存储,通常包括运筹优化算法、统计算法、数据挖掘和分析算法等。它通过描述外部接口的程序向 DSS 提供合适的环境,使计算过程实行交互式的数据存取,从数据库中选择数据,从方法库中选择算法,然后将数据和算法结合起来进行计算,并以直观、清晰的呈现方式输出结果。

5. 知识库系统

当 DSS 向智能方向发展时,知识和推理就越来越重要。开发知识库的关键技术包括知识的获取和解释、知识的表示、知识推理以及知识库的管理和维护。DSS 在这方面的发展得益于专家系统(ES)、人工智能(AI)以及知识发现(KDD)方法和技术的发展。

8.3.3 智能决策与群体决策支持系统

多年来,决策支持系统的理论与应用发展催生出多种类型的衍生系统。下面简述智能决策支持系统(IDSS)和群体决策支持系统(GDSS)。

1. 智能决策支持系统

DSS 集成专家系统、人工智能等领域的智能计算成果,形成了新型的智能决策支持系统。[129] 如图 8-14 所示,智能决策支持系统在原来的基础上增设了知识库、推理机与问题处理系统,人机对话部分还加入了自然语言处理系统。[73]

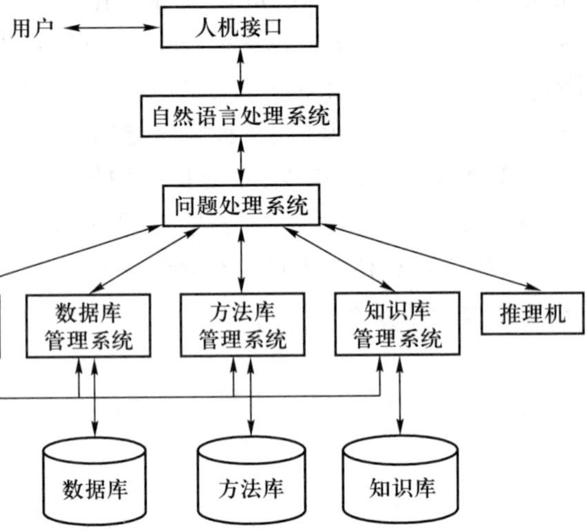

图 8-14　四库 IDSS 的基本构架

IDSS 以知识库为核心,在模型数值计算的基础上引入了启发式等人工智能的求解方法,使传统 DSS 原来由人承担的定性分析工作部分或者大部分转由机器完成。而知识的推理机制能获得新知识,知识的积累使系统的能力不断增强。在人机交流方面,IDSS 的人机对话系统采用自然语言处理技术形成智能人机交互。智能人机交互接口能使用户用自然语言提出决策问题,自然语言处理功能将其转换成计算机能理解的问题描述,然后交付求解。系统与人的贴近,使决策者不必再依赖于熟悉计算机的助手而能够直接使用 IDSS。

可见,IDSS 具有人工智能的行为,能充分利用人类已有知识。IDSS 在用户决策问题的输入、机器对决策问题的描述、决策过程的推进、问题解的求取与输出等方面都有了显著的改进,很好地体现了人工智能的优越性。

2. 群体决策支持系统

现实中很多决策是在群体中产生的。一些事关组织生存与发展的重大决策更是毫无例外地由集体参与制定。群体决策支持系统(GDSS)是一种在 DSS 基础上利用计算机网络与通信技术,供多个决策者为了一个共同的目标,通过某种规程相互协作地探寻决策问题的信息系统。GDSS 可以跨越时空限制,能够让决策者之间便捷地交流与共享信息,可以集思广益,激发决策者思路。同时克服决策者消极的心理影响,使他们无保留地发表自己的意见,因而可以提高决策群体成员对决策结果总体的满意程度和置信度。通常,GDSS 包括一个数据库、模型库和基于群体处理的软件,能够总结成员的意见,报告投票情况,讨论可选方案的权重,匿名地记录意见。如图 8-15 所示,群体决策支持可以在四种情况下使用:决策室、决策局域网、远程电信会议和远程决策。[74]

决策室像一个传统的会议室,但是增加了计算机设备。每个成员都有一个终端机。成员之间可以通过语言或者计算机互相交流。屋子前面的屏幕用来展示想法和分析被选方

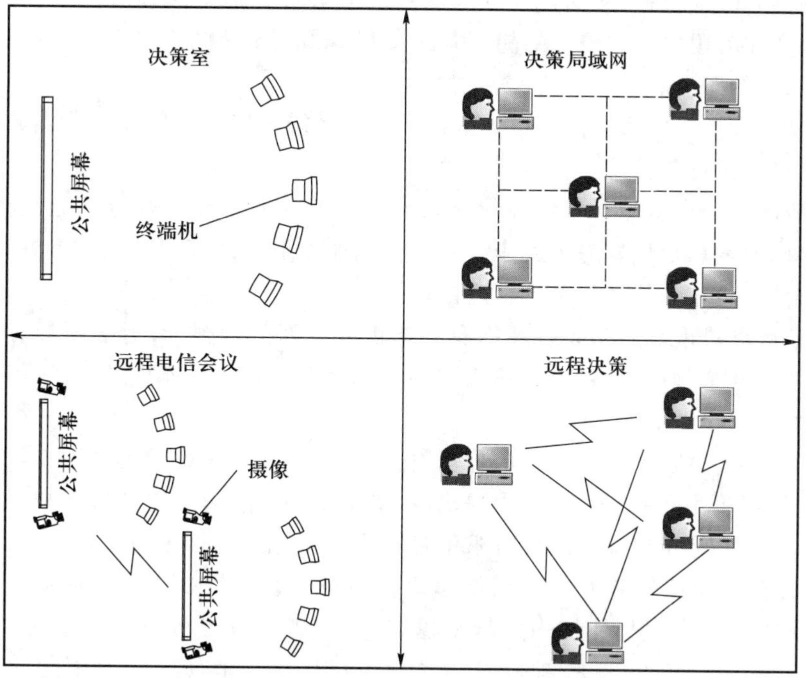

图 8-15 群体决策支持模式

案。决策局域网情况下，小组成员分布在各自办公室的工作站中。网上各位决策者通过联网的计算机站点进行通信，相互交流，共享存于网络服务器或中央处理机的公共决策资源，可在决策周期内时间分散地参与决策。远程电信会议利用计算机网络的通信技术，使分散在各地的决策者在同一时间内进行集中决策。它在本质上与决策室相同，优点是能够克服空间距离的限制。远程决策网充分利用广域网等信息技术来支持群体决策，综合了决策局域网和远程电信会议的优点，可使决策者异时异地对同一问题进行决策。

8.3.4 专家系统

专家系统(ES)也称为基于知识的系统，是人工智能的一个最为重要的应用领域。专家系统始于 20 世纪 60 年代中期，经过几十年的科学研究，理论和技术日益成熟，其应用得到了飞速发展。对于专家系统，一个比较通用的定义是：专家系统是利用计算机技术、人工智能及其他理论，将某个特定领域内专家的知识或者推理过程在计算机上实现，并且用来解决过去需要专家才能解决的现实问题的计算机系统。[130]

例如，在现实世界中，医学专家能够针对不同的症状，做出恰当的诊断并开具处方。地质专家可以根据地质资料和勘探数据，判断什么地方有矿藏，是否有开采价值。其他领域的专家，依据他们的学识和经验，可以解决许多实际问题。而如何应用人工智能日趋成熟的各种技术，将专家的知识和经验以适当的形式存入计算机，利用类似专家的思维规则，对事例的原始数据进行逻辑或可能性的推理、演绎，并做出判断和决策，就是专家系统的任务。为实现上述目标，一个高性能的专家系统应该具备如下七个特征[130]：

(1) 具有专家水平的专门知识。专家系统建造的一个重要目标是达到一个专家在解决某些任务时所体现出的高水平的性能。专家系统能够成功地解决领域内的各种问题，在解题的质量、速度和动用启发式规则的能力方面具有本领域专家的水平，其根本原因是系统中存储有专家水平的知识。

（2）符号处理。专家系统使用符号推理。专家系统用符号准确地表达领域有关的信息和知识，并且对其进行各种处理和推理。

（3）一般问题的求解能力。各种专家系统应具备一种公共的智能行为，能够做一般的逻辑推理、目标搜索和常识处理等工作。专家系统往往采用试探性方式进行处理；为使问题求解更加符合实际情况，往往采用不精确推理。

（4）复杂度和难度。专家系统所拥有的知识涉及面一般很窄，但必须具有相当的复杂度和难度。如果某个领域不够复杂，不需要专家来解决，没有什么专家知识可言，就不能成为专家系统的用武之地。

（5）具有解释功能。专家系统具有解释机制。它运用知识库求解过程使用过的知识和各种中间结果，回答用户关于求解结果提出的“为什么”等问题。这种机制加强了用户对专家系统的接受性，并且可以让专家检查求解过程中知识运用是否合理。

（6）具有获取知识的能力。系统能够提供一种手段，使知识工程师和领域专家能够不断地给系统“传授”知识，使知识库越来越完善；或者系统自身具有自学习能力，从系统的运行过程不断总结经验，提取新知识、更换旧知识，自动地使知识库中的知识不断丰富和更新。

（7）知识和推理机构相互独立。专家系统一般把推理机构与知识库分开，并且令二者相互独立，使系统具有良好的可扩充性和维护性。

专家系统可以按照多种不同的方法分类。按照专家系统的应用领域分类，可以分为医疗专家系统、勘探专家系统、石油专家系统、气象专家系统、生物专家系统、法律专家系统等。按照知识表示技术分类，可以分为基于逻辑的专家系统、基于规则的专家系统、基于语义网络的专家系统、基于框架的专家系统等。按照推理控制策略分类，可以分为正向推理专家系统、反向推理专家系统、元控制专家系统等。按照所采用的不精确推理技术分类，可以分为确定理论推理技术专家系统、主观 Bayes 推理专家系统、可能性理论推理技术专家系统、D/S 证据理论推理技术专家系统等。按照专家系统的结构分类，可分为单专家系统和群专家系统（亦称协同式多专家系统）。按照所处理的问题类型，则可以分为解释型、诊断型、调试型、维修型、教育型、预测型、规划型、设计型、监测型、控制型等。

专家系统是由知识库、推理机、知识获取子系统和解释子系统组成的，其基本的结构示意图如图 8-16 所示。[74] 知识库中包含信息和经验法则，专家系统利用这些来制定决策。这些信息应当代表从该领域中出色的专家那里提取的高水平专业知识。推理机是专家系统的中央处理单元。推理机与用户对话，询问信息并运用它，使用知识库为每种情况得出结论。推理机的结构取决于问题的性质和专家系统中知识的表达方式。它还包含一个解释器，决定如何运用规则去推导新知识。大多数专家系统在不断改进，通过使用知识获取子系统可以在知识库中加入新的规则。开发专家系统的过程包括使用简单问题建立原型，然后继续改进这个原型直至专家系统完善。当系统成熟之后，新的规则可以加入，其他的可以删除或更改，这些都通过知识获取子系统完成。解释子系统用来解释求得结果的过程。用这种方式，用户可以跟踪用来解决问题的方法，而且可以理解决策是如何做出的。

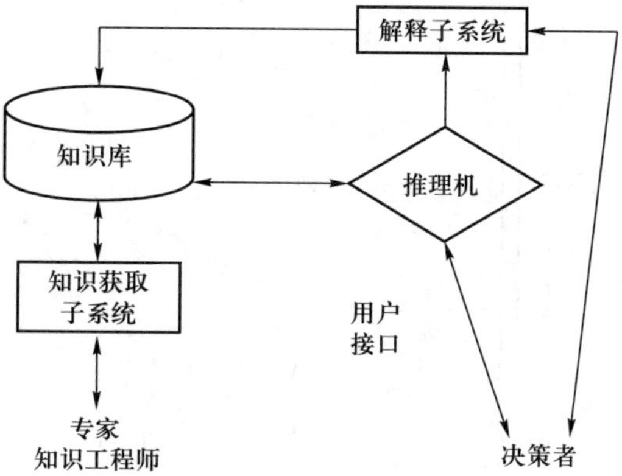

图 8-16 专家系统的基本构架

毫无疑问,专家系统的核心就是其知识库中存储的知识。专家系统需要获取、存储、推理和解释这些专家知识,而它们最先涉及的则是知识的表示方法。同一知识可以采用不同的表示方法,它们会产生完全不同的效果。目前比较常用的表示方法包括产生式规则、框架和语义网络等。[130]

近年来,模糊技术、神经网络、面向对象、数据挖掘等新技术的迅速崛起,为专家系统注入了新的活力。除了传统的知识获取和表达方法、知识推理技术外,在问题描述模型、问题求解方法、程序设计方法、软件实现技术等方面引进和融合了这些新技术,从而设计和建造出相应的集成化、混合型专家系统。

8.4 商务智能系统与产品

商务智能与 OLAP、数据仓库/云平台在实践中往往是紧密联系在一起的。用于挖掘的数据通常来源于数据仓库/云平台。挖掘所得到的结果通常也需要与统计分析、多维展现的结果进行综合,才能更好地对未来的趋势进行预测,并为决策提供支持。

图 8-17 为一个综合性的数据处理与分析应用架构示例。在该架构中,处理应用系统(OLTP)的数据经过 ETL 功能的提取和转换之后被装入数据仓库(包括更新频率较高的运作数据集以及面向特定主题的数据集市)。进而,数据仓库中的数据被提供给统计模型和多维展现(OLAP)以及数据挖掘(商务智能)功能,从而实现数据分析和决策支持。

目前国外已在市场、金融、工业、医疗保健和科学研究等领域开发了众多的知识发现和商务智能应用系统。目前的商务智能和数据挖掘工具一般分为以下三类[3]:

(1) 通用单任务类。这类工具已开发出许多种,主要采用决策树、神经网络、基于实例和基于规则的方法,所用的发现任务大多属于归类范畴。在具体应用中,主要用于知识发现的数据挖掘步骤,而且需要相当工作量的预处理和后处理。这种系统一般功能比较单一,更多是针对专业用户来完成特定的任务。所以这种类型的系统更多是一种专门工具,而不能称为企业解决方案。

(2) 通用多任务类。这类系统可以执行多个领域的知识发现和数据挖掘任务。一般集

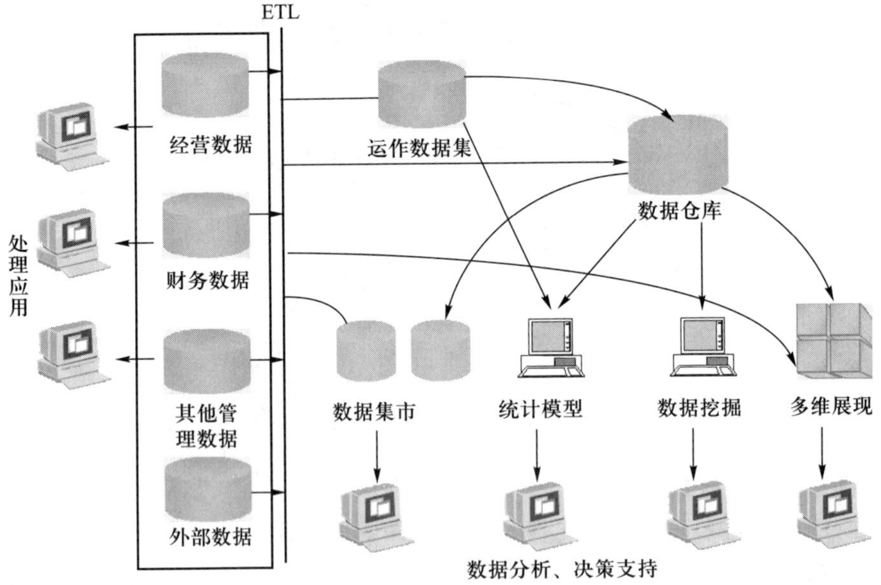

图 8-17 数据处理与分析综合应用架构

成了分类、可视化、聚类和概念描述(简约)等多项发现策略。例如 SAS Enterprise Miner、SPSS Clementine、IBM Intelligent Miner、SGI MineSet 等系统。而且由于这类系统集成了相应的软硬件,提供了一套相应的方法论,并由专业的系统集成公司提供全面的服务和规划,因此通常的企业解决方案中比较多地应用这类系统。

(3) 面向专门领域类。即用于专门领域的知识发现和数据挖掘。这类工具包括用来产生反映市场零售额变化情况分析报告的 Opportunity Explore 和分析篮球比赛统计数字寻求最佳阵容的 IBM Advanced Scout 等。一般来说,这类系统针对性较强,对于某个商业领域或是某种类型的企业具有很强的决策支持作用,但应用领域比较小,不能应用于其他方面或是其他领域。所以这类系统经常是特定企业根据自身的情况进行定制,不具有通用性。

在市场上,一般应用比较多的是第二种类型,即通用多任务类商务智能产品,这也是将来企业应用的主流。这种类型的商务智能系统解决方案的特征比较突出,也比较全面。Gartner 咨询公司在 2018 年的报告中评估了当前市场上较为主流的 16 种面向数据科学和机器学习的通用多任务商务智能解决方案,并按照执行力和前瞻性两个维度将这些方案划分到四个象限(即 Magic Quadrant,魔力象限),每种方案各有差异化的优缺点,因此应根据不同的组织实际需求选择最适合的方案。① 下面对市场上一些主要的商务智能系统产品做简要介绍。

1. IBM Cognos 商务智能解决方案②

IBM 是世界上第一个生产和制造商用计算机的公司,多年以来,一直都是计算机软/硬件行业中的翘楚,也是商务系统开发、集成和服务的主流供应商。IBM 也是商务智能系统领域最早的开拓者之一,其提供的 Intelligent Miner 系统解决方案是市场上最先提供全面商务

① 参见 RapidMiner 网站。
② 参见 IBM 网站。

智能解决方案的工具之一。

2007年,IBM收购了Cognos这一专业从事于商务智能解决方法的提供商,大大增强了自身在商务智能软件领域中的竞争力。Cognos的商务智能系统特别将平衡计分卡这一在管理中得到广泛应用的功能集成在系统中,旨在实现与业务流程的无缝衔接。为更好地适应灵活化和多样化的商务智能需求,2015年IBM推出了这一BI平台的新版本Cognos Analytics(即Cognos 11),整合了传统和自助式企业报表数据分析能力,通过数据捕捉、多维度高效分析以及客户洞察提供决策支持,帮助企业快速响应市场变化,实现实时商务智能。

2. Oracle商务智能解决方案①

Oracle(甲骨文)是全球最大的数据库系统软件和服务提供商,也是世界上最大的软件公司之一。这几年来,Oracle收购了PeopleSoft、Hyperion(收购了Brio)等商务智能系统服务提供商,把交易、商务智能及财务绩效管理解决方案有机结合起来,成为这一市场上最大的商务智能系统服务提供商之一。

Oracle商务智能解决方案是Oracle专门为企业提供的以实现商务智能应用的一系列技术和管理软件组合,它提供了一个端到端的集成企业绩效管理系统,其中包括绩效管理软件、商务智能管理软件、商务智能基础和工具及数据仓库。通过和Oracle数据库的无缝连接以及提升其对非结构化社交媒体数据分析的支持,Oracle成为商务智能市场上一支重要的力量。

2013年,Oracle开始向移动商务智能进军,宣布推出其最新的移动商务智能软件(Oracle BIMobile App Designer),在保证安全性的同时,使企业数据能够得到及时、方便的利用以更好地体现其价值,将数据转化成切实可行的市场洞见,驱动企业创新并形成竞争优势。

3. SAP BO商务智能解决方案②

作为全球最大的企业级软件公司之一,SAP目前是市场上协作企业业务解决方案(特别是ERP系统)的主要提供商之一。SAP ERP系统是市场上得到广泛采纳和应用的主流ERP系统,全球500强中的大部分企业都安装了SAP ERP系统。

此外,基于强大的企业商用软件系统开发和服务,SAP也是市场上最早开始提供商务智能系统解决方案的企业之一,并在其R/3系统中植入了专门的商务智能模块。但是鉴于商务智能应用的市场需求越来越强烈,也为了更好地参与竞争,SAP于2007年收购了著名的商务智能解决方案供应商Business Objects(BO),从而大大加强了自身在商务智能服务方面的实力。紧随其后,SAP融合大数据、云、协作、移动、社交和可视化等领域的全新创新,于2012年发布了BO 4.0版本,增加了对企业外非结构化数据的支持和对移动终端的支持,并实现了千兆级数据的高效分析。2015年发布的最新版本BO 4.2又在此基础上简化了产品线,以提升任务处理效率,同时进一步优化了平台和客户端服务。SAP基于自身强大的ERP系统开发和业务数据管理的能力,旨在通过BO大大增加其商务智能系统的前端展现能力,以同时提高数据整合与集成的质量和能力。

4. SAS Intelligence Platform③

SAS Intelligence Platform是SAS公司的商务智能和数据挖掘产品。它不但提供了一个

① 参见Oracle网站。

② 参见SAP网站。

③ 参见SAS网站。

完整的商务智能环境，而且提供包含多种数据挖掘算法（包括回归、分类和统计分析包）的 Enterprise Miner 模块。它的特色是秉承 SAS 公司强大的统计分析软件开发能力，集成了多种统计分析工具，目前在市场上的表现也相当不错。相对于前几个商业解决方案，SAS Enterprise Miner 更多地利用其在统计分析软件开发上的传统优势，着重于数据挖掘方法设计和统计分析功能。

5. MicroStrategy 商务智能解决方案①

MicroStrategy 公司在全球商务智能软件市场上是一个领先者，它提供的企业级商务智能平台产品是一个完全集成的环境，可以集成地开发、部署、维护多个平台上的多个应用。公司于 2018 年发布其最新版本商务智能软件平台 MicroStrategy 10.10，其中重新设计的 MicroStrategy Desktop 允许用户连接多达 80 余个数据源，构建功能强大的分析报告，而全新的 MicroStratey Workstation 则支持管理员和内容开发人员快速构建和维护可扩展的企业内容、创建用户和组、分配安全角色、为业务团队安排和发布数据混搭等。此外，对于方兴未艾的移动智能和社交智能领域，MicroStrategy 在 2010 年发布了移动智能产品 MicroStrategy Mobile，全面支持移动设备上的传感器设备，实现快速获取数据并对海量数据进行精确查询，引领了商务智能行业的技术与产品创新。MicroStrategy 社交智能产品线包括 Alert（基于社交网络数据分析的互联网营销和广告投放系统）、EMMA（利用社交网络产生的聚集效应和信任优势，实现安全交易）、Wisdom（利用社交媒体 Facebook 的数据对用户的群体行为、兴趣爱好等进行市场分析）等。

6. RapidMiner 商务智能解决方案②

RapidMiner 公司于 2006 年发布了同名数据科学软件平台，平台能够为机器学习、深度学习、文本挖掘和预测分析提供集成环境，支持包括数据准备、结果可视化、模型验证和优化等在内的机器学习过程所有步骤。RapidMiner 在 2018 年被 Gartner 列入数据科学和机器学习行业的领导者象限，在 2016 年和 2017 年 KDnuggets 的年度调研中被评为最受欢迎的数据分析软件之一。目前 RapidMiner 已拥有超过 25 万用户，包括 BMW、Intel、Cisco、GE、Samsung 等付费用户。

2014 年，公司收购了 Radoop，将其作为 RapidMiner Studio 的大数据分析扩展，能连接多个 Hadoop 集群。2018 年，RapidMiner 发布了最新版本 8.1，增加了自动模型功能，为模型的快速创建、比较和探索提供新的工作模式，同时能够支持更复杂的全局搜索，实现操作符、仓库内容、UI 操作和集市内容等的即时查询。

总的来说，上述商务智能系统解决方案具有规模大、功能全面、业务系统紧密衔接等特点。基于各自的技术和应用特点，所提供的商务智能方法和集成手段也较为成熟。

8.5 人工智能与深度学习

人工智能自 20 世纪 50 年代以来的发展起起伏伏，虽然在相关思想、模型和方法等方面

---

① 参见 MicroStrategy 网站。

② 参见 RapidMiner 网站。

取得了许多重要进展和成果,但是由于常常受限于数据基础以及计算能力的不足,其学习、进化以及推理等方面的能力难以发挥,应用效果也受到影响。直至进入大数据时代,人工智能的许多成果得到了工程化和产品化实现,开始在深度和广度上渗透到社会经济活动中。早期机器人和智能产品仅可能用于替代人类简单重复体力性工作,现代智能机器人和人工智能应用则开始用于替代不少复杂并具有智力的工作,诸如围棋、翻译、绘画、作曲、作诗、无人驾驶、人脸识别、意念控制等。人工智能在管理领域的应用也初见端倪,比如财务机器人、自动金融交易、竞争智能、客户服务、人力资源管理、市场营销等。毫无疑问,人工智能将在社会经济生活中发挥越来越重要的作用。[247]

深度学习是一类重要的人工智能方法,近年来得到业界和学界的广泛关注。深度学习基于人工神经网络对数据进行表示学习。本节主要介绍深度学习的基本概念和相关技术方法,同时结合实际中的具体任务和不同问题领域对深度学习的应用进行介绍。

8.5.1　人工智能与深度学习概述

人工智能(Artificial Intelligence,AI)是在计算机科学、控制论、信息论、神经生理学、心理学、哲学、语言学等多种学科相互渗透的基础上发展起来的一门新兴交叉学科。它研究怎样让计算机或智能机器(包括硬件和软件)模仿、延伸和扩展人脑从事推理、规划、计算、思考、学习等思维活动,解决迄今为止需要人类专家才能处理好的复杂问题。

人工智能的主要挑战在于解决那些对人类来说可以凭借直觉轻易执行但很难形式化描述的任务。一种可行的方案即让计算机从经验中学习,并根据层次化的概念体系来理解世界,其中每个概念均由某些相对简单的概念之间的关系来定义,由此可以避免由人类为计算机形式化地指定所需知识。体系中的概念建立在彼此之上,会形成一个层次很多、很深的结构,或者说图,因此这种方案被称为 AI 深度学习(Deep Learning)。[222]

为了将非形式化的知识用形式化的语言传达给计算机,一些人工智能项目采用硬编码(Hard-code)的方式通过逻辑推理规则来辅助计算机理解,但这种方式所要求的规则输入过程较为繁复,且一般的规则很难精确地描述复杂知识,因此 AI 系统需要具备自己从原始数据中提取模式的能力,即机器学习(Machine Learning)能力。机器学习算法的性能在很大程度上依赖于对给定数据的表示,即用一个合适的特征集来描述数据,但在许多实际任务中,我们很难完整、准确地概括出需要提取的特征有哪些,因此就需要采用表示学习(Representation Learning)方法直接挖掘数据表示本身,而不仅仅把表示映射到输出。深度学习就是一种表示学习方法,它利用较简单的表示来表达复杂表示,能够借助多层次体系更准确有效地提取出原始数据中的抽象特征。图 8-18 所示的维恩图可以说明以上几个核心概念之间的关系。

深度学习迄今为止已经经历了三次发展浪潮:20 世纪 40 年代到 60 年代,深度学习的雏形出现在控制论(Cybernetics)中;20 世纪 80 年代到 90 年代,深度学习表现为联结主义(Connectionism);2006 年 Hinton 等人提出深度学习概念,使其得以复兴。随着计算机软硬件基础设施的改善,深度学习的模型规模得以不断增长;大数据背景下,可用于训练的数据量持续增加,深度学习的实用性也得以提升。目前的深度学习已经能够解决日益复杂的应用,且精度不断提高,AlphaGo、AlphaGo Zero 等基于深度学习的人工智能算法在某些复杂任

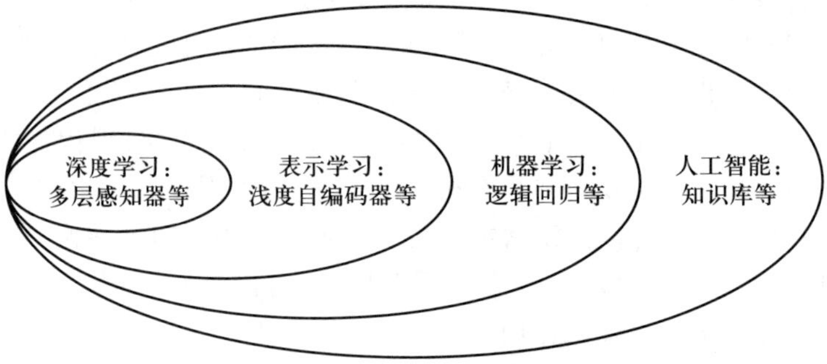

图 8-18 人工智能与深度学习的关系[222]

务上甚至已经有超越人类的表现。总而言之，深度学习正处于一个高速发展的阶段，它将面临更多新应用领域的机遇和挑战，深度学习在未来的表现值得瞩目。

8.5.2 深度学习算法

人工神经网络（Artificial Neural Networks, ANN）是20世纪80年代后逐渐兴起的一门重要的机器学习技术[242]，也是深度学习算法的基础。人工神经网络模拟人类的思维方式，由众多的神经元以一些可调的权值连接而成，通常包括输入层、输出层和中间层（也称隐藏层）三部分。每个神经元又单独包含输入、输出与计算功能。输入可类比为人脑神经元的树突，用于接受传入的消息；输出可类比为轴突，用于向其他神经元传递消息；计算则可类比为细胞核，通过训练人工神经网络，可以使神经元之间连接上的权重值（即神经网络的参数）调整到最佳，从而在给定输入信息的情况下令整个网络对输出的预测效果最好。

深度学习算法是基于深度神经网络（Deep Neural Network，DNN）的机器学习方法。深度神经网络是（输入层和输出层之间的）中间层数量较多的一类人工神经网络。针对不同的学习任务，深度神经网络可以通过各层神经元之间多种方式的相互连接来形成多样的网络结构。简单来说，深度学习算法旨在构建一类智能信息系统，其构建基本思想是根据输入I，经过一系列“学习”步骤 S_1, S_2, …, S_j（通常 $j>1$），以获得期望的输出O。通常，由于整个学习过程比较复杂，学习步骤中的信息表示、步骤之间的转换与连接等涉及大量的参数和计算，所以，学习过程是一个不断变换、调参、优化和目标逼近的自动过程。学习到的结果即为一类知识，反映了从输入I到输出O的生成特征和转换策略。以一类图像处理思路为例（如卷积神经网络）。借鉴人们识别图像的方式，一张图像可以通过一系列特征来描述，诸如像素、边缘、形状、物体等。这样，可以将图像按照其特征逐层进行刻画，而不是用传统（一个中间层的）神经网络将图像的每一个像素直接映射到每一个神经元节点来进行建模和调参，进而导致参数组合和计算方面难以克服的复杂性。而深度神经网络通过多层神经元学习机制，如用一层学习刻画线条边缘，一层学习刻画形状轮廓……逐层抽象形成物体乃至期望的输出，以有效降低复杂性。同时，在这些特征刻画层（如卷积层）之间，通常还有一些变换和优化层，如通过采样进一步减少后续层的复杂性（如池化层），以及通过连接映射形成不同的图像视图（如连接层）等。换句话说，对于输入的用于训练的图像数据集，上述各层（特征刻画层和变换优化层）的逐级递进处理就构成了一个学习步骤系列 S_1, S_2, …, S_j。当整个学习过程完成并达到期望效果后，这些自动学习得到的特征、参数、相关变换和映射关系等知识可构建形成一个智能信息系统，能够用来对大量新的图像数据进行有效的识别。

进一步说来，与其他机器学习算法一样，深度学习算法大致可以分为监督学习算法（Supervised Learning Algorithm）和无监督学习算法（Unsupervised Learning Algorithm）两类。下面结合具体使用的深度神经网络对这两类算法进行介绍。

1. 监督学习算法

监督学习算法训练的对象是含有很多特征的数据集。这里的特征是指人们根据一类事物的共有特性抽象出的某一概念，如价格可以是电子产品的一个特征。数据集中的每个样本都有一个标签（Label）或目标（Target），可以代表样本的类别。在学习训练样本的过程中，算法通过调整参数来获取推断功能，从而尽可能正确地决定未知标签信息的新样本的标签。用于监督学习算法的典型深度神经网络包括卷积神经网络以及循环和递归神经网络。

（1）卷积神经网络。卷积神经网络（Convolutional Neural Network，CNN）是一种深度前馈神经网络，即神经元分层排列，且每个神经元只接收前一层的输出信息并输出给下一层，各层之间不存在反馈。卷积神经网络专门用来处理具有类似网格结构的数据，在大型图像处理等任务中有出色的表现。一个典型的卷积神经网络结构如图 8-19 所示，包括输入层、卷积层、池化层、全连接层和输出层。[223]

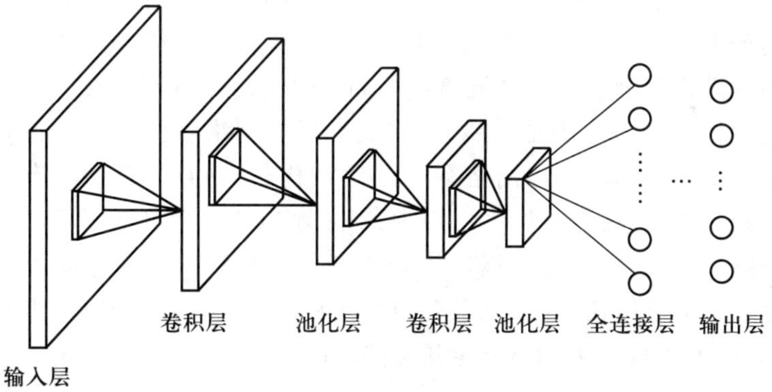

图 8-19 卷积神经网络的基本结构

① 输入层：输入原始的网格结构数据，如时间序列数据（可以认为是在时间轴上有规律地采样形成的一维网格）和图像数据（可以看作二维的像素网格）等。

② 卷积层：是特征提取层，该层的每个神经元与前一层的局部信息相连，通过预先设定核函数的卷积运算提取出相应局部的多个抽象特征，输出特征映射（Feature Map）。例如，在图像处理过程中，卷积层的每个神经元与原始图像数据的某一子块相连，通过运算即可输出该子块的边缘、线条、角等特征。这一过程可以使原数据的某些特征得到增强，同时降低噪声。

③ 池化层：紧跟卷积层的二次提取计算层，预先设定的池化函数使用某一位置相邻输出的总体统计特征来代替网络在该位置的输出。在图像处理中，最常用的池化函数为“最大池化”（Max Pooling），即用一定区域内每个子块的特征最大值来代表该区域的整体特征。CNN 特有的这种二次特征提取结构能够减小特征分辨率，使参数的数量和计算量下降，也使得网络在面对有较大形变的输入数据时具有一定的容忍能力。

④ 全连接层:与上一层是全连接的,即该层每个神经元与上一层每个神经元之间均有一条连接。该层将上一层的输出结果乘以权重向量,再加上一个偏置(Bias)后传给非线性的损失函数。这里的损失函数用于决定训练过程如何来惩罚网络的预测结果和真实结果之间的差异,CNN 中采用的损失函数为常用于多个独立二分类问题的 Sigmoid 交叉熵损失函数。

⑤ 输出层:或称分类层,每个神经元对应一个类别。该层使用 Logistics 回归计算输入样本属于各类别的概率,如计算输入图像中的物体属于动物或植物的概率。

卷积神经网络的三个核心思想分别是:稀疏交互,不同于传统神经网络中每个输出单元与每个输入单元间都产生交互,CNN 允许使用远小于输入大小的核,通过稀疏连接来高效地描述多个变量的复杂交互;参数共享,卷积运算中的核函数通过共享参数保证只需学习一个参数集合,而不是对于每个位置分别学习一组参数;等变表示,卷积函数的输入改变,则其输出也以同样的方式改变。

(2) 循环神经网络和递归神经网络。循环神经网络(Recurrent Neural Network)和递归神经网络(Recursive Neural Network)都被简称为 RNN,它们都专门用于处理序列数据,但在结构上有所差别。循环神经网络中既包含前馈通路,也包含反馈通路,其中反馈通路可以将某一个神经元的输出经过一次或几次传递(也称一个或几个时间步)之后送到其他神经元或返回自身。图 8-20 给出了三种不同结构的循环神经网络。反馈通路的引入使得循环神经网络能够有效地处理时间序列的上下文信息,这对语音识别等任务是非常重要的。循环神经网络的训练通常采用时间的反向传播算法(Back-Propagation Through Time,BPTT)[224],该算法的基本思想是把网络结构按时间展开,将展开后的网络看作一个在各时间步之间有共享权值的大网络。普通的循环神经网络有“因果”结构,使得某时刻的状态只能从过去的序列以及当前的输入获取信息,但在许多应用中,对于输出的预测可能需要依赖于整个输入序列。例如,在语音识别中,由于协同发音,当前声音作为音素的正确解释可能取决于未来几个音素。为了完成这类学习任务,产生了双向循环神经网络,即融合时间上从序列起点开始移动的 RNN 和另一个时间上从序列末尾开始移动的 RNN。

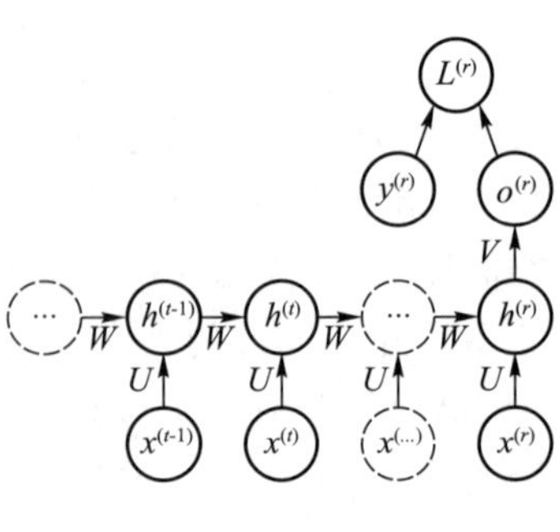

图 8-20　循环神经网络的不同结构

递归神经网络可以被视为循环神经网络的另一种扩展,它被构造为一种较深的树状结构而不是链状结构。经过这种结构变形,对于具有相同长度 t 的序列,其深度可以从 t 急剧减小为 $O(\log t)$,因此有助于解决输出信息与推断输出的证据距离过远的长期依赖问题。而如何构造最佳的树状结构仍然是递归神经网络研究中需要探索的问题,一种选择可以是使用不依赖于数据的树结构(如左右两个子树高度差不超过 1 的平衡二叉树),或者可以在具体应用中借鉴外部方法构造适当的树。为了增强递归神经网络的“记忆”功能,更有效地模拟数据间的依赖关系,长短期记忆(Long Short-Term Memory,LSTM)模型引入了自循环的巧妙构思,且自循环的权重不固定,而会视上下文而定。LSTM 在原始的递归神经网络中加入了一个判断信息有用与否的“细胞”,其中有输入门、遗忘门和输出门三扇门,只有被规则判断为有用的信息才会留下,而不符合算法认证的信息则会通过遗忘门被遗忘。LSTM 是目前实际应用中最为有效的序列模型之一,尤其适合处理和预测时间序列中间隔和延迟相对较长的重要事件。

2. 无监督学习算法

无监督学习算法的训练对象是类别未知或未被标记的数据集,需要根据其特征学习出该数据集上有用的结构性质,通常要求学习生成数据集的整个概率分布。由于实际中监督学习所需的数据标签往往成本很高,因此无监督学习具有相对更自由的应用空间,也能在一定程度上为监督学习提供帮助。用于无监督学习算法的典型深度神经网络包括深度自编码器和深度玻尔兹曼机、深度信念网络、生成式对抗网络等深度生成模型。

(1) 深度自编码器。自编码器(Autoencoder)是神经网络的一种,当其隐藏层数目足够多时,可以作为一种深度神经网络用于无监督的深度学习。自编码器(见图 8-21)由一个编码器和一个生成重构的解码器两部分组成,前者将输入的信息编码为维数可能不同的一系列新特征,后者则根据这些新特征试图重构输入信息。该模型的训练目标即令输出的重构信息尽可能接近原始的输入信息,重点关注和利用的则通常是训练后得到的隐藏层中的新特征,常被用于降维、特征学习、信息检索等任务。例如,将一张图片输入自编码器,经过训练编码和解码两部分得到接近输入的输出图像,则此时隐藏层中学习到的特征即为可以表示该图片的一些核心特征。

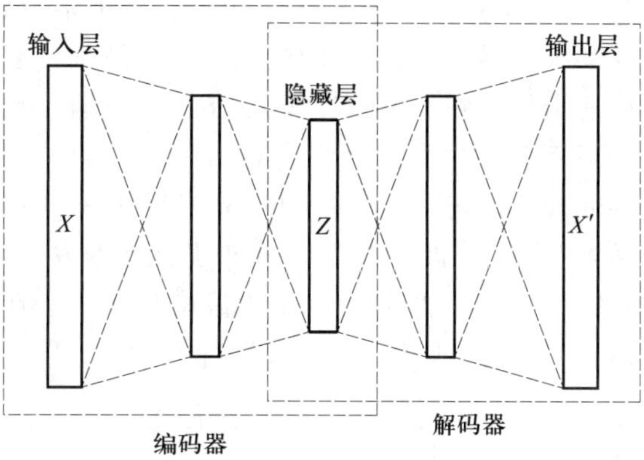

图 8-21　自编码器的基本结构

自编码器的主要类型包括[222]:① 欠完备自编码器。隐藏层中的编码维数小于输入维数,学习欠完备的表示则将强制自编码器捕捉训练数据中最显著的特征。② 正则自编码器。根据要建模数据分布的复杂性选择合适的编码维数和编码器、解码器容量,鼓励模型除了将输入复制到输出之外学习其他特性。③ 去噪自编码器。接受损坏数据作为输入,通过训练来预测原始未被损坏的数据,并将其作为输出。④ 收缩自编码器。编码过程中采用的特征提取函数能抵抗极小的输入扰动,鼓励将输入点的邻域映射到输出点处更小的邻域。

自编码器可以被看作前馈网络的一个特例,并使用完全相同的技术进行训练,通常使用小批量梯度下降法,即沿着损失函数梯度下降的方向迭代地计算极值。这里的损失函数用于决定训练过程如何来惩罚网络的重构结果和真实输入之间的差异。尽管经过训练的自编码器能够尝试将输入复制到输出,但将其设计为输入到输出完全相等是缺乏意义的,因此通常需要向自编码器强加一些约束,使它只能近似地复制与训练数据相似的输入,做有损压缩,从而通过优先被复制的部分学习到数据的有用特征。

(2) 深度生成模型。深度玻尔兹曼机(Deep Boltzmann Machine,DBM)[225]是一种典型的无向深度生成模型,它的基本结构是受限玻尔兹曼机,主要差别在于 DBM 的隐层较多。受限玻尔兹曼机是由单层可观察变量和单层潜变量组成的一个二分图,即可观察层或潜层内部的任何单元之间不存在连接。如果将 DBM 的奇数层和偶数层分开,也会得到一个二分图结构,即奇数层或偶数层中的变量彼此条件独立。受限玻尔兹曼机和深度玻尔兹曼机在实际应用中可以作为一种特殊的特征提取器,编码数据,将学习后的结果用于监督学习的分类或回归。针对这类模型,传统的贪心逐层预训练方法将已经训练好的层固定作为输入,每次只增加训练网络中的一层,这种方法在训练期间的性能难以跟踪,且容易失去玻尔兹曼机概率模型的许多优点,如当某些输入值丢失时仍能进行推断等。目前解决 DBM 联合训练问题的方案主要有中心化深度玻尔兹曼机[226]和多预测深度玻尔兹曼机[227]两种。

深度信念网络(Deep Belief Network,DBN)是由 Hinton 等在 2006 年提出[228],它的引入开启了深度学习的复兴,是第一批成功应用深度架构训练的非卷积模型。DBN 主要由两个部分组成,即堆叠的受限玻尔兹曼机和一层普通的前馈网络。DBN 最主要的特色是采用两阶段学习,第一阶段用堆叠的受限玻尔兹曼机通过无监督学习进行逐层预训练,确保特征向量映射到不同特征空间时都尽可能多地保留特征信息;第二阶段则用普通的前馈网络进行微调,将错误信息自顶向下传播至每一层受限玻尔兹曼机,保证学习到的权值对整个的特征向量映射达到最优。与自动编码器类似,堆叠的受限玻尔兹曼机希望具有数据重建的能力,通过将底层学习到的特征逐渐传递到上层的过程,逐步抽取出输入数据的重要复杂特征,从而使其得以重建。

生成式对抗网络(Generative Adversarial Network,GAN)是 2014 年由 Ian J. Goodfellow 等[229]提出的一种深度学习模型,是近年来复杂分布上无监督学习最具前景的方法之一。GAN 的算法框架如图 8-22 所示,整个网络由一个生成模型和一个判别模型组成,训练同时针对两个模型进行,通过让二者相互博弈的方式来学习。

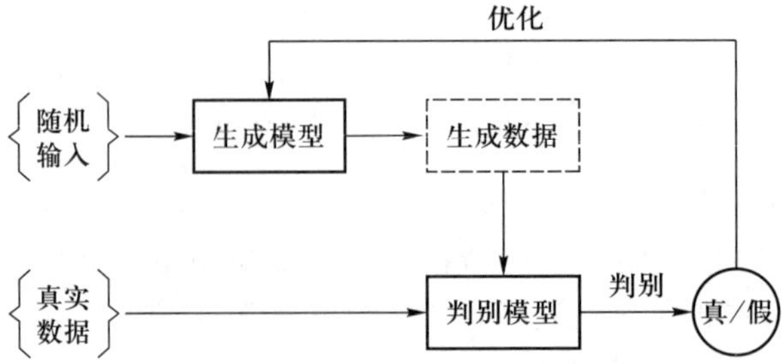

图 8-22 生成式对抗网络的算法框架

① 生成模型：从训练数据潜在空间中选取元素进行组合，并加入随机噪音作为输入，其输出结果需要尽量模仿训练集中的真实样本，拟合出最接近真实样本的假样本分布，即尽可能地欺骗判别模型。

② 判别模型：输入真实样本以及生成模型的输出，需要输出对数据真假的判断，尽可能将生成模型的输出从真实样本中分辨出来。

生成模型的优化目标是最大化判别模型的错误概率，而判别模型的优化目标是最大化自身正确率，可以证明在任意函数空间内，该问题存在唯一的解决方案。两个模型在训练过程中相互对抗，迭代地调整优化参数。如果判别模型判断正确，则需要调整生成模型的参数以使得其生成的假数据更加逼真；如果判别模型判断错误，则需要调整判别模型的参数以避免下次类似的判断出错。最终，两个模型达到一个均衡和谐的状态，即迭代过程收敛，训练得到一个质量较高的自动生成器和一个判断能力较强的分类器，理想状态下，此时生成模型输出的分布可以与真实分布重合。

为了避免判别模型的优化训练导致生成模型的表现变差，WGAN[230]基于 Wasserstein 距离改进了原始的 GAN 算法，使得结果对于参数更不敏感，训练过程更加平滑。目前，生成式判断网络多被用于文本生成任务，也通过引入卷积神经网络成为图像生成问题的常用解决方案，但很多学者认为其在未来有充分的潜力可以大规模推广到声音、视频等更多问题领域。

8.5.3 深度学习任务

深度学习模型的结构优势使其能够更好地刻画数据、处理数据，在强化运算能力和大规模数据集的支持下，深度学习已被证明在多种任务场景下有明显优于非深度学习方法的表现。根据所处理数据的类型不同，可以将深度学习的任务领域分为计算机视觉、语音、自然语言处理等。

1. 计算机视觉

计算机视觉始终是深度学习应用研究中几个最活跃的方向之一，该领域涉及的问题非常广泛，包括从复现人类的视觉能力到创造全新的视觉能力。大多数计算机视觉的深度学习采用判别模型直接由输入特征学习出标签、执行对象识别或多种形式的检测任务，也有利用生成模型学习特征和标签的联合分布、合成图像用于修复原始图像缺陷等。

（1）人脸识别。人脸识别任务是指计算机在获得一张人脸数据后，将其与数据库中的人脸进行比对，或对于同时输入的两张人脸，判断是否同一个人。Facebook、Google 等互联网公司都已开发出基于深度学习的人脸识别技术，在单人和多人、侧脸和半遮脸、模糊等场景中均能实现较为精准的检测。香港中文大学的 DeepID2 项目[231]在人脸识别任务上表现突出，它采用包含 4 个卷积层的卷积神经网络，在户外人脸识别数据库上的识别准确率达到 99.15%，超过此前所有领先的深度学习和非深度学习算法，也超过了人类在该数据集上 97.5%的识别率。作为人脸识别的一个扩展任务，（实时）表情识别也越来越多地采用卷积神经网络、深度信念网络、深度玻尔兹曼机等深度学习模型得以实现。

（2）物体检测。物体检测即描述图像、视频中是否包含某种特定物体，或所包含的所有物体的任务。2014 年出现的 Region CNN 算法[232]针对物体检测具有很好的效果。它先用一个非深度的方法在图像中提取可能是物体的图形块以节省预处理的时间，再基于这些图形块用深度学习算法判断属性和一个具体物体的位置。后来又出现了 Fast R-CNN、Faster R-CNN、YOLO、SSD 等改进算法，使算法在物体检测任务上的速度更快。这些模型不再利用图像块来甄别物体和背景，而是直接将整张图像输入深度网络，再由深度网络自行判断物体的位置和物体的种类，同时估计出物体边界。通过用于物体检测的 CNN 与 LSTM 单元相结合，深度学习算法可以进一步实现有关图像中物体信息的问答，如输入问题“桌子后面有什么”，输出答案“椅子和窗户”等。

（3）物体跟踪。物体跟踪主要针对视频形式的数据，在视频第一帧即锁定感兴趣的目标物体，随后无论物体怎样旋转、晃动和躲藏，也要对其保持持续性的追踪。基于分层卷积特征（Hierarchical Convolutional Feature）的深度学习算法近几年在物体跟踪任务上有良好的表现，这类算法使用分层卷积神经网络分别提取图像的低层纹理信息和高层语义信息等，从而在实现目标精确定位的同时，解决复杂的目标旋转等问题。成功跟踪目标对象后，可以继续采用深度学习算法进一步识别和分析其行为，常见的做法是在空间和时序上运用三维卷积神经网络提取目标的运动特征，再结合 RNN 等时序深度学习模型训练分类每个序列，从而在没有任何先验知识的前提下对目标的行为做学习分类。[233]

2. 语音

关于语音的机器学习任务主要有语音识别和语音合成两种。传统的语音识别技术普遍采用声学模型混合高斯模型，但这类模型本质上是一种浅层网络建模，不能充分描述特征的状态空间分布；早期的语音合成则包括基于规则的仿真模拟和基于数据的拼接技术，但这些方法的输出在自然性、连贯性上的表现都不尽如人意。深度学习算法的运用使得语音处理技术的实现效果有了根本性的提升。

（1）语音识别。语音识别任务是将一段包括了自然语言发音的声学信号投影到对应说话人的词序列上。深度学习最早被引入语音识别是用深度神经网络来代替高斯混合模型（Gaussian Mixture Model，GMM）与隐马尔可夫模型（Hidden Markov Model，HMM）配合训练，得到给定特征下概率最大的词序列作为输出结果，这一改进显著地解决了 GMM 在描述非线性数据空间时参数量过大的问题，取得了足够好的效果。但由于 HMM 框架假设每个可观测的词都由其对应的隐状态决定，且当前的隐状态仅取决于上一个隐状态，因此对于实际数据的刻画不够恰当。目前更有效的一种语音识别技术是用连续时间分类（Connectionist Temporal Classification，CTC）与 LSTM 结合。[234] CTC 是一种动态分类方法，它不对语音信号进行事先分割，而是直接将一个序列映射为另一个序列，做端对端的学习，尤其适用于存在上下文依赖的数据；LSTM 则因为具有记忆功能，使得原算法中对识别单元的校准过程被省略，因此能够结合更多的上下文信息输出更准确的预测。

（2）语音合成。语音合成任务可以被视为语音识别的逆向过程，即根据输入的文字信息生成一段类似自然语言发音的声学信号。HMM 也是解决语音合成问题的经典方案，对于需要合成语音的输入文本，先根据提炼的特征用决策树得到它的状态序列，再用训练后的 HMM 将其转化为一系列声学参数，最后根据参数合成语音。2013 年有研究提出用深度神经网络替代 HMM 来进行语音合成[235]，输入的文本特征序列的每帧分别经过深度神经网络映射到各自的输出特征，在生成语音参数之后经过声纹进行合成。该方法相较于 HMM 的优势在于能够比较简洁地刻画输入文本特征的复杂函数，而且不需要划分输入的数据空间以做不同的参数估计,因此相对来说更具有普适性。

3. 自然语言处理

自然语言处理(Natural Language Processing,NLP)的主要目的是让人类语言能够更容易地被计算机识别、操作。传统的自然语言处理系统采用浅层结构,将每个特定任务分开进行,使得系统必须融入大量为特定任务指定的人工特征,最后又往往会丢弃那些从其他任务中学来的特征。用深度神经网络在大规模无标注语料库上进行无监督学习,可以为每个词学到一个分布式表示作为其底层特征,并在此基础上执行多项任务。

(1) 语义分析。NLP 的一项基本任务即对文本进行语义分析。广义而言,诸如词性标注、组块分析、语义角色标注、命名实体识别、句法分析、情感分类等任务都可以纳入语义分析的范畴。语义分析中采用的深度学习算法通常采用基于词向量特征的深度网络判别模型,尤其是递归自编码器、递归神经网络、LSTM 等模型在很多任务中都有相对其他类型网络更好的表现。递归结构在处理语义信息时具有一定的优势,可以将映射到语义空间的词表示为实数集上的向量,允许将两个相邻区域合并为一个新的较大区域,并为这个大的区域赋予新的语义特征和类别标签(如名词短语或动词短语),即按照语法和语义合并出相应的短语。[236]还有一些算法采用 LSTM 结合条件随机场、CNN 结合词编码、RNN 结合矩阵表征等混合深度网络,在实际的语义分析任务中均取得了不错的效果。

(2) 机器翻译。机器翻译任务是以一种语言读取句子并产生等同含义的另一种语言的句子。机器翻译系统通常涉及许多组件,高层次的一个组件通常会提出许多候选翻译,其中有些是不符合语法的,因此还需要借助语言模型来评估所提议的翻译结果。机器翻译任务很早就纳入了编码器和解码器的思想,但传统的模型需要将输入序列预处理为固定长度,使得翻译的灵活性比较低。深度神经网络的引入则可以解决这一问题。它允许可变的输入长度和输出长度,解决词语对齐和语序问题。[237]具体而言,由一个模型首先读取输入序列并产生概括输入序列的数据结构(或称上下文),这个模型可以是 RNN 或 CNN;另一个模型则读取上下文并生成目标语言的句子,这个模型通常是 RNN。结合计算机视觉的相关技术,机器翻译可以实现更多的功能,如生成图片的解释性文本,或通过手机摄像头拍摄完成实时视频翻译等。

(3) 机器问答。机器问答是一项极其困难的 NLP 任务,需要机器像人类一样先阅读给定的问题文本,进而根据对该文本的理解来回答。机器问答在工业界和学术界都具有很高的研究价值,实现该任务的计算机能够帮助人类在大量文本中找到想要的答案,从而降低人们获取信息的成本。采用深度学习实现机器问答时,一般以经过语义分析和人为筛选的先验事实文本为输入,有监督地学习网络模型中的权重。[238]RNN 因其具有记忆功能,是最常用于机器问答的模型。目前 NLP 领域主流的机器问答研究仍然更多地关注如何对用户输入的问题进行句法分析、语法分析、提取关键词、关键词扩展等,之后会用信息检索和排序模型给出尽量准确的答案。但单纯的结构化分析在互联网非结构化知识大规模增长的趋势下已经显出乏力,机器问答系统在训练阶段应当更充分地利用互联网上的非结构化或半结构化知识源,尤其是高价值含量的用户生成内容(如专业领域的博客等),以求生成质量更高、更接近人类回答的答案。

8.5.4 深度学习应用

随着智能化时代的到来,深度学习作为一种新而有效的人工智能手段,已被成功用于应对很多传统领域中迫切的数据分析需求,这些领域包括生产制造、金融、医疗、生物科学、教育等。同时,在新兴的电子商务模式下,深度学习也成为了捕捉用户心理和行为的重要工具。此外,产生于人工智能的智能机器人也凭借深度学习算法得到了更广泛的应用。本节将对深度学习在几个典型领域的应用情况进行介绍。

1. 金融领域应用

金融市场是一个嘈杂的、具有非参数特点的动态系统,其往往具有一系列复杂而非线性的特征,因此对金融数据的分析和预测始终是金融领域的一个重难点问题。传统的计量或参数模型方法显然不适用于高维度、有噪声的金融市场数据,传统的人工神经网络也不具备对如此复杂的数据进行准确建模的能力,这些方法在实际应用中出现了过拟合、收敛慢等诸多问题。[239] 而深度学习在金融领域的应用不但在一定程度上缓解了这些问题,也带来了金融学乃至经济学实证分析范式的改变:从线性建模思想转变为非线性建模思想;从关注模型参数显著性转变为关注模型结构及其动态特征。

(1) 预测金融市场运动。金融市场运动预测包含对各类金融资产(如股票、期货、债券等)的波动性预测和价格预测等,深度学习算法需要设计出合适的模型结构以获得更好的预测效果。通过对宏观经济因子、历史交易量、最优卖价、最优买价、最佳买入规模、最佳卖出规模等结构化信息的联合建模,可以采用深度信念网络或长短时记忆模型等刻画时间序列的深度神经网络来预测汇率、期货价格、股价运动方向等。如果直接将股价的变化趋势图作为卷积神经网络的输入数据,也能够有效地预测股票的交易信号。

除了利用标准的结构化信息,深度学习也被应用于海量文本数据的挖掘,从而实现对金融市场价格波动或事件的预测。金融领域较为关注的文本数据包括新闻文本、公司财务信息(如财务信息披露报告等),以及反映公众情绪的互联网用户生成文本(如股吧发帖等)等。如前面章节所介绍,RNN、CNN 等深度神经网络均能较为有效地捕捉文本中的抽象特征,通过语义分析和情感识别可以在文本特征与特定事件或现象间建立联系,达到预测的目的。

(2) 改进交易策略。深度学习在金融领域的另一典型应用是构建资产交易组合或加强已有投资策略(如动量策略)。采用深度玻尔兹曼机、深度信念网络、深度自编码器等模型无监督地学习投资者的历史交易数据,能够构建出优于基本买入—持有策略的金融资产交易策略,而当需要对市场上的金融信号进行实时监测并做出反应时,可以借助循环神经网络得到稳健的效果。在优化资产组合问题中,交易策略的选择可以转化为一个分类问题,利用深度判别模型构造的分类器能帮助投资者做出最优的组合投资策略;或者采用深度自编码器的结构将组合与目标函数联合起来,先对市场信息进行编码,再解码为一个符合目标的资产组合,通过挖掘其中的映射关系,实现平衡优化。

2. 医疗领域应用

人工智能在医疗健康领域的早期应用和需求表明,AI 在改变医疗健康方面具有很大的潜力,尤其是关于自动化智能的医疗诊断、治疗建议和医疗管理。随着人工智能技术的发展更新,深度学习在提高医疗实践的效率、准确度和成本效益方面都较传统方法有更大的帮助,未来也将帮助解决领域内具有挑战性的常见症状、慢性疾病和罕见疾病。[240] 尽管主流观点认为深度学习得到的人工智能系统始终无法代替人类医生的工作,但其势必将成为人类医生不可或缺的协助工具,更能在超越人类已有知识范畴的问题领域发挥关键性作用。

(1) 疾病诊断。目前医疗领域最广受关注的深度学习应用之一就是疾病诊断,Google、IBM 等公司都在这方面进行了积极布局。IBM 推出的 Watson 被证明在某些特定领域,已经具备超越人类专家的疾病诊断精度,它通过学习大量的研究成果、医疗记录和临床试验来帮助临床医生快速有效地深度评估和分析病人的一系列症状和病史,最终做出关于肿瘤、糖尿病等疾病的诊断并制定相关的治疗计划。对于病例中大多数非结构化的文本数据,主要采用多层 RBM 堆叠成的深度信念网络模型来自动提取文本病例中的特征,进而有效地学习到其中的知识用于诊断。而针对医学影像资料,卷积神经网络是目前应用最广泛也是最成功的深度处理工具,在保证疾病识别率极大提高的前提下,CNN 对原始图片质量和训练样本数量的要求可以同时降低。

(2) 基因测序。基因测序是实现精准医学的技术核心。它通过检测基因中的变异来确定疾病,同时根据病理根源确定相应的靶向治疗方案。每个人的体内都包含大约 3 亿对碱基,这些碱基的排列方式因人而异,并且结构复杂。传统的基于贝叶斯统计和专家经验的基因数据分析方法针对不同的检测对象需要很多人工的调节和试错,针对不同的测序平台也需要进行特异性的配置。而深度学习则不会受到这些问题的制约,利用图像识别领域成熟的 CNN 或 RNN 模型,可以更精准地检测基因变异。

(3) 药物发现。深度学习近来在医疗领域的又一突破性应用是药物发现,或称药物研发。传统的药物研发通常需要建立在化学家编写的候选分子池的规律基础之上,依赖于鉴定或者预测有效分子模型的仿真模拟,这种方法往往受制于参与人员、仿真模型的准确度以及所需的数据处理能力。而深度学习模型能够识别出自然中物质的复杂结构,面对庞大系统数据库中成百上千的类药物分子结构,深度生成模型自动从中找出可以合成的一些药物分子,通过学习算法建立自己的“经验”,从而为新药物的发现提供支持。基于深度学习的药物发现系统可以独立于人类之外进行推测,也省去了冗长的模拟过程。

3. 电子商务应用

电子商务的发展带来了人们消费模式的变革和交易效率的提升。在线购物、线上支付方式,能使买卖双方节省大量的时间和空间。另一方面,由于很多在线交易需要依靠第三方电商平台实现,平台运营商这一市场新角色也能通过为买卖双方提供服务来实现收益,如为消费者推荐其可能感兴趣的产品、为商家提供消费者画像等。与此同时,为保证电子商务平台持续、健康运转,第三方运营商也应担负维持线上交易市场秩序的责任,应当能够及时、准确地探测到交易欺诈等商业危机,以防止平台和平台上的用户遭受损失。

(1) 推荐系统。作为连接买卖双方的桥梁,电商平台希望为用户提供他们感兴趣的推荐,以此提高用户满意度和黏性,也同时实现三方收益的共赢。一般而言,电商平台提供的推荐包括两种:根据消费者画像为商家提供在线广告和项目建议;基于对消费者行为和预期增益的预测为其推荐平台上的产品。其中后者受到的学界和业界关注相对更多。传统的产品推荐方法主要是协同过滤(Collaborative Filtering),通过具有相似偏好的其他消费者的购买记录或产品评分,为目标消费者推荐可能喜欢的产品。但该方法受到冷启动问题的限制,即当新用户或新产品出现时，由于缺乏历史记录而无法评估相似性，因而出现了基于内容的推荐（Content-based Recommendation）方法，即根据用户或产品的共同特征来衡量相似性。[222] 当然，也有前面章节介绍过的基于关联规则、基于模型等推荐方法。

将深度学习应用于推荐系统的常用工具包括多层感知机、卷积神经网络、循环神经网络等深度网络结构，它们可以提取多维信息或时序动态信息。用于推荐的深度学习本质上是训练一个分类器，基于学习到的平台上用户的大量历史行为记录以及对于目标消费者的已知信息，预测其浏览、点击或购买某一件产品的概率，并选择概率最高的结果提供推荐。另外，新兴的生成对抗网络以及融合 CNN、RNN、深度自编码器等的深度复合网络也被陆续用于在线推荐。

（2）欺诈检测。深度学习与电子商务结合的另一个重要应用即对于交易欺诈的检测。常见的电商欺诈主要包括两种：一种是窃取用户账号甚至支付密码，而后登录该账户购买产品变现等；另一种是利用黑市上假的信用卡，通过账户绑定这些卡进行产品购买。检测欺诈的核心问题即在于观察用户在交易之前的一系列行为（如浏览路径等），从而判断该用户是正常用户还是疑似欺诈用户。研究发现，欺诈用户的购买对象往往是一些容易变现的虚拟物品，且浏览行为通常没有逻辑性。经过编码后的用户历史行为数据可以被表示为一个向量组合，将其输入训练好的 LSTM 网络即可判断用户是否有欺诈嫌疑。模型学习训练过程中的挑战主要在于样本的非平衡问题，即欺诈用户在正常用户中的占比大约仅为千分之一，该问题可通过从正常用户中采样在一定程度上解决。

4. 智能机器人应用

智能机器人与只具有一般编程能力和操作能力的普通机器人有所不同，它们至少需要具备三个要素：① 感觉要素，通过不同形式的接触或非接触型传感器来认识周围的环境状态；② 运动要素，对外界的不同地理环境做出位置、力度适当的反应性动作；③ 思考要素，根据感觉要素所得到的信息，思考出采用什么样的动作，完成判断、逻辑分析、理解等智力活动。根据智能程度不同，智能机器人可大致分为传感型、交互型和自主型三种。深度学习之于智能机器人，起到了帮助其提升智能程度，从而拥有更敏锐的感觉、更协调的运动和更自主的思考的作用。

（1）无人驾驶。无人驾驶汽车是一种轮式移动的智能机器人，主要依靠车内以计算机系统为主的智能驾驶仪来实现无人驾驶。汽车无人驾驶技术近些年成为了学术研究和企业关注的最热技术问题之一。2010—2015 年，与之相关的发明专利就已超过 22 000 件。① 行驶过程中，车上安装的激光测距仪、视频摄像头和雷达实时地探测当前路况，使计算机处理系统能够根据计算机数据库中的资料判断应该如何行动，还有微型传感器负责控制行车路线不产生偏离。实时传送为处理系统带来了超大规模的数据量，因此需要借助深度学习算法保证信息处理的效率和质量。对于是否鸣笛、如何加速减速等具体任务的判断，深度网络首先对输入的大量数据进行单层的无监督学习，通过聚类将相近的数据划分为同一类，将训练结果作为更高一层的输入，而后再用监督学习调整所有层的节点阈值，提高训练结果的正确性。

（2）聊天对话。2017 年 10 月 26 日，沙特阿拉伯授予美国汉森机器人公司生产的智能机器人索菲亚公民身份，使其成为史上首个获得公民身份的机器人。索菲亚拥有仿生橡胶

① 参见中国经济网。

皮肤,可以模拟62种面部表情,也能识别人类面部、理解语言、记住与人类的互动。① 这类智能机器人通过卷积神经网络、循环神经网络等深度学习工具实现高精度的语音识别、语义理解和机器问答,具备较完善的聊天对话功能,但又不局限于简单的基于声音和文本的聊天对话。在与人类甚至与另一个智能机器人的交互过程中,它们也会结合图像处理技术,通过对方的表情等视觉特征分析判断其情绪和状态,从而选择最适合的交流方式。如果深度网络赋予智能机器人记忆功能,它们甚至可以根据历史交互记录,在判断出对话者身份后与之进行"老友相见"式的对话。

(3) 独立行动。工业上应用智能机器人很多情况下是希望它们能够根据具体的任务目标进行独立行动,在一定程度上代替人的基础性工作,减轻人类工作负担,如产品的分拣归类等。在此类任务中,智能机器人首先需要具有对特定物体的识别能力,通常会采用基于卷积神经网络的图像识别技术。而为了能够操作物体,机器人在物体识别之外还需对其进行定位,了解物体的位姿。前面介绍过的R-CNN模型可以用来解决这一问题,也可以用深度自编码器进行数据的降维训练。在锁定目标之后的实际行动阶段,智能机器人通常需要进行行动路径的控制和规划,这就涉及普通机器学习之外的强化学习。简单来说,强化学习过程中不提供关于正确动作如何产生的指导,而仅由环境提供的强化信号对已经产生动作的好坏做出评价,因此系统必须依靠自身的经历学习到正确的动作。[241]

• 思考题 •

1. 什么是OLAP? OLAP与数据仓库有何联系? OLAP有哪些基本操作形式?
2. 什么是商务智能系统? 商务智能系统有哪些方面的应用?
3. 什么是数据挖掘? 数据挖掘包括哪些主要的方法?
4. 什么是决策支持系统? 决策支持系统具有怎样的模式?
5. 什么是专家系统? 专家系统有哪些主要类型? 人工智能与专家系统之间有何联系?
6. 什么是深度学习? 深度学习的主要方法和应用有哪些?
7. 某电子商城记录了顾客购买手机的信息。假设相关信息如表8-3所示。数据值"1"表示该顾客所对应的数据项事件发生。例如2号顾客为老年女性,同时购买了苹果iPhone 5S和三星Galaxy S4两款手机。其余记录的含义类推。商城经理很希望知道什么样的顾客购买什么样的手机,购买某种手机是否还会购买另一种手机(设定最小支持度=40%,最小置信度=100%)。

表8-3 某电子商城顾客购买手机信息

顾客号码	数据项					
	女	男	青年	老年	Galaxy S4	iPhonc 5S
1	1		1		1	1
2	1			1	1	1

① 参见cnBeta网站。

续表

顾客号码	数据项					
	女	男	青年	老年	Galaxy S4	iPhone 5S
3		1		1	1	
4	1		1			1
5		1		1	1	
6	1			1	1	
7		1	1		1	1
8	1		1			1
9		1	1		1	
10	1		1			1

(1) 简述在关联规则中,什么是支持度,什么是置信度。

(2) 关联规则挖掘的经典方法是 Apriori 方法,试简述 Apriori 方法中的剪枝策略。

(3) 根据 Apriori 方法,计算表 8-3 中的各项频繁集,并获得满足最小支持度和最小置信度的关联规则。同时,解释生成的关联规则的语义。

• 即测即评 •

请扫描二维码,测试本章学习效果。

4

第四篇

信息系统的建设与开发

信息系统的成功运用离不开信息系统的合理建设与开发。本篇将集中讨论信息系统建设中的战略规划与系统开发的相关议题。第9章将围绕信息系统战略规划的基本原则和方法展开，讨论信息系统战略相关内容及规划方法。第10章将阐述信息系统开发的基本概念、开发方法论，以及信息系统开发生命周期中设计、开发及实施阶段的基本内容及特征。

第9章 信息系统战略规划

家乡的青石板路和古镇民居，虽风格朴素却和周围的川流林木协调有致；眼前的立交快道和高楼大厦，虽时尚现代却和邻近的湖水绿地相得益彰。显然，这些都离不开和谐宜居、地利人和的大思路，以及相应的匠意布局和城建规划。类似地，信息系统规划引领着信息系统的建设与开发方向。只有在信息系统的规划中充分反映组织的经营战略和发展意图，有效辨识关键成功因素和重要增值环节，才能明确信息系统的建设目标、衡量资源部署能力、预测环境变化态势并制定相应的方针措施，保证信息系统建设与开发井然有序。那么，如何做好信息系统战略规划，又需要遵循哪些原则和方式？本章将主要介绍信息系统战略的相关内容及其规划的基本方法。

随着信息时代的到来，组织所面临的商务环境发生了全面而深刻的变革。信息技术对组织的渗透和融合使得信息系统战略的制定与管理成为组织获取和保持竞争优势的关键手段之一。一方面，现代组织本身的业务发展战略应当能够适应并利用信息社会的全球化、敏捷性、虚拟性等特点；另一方面，组织的信息系统战略也应当能够符合业务发展战略的要求并对之提供有力的支撑。

本章将探讨信息系统战略规划中的一些重要的基础性问题，其中包括组织战略与信息系统战略之间的关系，以及信息系统战略规划的主要方法和步骤。

9.1 组织战略

随着科学技术的进步和全球化进程的推进，加强企业战略管理正在成为现代企业求生存谋发展的必然选择和国际趋势。

9.1.1 组织战略概述

"战略"一词来源于军事领域，原指为了获得有利的军事地位而对军事力量作出的总体计划和部署。在管理领域，组织战略的意义具有多维的视角，它不仅涉及组织的所有关键活动，覆盖组织的未来方向和使命，而且需要根据环境的变化加以调整并有助于管理变革的实现。因此，相关研究对组织战略的定义也是多种多样的。例如，组织战略是组织以未来为基点，为寻求和维持长久竞争优势而做出的有关全局的重大筹划和谋略。[131]

哈佛大学的战略管理教授迈克尔·波特认为，竞争性战略不是经营效率，也不仅仅是战略定位，战略就是要做到“差异化”，即有意识地选择或创造一系列与众不同的经营活动或方式来传递一整套独特的价值理念，即独特性和难以模仿性。[132]从这种意义上说，战略是组织为了建立或扩大竞争优势，针对其生存和持续发展的全局性、长期性等重大问题所制定的目标、策略和计划。战略概念包括五个要点：目的性、全局性、长期性、关键性和针对性。[79]

9.1.2 组织战略的层次

一般来说，现代企业的组织战略可以划分为公司战略、竞争（事业部）战略和职能战略三个层次。[133]

1. 公司战略（Corporate Strategy）

公司战略的对象是一个由一些相对独立的业务或事业单位（Strategic Business Units，SBU）组合成的企业整体。公司战略是一个企业的整体战略总纲，是企业最高管理层指导和控制企业的一切行为的最高行动纲领。公司战略主要强调两个方面的问题：一是“我们应该做什么业务”，即确定企业的使命与任务，以及产品和市场领域；二是“我们怎样去管理这些业务”，即在企业不同的战略事业单位之间如何分配资源以及采取何种成长方向等。对于从事多元化投资经营的企业，公司战略中还包括了并购与重组战略；对于跨国发展的企业，还存在国际化战略。[133]

2. 竞争战略（Competitive Strategy）

竞争战略也称事业部战略（SBU Strategy），或分公司战略，是在公司战略指导下，各个战略事业单位（SBU）制定的部门战略，是公司战略之下的子战略。竞争战略主要研究的是产品和服务在市场上的竞争问题。

3. 职能战略（Functional Strategy）

职能战略也称业务层战略，是为贯彻、实施和支持公司战略与竞争战略而在企业特定的职能管理领域制定的战略。职能战略的重点是提高企业资源的利用效率，使企业资源的利用效率最大化。职能战略一般可分为营销战略、人事战略、财务战略、生产战略、研究与开发战略、公关战略等。

公司战略、竞争战略与职能战略一起构成了企业战略体系。在一个企业内部，企业战略的各个层次之间是相互联系、相互配合的。企业每一层次的战略都构成下一层次的战略环境，同时，低一级的战略又为上一级战略目标的实现提供保障和支持。所以，一个企业要想实现其总体战略目标，必须把三个层次的战略结合起来。

9.1.3 组织战略的规划

组织战略的规划指的是对组织战略的分析、设计、细化和完善。大体而言，组织战略规划包括战略定位、战略步骤设定、战略方针与举措制定和战略支持体系设计四个主要环节。

1. 战略定位

战略定位指的是对组织自身使命的明确认识和组织远景目标的清楚表达。组织的使命就是组织在社会进步和经济发展中所应担当的角色和责任，是组织赖以存在的原因和生存的理由[79]，为组织内所有的决策提供前提条件。组织的远景目标指的是组织的领导者和管理者对组织未来发展方向的设计和期望。战略定位的确定需要经过对宏观经济环境、行业竞争形势、企业的资源与能力、企业文化特点等方面加以深入的分析和认识[134]，同时还应当建立在对企业自身现状的客观认识（自我诊断）的基础上。

2. 战略步骤设定

战略目标的达成是一个长期的过程，因而往往需要进一步划分阶段性的目标，设计分阶段的战略步骤。

3. 战略方针与举措制定

战略方针与举措指的是为了实现战略目标而需要坚持的原则以及需要完成的关键性任务。战略举措可能包括进入或退出某个市场、在某个地区建立营销网络、控制某种关键资源、开展资本运作、清理不良资产等各种类型的重大经营任务。

4. 战略支持体系设计

战略支持体系指的是适应于战略目标的组织结构、资源、管理体制、业务架构、基础设施架构等支持性要素。例如，对于一个跨国发展的集团型企业而言，其战略支持体系就可能包括总部管理体制、海内外子公司及分支机构管理体系、财务保障体系、人力资源管理体系等。从一定意义上说来，信息系统战略可以被看作战略支持体系的一个部分。

组织的战略规划通常采用内部人员与外部专家相结合的方式来进行，国内外均有一些知名的咨询机构从事专业的战略规划咨询服务。在长期的研究与实践中，战略规划已经形成了大量较为成熟的结构性方法，其中最为著名的包括面向组织内部竞争力的 SWOT 分析方法[131]、面向市场及竞争环境分析的迈克尔·波特五力模型[16]、面向产品市场分析的波士顿矩阵[16]，以及面向多元化行业定位的麦肯锡—GE 矩阵等。

SWOT 分析方法从优势（Strengths）、劣势（Weaknesses）、机遇（Opportunities）和威胁（Threats）四个方面分析竞争环境与组织的竞争力，从而对业务、产品、地域、客户以及竞争手段进行定位和设计。

迈克尔·波特的五力模型指出了竞争环境中的五种主要力量，包括行业现有的竞争状况、供应商的议价能力、客户的议价能力、替代产品或服务的威胁、新进入者的威胁。这五种力量的互动影响着竞争的格局与结构，因而组织战略必须对这些力量加以全面的考察和分析，从而做出具有针对性的选择。波特认为，在与五种竞争力量的抗争中，蕴涵着三种成功战略思想。这三种战略是总成本领先战略、差异化战略和专一化战略。波特认为，这些战略的目标是使企业的经营在行业竞争中高人一筹。在一些行业中，这意味着企业可取得较高的收益；而在另外一些行业中，一种战略的成功可能只是企业在绝对意义上能赢得微利的必要条件。有时企业追逐的基本目标可能不止一个，但波特认为这种情况实现的可能性是很小的。因为有效地贯彻任何一种战略，通常都需要全力以赴，并且要有一个支持这一战略的组织安排。[16]

波士顿矩阵（BCG Matrix）由著名战略咨询公司 BCG 提出。根据市场增长率和相对市场份额不同，组织的产品或业务在矩阵中被划分为四种类型，如图 9-1 所示。

（1）金牛业务：能为公司带来大量现金收益的业务。

（2）明星业务：常常是有利可图的，并且是公司未来的金牛业务。

(3) 问题业务:大多数业务都是从问题业务开始的。公司为了跟上迅速发展的市场并打败竞争者必须增加工厂、设备和人员,因此需要大量资金。

(4) 瘦狗业务:亦称衰退类产品,一般来说,它们的利润低,虽然可能损失一些钱,但损失不会很大。瘦狗业务通常要占用管理部门较多的时间,需要进一步被收缩,甚至被淘汰。

针对矩阵中不同类型的业务单位,公司可以进行发展、维持、收获或放弃的战略经营选择。

麦肯锡—GE 矩阵由战略咨询公司麦肯锡和著名的跨国企业通用电气公司(GE)共同提出,可以被视为波士顿矩阵的一种发展。[①] 如图 9-2 所示,该矩阵将业务或产品根据市场吸引力大小和企业当前业务能力的高低划分为九种类型,从而可以对战略性投资和运营提供针对性的指导。

图 9-1 波士顿矩阵

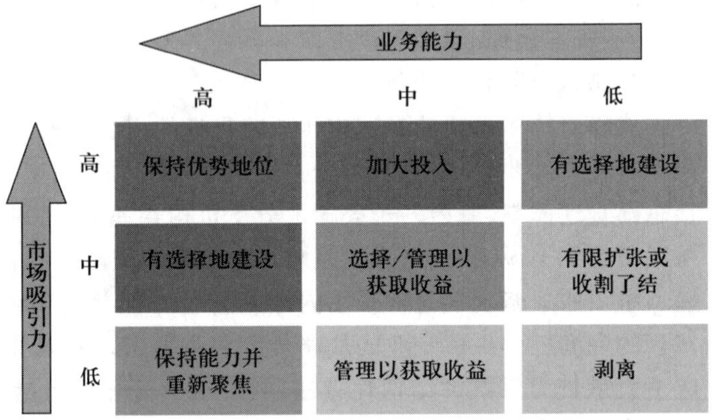

图 9-2 麦肯锡—GE 矩阵

9.1.4 组织战略的执行与协调

要保证战略有效实施,首先需要建立有力的支撑体系。合理的组织设计则是支撑体系中最为重要的环节之一。组织设计即设计一种组织结构和流程,使得组织和个人对组织价值的贡献能得到增加。组织设计的主要目标包括建立一种能够支持业务增长和价值创造的组织框架,使得人员能在清晰的角色和责任下运作,每一个人都与组织的业务目标紧密结合,通过增加运作的效率降低成本,通过确保向内部客户和外部客户提供优异的服务来增加收入。

在战略实施过程,全面计划预算管理体系是一种较为常见的控制手段。它将组织长期的、非量化的目标战略,分解为个人的、阶段性的、可计量的业绩指标,并付诸执行。

现代市场,竞争环境的变化速度不断加快,新的挑战、新的机遇不断出现,因而组织战略在执行过程中也面临着动态调整的要求。图 9-3 就显示了这样的一种动态视角。

如图 9-3 所示,组织战略首先建立在 SWOT 分析的基础上,确定长期性的企业发展愿景,进而可以利用麦肯锡—GE 矩阵等工具对业务结构进行调整,优化业务体系,同时在管理

① 参见百度百科。

风格以及组织结构方面也进行相应的变革。随后,在清晰、严密的业务体系下,通过重组、兼并收购以及全球化经营等手段获得快速增长的动力,并通过各种有助于提高效率的管理技术来保持竞争优势。与此同时,组织应当积极地探索利用新技术、新模式以提升企业管理运营能力,如业务过程外包、电子商务等,以此作为新一轮战略分析的基础。

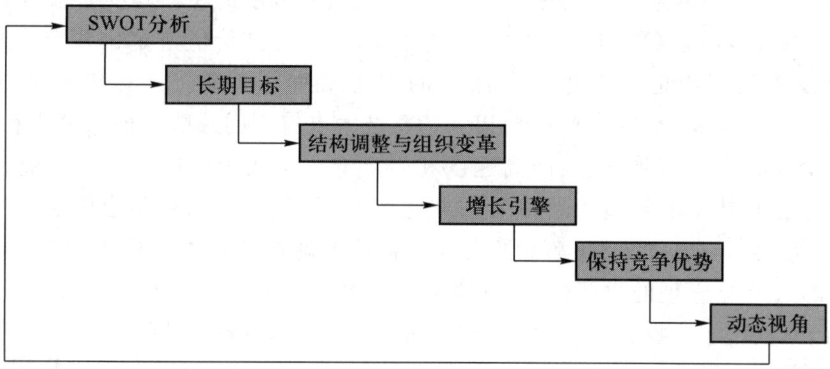

图 9-3 动态的战略管理

从长期看,上述战略管理模式处于持续的动态发展之中,因而在实践中往往采用滚动式的战略规划方法。如图 9-4 所示,在每一年度,执行当年计划(通过适当的手段进行监控和评估)的同时,组织制定后续一段时间(通常为三年)的中期规划。这种滚动式的中期规划可能持续一年,其间不断进行调整,至第四季度完全确定。到年中滚动中期规划基本成形时,启动下一年度计划的制定工作,这一工作同样在年底完成。

图 9-4 滚动战略规划

9.2 信息系统战略

简单地说,组织战略指的是组织的长期目标,组织通过经营活动和资源分配来实现这样的目标。[135]相应地,信息系统战略指的是组织在信息系统应用与管理方面的长期目标。为达到这样的目标,组织同样需要完成一系列的任务并分配资源。信息技术的发展改变了组织的战略环境,从而给组织战略的制定与管理带来新的挑战。同时,信息技术与信息系统自身在组织中已经占据了重要的战略性地位,对信息技术、信息系统和信息资源的有效开发、应用与管理已成为组织的一项战略性任务。从这种意义上说,也可以认为,信息系统战略已经渗透到组织战略之中,成为现代组织战略不可分割的一个部分。

9.2.1 信息系统的战略意义

在信息技术条件下,管理者在战略的层面上面临着多方面的挑战。首先,信息技术改变了竞争环境,使得企业的经营手段更加快速而灵活,资源调度的手段也更加多元化。在信息技术的冲击下,很多行业都经历了重大的组织策略变革,包括价值链定位和企业经营结构的重组。信息技术的应用也使得生产和服务的观念发生了革命。计算机辅助设计和制造(CAD/CAM)、工厂自动化和控制系统,以及信息技术支持下的采购、分销、销售和营销系统,都让企业同时实现产品高质量、生产高速度和生产低成本成为可能。各行各业也正在逐渐具备创造基于信息技术的新型产品和服务的能力,以及开发流线型、整合的实时性内部操作和管理流程的能力。众多的企业都开始发现信息技术创新已经成为战略必需品。[27]这种变化非但没有削弱战略管理的重要性,反而需要管理具有更为敏锐的洞察力,以及对信息技术环境的理解和认识,才能找到并建立与众不同的战略定位和措施。[136]

其次,信息技术仍处于快速发展之中,信息技术应用在组织中的渗透与融合也使得组织的战略立足点发生持续而潜移默化的变化。在一种信息技术出现的初期,能够对之加以有效应用和驾驭的组织将可能获得巨大的竞争优势,但随着这种技术为整个社会所广泛采纳和运用,其所带来的战略性优势就会逐渐降低乃至丧失,直至成为一种不具有“差异化”作用的“必需品”。[137]在这种加速变化的条件下,组织的管理者需要对战略加以动态性的关注和调整,才能使竞争优势得到保持和拓展。

最后,信息作为人类社会发展的三大资源之一,其本身在组织中具有重要的战略性地位。换句话说,对信息的把握和管理能力本身就是一个关系到组织长远竞争优势的关键性问题。对越来越多的企业来说,信息技术在执行现有和未来的战略和运作上的本质作用越发明显。正确设计信息系统战略成为竞争的支柱之一。例如,银行、保险公司和主要的零售业的连锁店都属于这类企业。这些企业之中,信息技术和高层管理者的组织关系必须非常密切。[138]

9.2.2 信息系统应用的层次与规划的重要性

正如本书前面所提到的,信息技术在组织中的应用存在事务处理、分析处理和知识发现三个层次。从对组织的价值的角度看,这三个层次的应用目标分别是提高效率、降低成本,加强管理、控制风险,形成竞争优势。如图 9-5 所示,随着应用层次的提升,信息系统对组织也具有更高的价值和贡献。但同时,信息系统建设的投入也越来越大,信息系统管理的复杂度也越来越高,因此,信息系统战略规划的意义也就更为重大。

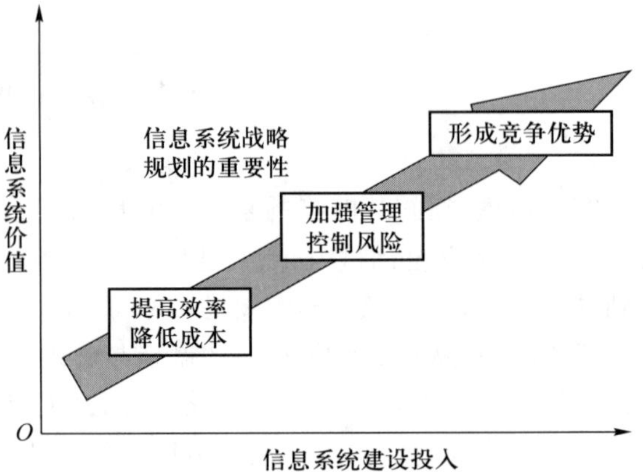

图 9-5 信息系统应用的层次与规划的重要性

在第一个层次，即提高效率、降低成本的应用中，组织的目标是利用信息技术和信息系统来减少人力投入，节省时间和资金。此时的条件与任务是计算机广泛应用、企业内外部联网、可靠的数据采集和存储管理，以及业务流程的微小调整。在这个层次上，信息系统的战略规划的要求是比较低的，主要是对具体应用项目的方案部署，使之与组织的运行特点契合。

在第二个层次，即加强管理、控制风险的应用中，组织的目标是在应用信息系统的同时，规范业务流程，控制业务风险，改善管理机制，加强管理力度，并辅助决策。此时除需具备第一层次的条件之外，还需要对业务流程进行梳理和优化，规范核心业务运作，并引进一定的决策分析工具。在这个层次上，信息系统应用与管理变革相结合，信息系统战略规划就凸显出了其重要性。在这种情况下，信息系统战略的指导方向应当与组织战略的总体导向相一致，信息系统的建设应当有助于支持并推进组织战略指导下的管理变革。

到了第三个层次，即形成竞争优势的应用中，组织的目标是建立独特的核心能力，从而在竞争中赢得优势地位。此时除了需具备第二层次的条件外，信息技术的战略意义得到进一步提升，融合到组织的核心战略之中。一些组织以信息技术条件为依托，建设自身的核心竞争力；另一些组织则将信息技术的运用能力作为自身的核心竞争力，实施了新技术条件下的战略转型。在这种条件下，信息系统战略在一定意义上具有与组织战略同等的重要性，因为组织对信息技术和信息系统的认知与定位将直接对组织的根本战略产生影响。

随着信息系统战略与组织战略融合的加深，信息系统战略不但关系着信息系统建设本身的成败，还将对组织的运行、控制能力乃至市场竞争的成败产生重大甚至是关键性的影响。缺乏战略指导的信息系统建设往往会在组织中造成一系列难以克服的问题，不能为组织带来更高的效益，反而成为组织进一步发展的绊脚石。下面的一个案例将有助于理解这一点。

一个横跨多个产业的多元化集团企业，由于下属企业众多，因而每年制作财务年度报表的时候总是会遇到很大困难，需要财务部门全体动员连续加班，并且总会出现整个部门忙乱现象。财务总监决心用现代化的财务系统来改变这一切，得到了集团总裁的大力支持。从系统选型到系统上线都还比较顺利，然而在实际应用中事与愿违，咨询公司的方案提交及系统上线已经 12 个月了，该集团的财务部门仍然是两条腿走路。财务人员同时做两套账，一套是计算机系统账，一套是手工账。到了年底，许多员工是白天收工做账，晚上再加班把数据录入系统中，个个苦不堪言。

经过调查，管理者发现，问题在于员工对系统没有深入的理解，不知道系统数据是怎么来的，数据之间是什么关系，当系统账和手工账对不上的时候也不知道如何选择。于是，决定把实施顾问重新请回来。经过对系统进行诊断，实施顾问给他们制定了一套解决办法，试行一段时间后，系统账可以与手工账对上了。随后，公司要求所有员工放弃手工账，完全使用计算机系统。

但是运行一段时间之后，由于业务的发展，员工发现系统产生了一些他们不知道是怎么来的数据。这些数据跟手工状态下的意义不一样，系统数据间的勾稽关系也搞不清楚，也不知道这个数据是不是对的。员工心里对系统越来越没底，意见越来越大，这是管理者始料不及的。[①]

① 案例来源：http://www.amteam.org，“系统上线之后”（刘珺）。

从表面上看，这个案例的应用系统建设出现问题的原因在于组织转变、项目范围和质量管理、项目风险管理等方面有问题。然而，应当注意的是，项目实施中出现问题的主要原因往往不在于项目实施过程本身。正如一段程序代码执行到某一条语句时出错了，但问题的根源却往往不在这条语句上。对于一个出了问题的项目，首先要问的是，实施这个项目的目标是什么？与这个项目有关的种种决策和措施是否都与这个目标相一致？也就是说，首先要问一问，这个项目在整个企业的信息系统战略中处于什么样的位置？项目的建设是否确实服务于这样的战略定位？

重大信息系统项目的决策属于战略性决策，战略性决策必须有清楚的分析和明确的规划。就这个案例而言，企业最初决定实施这一系统的目的只是解决年底出报表的问题。此时需要深究的是，究竟这只是一项已经稳定成形的事务性工作的电子化，还是在财务流程和制度方面存在需要进行重大调整的缺陷？就案例本身看，管理者对原有的财务流程和制度都具有高度的认可，只是由于手工操作效率低而希望通过电子化手段来降低工作负荷。在这样的目标前提下，企业所应当做的是针对“提高效率”这一目标来设计系统方案。然而，案例中企业选择的是全面实施一套固化了某种财务制度和流程的新系统。而且这些新的流程和制度与企业原有的做法存在严重的不一致。管理者在规划中并没有打算用财务系统来增强财务控制、提升管理力度，而只是为了克服报表制作的困难。但在实际项目决策中，却选择了一个需要进行大量管理改造的方案。在这种情况下，企业根本不可能为管理改造做好准备，之后出现的种种问题也就不足为奇了。

实施过程中出现的很多问题往往都是表面性的。例如，电子和手工两套账在较长的一段时间内同时运行。这种情况在现实中很多企业中都是存在的。案例企业之所以对这一问题反应激烈，实际上源于对“电子化”“提高效率”的期望。而项目如果是在“管理改造”的意图下实施的，较长的过渡、调整期就比较容易被接受。

简言之，这个公司的错误在于，在一个简单自动化的规划目标下，实施一个高度复杂的管理改造项目。失败的根源在规划决策的时候就种下了，尽管实际遇到的困难似乎出现在组织转变、项目管理等方面，但根本性的问题仍然是规划层面上的。

9.2.3 信息系统战略规划中的关键议题与任务

与组织战略相似，信息系统战略同样存在公司战略、竞争战略和职能战略等多个层次，信息系统战略规划同样包括战略定位、战略部署、战略方针与举措、战略支持体系等主要部分。一般情况下，可以将信息系统战略规划中的关键问题与任务概括为三个部分，即信息系统战略目标规划（战略定位与战略部署）、信息系统战略实施规划（战略方针与举措、信息系统项目规划）和信息系统支持体系规划（主要为信息系统的管理组织体系）。

1. 信息系统战略目标规划（战略定位与战略部署）

信息系统战略目标规划的主要任务包括：对信息化现状作出诊断；结合组织战略，分析信息化需求，确立信息化远景和目标模式；确定企业信息化向目标模式发展的基本路线和阶段性战略目标。

其中包括以下关键议题：

(1) 信息系统战略如何与组织战略相配合？信息系统战略如何支持并促进组织的战略

发展和变革？

（2）企业信息化现状如何？

（3）阻碍企业信息化进一步发展的最主要的问题是什么？

（4）企业信息化的目标模式如何（例如是注重可控性、灵活性还是二者均衡）？

（5）采取什么样的路线和方式建设（例如渐进式抑或突进式）？

（6）不同层面、不同角度的需求如何得到统一？

（7）信息化的目标模式分几个阶段达成？每个阶段各有何侧重点？

（8）对于未来可能出现的环境变化和战略调整，如何保证信息系统规划的前瞻性？

2. 信息系统战略实施规划（战略方针与举措、信息系统项目规划）

信息系统战略实施规划的主要任务包括：建立信息化总体方案，包括应用框架和技术框架；确定基本实施策略和指导原则；信息化项目定义、价值分析和优先级确定；拟定实施计划。

其中包括以下关键议题：

（1）如何让全体企业员工领会信息化的重要性，理解信息化战略？

（2）如何建设企业信息文化，培养员工的IT意识，形成共同的IT“语言”？

（3）如何保证实施方案与信息化战略目标保持一致？

（4）如何确保实施方案的有效性和可操作性？

（5）信息化建设采用怎样的项目管理和投资管理模式？

（6）如何防范风险和保证实施进度？

（7）如何保证信息平台在硬件、软件、数据、应用等各个层面上的集成性？

（8）如何确保不同信息系统项目间的协同性？

在实施规划中，往往还需要对组织中的信息技术体系架构进行整体性的规划设计。如图9-6所示，为保证方案的有效性、集成性和可扩展性，可从网络架构、数据部署、系统部署和应用环境四个方面对信息技术体系架构进行规划，各个层次的架构均需要进行全面的具有一定前瞻性的设计。层次越低，架构的稳定性就越高，整体性设计要求也就越高。

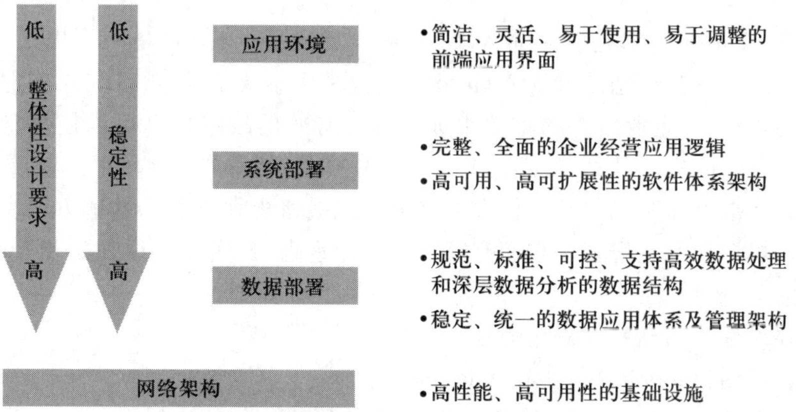

图9-6 信息系统技术体系架构规划

对于规划中的各种应用项目,可以根据战略目标、项目计划以及实施策略,选择指标评定项目优先级。如图9-7所示,考察项目建设安排时需要主要考虑两个方面,即管理与业务需求的迫切性(战略紧迫性)和应用系统在整体集成中的重要性,即与其他系统的耦合性。

对于需求迫切且集成重要性高的应用,应当优先进行细致的设计并建设实施;对于需求并不迫切,但集成重要性高的应用,则应尽快设计并制定标准,但不一定需要很快建设实施;对于需求迫切但集成重要性低的应用,则可采取灵活手段迅速建设并投入使用;对于需求不迫切,集成重要性也不高的应用,则可以暂时搁置,视情况选择适当的时机建设。

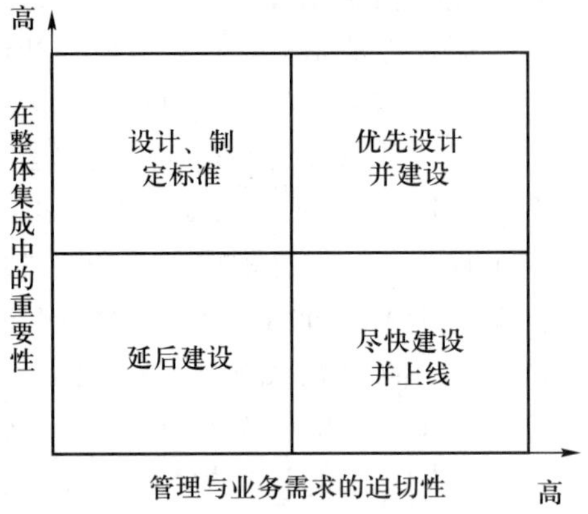

图9-7 项目优先级分析

3. 信息系统支持体系规划(主要为信息系统的管理组织体系)

信息系统支持体系规划的主要内容包括:信息系统管理组织的功能划分;信息系统管理组织的汇报层级设置;信息系统管理的制度规定;信息系统的管理流程。

其中包括以下关键议题:

(1) 信息化建设由谁来推动,谁来领导?

(2) 采用何种形式的分工和汇报机制?

(3) 如何保证信息管理组织结构与企业管理组织结构协调一致?

(4) 如何确保信息化建设所需的资源投入?

(5) 如何衡量信息化的投入产出及信息化工作?

(6) 企业在组织、管理等方面需要进行哪些调整以配合信息化进程的需要?

9.3 信息系统战略规划方法

如上所述,IT战略规划是关于企业IT应用长远发展的计划,是一个以组织的目标、战略、目的、处理过程以及信息需求为基础,识别并选择所需要的信息系统并确定系统建设和实施的时间的过程,是企业战略的重要组成部分。有效的战略规划可以使信息系统有明确的战略目标和科学的实施计划,使系统有良好的整体性、可靠性。

以下内容将重点介绍一些影响较大的信息系统战略规划方法。这些方法主要针对信息系统战略目标规划和实施规划。它们有着不同的侧重点,在实践中往往是相互结合应用,而非互相孤立的。

本节将要讨论的信息系统战略规划方法包括:

(1) 组合规划(Portfolio),由McFarlan提出;

(2) 企业系统规划(Business Systems Planning,BSP),由IBM提出;

(3) 信息系统结构框架(Information Systems Architecture,ISA),由Zachmann提出;

(4) 关键成功因素(Critical Success Factors,CSF),由Rockart提出;

（5）价值链分析（Value Chain Analysis，VCA），建立在 Porter 价值链理论的基础上。

其中，BSP 和 ISA 属于面向技术系统的方法；组合规划和 CSF 方法则是从管理的视角出发；价值链分析是一种以市场价值为导向的方法。[3]实践中往往需要兼顾技术、管理、市场等多个方面，因而不同的方法也常常被混合使用。

9.3.1 组合规划

信息系统战略规划的主要任务之一，通常包括保证将来企业范围内的信息系统各部分的整合。“组合”最初是指个人或机构（如银行）进行投资的数量和种类，尤其是指股票的投资。在信息系统规划领域内，这个词是指在信息系统上投资的数量和类型，组合规划是指对未来的信息系统投资的数量和范围的决策。

1983 年，麦克法兰（McFarlan）等提出公司必须采用一种新的信息系统战略规划方法。[139]其基本思路是：① 在某一个时间点上，没有一致的方法适合所有公司开发的项目；② IT/IS 在公司中出现与否及其在将来的角色将决定公司投入 IT/IS 应用建设过程中的资源。相应的含义是，某项技术的管理应当依赖于公司具有的关于那项技术的经验。例如，当一个公司还没有任何有关某项技术的经验时，它应该集中于培养员工的技能和促进最初的 IT/IS 应用，而不是去采用最适合那种技术的软件类型及其有成本效益的实施。

组合规划的主要做法是从战略影响方面标出企业现存的和将来的 IT/IS 应用组合的特征，也就是它对企业生存前景的影响。为了这一目的，需创建一个 2×2 的矩阵（战略网格[27]），分别对应“现有的信息技术系统的战略影响”和“即将开发的信息技术应用系统的战略影响”两个方面。这个矩阵创建的单元有战略型、转变型、工厂型和支持型，如图 9-8 所示。

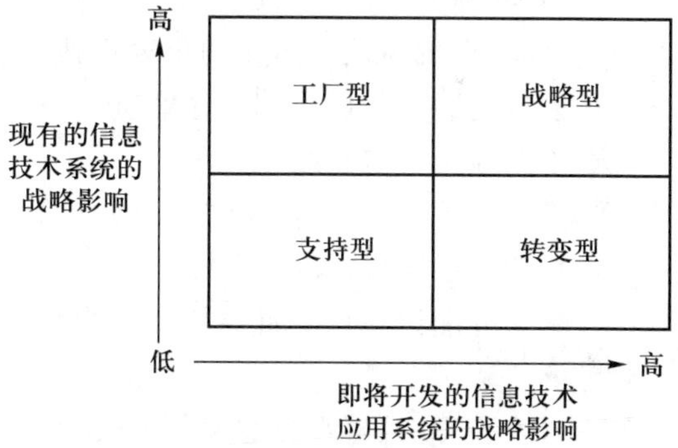

图 9-8 战略网格[27]

根据企业在战略网格中的位置，它应该采用适当的规划方法。特别地，规划过程中资源的投入数量和高层管理的参与应该依赖于企业在战略网格中的位置。对于战略型和转变型的企业，由于 IT/IS 将会取得或者维持很强的对公司的战略影响，因此不仅需要在应用建设中投入可观的资源，而且需要大多高层经理的参与，从而使整体的战略目标能和将来的 IT/IS 应用组合结合在一起。对于工厂型的企业，日常运作非常依赖于现存的运作系统，但是 IT/IS 并不很影响它们竞争的成功率。这样，为了不使日常的运作混乱，细致的计划（尤其是有关能力和运作的计划）是需要的，但是高层管理的参与是不必要的。最后，由于 IT/IS 既不需要用来使生产平稳也不会对企业的战略有很大的影响，因此支持型的企业就需要很少的资源来支持它们的 IT/IS 应用建设。

下面考虑一个“战略影响”与“信息技术依赖”的例子。假设一个银行的中央信息系统已经瘫痪几个小时了。显然，这个银行的运作停止：付款不能进行，因为付款系统通常是计算机化的；贷款不能发出，因为银行通过信息系统获得顾客的信用状况，并且银行还要借助计算机模型来评价发出贷款的风险；存取款也不能进行，因为账号是作为计算机文件保存的。所以可以说，银行通常是完全依赖 IT/IS 来进行日常运作的。这反映在投入到保证平稳运行和提供备份系统的资源数量中。并且，如果银行的中心数据被彻底破坏了，合法的管理通常需要在最短的时间内使银行重新运作。一般来说，这种对 IT/IS 的高度依赖需要银行对所有的主要系统进行备份，而且需要不断地更新备份的数据库。而且，数据中心和其备份中心的地理位置距离要非常远。这样，重大的灾难（如地震等）就不会同时破坏数据中心及备份中心。

然而，这种对 IT/IS 高程度的依赖一般来说并不代表着 IT/IS 给银行提供竞争优势，因为这些系统在行业中标准化程度非常高。这样，只有一个银行的 IT/IS 系统不能工作了，顾客才注意到这个银行对信息技术的依赖。只要系统正常工作，用户对这个银行的注意将与其他银行没有任何区别。服务并不比其他竞争者便宜，也不会与其他银行有太大的差别。

相比而言，在 20 世纪 90 年代初期提供电子银行软件的银行被认为是提供了一种不同的产品，从而很大程度上提供了竞争优势。另一个例子是用互联网使内部操作流水化，这可使银行缩减人员并且关掉分理处，从而降低成本。这种银行可以在很低的价位上提供服务和产品。最后，提供无线服务使顾客能够用移动设备来进行交易，这将能获得特殊的顾客群体，从而在市场上建立（暂时的）垄断地位。

当然，这些新的应用如果成功的话，将会被竞争者效仿，这样将会改变它们对工厂型战略的影响，即将会成为银行运作的重要组成部分而不再提供竞争优势。但任何通过开发新的软件可以得到的竞争优势都只是暂时的，企业如果想保持其基于信息技术的竞争优势，那么它就要不断地投资信息技术。

1990 年，沃德（Ward）等人为战略网格的每个网格赋予若干标准战略。[140] 从此，战略网格作为一种信息系统规划的工具被应用。更为重要的是，根据它们在战略网格中的位置，这些标准战略为分配给项目的资源投资量提供了建议，并且为这些应用该如何实施或控制提供了参考的方法。

如图 9-9 所示，战略型信息系统应用应采取持续创新战略，工厂型信息系统应用应采取防御性创新战略，转变型信息系统应用应采取过程性创新战略，支持型信息系统应用应采取清算性创新战略。

工厂型 • 防御性创新 • 有效利用资源	战略型 • 持续创新 • 高增值
支持型 • 清算性创新 • 削减成本	转变型 • 过程性创新 • 成本控制

图 9-9　战略网格的标准战略

战略型定位的企业，为了通过信息技术应用而获得竞争性优势，连续的投资是必要的，否则任何竞争性优势都会很快消失。工厂型定位的企业，不需要对连续投资有同样的强调，跟上一般的工业趋势就已经足够了，因而，只有当竞争者也改进了系统时，投资才是必要的。转变型定位的企业，应该着重于过程创新，这是由于技术尚未成熟，信息技术应该首先应用于过程创新而不是产品创新。支持型定位的企业，应当削减信息技术的成本。在管理控制方面，战略型应用应该保证其高增值性；工厂型应用应该保证有效的资源利用；转变型应用应该进行成本控制；支持型应用应该减少成本。

9.3.2 企业系统规划

20 世纪 60 年代中期，IBM 公司为了总结、吸收本公司及其他公司开发信息系统失败的教训，认为有必要根据某些经过实践的原则和理论建立起规范的方法以指导企业信息系统的开发。1966 年，在 IBM 数据处理总部内成立了一个负责该企业信息系统控制和计划的部门，对信息系统的开发方法进行研究和探索，企业系统规划（BSP）方法就是他们的研究成果。此后，许多客户对此感兴趣，希望学习，并更好地安排自己的信息资源。为此，IBM 公司在 1970 年建立了 BSP 项目来帮助客户开展工作。70 年代以后，该方法趋于稳定，并作为商品出售，受到社会的欢迎。这种信息系统开发方法，是最早也是影响最广的一种总体规划方法。它能帮助企业形成信息系统的规划和控制机制，改善对信息需求和数据处理资源的使用，从而成为开发企业信息系统总体规划的有效方法之一。[4]

BSP 的主要规划过程可以概括为以下四个步骤。

1. 描述企业的战略目标

对企业高层管理人员进行深入的调查，问题主要是关于他们如何使用信息，从哪里获取信息，企业目前所处环境是什么，企业的目标是什么，他们是如何进行决策的，以及他们需要什么信息用以帮助进行决策等情况。

2. 定义企业过程和数据类

了解业务处理过程是了解信息系统需求和识别关键数据需求的基础，定义业务处理过程是 BSP 方法的核心。可以根据企业目标和系统总体需求分析，从战略计划与控制、产品生产和服务以及辅助资源这三个方面来识别业务处理过程。

（1）战略计划和控制是指一个企业的长期的总体计划、投资计划、资源开发计划等，如紧急预测、生产分析、企业发展目标、市场产品预测、组织规划、员工水平规划、投资、资产计划、生产线模式等。战略计划与控制不仅仅是针对某一资源（产品与服务）而做的，所以识别过程时应单独考虑。

（2）产品生产和服务功能应该从企业组织的工作目标去观察，从各部门工作职责和业务流程中去提取。一个企业的产品生产和服务系统功能的数目没有完全一致的规定，但一般认为整个企业的组织是产品生产和服务系统的体现，在功能识别过程中可能已开始整理的功能数目较多，经仔细推敲后合并。

（3）辅助资源是一个企业必需的部分，包括人、资金、材料、设备。管理人员通过管理各种资源支持他们的管理目标，只有研究它们管理资源的各种活动和决策过程才能总结出企业各组织的管理功能。一般从对资源的需求、计划工作等活动开始，接着进行资源的开发活动，激活资源的活动，如产品的生产、人员的聘用、材料的组织与采购等。资源还有存储和服务活动，最后终止资源的活动和决策过程。

对以上三方面功能进行汇总，以减少层次上的不一致和功能的重叠，把同类型的功能归类，确定过程。对确定出的过程要进行较详细的定义、命名。此外，还需要画出过程组合图并完成过程说明，从而与企业的组织机构联系起来，为最后确定信息系统总体结构、识别数据、分析问题等打下基础。

BSP 的一个主要特点就是通过使用一定数量的矩阵来建立起企业内部处理过程和数据

需求之间的联系。表 9-1 所示的过程/部门矩阵表示了各个组织对过程的参与。

表 9-1 过程/部门矩阵

过程/部门矩阵	市场部	财务部	生产部
销售	M	S	
购买原材料		S	M
财务报表处理		M	

该矩阵是由 M(Major Involvement)和 S(Some Involvement)组成,分别代表主要参与部门和部分参与部门。

3. 定义数据类

在定义了企业过程之后,下一步的工作是对由过程所产生、控制和使用的数据,按逻辑上的相关性进行分析和归并,以减少数据的冗余,为数据库开发做准备。为方便以后的工作,应写出每个数据类的定义,并说明它包含的数据。

BSP 法以矩阵形式显示信息的创建者和使用者,从而形成信息框架的基础。其主要目标之一就是辨别支持业务处理过程的数据类型。表 9-2 所示的过程/信息矩阵以表的形式描述了这种关联关系。这个矩阵使得管理部门能够确定哪些数据类型支持多重业务过程。在矩阵中,小单元格中的 C 代表该处理过程生成的相应数据,U 则代表该处理过程需要使用相应的数据。因此该矩阵也被称为 U/C 矩阵。

表 9-2 过程/信息矩阵

过程/信息矩阵	原材料的库存量	应收账款	应付账款	产品数量
销售		C		U
购买原材料	U		C	
财务报表处理		U	U	

在过程与数据类的关系方面,目前存在两种观点:一是认为一个过程可以产生几个数据类,一个数据类也可以由几个过程产生;二是认为一个过程可以产生几个数据类,但一个数据类只能由一个过程产生。前者比较符合显示系统的实际,因为一个数据类常常是几个过程共同作用的结果,或者说是几个过程并行过程中的产物,但是这种方法使得交换比较困难,尤以计算机实现难度较大;后者虽然比较理想化,但实现起来更容易。在实践中,应当在模型的完整性和简洁性两者中权衡。为方便起见,本书采用第二种观点。

4. 定义信息结构

定义信息结构是对由过程所产生、控制和使用的数据,按逻辑上的相关关系进行分类和归并,找出 U/C 矩阵的逻辑分组,以便确定相应的业务过程簇(Clusters)和潜在的系统项目。这一过程通过调整行列顺序,使 C 尽量汇集在矩阵的对角线上,这种业务逻辑上紧密相关的“类聚”的结果生产过程簇(见图 9-10),而簇外的 U 表示各个簇间的联系。

这种 U/C 矩阵的变换有两方面的意义。首先,过程簇反映了在业务处理与数据间的某种逻辑上“合理”的联系,这对企业进行过程重组具有参考价值。其次,过程簇可以被用来标识潜在的信息系统项目及其子系统划分。

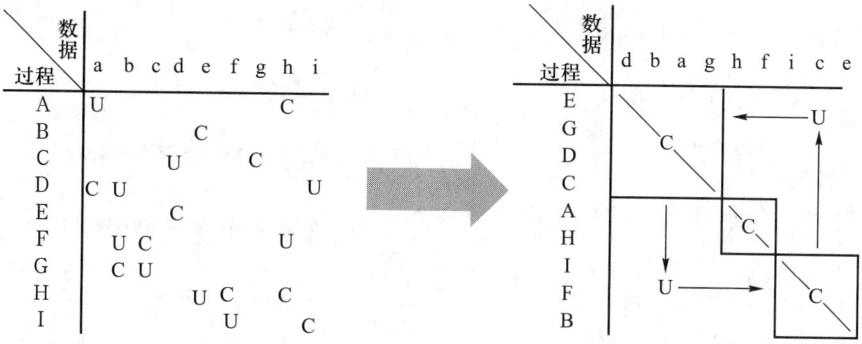

图 9-10 U/C 矩阵的变换

BSP 规划过程的另外一个重要结果是在过程/部门矩阵(或数据/部门矩阵)和 U/C 矩阵的基础上,通过适当的元素归并,获得数据与部门的关系(或过程与部门的关系)。进而结合过程簇的结果,可以得到企业的“信息轮”(见图 9-11),获得企业的信息框架及其元素间的联系。

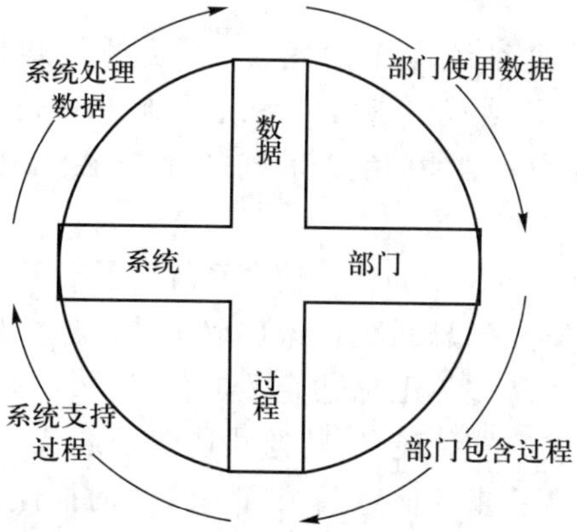

图 9-11 企业信息轮

总体而言,BSP 是一种自下而上、结构化的规划方法。在上述四个主要步骤的基础上,可以进一步展开信息系统战略规划的其他议题与任务,通过一个完整的规划项目完成整个组织的全面信息系统战略规划(如图 9-12 所示)。

BSP 具有步骤严谨、完整清晰的特点,如果能够顺利推进,将能够有效地建立组织信息系统战略。然而,这种方法也存在一些弱点。

首先,BSP 方法周期较长,需要花费很长的时间才能完成方法论中规定的各项任务,而企业往往难以在投入很长的时间规划后才开始建设、实施应用系统,因而在实践中 BSP 的一些环节往往被省略,从而导致最终结果存在缺陷。

其次,BSP 方法中的各个步骤具有紧密的前后依赖关系,因而一旦在某个步骤上出现偏差,就会对其后续的步骤产生严重的影响,降低规划的效果。一旦发现已经完成的某个步骤上存在错误,那么就必须返工,这样更费时。

最后,BSP 是一种相对静态的规划方法,其着眼点为规划时的状态,一旦环境条件或组织自身属性发生了改变,那么对战略的调整只能依靠重新进行一次完整的 BSP 规划来完成。

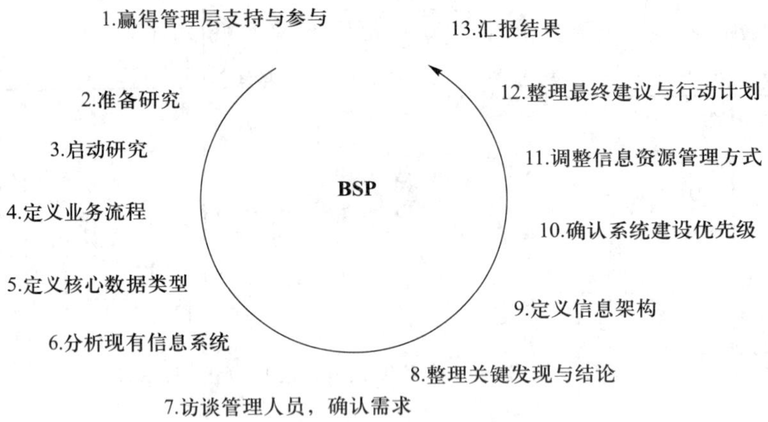

图 9-12 BSP 的执行过程概览

9.3.3 信息系统结构框架

随着信息技术进步和信息系统应用的发展,系统的复杂性也日益增加。这种复杂性不仅涉及硬件和软件的更新换代、“遗留”系统的维护和处理、分布异地系统的集成、人—机因素的协调,而且常常伴随着信息系统与企业在运作模式甚至组织文化上的冲突。

20 世纪 80 年代末,出现许多关于如何从信息系统建设开发的角度来处理其复杂性的讨论。一个获得广泛支持的答案是信息系统框架(ISA)的概念。在“框架”名义下,大量的概念、方法和模型被提出,它们为从整体上描述企业的信息系统提供了概念性的工具,希望信息系统能在一个同样系统性的方式下建立,就像建造房子或者飞机这类“复杂的工程产品”一样。这就要求建立整个企业将来的信息系统有一致性的描述(这与分别用几个信息系统支持企业的部分任务不同)。

ISA 描述方法是扎克曼(Zachman)对建筑和飞机制造领域的工程方法研究的直接结果。他发现,在这些领域,在整个发展阶段系统地表述一个将要被建造的工程对象是已经被规定的和制度化的。而且,他还发现在建筑和飞机制造这两个领域的方法有着惊人的相似,特别是从所有者、设计者和建造者三个主要方面而言。扎克曼于是想在信息系统开发领域中寻找这三个方面的相似点。扎克曼重要的观察结果是,从不同对象的角度进行的系统描述反映了不同的目的和意义。

描述的三方面的内容是:① 描述对公司很重要的对象的数据;② 操作这些数据的过程或者功能;③ 信息系统物理组成部分的位置。扎克曼认为,描述任何一个方面都有其特定的方法。[31] 此外,扎克曼的研究后来又包括了时间、人和动机。但这方面的研究还不成熟,通常还缺少有代表性的描述技术。作为示例,图 9-13 展示出了 ISA 的企业信息系统结构框架模型构件。

	数据(What——对象)	功能(How——过程)	网络(Where——位置)
目标/范围 规划人员	列举企业中的重要事项 实体：业务事项类	列举企业中的处理过程 过程：业务过程类	列举企业的运作地点 节点：主要业务位置
企业模型 所有者	如：语义模型 实体：业务实体 关系：业务关系	如：业务过程模型 过程：企业过程 输入/输出：企业资源	如：企业物流系统 节点：业务位置 链接：业务连接关系
信息系统模型 设计人员	如：逻辑数据模型 实体：数据实体 关系：数据关系	如：应用程序体系结构 过程：程序功能模块 输入/输出：用户视图	如：分布式系统体系 节点：信息系统部件 链接：线路特性
技术模型 开发人员	如：物理数据模型 实体：数据段等 关系：指针、键等	如：系统设计 过程：子程序 输入/输出：设备	如：系统结构 节点：硬件/软件 链接：线路参数
细节表达 承建方	如：数据定义 实体：字段 关系：参照	如：程序代码 过程：程序语句 输入/输出：功能块	如：网络结构 节点：网络地址 链接：协议
实际系统	如：数据	如：程序函数	如：网络

图 9-13　企业信息系统结构框架模型构件

9.3.4 关键成功因素

企业的竞争环境已经越来越趋向于全球化，企业运作和参与竞争都需要大量及时有用的信息。利用信息技术来获取和处理这些信息会帮助企业提高决策水平和核心竞争力。然而许多企业所面临的问题是，所建设的信息系统无法有力地支持决策。从这一点出发，人们提出了关键成功因素的概念。关键成功因素即那些对组织能否成功实现其目标起决定作用的因素。只有这些因素得到适当关注，才能保证企业的业务运作有目标地、健康地进行；否则，资源的投入和组织的运作往往事倍功半。因此它对组织的战略计划制定以及组织的信息系统规划都有重要的意义，并已被广泛应用到这两个领域。相应的关键成功因素法

(CSF)的出现以及在上述领域的广泛应用,使得高层经理和决策者能够明确企业的战略优先级,针对关键的信息需求来确定信息系统的建设和实施目标,并避免脱离企业目标而进行建设的困境。

关键成功因素法是基于 D.Ronald Daniel 在 1961 年提出的"成功因素"的概念[141]上提出的,其最早的应用是在 1970 年,哈佛大学 William Zani 在 MIS(管理信息系统)模型中用了关键成功变量,[142]这些变量是确定 MIS 成功的因素。20 世纪 80 年代初,麻省理工学院的 John Rockart 教授把 CSF 用于 MIS 的战略。[143]

1. CSF 方法中的基本概念

如图 9-14 中所示,关键成功因素源于企业目标。从系统学的角度来说,一个组织就是一个完整的系统。组织目标就是组织系统所希望达到的状态。组织目标有长期目标和短期目标之分,也有大目标和小目标之别。一般说来,组织的长期目标可以分解成时间轴上的目标序列,而大目标可以分解为一组彼此相对独立的小目标,可以通过对近期目标和某一序列小目标的实施而促成长期目标和大目标的实现。

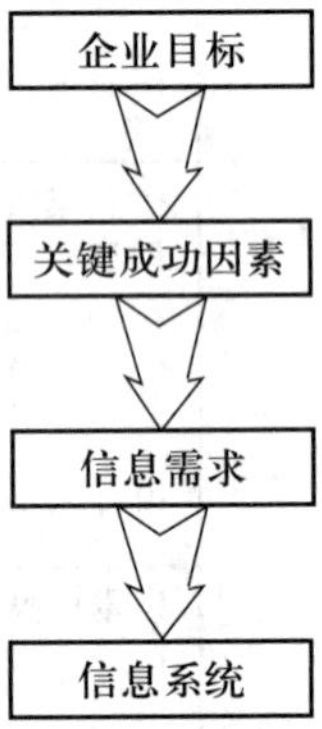

图 9-14 关键成功因素法

在商务活动中,有些活动(或业务手段)对整体成功即组织目标的实现起着至关重要的作用,而其他的活动则不同。这些起到关键作用的活动就称为关键成功因素(CSF)。很多企业拥有一些相对较小,但是极为重要的因素集,它们对于企业盈利和保持竞争优势是至关重要的。在这些关键因素方面取得好的结果将给企业带来好的竞争前景,而较差的表现将给企业带来不良的影响。[133]这些因素应该被持续、密切地关注,并且确保有足够的可以衡量性能的信息,不断地对其检测。关键成功因素可以支持企业达到最终要实现的目标。也就是说,关键成功因素是在企业目标的基础上确立的。例如,一个营利性的自动化产业的目标是每股收益率、投资回报率、市场份额以及新产品的成功。那么,他们依此设定的关键成功因素便是产品式样、经销网络的质量、成本控制以及符合能源标准。

同时,应当注意到不同企业和决策者的战略目标是各不相同的,因而其关键成功因素的内容也不一样。一般而言,关键成功因素主要来源于产业结构、竞争战略、环境因素和暂时因素四个方面,具体包括:

(1) 产业结构。每一个行业都有一系列由该行业自身决定的特殊的关键成功因素。例如,如果想在汽车工业中获得成功,有魅力的造型、有效的交易组织、严格控制的生产及质量是至关重要的因素;而对于一个超市来说,则比较看重产品组合、库存管理、促销手段和价格等因素。

(2) 竞争战略。处于不同竞争环境的公司的关键成功因素是有差异的。处于激烈竞争中的公司的竞争策略是为了能在竞争中生存下去,并且取得有利的地位,那么市场份额和销售水平就是 CSF;而处于竞争不是很激烈的公司的经营重点会放在盈利水平和持续经营上。而影响竞争战略的因素还包括行业地位和地理位置。不同的行业地位也会导致不同的竞争战略,进而影响关键成功因素。处于领先地位的公司将会注重保持和巩固公司的有利地位;处于落后地位的公司就会把赶超行业水平作为公司经营的目标。地理位置在经营中也起着重要的作用。例如,对于很多公司,公司的地理位置是其成功的关键。当一个公司在某地拥有良好的顾客群时,其战略决策就会考虑这个因素在未来的情况下的变化;如果地理位置的变动将会给公司带来利益,公司将会优先考虑这个策略。

(3) 环境因素。在 CSF 集合里的是一些适合于公司远期环境的实体,如政府政策和外国汇率情况影响等。例如,日本的进口货物公司的盈利情况与日元对于其他货币的汇率有关;同公司交易相关的法律条文的变化也会对公司的营业额产生影响;政府对于公司所在行业所采取措施的松紧程度同时也会对公司造成很大影响。因此,如果这些因素对公司的影响很大,公司制定决策时就会优先考虑这些因素。

(4) 暂时因素。暂时因素是指一些只在短时间内重要的关键成功因素。例如,在接管一家公司时,把公司改造成合乎行业水平的规模和找出新的高效的领导机构就是当时的关键成功因素;而当公司处于发展阶段或者破产的情况下,它的关键成功因素就相应地发生了变化。

当管理者按关键成功因素(CSF)所指明的方向实施管理与调控时,还需要有一个相应的评价指标体系以衡量行为的效果。这些指标就叫作关键性能指标(Key Performance Indicators,KPI)。[144]一般而言,KPI 对于硬数据呈数字形态,而对于软数据则可采用模糊量描述。在这里,硬数据指的是那些能直接用数字表示的反映内部生产、经营和管理状况及外部运行环境的各种原始数据或经过加工处理后得出的综合数据,如产品数量、销售收入、原材料价格、盈利或亏损等。软数据指的是诸如反映人际关系、思想倾向、精神状态、满意程度以及新闻、谣传、想法等一些不能直接用数字表示的各种信息。

2. CSF 方法的基本思想

CSF 方法是一个由组织目标、关键成功因素和关键性能指标组成的复合概念体系。实例化后它将随着行业、部门不同而不同。CSF 方法的意义在于为组织的高层管理者成功履行自己的管理职责,并为实现组织目标提供了一个清晰的思路和有效的方法,即管理者可以根据组织目标确定关键成功因素,制定描述相应关键成功因素的关键性能指标,紧紧围绕关键成功因素开展工作并凭借关键性能指标评价管理工作成效,从而形成一个以组织目标为设定值,以调控行为的成效为检测结果的包括组织目标、管理者和信息系统在内的反馈控制系统(见图 9-15)。这样管理者就可以借助信息系统观测关键性能指标而得知关键因子的状态,再通过对关键因子状态的调控保证基础子目标实现,进而促成组织实现最终目标。

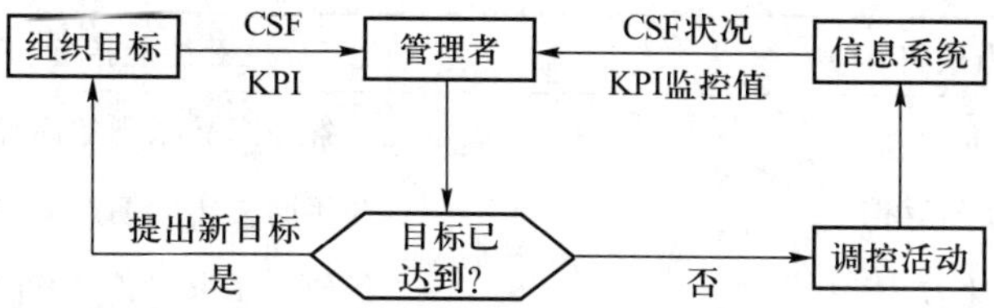

图 9-15 CSF 方法中组织目标、管理者和信息系统之间的关系

许多意见认为,CSF 方法更适用于高层经理人员,这有助于他们明确最重要的战略目标以及实现这些目标的必要因素。当然,只有在工作职能上享受很高的自由度,才有可能充分有效地定义整个企业的 CSF。但是,如果管理者的工作属于综合性质的,没有特定的模式,不需要参照某些原则做出决策的话,那么不论管理层次高低,CSF 方法都可以应用到这些层

级的管理中去。CSF概念本身的价值此时不仅体现在IT规划上,它还可以作为各层管理者交流的重要工具。这不仅使高层经理们更容易获得所需要的数据,也能及时为低层经理人提供制定实际操作决策的依据。

另外,由于CSF在不同的企业中的定义不同,即使是相似的组织也会因为发展阶段不同而有不同的CSF。在一项调查中,研究者找出了同一产业比较相似的几家企业的关键成功因素,发现有相同点也有不同点。通过分析那些有差别的因素,可以反向推出这几家企业各自的行业地位、目标和特点。而它们相同的地方则体现了这个产业的特性。同样,运用各个地区不同的CSF,参照阶段理论的模型,还可以分析不同地区信息技术发展的阶段。[145]

3. CSF方法的实施步骤

CSF方法的实施包括三个方面的内容,即组织目标的确定与分解、CSF的确定及相应的KPI的制定。

(1) 第一步是组织目标的确定与分解。如前所述,每个组织都有自己的目标,而不同时期又会有不同的重点。组织的目标应依据组织内外的客观环境条件制定,保证其切实可达。召开由中上层管理者和技术负责人参加的联席会议是一种常用的方法。在目标确定后,可视需要将其按下属部门和业务单位分解为若干个合适的下级子目标。例如,某汽车制造厂可以将其赢利的目标分解成下述四个子目标:单位市场占有的收入、投资回收率、市场占有率、新产品的成功率。

(2) 第二步是确定CSF。CSF在组织目标的实现中具有关键作用,如果处理不当它将阻碍组织目标的实现。因此,能否正确地确定CSF是CSF方法成功例化的关键。在实际应用中,CSF可按下述步骤确定:首先,根据已经确定并合适分解了的组织目标,列举与目标实现有关的所有因素;其次,讨论这些因素与目标之间的关系以便明确诸因素地位的主次、作用的大小及其相互关系,进而确定哪些因素应该合并,哪些应该忽略,经过筛选保留那些确有关键作用的因子,并制定相应的评价指标。

(3) 第三步骤是确定KPI。KPI的确定应当在CSF确定之后进行。既然KPI是用于描述和度量CSF的,那就要求它在操作上是可控的,对CSF的度量结果是可信的。需要强调的是,必须坚持业务和管理人员参与的原则,以确保CSF方法成功实施。

作为例子,下面给出了某百货公司的关键成功因素以及它们的关键性能指标(见表9-3)。

表9-3 某百货公司的关键成功因素及关键性能指标

关键成功因素(CSF)	关键性能指标(KPI)
定价	各种产品系列的库存更新率
季节性商品返销	今年同去年同期产品的库存分析
广告效力	各种产品系列各占有的市场份额

所有这些KPI都可以用来确定信息系统的需求,当这些需求被建立起来后,可以通过分析现有的信息系统以确定提供所需信息的报表是否已经存在或者是否能够由现有的数据库生成。如果现有的信息系统不能提供这些必要的报表,管理者就可以明确这一新的信息需求,并通过用户开发的系统或整体系统开发计划来满足。

至此,CSF方法就完成从企业目标到信息系统需求的转化过程。图9-16展示了一个企业应用关键成功因素法进行信息系统战略分析的过程。

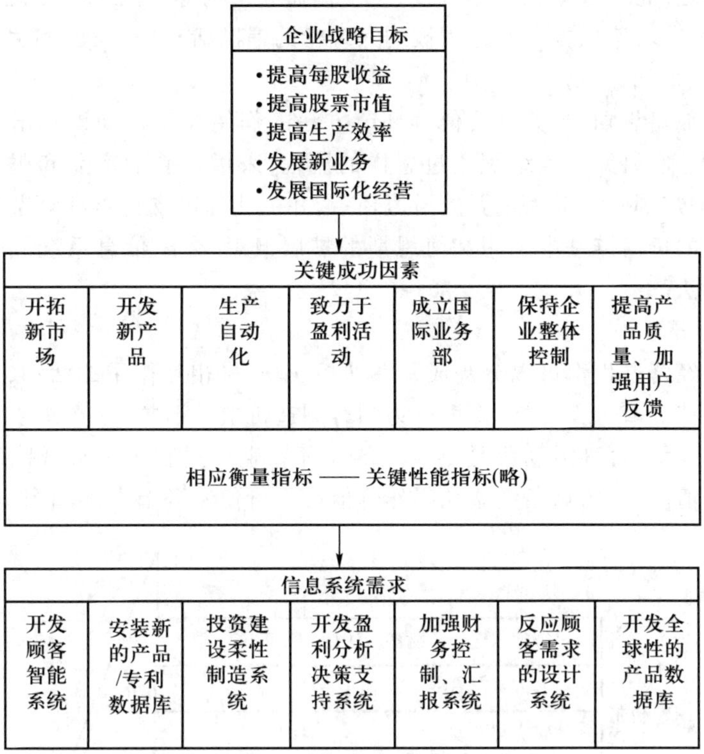

图 9-16　关键成功因素法实例

9.3.5　价值链分析

价值链(Value Chain)的概念由哈佛商学院的迈克尔·波特(Michael Porter)教授提出并在其所著《竞争优势》一书中进行了详细描述。[87]正如本书第 7 章中所介绍的,“价值链”是指企业各种活动的一种组合,它包含四个基本观点:

(1) 价值是企业一切活动的核心,企业不仅要谋求总收入最大化,考核总成本最低,更要讲究盈利最大化。价值管理就是全力追求包含利润在内的价值成就。

(2) 企业的价值活动包括五个基本活动和四个辅助活动。五个基本活动是内部后勤、生产作业、外部后勤、市场销售和售后服务;四个辅助活动有采购、技术开发、人力资源管理和企业基础设施建设。

(3) 企业的价值活动不是一些孤立的活动,它们相互依存,形成一个系统,形成一个价值链。

(4) 企业的效率或者竞争优势来自价值活动的有效组合,来自于“价值链”的优化,也是企业不同于或者优于其他厂商的特质,企业的竞争成功也产生于合理的“价值链”设计。[133]

彼得·海恩斯(Peter Hines)把波特的传统价值链的定义进行了扩展,提出“集成物料价值的运输线”[146]。归纳起来,海恩斯强调价值链把顾客对产品的需求作为生产过程的终点。同时,把原材料和顾客纳入价值链,意味着任何产品价值链的每一个成员在不同的阶段包含不同的公司,而不仅仅包含那些与生产行为直接相关或直接影响生产行为的成员。此外,他指出了基本活动之间交叉(如在技术开发、生产作业和市场等之间),并使之体现于价值链的流程排布中。进一步,信息技术的运用被纳入现行的辅助活动中,与此相关的利润也被看作有效完成价值链过程的产物。

在信息系统战略规划中,关键价值链环节方法的作用在于帮助识别出影响价值增值的重要过程和活动。它研究的是组织通过怎样的流程,来增加它的产品和服务的价值。换句话说,企业可以确定哪些是最为重要的增值环节,并由此确定支持这些环节的信息系统。下面我们基于波特的价值链基本思想和海恩斯的扩展概念,介绍信息系统战略规划中的关键价值链环节的方法。

1. 价值链的概念

每个组织的经营过程都可以分割成一系列相互联系、相互作用的活动,这些活动包括基本价值过程和支持价值过程两类,都可以为顾客创造价值。这样,一个组织的经营过程就可以用一根链条来表示,每种活动都是链条上的一环。生产过程中,产品沿着链条流动,产品价值因此不断增值。于是,这条链条就叫作价值链。价值链环节框架如图 9-17 所示。

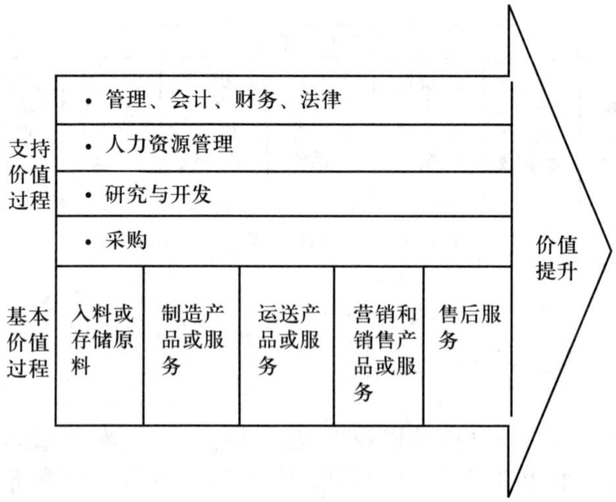

图 9-17 价值链环节框架

图 9-17 中,基本价值过程是一种“线性”的概念,与直观的生产过程相吻合,指的是直接参与研发、制造或销售某特定产品或服务的活动,也就是说这种产品或服务从无到有,再来到顾客手中完成消费的整个过程。基本价值过程是一个完整的组织所必须具有的几个部分,缺少任何一个部分都不能达到消费的最终目的。而支持价值过程则类似于“参谋”,作为一个整体为公司提供支持,用以保证基本价值过程顺利进行,而不能归结到某一个生产环节中去。通常,我们把支持价值过程视为行,基本价值过程视为列,构成一个相互联系、相互作用的矩阵。[87]

另外,要注意基本价值过程与支持价值过程的划分并不是绝对的。虽然以上归纳适用于大多数公司,但是仍有一些特定的情况。比如,计算机系统通常被看作公司基础设施;然而,计算机系统的运作在某些特定的企业却可能被视为基本价值过程(如电子商务企业)。

价值链的所有环节都具有单独价值,但是通常这些环节组合起来的价值往往大于它们的单独价值之和。多出来的这部分称为附加价值,就是图中价值链最右侧的部分。可以说,附加价值越大,顾客对组织的产品和服务消费越多。这对于组织则意味着一种竞争优势,以及更丰厚的利润。

2. 价值链在竞争分析中的作用

从某种角度来说,公司可能具有的竞争优势其实只有一种,那就是增加顾客得到的价值,或者说附加价值。所谓"顾客得到的价值"是一系列变量的函数,这些变量可以概括为三类:区分产品(即有别于其他公司的产品)、低成本和对顾客需要的迅速反应。

价值链是对公司优势和劣势的一种分析方法。它帮助分析个体的活动(即价值链上的一个环节)怎样影响顾客对公司产品的整体评价,进而影响公司的财务状况。如果经营过程的每一个环节都增加了所创造的价值,那么公司就能获得更高的利润。

利用价值链进行的优势和劣势分析是通过将基本价值过程和支持价值过程进一步细分,以及对每个细分环节的分析研究来实现的。通常的做法是列出细分价值过程的各个环节,以及对它们进行评价的因素,对每个环节分别进行考察和评价。这样,不同公司的经营过程就有了可比较的方法,企业借此可以发现自己的竞争优劣势,并提出发扬或改进方案,从而提高公司创造价值的整体实力。

3. 关键价值链环节方法

关键价值链环节方法是企业信息战略制定的一种方法。该方法认为,由于信息技术的发展和它的社会应用的日益广泛,信息技术在企业中的应用问题越来越受到重视。然而由于资金、技术等一系列的现实问题,企业信息化是不可能一蹴而就的,必须根据企业实际情况,制定一个循序渐进的发展战略。也就是说,要确定企业哪些部门或生产过程先进行信息化,哪些可以等待更好的时机。如果将企业按照其价值链划分为多个环节,毫无疑问,应当先照顾那些最需要信息技术支持的环节。但是如何确定哪些是最需要的环节呢?关键价值链环节方法就是解决这一问题的。

正如上文提到的,企业可以表示为基本价值过程和支持价值过程组成的矩阵,信息技术的竞争机会也就存在于矩阵的每一个单元格之中。战略制定者就通过研究现存信息技术应用所在的单元格以及每个单元格的发展潜力,来决定组织内信息技术应用的关键环节。[147]他们研究的是组织将信息技术应用于怎样的流程,来最大限度地增加它的产品和服务的价值。

要判断哪个单元格最需要信息技术的支持,首先应该了解信息技术对每个单元格可以提供怎样的支持。信息技术是通过改变价值活动的进行方式来影响价值链的。价值链中的每一个环节都具有物理上的实际部分和信息处理部分。实际部分包括了执行活动所需要的实际任务,而信息处理部分包括了信息的获得、处理和传输。每个价值链环节的信息处理部分都可以获得信息技术支持(见表 9-4)。

表 9-4 信息技术在各环节的应用和支持

活动	定义	可用信息技术	信息技术作用
内部物流	物料的进货、存储,并分配给制造部门	库存自动管理	加速物料调拨,联机订货,保证安全库存,降低持有成本

续表

活动	定义	可用信息技术	信息技术作用
生产作业	将投入转换成最终产品	过程控制、制造控制	自动化生产线,改善产品质量,缩短订货响应时间;服务创新
外部物流	存储配送产品	在线订购系统	迅速可靠地将产品或服务运送到订购处,互联网成为重要的零售渠道
市场和销售	促销和销售队伍	市场分析,直销人员配备笔记本电脑	收集处理客户和市场资料,辅助产品与营销策略设计;联机订货系统
服务	关系到维护或增加产品价值的有关服务性活动	技术支持的电子化,潜在隐患诊断	提前修理,降低维修费用,提高客户满意度
企业基础设施	支持整个价值链,如高层管理、计划、财务、会计、法律服务、政府服务和质量管理	电子邮件,办公自动化	组织结构分散化;管理控制,公司战略与激励机制协调,工序间联系和企业内人际关系
人力资源管理	招聘、雇佣、培训和开发人力资源	人事资料在线数据库	方便查看公司成员资料与业绩,利于人事决策
技术开发	改善产品和制造过程	计算机辅助设计与制造	大量数据处理能力,根本上改进生产质量与速度
采购	购买需要投入的物资	在线查看供应商存货规划	大范围即时最优价格,与供应商联系的库存管理

关键价值链环节方法的核心就是对关键环节的辨识。所谓“关键环节”,就是最为重要的增值环节。显然,这些环节是IT/IS战略所要关注的重点。需要注意的是,价值链的环节有些是增加价值的,有些是降低价值的。两种环节都是IT技术可以派上用场的区域。区别仅仅在于:当信息技术用于增值环节时,直接可以导致附加价值的增加;而将信息技术用于减值环节时,此流程变得更有效率,或者能够更好地满足顾客需求,从而减少了价值的损失。基本做法是:

(1) 确定价值增加环节。首先,研究企业流程,在顾客的帮助下,确定哪些环节是价值增值最多的。其次,将顾客的反应在价值链上标出。也就是说,确定各个环节在价值附加中所起作用的比例,这个比例是由顾客的反应得出的,比例大的就是价值链的关键环节。具体的顾客信息收集方法可以是多样的。比如,一个简单的做法是让顾客们评定各个环节对他们接受的产品或服务价值的贡献。设定价值链总分数为 100 分,每个顾客都把这 100 分分配到价值链的各个环节。所有顾客的结果综合起来,决定了价值链各个环节所获分数(见图 9-18)。

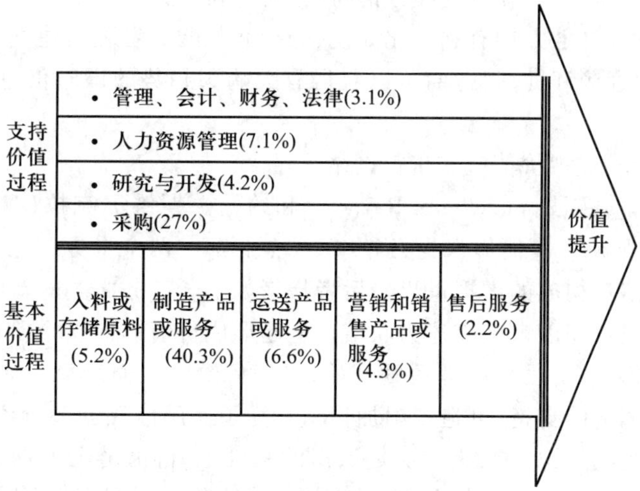

图 9-18 价值增值环节分析

这样得出的关键环节,也就是对顾客而言是最显著的环节。所以,当这些环节由新的信息技术和信息系统所支持时,能够最迅速、最大量地产生价值附加。进而可以参照这种分析结果,来确定应当优先建设的信息系统。

(2) 确定价值减少环节。在确定价值增加环节之外,确定顾客价值减少环节也是很重要的。收集顾客信息过程与上面增值环节的情况类似。价值减少最多的关键环节,通常也是最需要信息系统支持的环节。

价值减少环节是怎样产生的呢?比如说,顾客可能认为销售是减少价值的,因为销售人员不能及时得知库存状况,因此可能出现缺货状况,影响了公司在客户心目中的形象。这时,建立销售环节的信息系统就是十分必要而且有效的。

除了对客户进行调研之外,还有其他一些确定关键环节的方法,比如向专家进行咨询,通过公司的历史纪录或者借助相关的信息系统及其方法获得(如 CRM 系统及其关系技术、BI 系统及其深度分析方法等)。

4. 扩展的价值链:价值系统

在不同环境中,信息技术可以深远地影响到价值链各个环节活动中的一项或多项,有时可能仅仅是提高了此环节的效率,有时候却可能从根本上改变这些活动,有时候则可以改变活动之间的关系。而且,一个企业的行动还会显著地影响到它的主要客户和供应商的价值链。

某种工业产品在一个更大范围内的价值链称为价值系统。价值系统包括供应商的价值链、本企业的价值链,以及企业产品分销商和最终购买者的价值链。有时,企业价值链又被称为内部价值链,而价值系统(以及下面提到的价值网络)则被称为外部或全球价值链。

于是,本企业的价值链与供应商的价值链相互作用,因为供应商提供的原材料是本企业价值链的输入因素。如果供应商与购买者可以进行合作,那么两个企业都可以降低成本。

而本企业的产品与服务也可以通过分销商价值链抵达最终购买者(零售商或批发商等)。信息系统可以为购买者与分销商提供更有效的交互方法,从而迅速深入地了解市场需求信息,保证购买者对生产商的忠诚,取得相对竞争优势。

联系着供应商与购买者、制造商和分销商、分销商和购买者的信息系统称为超组织系统(IOSs),这种系统对参与各方均有利。比如说,分销商与购买者之间建立了直接信息联系渠道之后,就可以进行直接订货,制造商可以获得有关购买趋势的即时信息,而分销商可以及时获得他们的订货。

5. 扩展的价值链:虚拟价值链和价值网络

1995 年,杰夫里·雷波特(Jefferey Rayport)和约翰·斯维奥克拉(John Sviokla)提出了开发虚拟价值链的观点。[148]他们认为,当今每个企业都在两个世界中竞争——管理者可感知的物质世界及由信息构成的虚拟世界。后者指诸如电子商务之类的新的价值增长点。

创造价值的过程长期以来被描述为联结在一起形成价值链的多个阶段。在这种传统的物理价值链中,一系列的阶段从内部后勤开始,以销售给顾客而结束。而虚拟价值链认为,信息通过对物理价值链的支持,创造了附加价值。为了使用信息创造价值,管理者必须对其所处市场空间有清楚的认识。在这种清楚认识的基础上,价值链上的增值过程可以被体现为信息的收集、加工、传递、利用的过程。在这里,创造价值的过程体现在信息的处理过程中,因而可以认为,该过程是虚拟的。在虚拟价值链的任何一个阶段,创造价值的过程分为五个活动:收集信息、整理信息、筛选信息、综合信息和传递信息。此外,通过分析从虚拟价值链中获得的信息流,还能够挖掘出潜在的市场需求。

更进一步地,波特的企业价值链是面向职能部门的,或者说是企业内部的。资源在向企业流动的过程就是企业的各个部门不断对其增加价值的过程。但随着全球性竞争日益激烈、顾客需求快速变化、分工更加细化、开放合作成为趋势,采用劳动分工、专业化协作作为基础的面向职能的管理模式正面临着严峻的挑战。它将企业业务流程割裂成相互独立的环节,关注的焦点是单个任务或工作,但单个任务并没有给顾客创造价值,只有整个过程,即当所有活动有序地集合在一起时,才能给顾客创造价值。企业内部存在物流、信息流、资金流的流动,企业与企业之间也存在这样的流动关系。企业仅仅依靠自己的资源参与市场竞争往往处于被动。必须把同经营过程有关的多方面纳入一个整体的价值体系中,包括单纯为价值链顺畅运行提供服务的企业,如电话公司、零售银行、保险公司和邮政服务公司。这样,传统的价值链就被扩充,成为价值网络。[149]

在价值网络的不同部分中,企业扮演着多种不同的角色,服务行业甚至是顾客都被纳入这个网络之中。企业进行战略分析,重心已不在于企业,甚至不在于产业,而在于整个价值创造系统。他们要利用高效率的信息技术随时为自己在价值网络中定位。同时,顾客在价值网络中,不仅仅是实现价值的目标,而且成为创造价值的一员。企业让顾客参与价值创造的过程中,让顾客也成为供应商(提供设计、劳力、时间等)。

价值网络(价值星系)所表示的新的价值逻辑,对于企业至少有三种战略上的启示:

其一,当价值的产生状态不再是链状——价值链(Value Chain),而是复杂的星系——价值星系(Value Constellation)时,企业的目标与其放在为顾客提供价值,不如动员顾客为自己创造价值。

其二,能够包办一切的企业越来越罕见。要想提供最吸引人的产品和服务,现在得靠公司本身、顾客、供应商、联盟、合作伙伴一起努力。因此，企业首要的战略目标就是把相关的各种关系和经营系统重新整合。

其三，如果创造价值的关键在于动员顾客和合作伙伴甚至竞争对手参与，那么，竞争优势的唯一来源就在于构建并实现整个价值创造系统的能力。

价值网络可以让企业利用先进而高效的电子联络手段及时地交换信息、共享资源、发挥互补优势，共同实现价值增值。[15]此外，互联网的发展、信息技术的成熟和网络的普及，产生了一个新的实现价值网络形式——电子商务。

9.3.6 新型信息系统的规划

随着信息系统的演进与发展，更多新的系统类型、新的应用情境出现了，由此也引发了信息系统规划方法的变化。在此，以手机 App 为例进行介绍。

手机 App 作为一种新型信息系统，与传统信息系统的不同之处在于它面向的不再是企业内部的员工，而是外部的用户。App 不再像 ERP 等系统一样作为企业业务的工具支持，而是转化为企业的产品。因此，对于 App 的规划，也更多从产品规划的角度入手，包括如下四方面：

（1）分析客观现实。App 规划之初，企业要对拥有资源、竞争环境、自身定位有清晰的认识，客观分析自身的线上、线下资源以及核心用户等情况，为后续产品的规划奠定基础。

（2）明确产品定位。对于所要开发的 App 系统，要从目标人群、适用场景、主要功能、系统特色等方面进行清晰的定义，确立一个清晰的设计开发目标，找到系统的最终价值所在。

（3）规划产品线路。在明确产品定位后，需要对于产品线路进行细化拆分，形成一套良好的设计、开发线路。需要准确衡量任务难度，评估所拥有的相关资源，制定详细的进度计划。

（4）把握进程重点。形成产品线路后，对于每一阶段的重点内容需要有清晰的认识，并据此进行合理的调节，从而顺利完成 App 系统的开发工作，为后续企业业务的推广打下坚实的基础。

9.3.7 信息系统战略规划方法小结

以上我们分别介绍了组合规划（Portfolio）、企业系统规划（BSP）、信息系统结构框架（ISA）、关键成功因素（CSF）、价值链分析（VCA）等信息系统战略规划方法。这些方法自提出之后经过了长期和丰富的实践和发展，成为了信息系统领域中理论与实践的经典方法。

组合规划方法是作为确定规划层次和资源以及 IT 组合影响的方法。[15]其基本的思想是在战略网格中划分可能的信息系统及其战略影响，赋予它们优先级。这种方法是自下而上的，开始由低层提出系统建议，之后在开发和实施时，高级管理层在候选系统中进行选择。这种方法着眼于各种信息系统的长远影响，因而属于中长周期的规划方法，并且通常需要考虑外部发展。

IBM 的企业系统规划从现有的流程和数据出发，详细说明信息系统，使得相互之间的数据交换和数据冗余最小。它采用自下而上的形式，周期长、关注内部需求，主要目标是创建一个技术上一致的 IT 框架。

ISA 方法和 BSP 方法比较接近。除了有更多的设计变量之外，ISA 还引进了从一个层次向下一个层次规划转变的概念，以保证 IT 框架不仅在技术上一致，而且在不同规划层次保持一致。ISA 与 BSP 的另一个区别在于，它假设所有的系统需求都是从主要的商务计划中获得，是一种自上而下的方法。

总之，BSP 和 ISA 都来源于早期的系统开发思路，基于未来系统使用者的需求。和 BSP 的自下而上的方法相比，ISA 的自上而下的方法允许更彻底的组织 IT 框架转变。为了给组织的未来发展提供坚实的基础，避免在过程中发生变动，它们必须考虑长远的未来，从而导致了庞大的规划过程。它们都关注分析内部需求和流程出现的变量。在协调性问题上，两者都强调信息系统之间的相互依赖。

关键成功因素法帮助高层管理人员明确信息需求和建设信息系统的必要性。它开始于明确商业目标，是自上而下的方式。它假定商业需求是不断变化的，因此要求计划具有持续适应性。所以，这种方法支持对新挑战更快的反应。CSF 不关注未来要开发的信息系统的技术性部分。它具有外部焦点性，以系统对商业目标的贡献为依据，对提议进行选择或赋予优先级。面对共享资源和相互依赖的情况时，项目要竞争有限资源，CSF 就致力于解决这一协调问题。这一点与组合规划方法是相似的。

波特的价值链概念可以用来分析公司的竞争环境，帮助企业标志其关键的增值环节，进而保持和提高其竞争优势。该方法一般周期短，适应于各层级，并对新挑战具有较快的应对能力。

表 9-5 对这些信息系统战略规划方法进行了小结。

表 9-5 信息系统战略规划方法小结

规划方法	规划方向	规划周期	规划焦点
组合规划(Portfolio)	自下而上	长期	外部市场
企业系统规划(BSP)	自下而上	长期	组织内部
信息系统结构框架(ISA)	自上而下	长期	组织内部
关键成功因素(CSF)	自上而下	短期/持续	外部市场
价值链分析(VCA)	自上而下	短期/持续	外部市场

除了这些方法之外，还有一种理论也经常作为信息系统战略规划方法而被提及。这种理论就是战略信息系统规划(Strategic Information Systems Planning，SISP)思想。[140] 这种理论的思路是在对 IT 基础结构的所有可能投资中确定一种特定的信息系统应用类型，并且规划其实施。

简单地说，战略信息系统是那些为企业提供竞争优势的信息系统。根据波特的竞争战略观点[16]，一个企业可以从三种方法中得到竞争优势，即低成本、差异性或专一性。一个信息系统如果不支持以上一种或者几种获得竞争优势的方法，那么这个信息系统就不能被认为是战略信息系统。当然，大部分信息系统还是帮助企业保持与竞争者有同样的成本水平、获得一定程度的区别或者帮助建立专一市场，即大部分信息系统是支持某种市场战略的。

然而,战略信息系统是那种驱动整个市场战略的系统,即它们不仅仅扮演支持的角色,而且是一个关键的角色。

竞争优势最终依赖于企业建立和运作信息系统的能力,依赖于一些阻止竞争者效仿本企业信息系统的专利权,或者其他相关法律机制。然而,任何竞争优势的生命是有限的,其生命周期趋于不断缩短,许多战略信息系统很快被迫成为维持生存的基础性应用。

战略信息系统规划的任务就是为了创建企业竞争优势,不断地在信息技术王国里确定新的机会。[140]在20世纪70年代中期,规划的重点是预测管理信息系统的能力需求(处理、存储、传送能力以及人力需求)。后来,规划的重点变为选择开发项目(也就是企业的应用组合)。只有在70年代后期和80年代初期,当开发战略信息系统的必要性日趋突现之后,企业才将经营战略计划与信息系统计划结合起来。开始这种结合是单向的,即从商务战略到信息系统,目标是保证选择出的应用软件支持商务战略。虽然现在看来这种结合应该是自然的,但在当时,信息系统计划和商业计划通常是独立进行的,以致选择确定的软件虽然有用,却常常和企业的商务战略没有太多直接的联系。此外,商务战略不仅对IT战略规划施加约束,同时要被信息战略规划所影响,即信息系统可能成为某些特定的商务战略的基础。[150]

战略信息系统规划方法还可被分成五类[140],即“商业导向的”“方法驱动的”“行政管理的”“技术性的”及“组织的”。总之,战略信息系统规划的“组织的”方法不是一种具体的操作性方法,而是一种方法论思路。它可以与其他规划方法结合(例如组合规划方法和关键成功因素法等)。

总的来说,科学、合理的战略规划取决于规划人员对企业内、外环境及其发展趋势的正确估计和深刻理解,对发展目标及实现目标的途径的认识和远见,而各种规划方法可以起到辅助作用。

• 思考题 •

1. 什么是组织战略?什么是信息系统战略?组织战略与信息系统战略有怎样的关系?可参阅利丰集团战略转型及信息化发展的案例。[27]

2. 信息系统战略规划包括哪些主要的议题和关键的任务?

3. 组合规划、企业系统规划、信息系统结构框架、关键成功因素、价值链分析等信息系统战略规划方法各具有哪些特点?如何综合运用这些方法以有效地制定信息系统战略?

• 即测即评 •

请扫描二维码,测试本章学习效果。

第 10 章　数据建模与商务建模

新月似钩，渐变如眉，后观若镰，满盈为盘，赏月之阴晴圆缺，绘意中万千之象。一组为人熟知的形状生动地描摹了月相更替中的凸凹盈亏，实现了从物理世界到意象世界的转换，是人们的感官认知对现实事物的建模。同一事物在不同的世界中会呈现不同的表达，唯有在两者之间建立过渡变换，才能实现平滑的沟通。同样道理，在信息系统开发中，商务建模作为系统分析的核心内容实现了一次从现实世界到信息世界的转换。那么，这种转换是如何完成的？都具有哪些方法？本章将从信息系统的生命周期视角出发，重点介绍几种经典的商务建模方法，同时简述这些方法与系统设计等阶段的衔接。

在第 9 章中，我们讨论了信息系统的战略规划问题。从本章起，我们将着重关注信息系统的开发与管理问题。建模是信息系统生命周期中的一个重要环节，也是连接信息系统领域管理与技术的纽带。数据模型或商务模型可以被理解为有关信息自身结构的信息，因而，这种模型的建立与管理工作实质上是对信息系统资源基础结构的管理。

本章将从信息系统的生命周期入手，重点介绍几种经典的商务建模方法，包括用于静态建模的 ER/EER 方法、用于动态建模的 JSD 方法、用于流程描述的 DFD 方法等。这些方法有若干优点：首先，具有易于理解的图形表达方式，便于管理人员之间以及管理人员与技术人员之间的沟通；其次，具有较坚实的理论基础，在规范性和表达力（Expressiveness）方面有较强的保证；最后，具有较好的阶段衔接性，构建的模型与信息系统建设的后续阶段之间有较为系统化的对应。

20 世纪末期以来所出现的统一建模语言（Unified Modeling Language，UML）使用相对标准的图形机制对静态、动态、流程等多个建模层面进行了集成，不但增强了软件工程管理的有效性，也为数据模型及商务模型的建立、管理和维护提供了一种较为有效的手段。快速应用程序开发（Rapid Application Development，RAD）是一种试图快速生成系统而不会牺牲质量的结构化开发方法，现在已经被广泛应用于全球先进的 IT 社区。我们在本章中也将对这些方法进行简要的介绍。

10.1　商务建模概述

生命周期的观点是信息系统开发领域一个极为重要的思想，而商务建模是信息系统生命周期中一个至关重要的阶段。系统建模的工作,在信息系统的生命周期中属于“系统分析”的一个部分,而好的分析可以成就一个好的系统。因为在这个阶段,要将企业的现实需求转化为系统的逻辑需求,这一转化直接决定了目标系统是否能够有效地服务于组织的战略目标和业务运作。在这个阶段,影响信息系统成败的种种因素都应该被充分考察,从而获得一个全面、有效的系统模型。[3]

10.1.1 信息系统生命周期

新陈代谢是世间万物的普遍规律,任何事物都有其产生、发展、成熟、更新或是消亡的过程,信息系统自然也脱不开这样一个循环。信息系统开发完成之后,随着其生存环境的变化要不断地维护、修改,当它不再适应的时候就要被淘汰,由新的系统来替代老系统。这种周期循环称为信息系统的生命周期。

为了对信息系统的生命周期进行恰当的描述,使得信息系统的整个建设过程能够真正地切合实际需求,人们提出了系统生命周期模型的概念。系统生命周期模型可以被看作是人们理解、控制信息系统建设过程的总体思路。下面我们简要介绍其中几种影响较大的模型,包括瀑布模型、演化模型和螺旋模型。近年来,在统一建模语言(UML)的基础上,逐渐形成了一些以迭代(Iterative)的方式管理信息系统建设周期的方法论,其中最为著名的是被IBM 收购的 Rational 公司提出的统一过程模型(Rational Unified Process,RUP)。我们也将对之加以简要讨论。

除了这几种模型之外,喷泉模型(Water Fountain Model)、增量模型(Increasement Model)和智能模型(Intelligence Model)也是应用相当广泛的模型[151],由于篇幅所限本书不对之进行详细介绍。

1. 瀑布模型

从生命周期这一基本观念出发,产生了一种重要的信息系统开发思想——信息系统开发生命周期(System Development Life Circle,SDLC),也称为瀑布模型(Waterfall Model)。这是一种结构化的分阶段循序渐进的系统开发思想[73],在当今的开发实践中仍然占据着极为重要的地位。简单说来,信息系统的建设可以遵循如下六个阶段的周期方式进行(见图10-1):

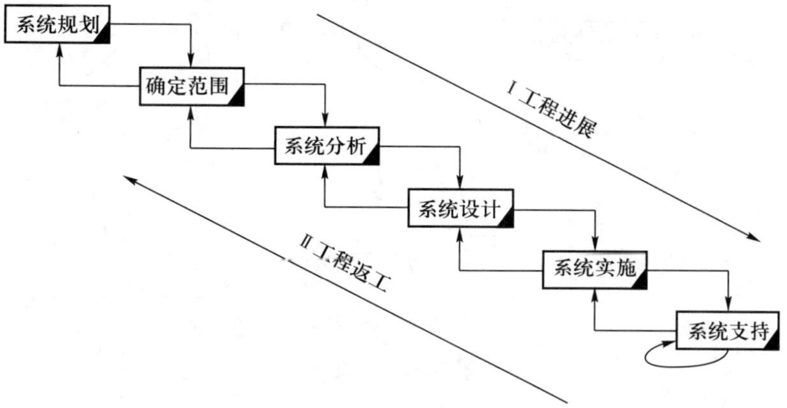

图 10-1 瀑布模型

（1）系统规划：建立一个满足组织战略规划要求的 IT 规划方案。

（2）确定范围：明确目标系统的覆盖范围。

（3）系统分析：确定目标系统的逻辑需求。

（4）系统设计：将逻辑需求转化为技术系统方案。

（5）系统实施：建立目标系统。

（6）系统支持：日常的维护、管理、排错。

每一个步骤都将上一个步骤的成果作为输入，完成定义明确的工作之后，输出下一个步骤所需要的信息和产品。每一个步骤完成之后，需要经过评审，评审合格，则进入下一个步骤，系统建设工程沿图中"Ⅰ"方向推进；一旦在某个步骤上出现无法克服的矛盾或障碍，则必须退回上一步骤，此时工程沿图中"Ⅱ"方向返工。

在系统支持阶段，主要是根据需要对信息系统进行必要的调整、修改。因此，从这一步骤不会再返回上一步骤去。一旦新的需求积累到简单的调整无法解决的程度，则必须进行系统的全面更新。而这样的全面更新，就展开了信息系统建设的下一个生命周期循环。

瀑布模型为系统的开发和维护提供了一种有效的管理图式[73]，这一图式清楚地定义了每个步骤的输入、输出和工作内容，规定了一种高度结构化的工程管理路线。

2. 演化模型

演化模型（Evolutional Model）是在瀑布模型的基础上发展而成，它主要适用于事先不能完整定义需求的系统开发。在这个模型中，用户可以给出待开发系统的核心需求，并且在看到核心需求实现之后，提出有效的反馈以支持系统其他部分的设计和实现。演化模型有时也被称为 b 模型，原因在于其图式呈现出一个字母 b 的形状（见图 10-2）。

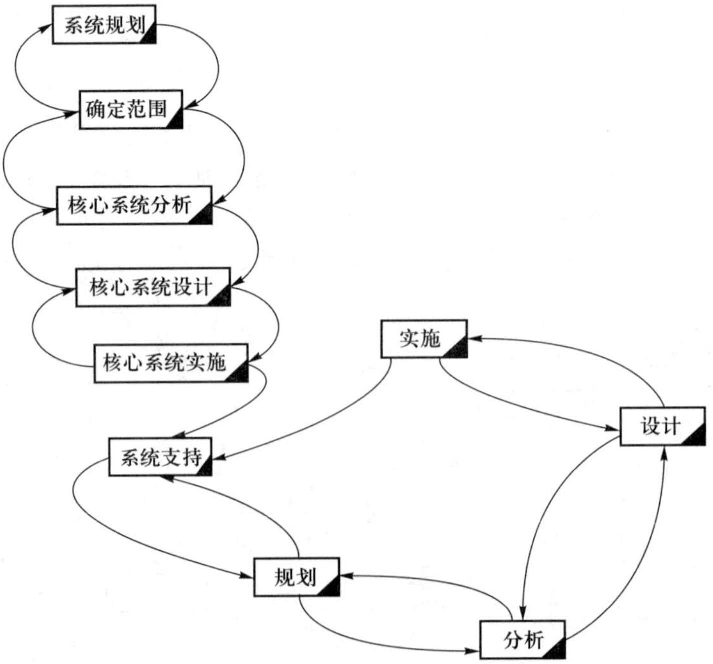

图 10-2　b 模型

演化模型在克服瀑布模型缺点、减少由于软件需求不明确而给工作带来的风险方面具有显著的效果。

3. 螺旋模型

螺旋模型(Spiral Model)是在瀑布模型和演化模型的基础上,加入两者所忽略的风险分析而建立的一种系统开发模型。该模型于 1988 年由 TRW 公司的 Boehm 提出。[152] 由于在系统建设过程中需要多次开发系统原型,因而这种开发方法也被称为原型法(见图 10-3)。

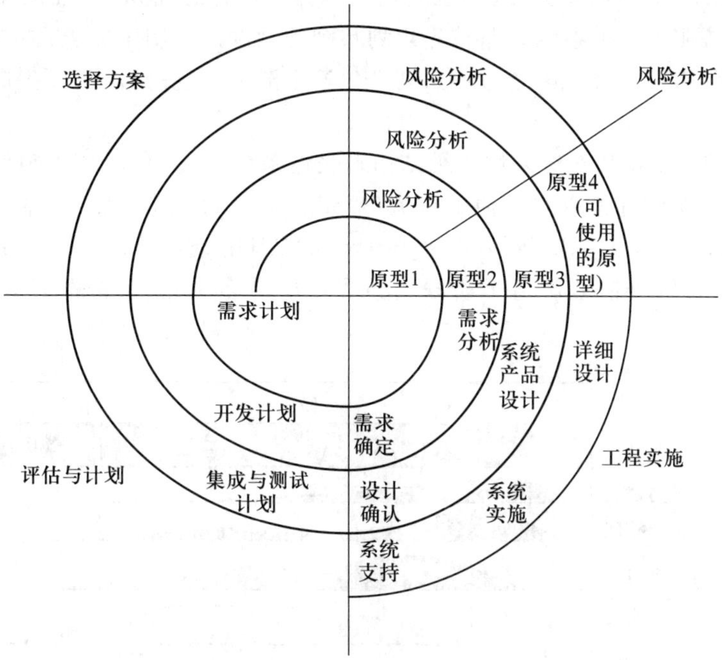

图 10-3 螺旋模型

螺旋模型的核心意图在于将系统建设的生命周期分解为多个小周期,通过对每个小周期循环的风险分析,实现整个系统的风险控制。

沿着图中的螺旋线旋转,在笛卡儿坐标的四个象限上分别表达了四个方面的活动,即:

(1) 制订计划:确定系统目标,选定实施方案,弄清项目开发的限制条件;

(2) 风险分析:分析所选方案,考虑如何识别和消除风险;

(3) 实施工程:实施系统开发;

(4) 客户评估:评价开发工作,提出修正意见。

沿着螺旋线自内向外每旋转一圈便开发出更为完善的一个系统版本,逐步延伸,最终得到所期望的系统。如果对所开发项目的需求已经有了较好理解或较大把握,则无须开发原型,可直接采用瀑布模型(瀑布模型也可以理解为单圈螺旋);相反,如果所开发项目的需求较不明确,则需要一个或多个圆形的辅助,这就要经历多圈螺旋。

与瀑布模型和 b 模型相比,螺旋模型具有较明显的优势。然而,该模型的使用需要具备相当丰富的风险评估经验和专门知识。此外,螺旋模型是出现较晚的新模型,其应用和普及程度远不及经典的瀑布模型,还需要经历更多的实践检验。

4. 迭代模型与RUP过程

总体而言,瀑布模型、b模型和螺旋模型都遵循一维的思路,即沿着时间轴定义系统建设生命周期中的各项任务。而Rational公司(该公司已于2002年被IBM收购,本书后文称其为IBM Rational,其核心人物Jacobson等人同时也是重要的面向对象建模方法UML的创始人)所提出的RUP(Rational University Process)过程模型,则融入了一种“迭代”的思想。[61]

迭代(Iteration)指的是多次反复、增量式的步骤。这种思路认为,在应用系统需求日益复杂的条件下,按照瀑布模型的思路首先规划整个问题设计并制定完整的解决方案,这是十分困难的。因而,需要一种能够通过一系列细化若干渐进反复的过程,而生成有效解决方案的迭代方法。

如图10-4所示,RUP方法采用二维结构来表达系统开发的过程,横轴代表系统建设的时间,纵轴则代表建设过程中的各种工作流(Workflow)。系统建设的生命周期仍然被划分为多个阶段(Phase),其中主要包括初始(Inception)、细化(Elaboration)、构造(Constrcution)和交付(Transition)四个阶段。每个阶段中包含一个或多个迭代过程,通过迭代实现逐步求精。

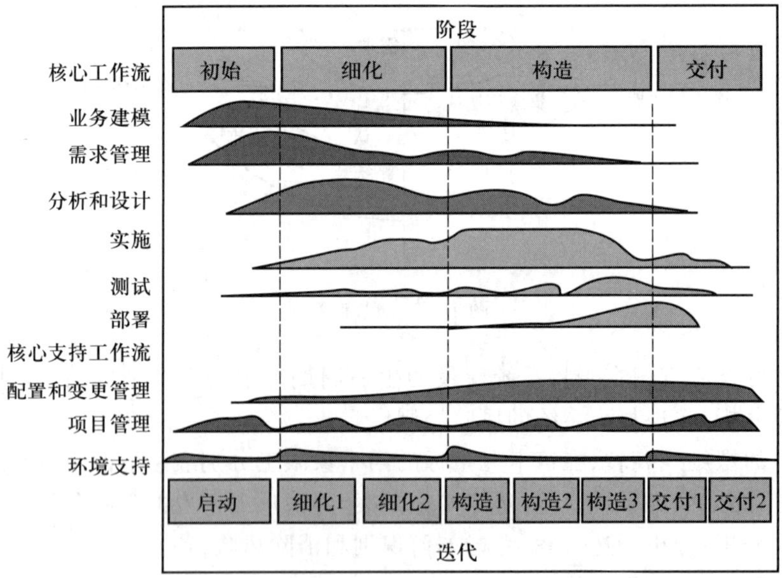

图10-4 RUP迭代过程[153]

在整个建设过程中,各种工作流贯穿于多个阶段,图形中的波动曲线反映了各种工作流在不同阶段工作量的差异。

从而工作流与时间进程被分别置于两个维度上,而不像瀑布模型那样将时间进程与工作任务严格对应起来,因而也就能够更好地克服一维结构中的高风险。

在这种迭代过程的思想基础上,IBM Rational试图对系统开发过程的各方面要素制定出清晰的规范,并将之纳入RUP之中,进而提供完整的规范文档和计算机辅助软件工程(Computer Aided Software Engineering,CASE)工具以支持RUP方法的实践。其规范和工具所涉及的内容主要包括以下六个方面:

（1）迭代的开发过程：定义开发过程中的各个阶段、迭代过程、工作流以及里程碑。

（2）需求管理：描述了如何提取组织所需要的功能和限制，并用文档对之加以表述。

（3）用基于组件（Component）的体系结构：描述了如何设计灵活的、可容纳修改的、直观、便于理解的并且能够实现有效软件重用的弹性结构。组件指的是面向对象的、功能清晰、可重用的软件代码模块。

（4）可视化软件建模：使用图形化的方法来进行需求建模、体系结构和组件的架构及行为的设计。

（5）验证软件质量：将质量的评估工作嵌入开发的过程当中，在整个生命周期中不断进行多层次的系统测试。

（6）控制软件变更：描述了如何控制跟踪和监控修改以确保成功的迭代开发。

RUP 方法与统一建模语言 UML 有着十分密切的联系。UML 作为一种图形化建模标准，对 RUP 方法的各个步骤和各层面规范均能够提供良好的支持。因而使用 RUP 方法管理的系统建设项目，通常会采纳 UML 作为建模手段。同时，IBM Rational 为 RUP 提供了完整的规范文档，用以作为 RUP 实践的指南。

10.1.2 商务建模

商务建模（Business Modeling）是通过系统模型和方法描述企业（或组织）的状况（见图 10-5）。这种描述一方面可以使企业管理者和决策者在制定信息战略和进行信息管理时，对企业中的实体或对象及其之间的关系和行为、业务流程、商务规则（Business Rules）等获得较为准确的把握；另一方面使项目经理和系统开发人员在管理和实施信息系统项目时有比较规范的依据基础。

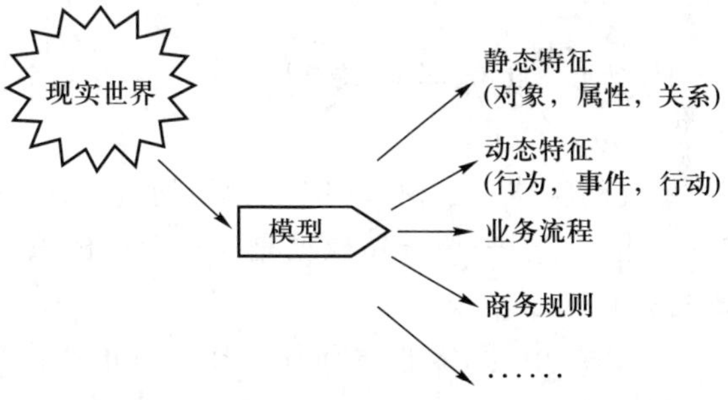

图 10-5 商务建模

具体来说，商务建模主要包括如下内容：

（1）静态特征。静态特征反映现实世界中“有什么”或“是什么”，如有关的对象、对象的属性、对象之间的关系等。

（2）动态特性。动态特性主要反映现实世界中的对象在“做什么”，如对象的行动（包括并发性、多发性、次序等）和发生的事件等。

（3）业务流程。业务流程主要反映业务的过程、处理逻辑、输入-输出关系、投入产出转换等。

（4）商务规则。商务规则反映企业运作的特定约束和条件，如游戏规则、完整性约束等。

应当指出，实际应用中的建模方法非常多，其中不乏极为优秀且经过大量实践检验的方法。本章涉及的只是其中若干具有较强代表性的例子。对于更多的方法，读者可参考有关建模的专门著作。

用于商务建模的软件工具也已经达到了很高的水平。例如，用于静态建模的 ERWin，用于商务流程建模的 IRIS Tools,通用建模工具 Rational Rose 等[151],都得到了广泛的应用,发挥了深远的影响。这些软件工具源于建模思想,反过来也对建模方法的发展产生了巨大的促进作用。

10.2 静态建模

在进行商务建模时,首先要进行静态建模。具体的建模方法有许多,但是在实际应用中使用最为广泛,同时在理论上也最为成熟的是实体关系(Entity Relationship,ER)模型方法。ER 模型可以很好地对企业中的对象进行抽象和描述,并通过实体、关系、属性这些概念对企业的静态特点进行归纳。随着 ER 模型和相关的概念不断地丰富和扩展,进而出现了增强实体关系(Enhanced Entity Relationship,EER)模型。

ER 模型最早是在 1976 年由 P.P.Chen 提出的[154],此后就一直在一些领域中扮演着重要的角色,如数据库设计、信息系统分析以及面向对象的方法等。从此之后的几十年,许多不同的研究人员在此基础上又做了大量研究,并提出了很多新的概念,丰富了原有的 ER 概念模型,逐渐形成了增强实体关系模型,或者也称为扩展实体关系模型(Extended Entity Relationship Models)。这些成就使得 ER/EER 作为一种可以应用于许多方面的概念模型,极大地增加了其有用性和可表达性。[155]

10.2.1 实体关系模型

传统的实体关系模型(ER 模型)通过实体、关系和属性三个方面来对现实世界中的对象进行描述。一般来说,ER 模型是通过图形标识来表示,称为 ER 图。图 10-6 展示了基本的 ER 图中的符号。

图 10-7 中的 ER 图显示了一个大学的静态数据模型,从这个模型中可以看到如下的一些基本信息:

(1) 大学是按照系组织而成的。每个系都拥有一个唯一的名称、一个唯一的编码,以及一个对系进行管理的系主任。而一个系可以拥有数个办公教学地点。

(2) 教师在行政上属于一个系,其他需要记录的属性包括姓名、ID#(教师编号)、地址、性别、薪水以及生日。教师存在层次组织结构,每个研究或教学小组都由一个组长领导。

(3) 教师教授课程,这些课程都有课程名称、一个唯一的课程编号、课时、教授学生最大容量以及所分配的教室。

(4) 每个学生都被分配到系,并会选修若干课程,课程成绩作为专门的属性保存。另外要保存学生的姓名、学号、性别、生日以及地址。此外,每个从事论文工作的学生还会有一个教师作为他的导师。

(5) 通常,出于人事管理和医疗保险等需要,学校还记录教师家属的有关信息,比如家属名称、性别、生日、和该教师的关系。

下面将分别围绕实体、属性和关系三个基本概念来介绍 ER 模型。

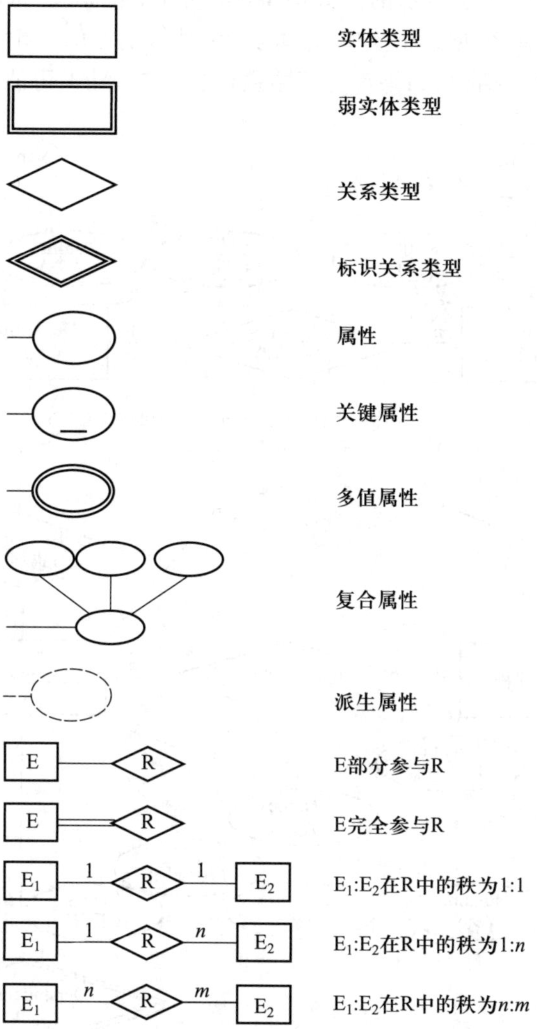

图 10-6　ER 图符号

1. 实体

一个实体就是现实世界中的一个“事物”，它具有独立存在性，比如一个特定的学生或是一门特定的课程。每个实体都具有它自己的身份，以及一些用来标志自己的性质。一类具有相同性质的实体就构成了一个实体类型（Entity Type）。一般来说，一个实体类型包含了一组相似的实体。当对某个实体类型的概念进行引用时，它所包含的每个实体经常是作为一个实体实例（Entity Instance）被引用的。

在 ER 图中（见图 10-7），一个实体类型通常用一个中间写有实体类型名称矩形框来表示。例如，学生、课程、教师和系就是在大学 ER 图中所表示的四个实体类型。请注意，这四个实体类型的每个具体的实体实例都具有独立的存在性。然而，并不是所有的实体都能够独立存在，或是能够完全通过自己来确认存在。我们将依赖于其他实体而存在的实体称为弱实体（Weak Entity），或称依赖实体。例如，一个教师的子女，在整个大学的 ER 图中就是弱实体。一类相似的弱实体就构成了一个弱实体类型。在 ER 图中，一个弱实体类型是用中间写有名称的双线矩形框来表示的。如图 10-7 所示，家属（Dependent）就是一个和实体类型教师相关的弱实体类型，而教师实体类型则被称为是弱实体类型的标志主体（Identifying Owner）。换句话说，如果没有标志主体，弱实体是不可能存在的。

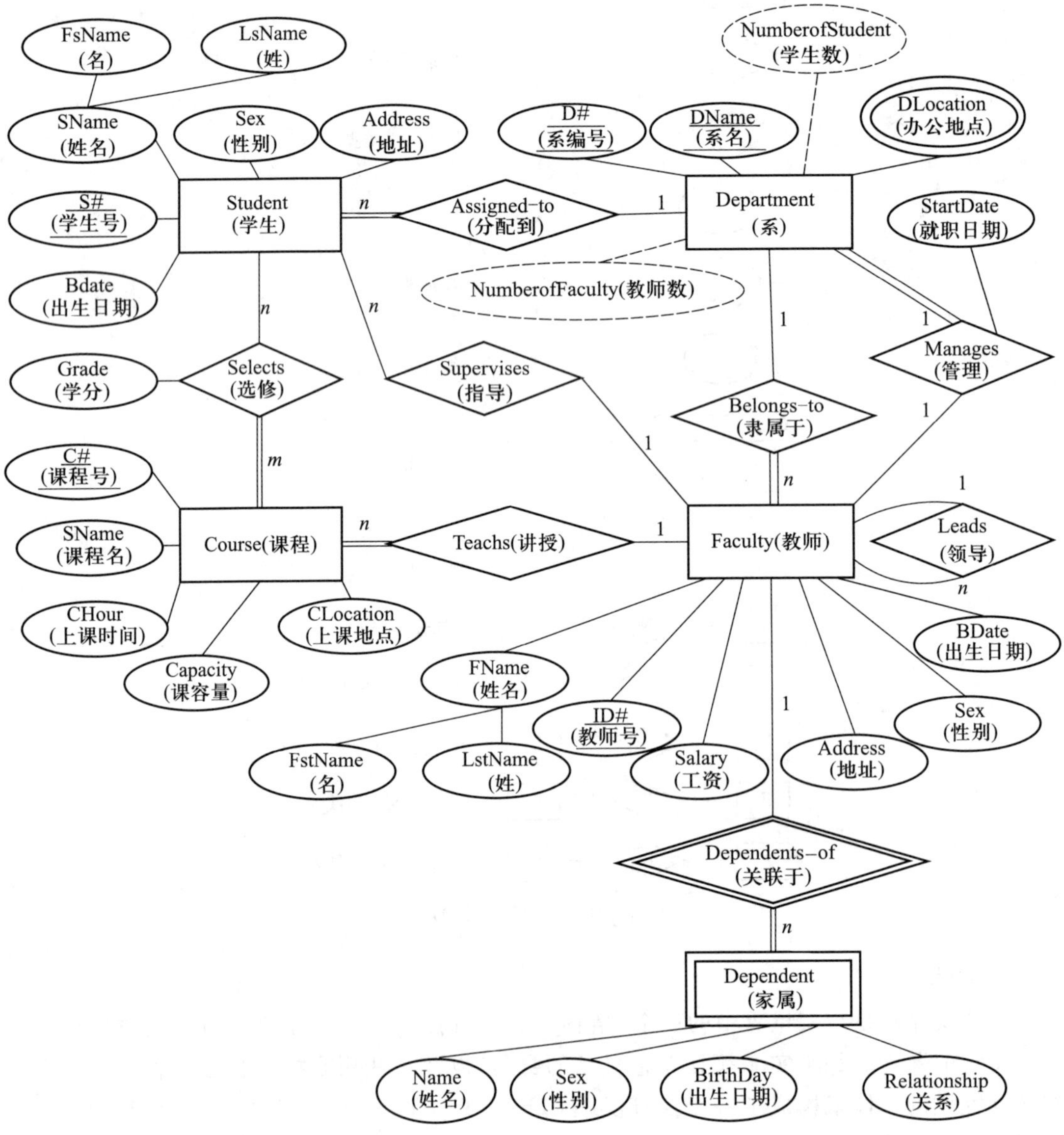

图 10-7 一个大学的 ER 图

2. 属性

属性用来描述实体的性质。例如，一个教师实体就是通过姓名、ID#（教师编号）、性别、生日、地址以及薪水来进行描述的。更加精确地说，属性（或属性名称）是和实体类型相关的，而属性值是和实体实例相关的。这样，对于一个特定的实体，它的每个属性都会有一个特定的属性值。一般来说，一个实体会有一个属性值和其他每个实体有所不同。这样的属性被称为该实体类型的关键属性（Key Attribute）。关键属性的值用于对实体进行唯一标志。

例如,ID#就是实体类型"教师"的关键属性,C#(课程编号)就是实体类型"课程"的关键属性,而D#(系编号)就是实体类型"系"的关键属性。有时一个实体类型可能会有不止一个关键属性。对于实体类型"系",如果假定没有任何两个系被允许有相同的名称,DName(系名称)就是另一个关键属性。在ER图中,属性名称被放在椭圆中,并通过直线与它的实体类型连接起来。如果是关键属性,则在椭圆中的名称下加上下划线。图10-7中给出了这些图示。

属性可以被归为6类,分别为单值属性(Single-valued Attribute)、多值属性(Multi-valued Attribute)、简单属性(Simple Attribute)、复合属性(Composite Attribute)、存储属性(Stored Attribute)和派生属性(Derived Attribute)。

对于一个特定的实体实例来说,如果它的一个属性只有一个值,则该属性被称为单值属性。如果一个属性有不止一个属性值,则该属性被称为多值属性。单值属性的一个最为典型的例子就是,实体类型"人"的属性"年龄"。因为对于每个不同的人,年龄的取值只有一个。而多值属性的例子就是实体类型"人"的属性"外语"。某人可能根本就不会说任何外语,而有的人可能会说一门外语,还有的人可能会说两门以上的外语。在ER图中,多值属性是用双线椭圆来表示的。在图10-7中,DLocation(系所位置)就是一个多值属性,这是因为一个系可能会拥有不止一个地点。

那些不可分的属性称为简单属性。简单属性可以理解为是独立的"原子",是不可再分的,用来表示它自身的含义。而可以被分成多个的组成部分的属性称为复合属性。复合属性的每个组成部分不但具有它自身的含义,而且还可以进一步被分为更小的子部分,而这些子部分可能是"原子"也可能是可以再分的。一般来说,一个复合属性可以通过一个子部分的层次结构(如树状结构)来表示,由构成子部分的简单属性作为叶子节点。需要注意的是,简单属性与复合属性之间的区别和具体的应用环境和背景情况有关。在建模时,有时需要对某个复合属性作为一个单元进行引用,有时又需要对它的组成部分进行引用。如果不需要对某个复合属性的某个组成部分进行引用,则可以将该复合属性(整体)指定为简单属性。图10-8为复合属性"地址"的层次结构图。

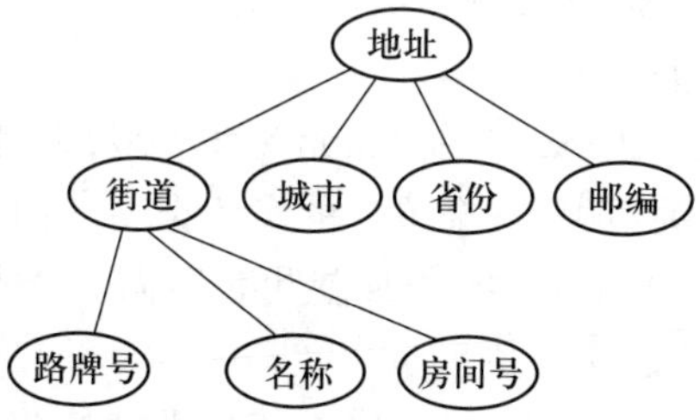

图10-8 复合属性"地址"的层次图

在ER图中,复合属性用椭圆树来表示,在根椭圆中是复合属性的名称(相应的实体类型用直线相连),而其他的椭圆中则是其组成部分。例如,SName(学生姓名)和FName(教师姓名)就分别是实体类型Student和Faculty的复合属性,它们都可以被分成FstName(姓)和LasName(名)(见图10-7)。在某些情况下,一个属性的值可以从其他属性的值或相关的实体或关系中获得,这样的属性被称为派生属性。那么,生成派生属性的(非派生)属性称作存储属性。一个派生属性的例子就是实体类型"人"的属性"年龄",该属性值是可以从当前的日期和属性"生日"的值中计算得到。在这种情况下,"生日"就是存储属性。进一步来说,NumberofFaculty也是Department的派生属性,因为它的每个值都可以通过对隶属于每个系所的教师进行统计得到。在ER图中,派生属性用虚线椭圆进行表示。例如,在图10-7的大学ER图中,有两个派生属性,NumberofFaculty(教师数量)和NumberofStudent(学生数量)。

除了以上介绍的与单个实体类型相关的属性之外，还有一些属性是同时和多个实体类型相关的。换句话说，这些属性的含义在于实体类型之间的关系上。一个具体的例子就是关系 Selects 的属性 Grade。一个 Grade 的属性值就同时和一个特定的学生和一门特定的课程相关。下面将会对关系进行讨论。

3. 关系

所谓关系就是实体之间的联系。连接不同实体类型的关系类型就定义了一个关系集合（或是关系实例集合）。对于一个关系类型，每个相关的实体类型都被称为参与实体类型（Participating Entity Type）。同样，参与实体类型的每个实体实例也被称为参与实体（Participating Entity）。一个关系实例一定会包含每个参与实体类型的一个实体，这实际上反映了这样一个事实，即参与在该关系实例中的实体在它们对应的现实世界中是以某种方式相互联系的。在 ER 图中，每个关系类型以菱形框表示，在框中是关系的名称，而且它通过一条直线和表示参与实体类型的方框相连。例如，在图 10-7 中，实体类型 Student 和 Course 参与关系类型 Selects 中，它所表达的现实世界中的语义是“学生选课”。另外，如果一个关系类型将一个弱实体类型连在它的主实体类型上，则该关系类型被称为标识关系类型（Identifying Relationship Type）。在 ER 图的图例中，一个弱实体类型的标识关系类型用一个双线菱形框表示，框内为标识关系类型的名称。例如，Dependents-of 就是一个标志关系类型，因为它将弱实体类型 Dependent 连到其主实体类型 Faculty 上（见图 10-7）。

一般来说，如果一个关系类型与 n 个实体类型相关联，这样的关系类型被称为 n 元关系类型。于是，一个和 n 个参与实体相连的关系就被称为 n 元关系。在具体应用中，二元关系类型能够表达相当部分的现实世界中的语义。一般而言，多元关系也可以被分解为多个二元关系的组合。[156]

此外，有一种二元关系类型，它是将一个实体类型和该实体类型自身连接起来。在这样的关系中，这个单一的实体类型的两个实体实例将分别扮演不同的角色。例如，在图 10-7 中，关系类型 Leads 就代表由同一个参与实体类型 Faculty 所表示的小组领导和下属（小组成员）之间的关系。

值得指出的是，有两种类型的关系约束（Relationship Constraints）反映了现实世界中在关系结构上的商务规则（Business Rules）：一个称为参与约束（Participation Constraints），另一个称为秩（Cardinality）约束。

参与约束经常也被称为完整性约束。如果实体类型 E 的每个实体值都参与了对应的关系 R，则 E 被称为完全参与了 R。如果 E 中至少存在一个实体值 e 没有参与关系 R，则称 E 部分参与 R。例如，如果每个学生都必须选至少一门课程，而有些课程可能没有人选，则实体类型“学生”完全参与关系类型 Selects，而实体类型“课程”部分参与关系类型 Selects。

关于关系的另一个约束是秩约束，它是指相联系的实体之间的对应数目。实体类型 E 和 F 之间的关系类型 R 可能会有 1 : 1、1 : n 或 n : m 的关系，具体表示如下：

（1）一对一的对应关系（1 : 1）：对于 E 中每个值 e，最多在 F 中有一个值和 e 相对应；反之亦然。

（2）一对多的对应关系（1 : n）：对于 E 中每个值 e，在 F 中可能存在不止一个值和 e 相对应，而对于 F 中的每个值，最多在 E 中有一个值和 F 相对应。

(3) 多对多的对应关系($n:m$)：对于 E 中每个值 e，在 F 中可能不止一个值和 e 相对应；反之亦然。

在 ER 图中，前面所说的一个实体类型如果完全参与关系类型则由双线将实体类型(矩形框)和关系类型(菱形框)连接起来，而部分参与则由一条直线将实体类型和关系类型连接起来。另外，对应比例 1：1、$1:n$ 或 $n:m$ 中"："两边的数字将分别放在菱形框的两边。具体地，一个 $1:n$(一对多)关系类型 $R(E_1,E_2)$ 是将 1 放在靠 E_1 这一边，而将 n 放在靠 E_2 这一边，这就表示了对于 E_1 中的实体实例 e_1，在 E_2 中会有多个实体实例和 e_1 相对应，而对于 E_2 中的实体实例 e_2，在 E_1 中只有一个实体实例与之相对应。图 10-7 展示了如何表示这些关系约束。由于每个给定的课程必须被学生选中而且必须被教师所教授，因此 Course 完全参与了 Selects 和 Teaches。同样每个学生必须属于某个系，每个教师也必须属于某个系，而每个系必须要有教师以及每个系都要有一个系领导来管理。这些约束就分别是 Assigned-to 关系中的 Student 的完全参与，Belongs-to 关系中的 Faculty 的完全参与，以及 Manages 关系中的 Department 的完全参与。另外，每个弱实体天然就有一个主体实体，所以任何弱实体类型都是完全参与对应的标志关系类型。在图 10-7 中，Dependent 就完全参与关系 Dependents-of。

以上所给出的完全参与的情况在 ER 图中都是用双线表示的，而图中的单线则表示了部分参与的情况。具体来说，一个学生可以不选课程而只是在导师的指导下进行论文研究，所以 Student 是部分参与了关系 Selects。一个学生也可能没有任何导师而只有他所选课程的任课教师。在这种情况下，Student 部分参与了关系 Supervises。通过同样的方法可以分别确定 Supervises 关系中的 Faculty 的部分参与，Assigned-to 关系中的 Department 的部分参与，Teaches 关系中 Faculty 的部分参与，Dependents 关系中的 Faculty 的部分参与，以及 Leads 关系中 Faculty 的部分参与。请注意，部分参与或完全参与是和背景、环境有关的，在描述时必须保证能够较好地反映实际情况。例如，如果大学规定不允许有系是纯研究机构，即只有教师而没有自己的学生，换言之，如果每个系必须拥有学生，则 Department 就是完全参与关系 Assigned-to。

而由对应关系($1:1, 1:n, n:m$)表示的秩约束同样也和背景环境有关。例如，现在有一条规则要求每门课程必须由一名教师来教授，这就形成了 $1:n$ 的关系。如果可以不止一个教师成员讲授一门课程，则对于 Course 和 Faculty 来说，$n:m$ 的对应关系可能更加适合。类似地，在 Department 和 Faculty 之间的 Manages 关系的 1：1 对应就反映了每个系是由一个系领导管理的，而每个系领导只能管理一个系。如果大学改变了这个规则，使得一个系领导可以管理不止一个系所，则在以上的 ER 图中的 Faculty 和 Department 之间的 Manages 关系对应为 $1:n$。

10.2.2 增强实体关系模型

增强实体关系(EER)模型的概念是随着在对更加复杂的应用进行建模时，为了能够满足对现实世界中的语义进行更加丰富的表达而产生的。EER 模型是对上一节中的 ER 概念进行扩展而形成的。本节将简要地介绍子类和超类(Subclass & Superclass)、特殊化和一般化(Specialization & Generalization)、共享子类和目(Shared Subclass & Category)等概念以及相应的 EER 图。

子类实际上也是实体类型,只是它被定义为另一个实体类型的实体实例的子集。例如,实体类型 Student 中的实体既包括作为研究生的实体,还包括作为本科生的实体。这两个子集就可以分别表示为 Student 的两个子类,GraduateStudent 和 UndergraduateStudent。相应地,子类所属于的那“另一个”实体类型就称为该子类的超类。例如,Student 就是 GraduateStudent 和 UndergraduateStudent 的超类。这样,一个子类的每个实体实例一定是它的超类的实体实例。然而,反过来并不成立:超类中的实例并不一定是它的某个子类中的实例。例如,Employee 的实体可能不属于它的任何一个子类,比如秘书、技术员和工程师。[157] 在 EER 图中,子类和它的超类用图 10-9 的方式表示。

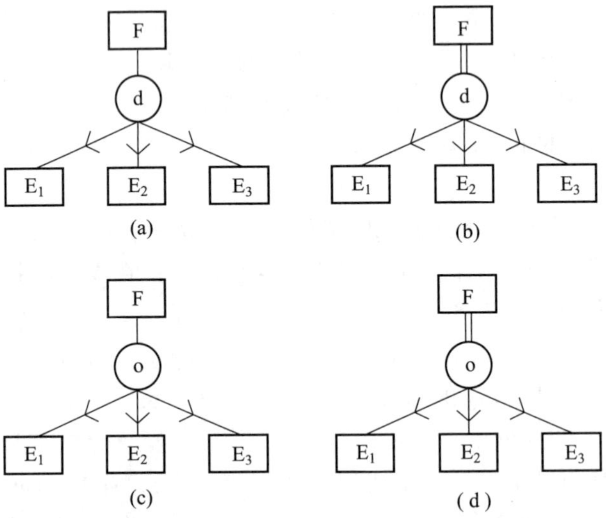

图 10-9 子类和超类

图 10-9 中的四种情况都表示了一个超类 F 有三个子类,分别为 E_1、E_2 和 E_3。在图 10-9(a)中,对于超类 F,子类 E_1、E_2 和 E_3 是分割开的(Disjointed),这说明了超类 F 的任何一个实体实例最多是它三个子类 E_1、E_2 或 E_3 的实体实例之一。对于图 10-9(b),这也同样成立。(a)和(b)的唯一的不同之处是,在(a)中,超类 F 中可能会存在某个实体实例不属于它的任何一个子类 E_1、E_2 和 E_3,而在(b)中,超类 F 中的任何一个实体实例都必须属于它的某一个子类 E_1、E_2 或 E_3。前面一种情况的一个具体例子就是超类 Student 和它的子类 GraduateStudent 和 UndergraduateStudent,可能会有一些学生(例如,一个在进行管理培训的博士后)既不是研究生,也不是本科生。而后面一种情况的具体例子就是超类 Institution 和它的两个子类 Department 和 Administration,则 Institution 中的每个实体都是一个组织单位,它要么是 Department 的成员(如 MIS 系),要么是 Administration 的成员(如人事处)。

图 10-9(c)和图 10-9(d)则表示了另一种情况,它表示对于超类 F,子类 E_1、E_2 和 E_3 之间会有重叠(Overlapping)。这就是说,超类 F 中会有某个实体实例属于两个以上的子类。

举例而言,一个超类 Person 有两个子类分别为 Student 和 Employee,则会存在某个特定的人是正在攻读博士学位(比如博士生)的大学员工(比如助教)。请注意图 10-9(c)和图 10-9(d)之间的不同和图 10-9(a)和图 10-9(b)之间的不同是一样的,它们都是分别用单线或是双线来将超类方框和圆圈连接起来。

将一个实体类型定义为数个子类的过程称为特殊化(Specialization);而将数个实体类型定义为一个超类的过程称为一般化(Generalization)。可以发现,这两个过程是可逆的,如图 10-9 中的情况既可以看成为 F 的特殊化{E_1,E_2,E_3},也可以看成是 E_1、E_2 和 E_3 的一般化 F。具体地说,图 10-9(a)和图 10-9(c)表示了部分一般化(Partial Generalization)和部分特殊化(Partial Specialization),而图 10-9(b)和图 10-9(d)则表示了完全一般化(Total Generalization)和完全特殊化(Total Specialization)。另外,对于一个超类,可以定义多个特殊化,每个特殊化都是基于超类的某个特定的性质。例如,基于学习程度,"学生"可以特殊化为"研究生"和"本科生",而基于学习时间,"学生"可以特殊化为"全日制学生"和"非全日制学生"。于是,对于同样的超类"学生",可以得到两个特殊化的结果,即研究生和本科生,以及全日制学生和非全日制学生。

接下来考虑如下一种情况,即子类可能有不止一个超类的情况。这里需要介绍两个概念——共享子类和目。所谓共享子类就是指一个子类有不止一个超类,而共享子类中的每个实体都同时属于它的所有超类。例如,一个担任助教职务的学生既是学生又是工作人员。这样,StudentAssistant 类中的实体既是 Employee 的成员又是 Student 的成员。换句话说,StudentAssistant 是两个超类——Employee 和 Student 的交集的子集。而与共享子类不同的是,目虽然也是有多个超类的子类,但是目中的每个实体属于至少一个超类,而不需要同时属于所有的超类。例如,一个项目组成员可以是学生也可以是教师,这就意味着 ProjectMember 中的实体可能是 Student 或是 Faculty 类中的成员。从另一个方面考虑,ProjectMember 是两个超类 Student 和 Faculty 的并集的子集。在 EER 图中,共享子类和目表示为图 10-10 中的形式。

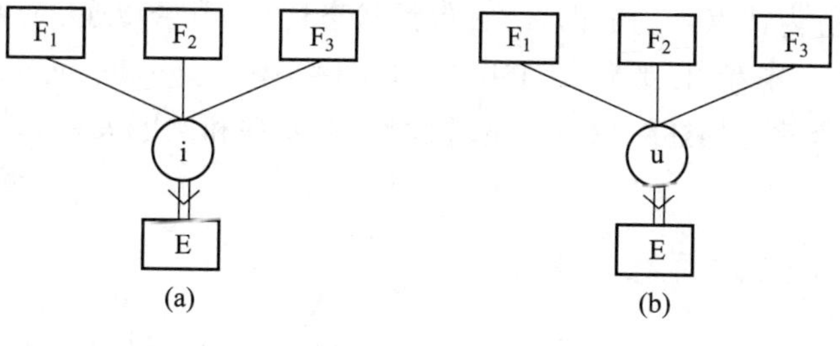

图 10-10 共享子类和目

注意图 10-10(a)的圆圈中的符号 i 表示交集(Intersection),这代表了共享子类的概念;而在图 10-10(b)的圆圈中的符号 u 表示并集(Union),这代表了目的概念。有时为了简洁,在交集的情况下,符号 i 和包含它的圆圈可以省略掉。

下面给出一个 EER 图的实例(见图 10-11),图中有了一些可以添加到图 10-7 上的组成部分。但是为了简化问题,在该图中没有画出属性。

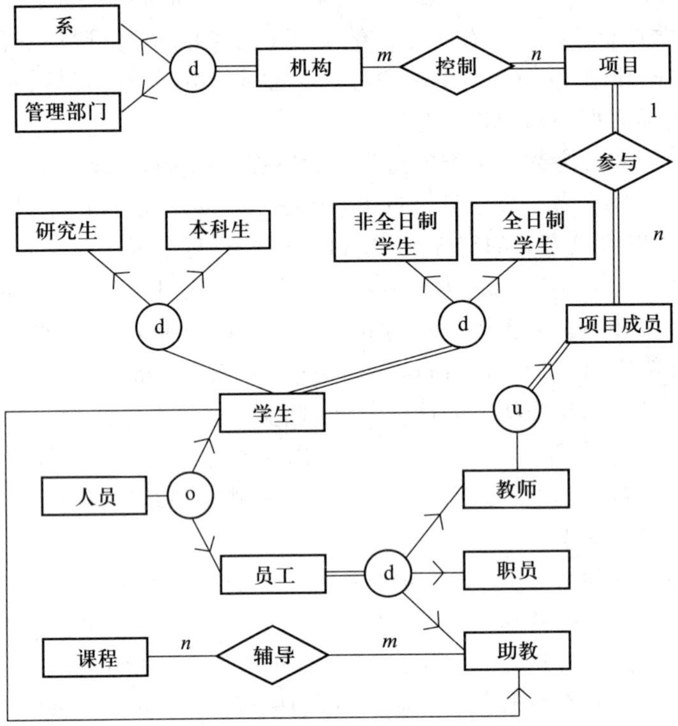

图 10-11　大学 EER 图

10.3　动 态 建 模

所有事物均可以被表达为两个方面:静态结构和动态行为。动态模型反映了现实世界中的实体或对象的行为特点。一般而言,它包括状态迁移、消息传递、对象生命周期、序列与协作等方面的描述。本节主要介绍 JSD(Jackson System Development)方法中的对象模型[158],该模型能够有效地描述对象行为的并发性、多发性和次序关系。

10.3.1　JSD 模型

如图 10-12 所示,JSD 建模方法旨在描述现实世界中对象的动态行为以及与其相关的系统功能。JSD 模型结构及其搭建是一种由里向外的滚雪球式的过程。最核心的部分是 JSD 对象模型(又称核心模型),刻画对象的行为。系统的功能则通过功能模型进行刻画。这种刻画可以通过与对象模型以及其他层次上的功能描述进行语义联系和模型连接来完成。由于系统中的对象与功能相比具有相对的稳定性,所以这种以对象模型为核心的由里向外的构架具有系统适应性(即适应变化的能力)的优点。

JSD 对象模型首先标识出对象所执行或被执行的行动(Action),然后通过(且仅通过)三种基本构件来刻画行动的模式(即行为)。JSD 的三个基本构件是:顺序、选择、重复。

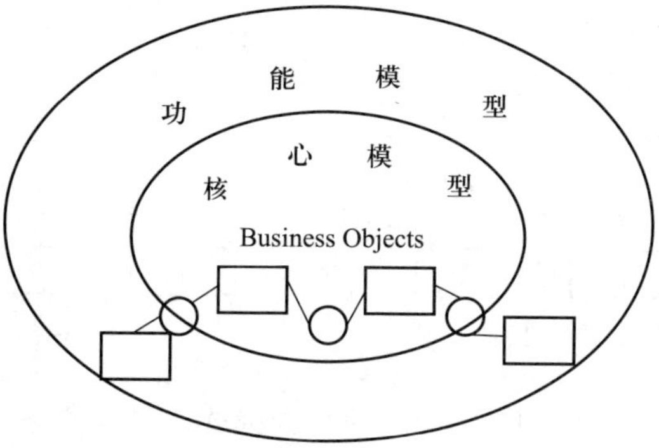

图 10-12 JSD 模型

图 10-13(a)刻画了顺序的含义:A 被称作是一个顺序,其中 B、C、D 依次发生,且各仅发生一次。图 10-13(b)刻画的是选择,其含义为:A 可被称作是一个选择,其中 B、C、D 之一发生且仅发生一次。图 10-13(c)刻画的是重复,它的含义是:A 可被称作是一个重复,其中 B 可以发生零次、一次或多次。典型的 JSD 对象模型就是由若干个树状结构图组成的,每一个树状结构图都是通过(且仅通过)上述三种基本构件组合搭建而成的。通常树根是对象,树叶是对象所执行或被执行的行动,中间结点是其下属结点的语义概括。这样一个树状结构反映的是一个对象(类)在其生命周期内的行为模式。

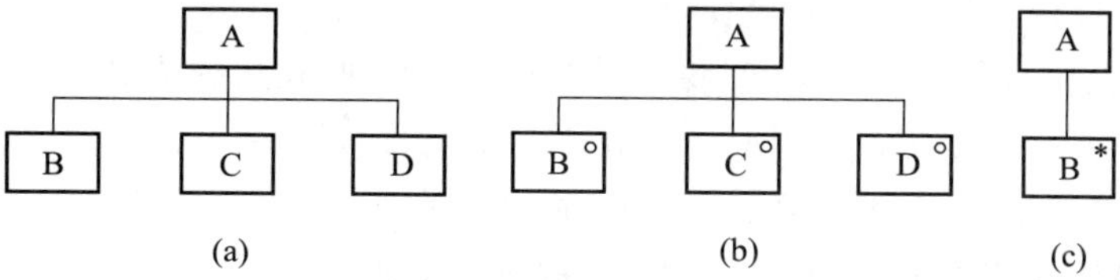

图 10-13 对象模型的基本构件

10.3.2 JSD 建模

以下将通过两个简单的例子来介绍 JSD 的建模要点。

银行的顾客可以开账户、关账户、存款和取款。通常一个顾客一生中可以同时开多个账户,并对这些账户进行多次存、取、关的操作。如何描述相关对象(如顾客)的行为呢?

首先标志对象——顾客,以及其执行的行动——开、关、存、取。一般来说,对象名称采用名词,行动采用动词。接着对顾客的行为进行描述。

先考虑图 10-14。该图的结构可被解读为:一个顾客一生中开一次账户,接着存款一次,接着取款一次,最后关账户。显然,该图没有很确切地反映"多次、同时"的语义。

一个改进的结构图如图 10-15 所示。此时,一个顾客可以多次开账户了,并对其进行存、取、关等操作。但是,在开另一个账户之前,必须关闭前一个账户。而且,每开一个账户之后,只能存一次、取一次,然后关账户。显然,上述描述仍然不合理,虽然体现了一定的多发性(多次),但没有体现并发性(同时)。图 10-15 中的中间结点"业务"的引入使得顾客行为成为一种重复,进而使得多发性成为可能性,但由于"业务"本身是一种顺序,故而限制了行动发生的并发性。

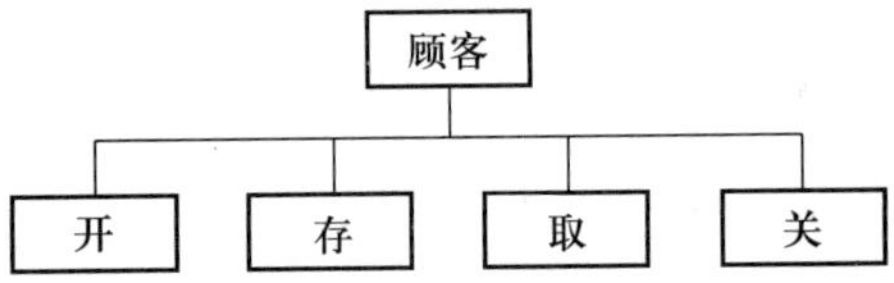

图 10-14 银行顾客行为 1

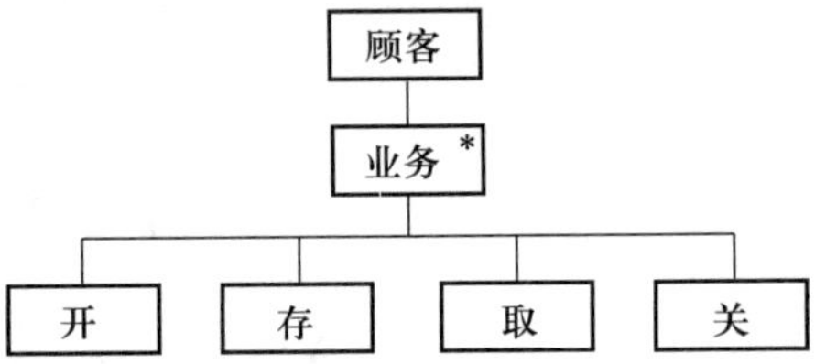

图 10-15 银行顾客行为 2

进一步的改进导出了图 10-16 所反映的行为模式。具体说来,一个顾客的行为从他第一次开账户就开始了。整个行为的结束是通过执行一生中最后一个关账户操作来实现的。当然也可以采用单独的“开始”和“结束”行动来表示整个行为的起始和终止。图 10-16 中,顾客执行了第一个开操作之后,便进入了“业务”。此“业务”是一个由“业务体”构成的重复。而“业务体”是一个由开、存、取、关构成的选择。这样,行为的并发性和多发性都可以体现出来。一个顾客一生中可以多次并且任何时候对相同账户或不同账户进行开、关、存、取操作。

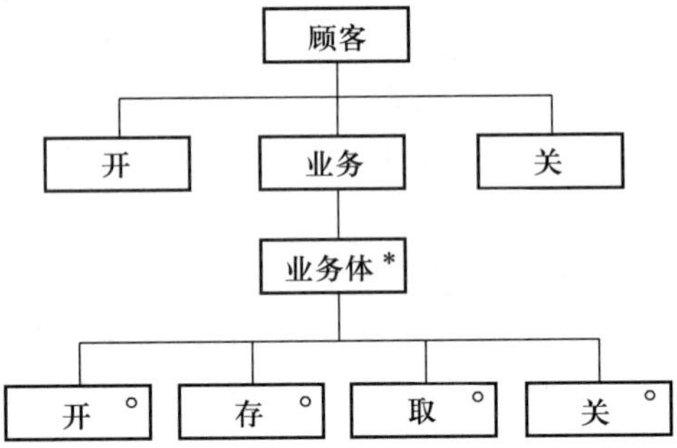

图 10-16 银行顾客行为 3

例如,下列的事件序列 E_1、E_2、E_3 将都满足图 10-16 所表达的语义。

- E_1:开 A_1,存 A_1,取 A_1,取 A_1,存 A_1,存 A_1,存 A_1,取 A_1,关 A_1。
- E_2:开 A_1,存 A_1,开 A_2,存 A_2,存 A_1,取 A_2,关 A_2,取 A_1,关 A_1。
- E_3:开 A_1,开 A_2,开 A_3,存 A_2,存 A_1,取 A_1,存 A_3。

上述三个事件序列例子中,事件 E_1 反映在开账户 A_1 之后,可以对其进行多次存取操作,直至关闭账户 A_1。事件 E_2 反映在开账户 A_1 之后,关 A_1 之前,可以同时对另一账户 A_2 进行开、关、存、取操作。事件 E_3 反映一个顾客可以同时开三个账户 A_1、A_2、A_3,并且均未被关闭。感兴趣的读者还可以根据自己在银行的经历,举出许多事件的例子来表达各种不同行动发生的模式。进一步说,图 10-16 具有很强的并发性和多发性方面的表达能力,开、关、存、取操作可以任意次数地交叉进行。

值得一提的是,前面提到某一事件 E 满足模型 M 所反映的语义,也就是说该事件 E 对于模型 M 来说是合法的(Valid)。例如,事件 E_1、E_2、E_3 对于图 10-16 所表达的模型来讲都是合法的。而对于事件 E′(E′:存 A_7,取 A_7,关 A_7),如果它是某一个顾客一生中的第一个事件,则 E′就不是合法的,因为它不满足图 10-16 所表达的语义,即对于任一个顾客而言,其一生中的第一个行动必须是“开”。而如果 E′是关于此顾客的一个后续事件,则 E′对于图 10-16而言是合法的,因为该事件的行动组合是此顾客一生中所有合法行动集合的一个子集(片段)。

虽然在上例中图 10-16 较好地反映了顾客行为的并发性和多发性,但细心的读者可能会想到一些涉及行动之间的次序问题。例如:

(1) 要求在开账户之后一定要有一个基数存款;

（2）关账户的操作应该是在开此账户之后；

（3）存或取操作应该在相应的开、关操作之间。

对于第一个问题，如果可以把此基数存款看作开账户操作的一部分，则图 10-16 保持不变。如果物理上是两个独立的操作，则需要分别通过开和存来表示。这样的话，图 10-17 可以是一个改进的方案。

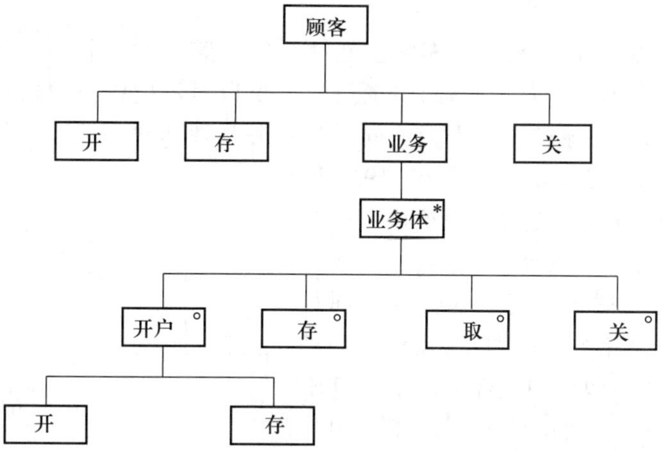

图 10-17 银行顾客行为 4

这里的一个基本假设是，开户时的开、存操作是两个时间上间隔很短的行动。换句话说，执行这两个行动之间，该顾客不会去执行涉及其他账户的操作。进一步，如果假定顾客现在是在某种银行电子商务模式下开账户，他可以在家中通过网络进行操作。这时，他就有可能在开某一账户没有完成的情况下，去对其他账户进行操作（如：前一账户操作速度过慢；或者想从其他账户中取款，以作为此账户的基数存款；等等）。对于这种顾客行为，图 10-17 则显得不够合理，因为图 10-17 中两处开户顺序操作（即：开，存）在完成之前，不允许执行其他操作。相反，图 10-17 可以保证在模式下的并发性。而开户的（开、存）次序性问题，与问题（2）和（3）是同类型问题。

问题（2）和（3）强调在顾客的行动之间，不仅存在并发性和多发性，还存在次序关系。那么，可以在顾客行为中描述问题（2）和（3）中所提出的次序关系吗？感兴趣的读者可以尝试着在顾客行为中进行描述。以图 10-16 为例，很显然，事件（开 A_2，关 A_1，开 A_1）和事件（开 A_1，关 A_1，存 A_1）都符合图 10-16 的语义，但行动次序关系上却是不合理的。

遗憾的是，在顾客的行为中描述对账户操作的次序关系几乎是不可能的。原因主要有两方面：一方面，行动间的次序关系一般是通过顺序这一基本构件实现的。当在一个顾客的行为中使用顺序构件，就意味着在执行顺序的诸行动时，必须依次执行，其间不允许有并发性（这是由顺序的定义决定的）。另一方面，在顺序执行诸操作时，甚至如图 10-14 和图 10-15也不能保证同一账户之间的次序关系。如事件（开 A_1，存 A_2，取 A_3，关 A_4）对图 10-14，以及事件（开 A_1，存 A_2，取 A_3，关 A_4，开 A_1，存 A_4，取 A_4，关 A_4）对图 10-15 来讲分别都是合法的，但显然是不合理的。

实质上所谓并发性和多发性以及次序关系是针对同一组行动的两个对象而言的。一组行动是指开、关、存、取，两个对象分别指顾客和账户。这里，顾客执行这些行动，账户被执行这些行动。换句话说,顾客是将这些行动作用于账户。在JSD模型中,账户这种对象被称作是袋生实体(Marsupial Entity)。实际上顾客与账户两者是一种1∶n的关系(见图10-18)。

图10-18 顾客和账户的关系

进一步分析可以发现,并发性与多发性是对一个顾客而言的,而次序关系是对一个账户而言的。由于一个顾客可以对多个账户进行操作,所以对不同账户的操作在顾客行为中是交错的,由此也导致了在顾客行为中无法同时描述并发性和次序关系。具体的次序关系只有在账户行为中才能得到体现(见图10-19)。

值得一提的是,通过前面的行为结构图所描述的行为均是指一个典型对象的行为。而且,顾客与账户之间的行为联系是通过他们的共同行动来反映的。另一个相关的问题是,在对账户进行取操作时(见图10-19),如何保证所取额度不超过账户的余额呢?该问题涉及JSD模型中的状态向量(State Vector)的概念,这里仅就基本思想进行简单介绍。

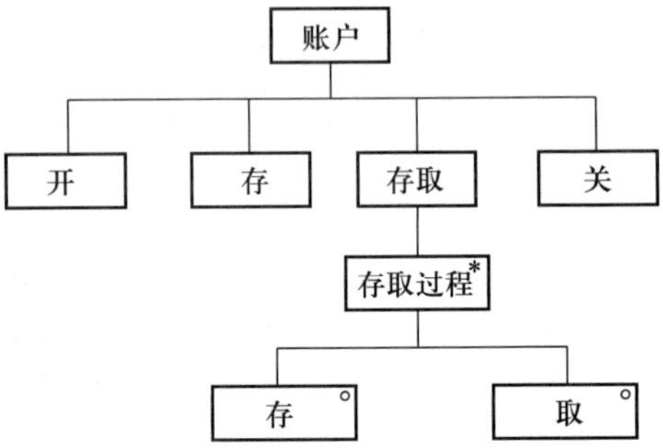

图10-19 账户行为

顾名思义,状态向量反映的是每个对象的状态。这些状态的改变通常是由对象的行为变化来决定的。简单来说,对象O的状态向量V_o由一组属性组成:$V_o=(S_1, S_2, \cdots, S_m)$其中$S_i(i=1, 2, \cdots, m)$就是一个属性,如余额(Balance)。对象的状态向量中属性值的改变往往是对象执行某些行动的结果。例如,存(Deposit)和取(Withdraw)行动都将对余额的值产生影响。即:

```
Procedure  Withdraw(Balance,w)
Begin
   Balance:=Balance-w
End
Procedure Deposit(Balance,d)
Begin
   Balance:=Balance+d
End
```

此外,某些行动也与对象的状态有关。例如,只有当余额足够大时,才执行取操作,即:

```
if balance≥w then Withdraw ( Balance , w )
```

以下通过图书馆中读者与图书的例子进一步对JSD对象模型进行讨论。

条件满足的人员经过图书馆的注册手续后便成为读者。图书馆的读者可以同时借多本图书;借出的图书可以续借;借出图书过期未还应还书并交纳罚款;丢失图书应赔偿。

下面用JSD方法对这一例子进行分析。首先,系统中的第一个对象是读者。读者的活动周期开始于注册,终止于注销。在这一周期中,读者可以反复执行借书、还书、续借等正常活动,也可能出现过期、丢失图书等异常情况。这些活动存在着并发的可能。

同时,对于同一本书来说,借书、续借、还书等活动是具有次序性的。经过与上一个例子的比较就会发现,要准确地描述这一次序性特征,关键在于分辨出系统中的另一个对象——图书。

对于每一本图书而言,其生命周期始于购入,终止于丢失、损坏或是其他原因下架。在周期之中,它将可能经历多次借阅活动,每次活动都顺序经历借书、续借(或不续借)、还书(或丢失)等步骤。

读者与图书这两个对象之间,存在着一对多(1∶n)的关系这也许有点让人疑惑——因为每个读者可以借多本书,每本书也可以出借给多个读者,因而读者与书之间似乎应该是多对多的关系(就像我们在静态建模中所分析的那样)。然而事实上,对象间的关系应当是在动态过程中所反映出来的关系。而在动态过程中,即模型所描述的各个活动之中,一本书在一个时刻只能与一个读者发生关系;相反,一个读者在同一个时刻却可以与多本书发生关系。因此这两者之间存在着一对多的关系。

本例的具体对象模型由图 10-20 描述。

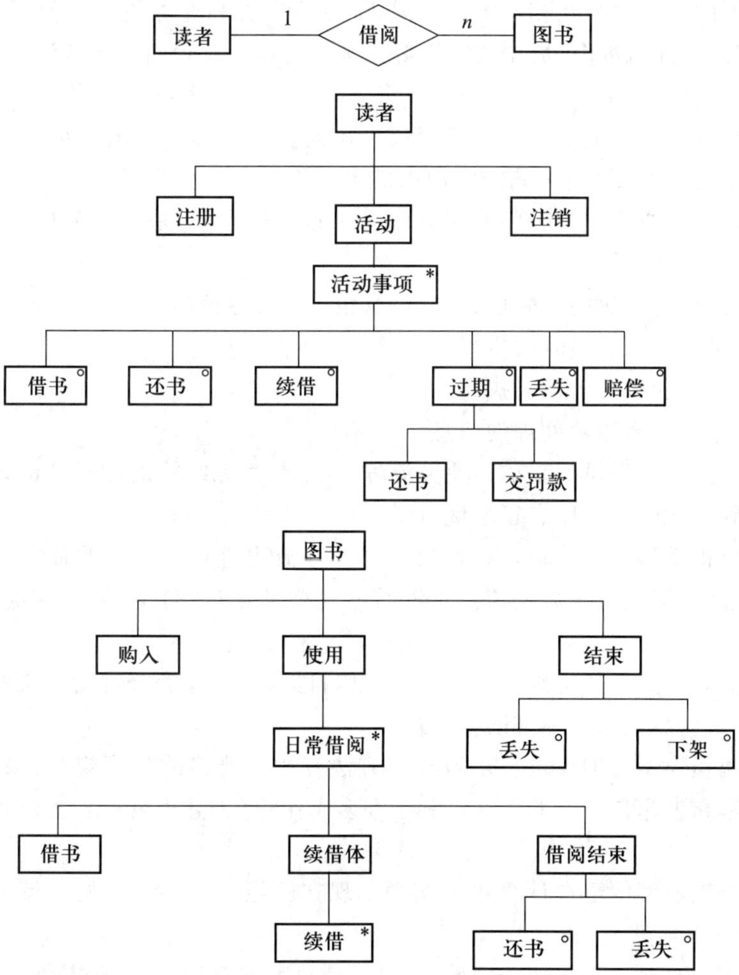

图 10-20 例子:读者与图书

10.4 流程建模

总体而言,业务流程是一系列逻辑相关的并且达到某个预定产出的任务。一系列的业务流程组成了整个企业系统。[159]

流程建模是对业务流程的形式化记录及表达。借助于流程模型,可以获得对业务流程的有效认识和把握,从而为流程重组、优化以及信息系统的建设提供基础性的信息支持。流程建模是面向信息系统的商务建模中不可缺少的一个部分。

10.4.1 业务流程建模

无论是质量革命、信息系统应用还是业务流程优化,都需要对业务流程进行系统化描述和改进。叙述性的语言虽然也能够描述业务流程。但是它的描述缺乏一致的规范和结构,因而不利于在不同人员之间互相沟通。于是 IT 专业人员和业务流程专家采用了很多方法来描述业务流程,比如流程图、数据流程图等。本书把这个过程叫作业务流程建模。

业务流程建模(Business Process Modeling,BPM)是用语言或者符号对现实中的或者计划中的业务流程进行抽象描述。业务流程模型不是企业实际过程的全部反映,而是通过抽象提取了一些重要部件(如输入、输出)加以描述,[160]以降低复杂度。

业务流程模型中应该包含哪些要素并没有一致的标准,但是业务流程模型中通常包含与流程有关的若干方面[161]:

(1) 功能:过程是由哪些步骤构成的,以及相关的实体流(产品、工具等);

(2) 行为:过程的步骤何时被执行;

(3) 组织:过程的步骤由谁来执行;

(4) 信息:过程产生或者处理的信息。

之所以使用业务流程模型来描述业务流程,而不是用无结构的叙述性的语言,是因为业务流程模型与叙述性语言相比有很多优点[160]:

(1) 业务流程模型更加简单。企业模型对业务流程进行了一定的抽象,比如后面要提到的方框代表过程,箭头代表数据流。这些符号使模型直观、简单,只用少量的文字就能表达复杂的过程。

(2) 业务流程模型更加精确。模型语言不像自然语言,它能够避免歧义和错误,使建模者能集中精力于过程本身,而不是语言表达。

(3) 业务流程模型更加规范。多数建模方法有比较严格的建模规范,保证了不同用户对于过程的理解和表达是一致的。这有利于在多个用户(如建模者和业务流程专家)之间达成共识。

(4) 业务流程模型便于在计算机上实现。现在已经有很多计算机支持工具,可以方便地绘制、修改和输出模型。

业务流程模型主要应用在两个领域:一个是信息系统建设,另一个是业务流程管理。在信息系统建设中,业务流程模型可以作为不同用户之间沟通的途径和 IT 专业人员的分析设计方法。在业务流程管理领域,业务流程模型能够支持对业务流程的改进、管理、自动化和监控。随着企业越来越需要对自身当前的业务和面向未来的战略有清晰的了解,业务流程模型越来越多地被业务流程专家采用。

假如你是一个管理者,你可能会问:“我将来又不打算成为一个信息技术专家,为什么要了解业务流程模型?”是的,企业管理者并不需要知道如何精确地建立模型,但是能够理解模型并且利用模型工作是很重要的,这主要有以下几方面的原因。

首先,假如你是业务流程专家,比如你是一家医院的管理人员,现在想要开发一个新的医疗收费系统。IT专业人员对医院收费的实际过程并不了解,他们向你询问并画出一张业务流程图,这时你需要能够读懂这张图,并且指出错误之处。如果不是这样,而是让IT专业人员从头到尾地了解医院的收费过程,显而易见既不划算也不可靠。

其次,你只有掌握了一些过程模型的基本知识,才可能对信息系统项目的质量进行监督和控制。如果仅仅讨论完了新的业务流程,而完全让IT专业人员去满足你的需求,很难保证IT专业人员没有误解你的需求。

最后,你可能为了提高顾客的满意程度而打算从客户服务过程入手。那么,你首先要弄清楚从接受订单到货物送到的过程是怎样的,然后去发现那些耗费了时间的环节,可能还需要反复与同事和用户讨论如何改造更节约时间,这些环节中都需要业务流程模型帮助你完成任务。

业务流程图是一种最基本的流程图示,在其基础上发展出了大量流程建模方法。下面将介绍面向信息系统的流程建模所常用的数据流程图(DFD)方法[162],以及在业务流程优化中常见的IDEF方法。[163]

10.4.2 数据流程图

数据流程图(Data Flow Diagram,DFD)描述了组成业务流程的活动以及它们之间的相互关系。数据流程图为识别业务流程提供了一种图形化的方法。由于数据流程图简化了对业务流程的描述,使建模者能够集中注意力于企业中存在着什么样的过程。数据流程图使用极其简单精练的模型符号,使几乎任何人都可以理解甚至设计良好的数据流程图,因而获得了较广泛的应用。

1. 数据流程图的要素

数据流程图使用四种最基本的图形符号(见图10-21)。

(1)过程。过程用圆角矩形来表示。过程用所完成的任务来命名,如验证订单、生成报表等。过程应赋予一个唯一的数字标志,该数字标志指示过程在DFD图中的层次。过程总是意味着数据的改变或者转移。因此,从一个过程出来的数据流总是不同于进入该过程的数据流。

(2)数据流。数据流用箭头表示,一般用一个名词来命名箭头代表的数据。箭头表示数据从一点流动到另外一点。箭头的末端指向目的,同时发生的数据流可以用多条平行的箭头表示。

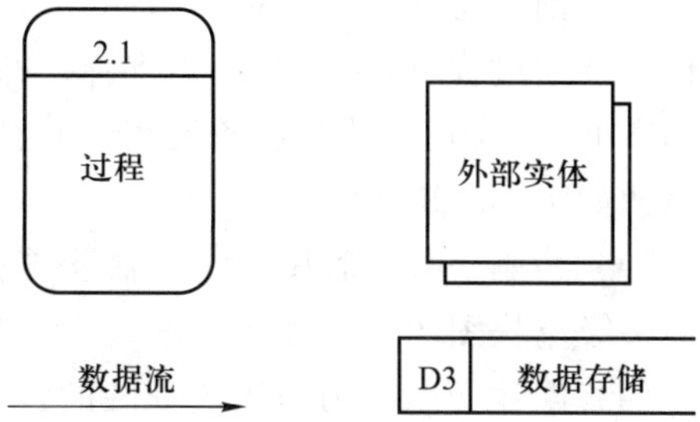

图10-21 数据流程图符号

（3）数据存储。数据存储通过一端开口的矩形表示。像过程一样，数据存储也赋予一个唯一的标号。它代表了数据的存储，但并不指明存储的介质类型。

（4）外部实体。双矩形表示外部实体。每个实体都用一个名词来命名。如客户、企业、操作员或者一台机器。它们能够接受和发送信息，因而是信息的源泉和目的地。尽管实体都与系统有交互，但是它们被认为在系统的边界之外。

这四种符号着重于描述子过程之间的数据流动，而不是信息技术的细节，因而这种方法对企业专家非常适用。比如，在信息系统分析阶段，企业管理者可以与IT专业人员讨论所绘制的数据流程图来保证新系统支持或者加强特定的业务流程。

2. 数据流程图的多层结构

很显然，企业的业务流程是有层次的，而数据流程图的层次性正是与业务流程特点相适应的。多层结构带来的另一个好处是它能够降低建模的复杂程度。一般情况下，业务流程是极其复杂的，往往难以同时考虑数十个甚至更多的业务流程。通过层层分解的方法，建模者可以在一种情景下只需要考虑有限几个业务流程，把更细节的业务流程留到更下层的数据流程图中去考虑。而且模型的层次化有利于不同的用户从不同视角理解业务流程，例如经理人员更注意跨部门的高层的业务流程，而操作人员更需要了解具体的部门的业务流程，通过展示不同层次的业务流程，能够满足不同层次的需求。

（1）总括图（Context Diagram）。最高层的数据流程图叫作总括图。这个图表示了要建模的业务流程的范围。总括图中一定只有一个过程，就是要建模的过程。总括图中的外部实体和数据流表示了与过程相关的组织（或者部门、个人等）和输入输出。

（2）一级流程图。一级流程图是紧接着在总括图之下的流程图。它的主要特点是表示了过程最主要的几个子过程。通常一级流程图也是很概括的。一级流程图之下会有更进一步的分解。

（3）其他各级流程图。流程图的层次不是固定的，它首先与过程本身的复杂程度有关，越复杂的可能就会有越多的层次。其次也与建模需要有关，对于比较关心的过程可能会有进一步的分解。

3. 建立数据流程图

建立数据流程图的工作首先就是识别业务流程，因此注意搜集业务流程的资料是很重要的。收集资料和访谈的过程中，将会加深建模者对业务流程的认识。

（1）准备工作。开始绘制数据流程图之前要先根据对业务流程的叙述或者其他文字材料，挑选出四类信息：外部实体、数据流、过程和数据存储，制作成一个列表。这个列表有助于确定系统的边界。然后才开始绘制总括图。

（2）创建总括图。总括图指明业务流程的外部实体、流入和流出的数据。一般不绘制任何细节的过程，也不绘制数据存储。总括图的主要作用是确定系统边界。它是数据流程图的最上层，代表了整个业务流程。总括图有助于理解整个业务流程的数据流情况。总括图示例如图10-22所示。

（3）绘制一级流程图。一级流程图描述流程，但是保持概括性，可以在本层指明数据存储。一级流程图的例子如图10-23所示。

（4）创建子图。为一级流程图的每个过程创建子图。一级流程图以下每层图都是分解上层图的一个过程得到的。上层的输入和输出不变，而原来的过程被分解成3到9个细节的过程,并且增加新的数据存储和低层的数据流。每幅图都用单独的一页纸来绘制。下层图用它所分解的过程来命名。比如一级流程图中的过程 1 分解得到的图标号为 1,其子过程的标号分别为 1.1 和 1.2 等,如图 10-24 所示。

(5) 检查修改。检查每幅图是否有错误,以及标签是否都有意义。

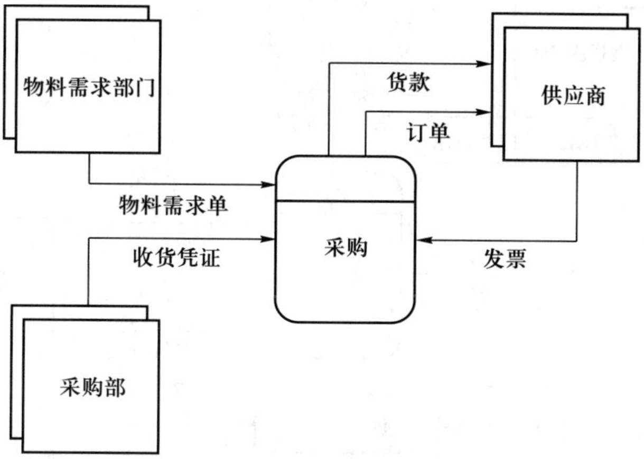

图 10-22 总括图

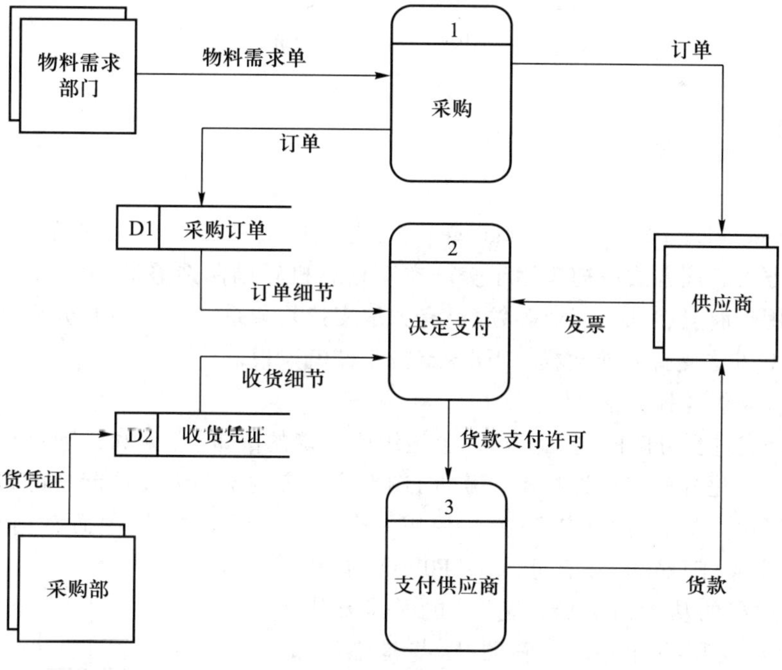

图 10-23 一级流程图

数据流程图是广泛应用的一种建模方法。它既容易被建模者使用也容易被用户理解[2],但它也有局限性。数据流程图仅仅局限于信息的流动,对信息流以外的物流(如产品、支票)未予考虑。数据流程图为了简化,未描述逻辑和时间先后,因而数据流程图通常要配合其他方法使用,比如业务流程图(Flow Chart)。总而言之,数据流程图有利于用户快速理解它的含义,集中精力于所面对的业务流程。[164]

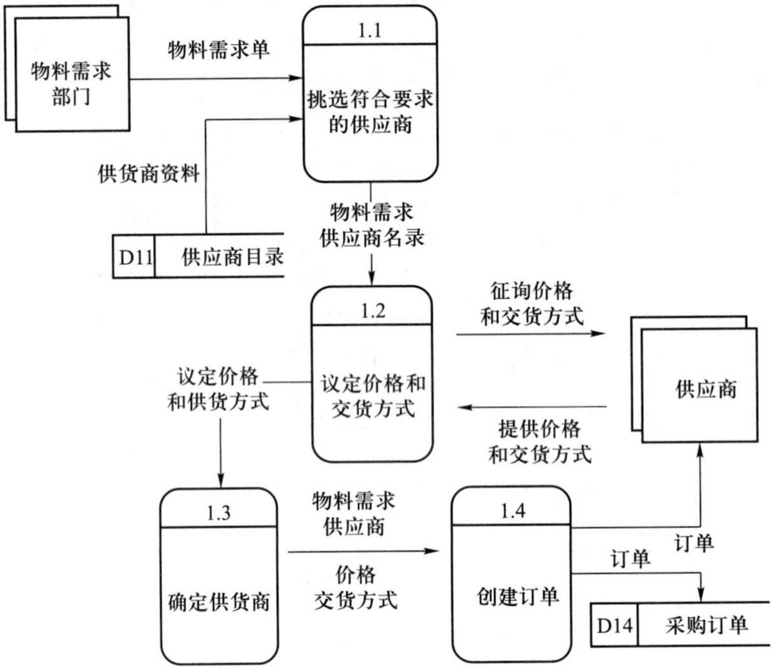

图 10-24 采购的分解

10.4.3 IDEF 方法

IDEF(Integration DEFinition Language)方法是美国空军在 1981 年公布的一种用于复杂系统建模的方法。该方法最初应用于美国空军计算机辅助制造系统(ICAM),后来 IDEF 方法广泛地应用于商业、政府、工业等领域,有力地支持复杂系统的建模和分析。[163] IDEF 方法系列中 IDEF0 方法支持功能建模,IDEF3 支持工作流建模。

1. IDEF0 功能建模方法

IDEF0 是在过程分解的基础上对一个组织或系统的决策、行为和活动进行建模的方法。该方法是在结构化分析和设计技术(SDAT)图形化语言的基础上发展起来的,又在语法和建模方法上有了很大的完善。IDEF0 方法使用一套简单的图形符号,因而有利于领域专家参与制定决策,并便于取得一致意见。IDEF0 方法有利于建模者识别过程的功能,在执行这些功能时需要什么条件,当前系统的哪些行为是正确的、哪些是错误的。由于它同时支持业务流程建模和作业成本分析,因而便于在 IDEF0 模型的基础上进行业务流程优化。

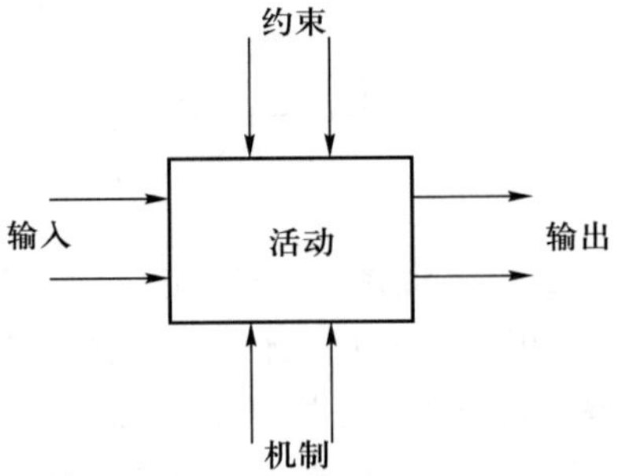

图 10-25 IDEF0 的基本图形符号

IDEF0 用方框和箭头来表示过程。如图 10-25 所示,方框代表了过程中的一个活动,方框的四面表示活动的接口。左侧和右侧的箭头分别表示活动的输入和输出。上面的箭头是控制箭头,表示何时以及怎样执行操作,何时以及怎样控制操作。下面的箭头是机制箭头,表示活动完成的方式。

IDEF0 模型最开始用一个方框的图来表示整个系统。这个方框的接口代表了系统与外界的关系,这个图叫作总括图。这幅图代表了系统整体,因此定义了系统的视角和模型的目的。然后,这个代表整个系统的方框被另外一个图细化。被细化的方框称作父方框,相应的细化了的图称作子图。子图中的方框代表了父方框的主要子功能(见图 10-26)。每个方框的边界也由它的接口定义。一个方框如果被进一步分解,那么分解后的图中只能包含 3 到 6 个方框,每个方框又可以再分。上界 6 保证用分解的方法表示复杂的过程,而下界 3 保证了分解有意义。

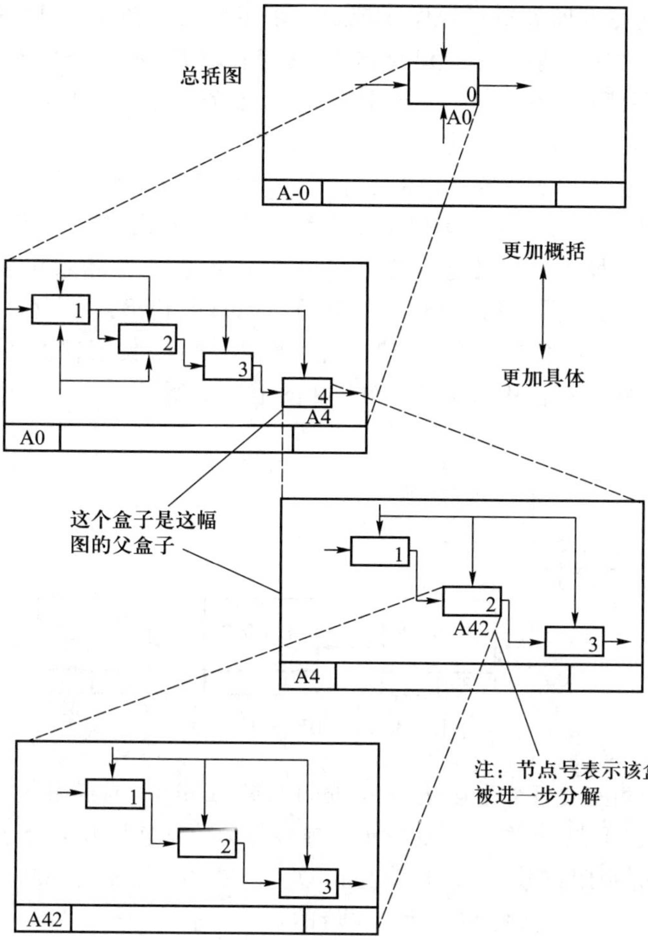

图 10-26　IDEF0 的层次结构

IDEF0 另外提供了一种节点图(Nodechart)表现节点之间的关系,如图 10-27 所示。这是对图形的层次化结构的一个快速索引。

IDEF0 方法的设计有助于提高模型的表达能力,并对绘图的严谨性和准确性做了较为细致的规定。这些规则有助于避免一些错误,并保证模型的准确性,而不过分束缚建模者。

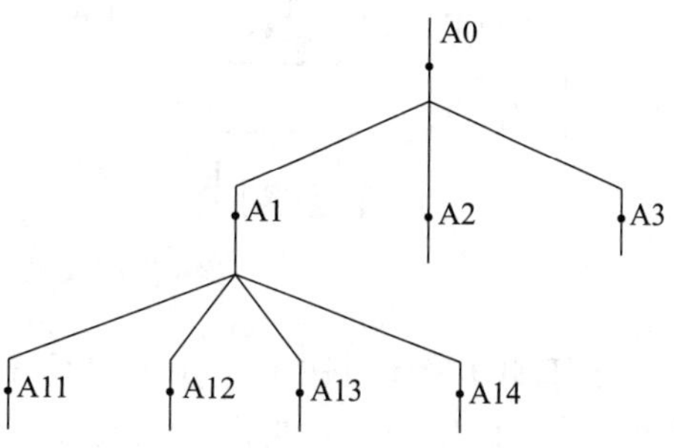

图 10-27　节点图

同 DFD 一样,IDEF0 模型能够从各个层次上对业务流程进行建模。但是 IDEF0 不仅能够描述业务流程中的数据流,而且能够描述人、机器、物料等各种对象在业务流程中的作用。IDEF0 的另一个优点在于它能够支持作业成本分析。

IDEF0 模型用来描述业务流程也有它的缺点。虽然人们倾向于把 IDEF0 模型解释为一个活动的序列,但是 IDEF0 并不是用来表示活动的先后顺序的。IDEF0 中的活动常按照从左上角到右下角的顺序摆放,这种摆放顺序是很自然的,因为一个活动的输出往往是另外一个活动的输入。这样,IDEF0 模型中就暗含了活动的先后顺序。但是对于并行、循环这样复杂一些的活动顺序,以及一些决策逻辑,IDEF0 是不能表达的。如果在 IDEF0 中加入了这些视角,它就失去了不考虑时间和逻辑顺序而带来的诸多好处。事实上 IDEF0 在描述过程上的弱点,可以由 IDEF 家族的另外一个建模方法来弥补,即 IDEF3。下面先对 IDEF3 做一个简单介绍,然后再说明两种方法是怎样互相补充,用在业务流程优化中的。

2. IDEF3 过程流建模方法

如果说 IDEF0 模型描述了业务流程“是什么”,那么 IDEF3 模型就描述了业务流程“是怎样进行的”。IDEF3 通过对活动及其顺序关系和逻辑关系建模,描述了系统的行为特征。

在 IDEF3 模型中用场景来定义过程的范围和边界条件,一个场景对应一幅 IDEF3 图。IDEF3 图中最基本的图形符号是行为单位(Unit of Behavior,UOB),行为单位也用方框来表示。行为单位的具体含义可能是功能、活动、动作、操作、事件、决策过程、流程、场景。行为单位也能够被继续分解。一个 IDEF3 图的例子如图 10-28 所示。

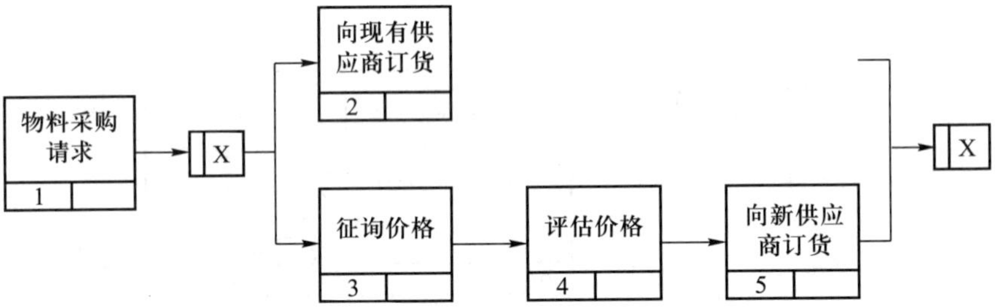

图 10-28 IDEF3 图

行为单位之间的相互关系分为连接(Junction)和链(Link)。连接和链又分为多种类型。各种符号的含义如图 10-29 和图 10-30 所示。连接分为分支连接和会合连接。连接的类型在连接方框中标注,分别用符号 &、X 和 O 表示“并”“或”和“异或”关系。链的类型区分为表示先后顺序的、表示关联关系的和表示对象流的。

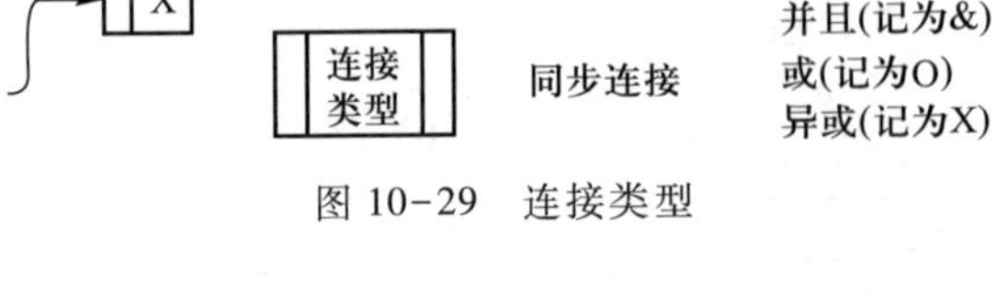

图 10-29 连接类型

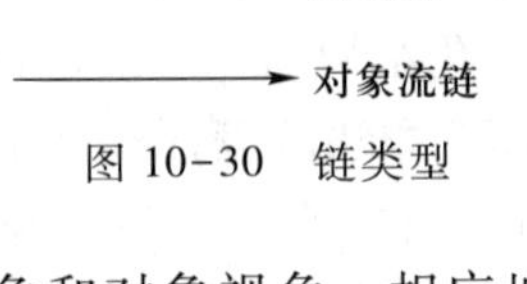

图 10-30 链类型

与 IDEF0 建模方法不同,IDEF3 方法有两个视角:过程视角和对象视角。相应地,两个视角下建立的模型分别叫作过程流程图和对象状态转换图。过程流程图以过程为中心,描述了行为单元之间的时序关系和逻辑关系；而对象状态转换图则以对象为中心，描述了在一个过程中对象状态转移的时序和逻辑。

10.4.4 IDEF 方法在业务流程优化中的作用

IDEF 方法是一种综合性的方法，它不仅广泛地应用于信息系统的分析和设计，还有效地支持业务流程优化。通过 IDEF0 功能模型，再加上 IDEF3 过程流模型，就能够支持特定的业务流程优化活动，如离散事件模拟、作业成本分析。[165] 这些技术能够帮助管理者发现业务流程中有待改造或者精简的部分，并且通过模拟的方法获知可能的效果。这些分析提高了流程优化的有效性，也降低了投资风险。

在业务流程优化的初始阶段，有必要理解人员和组成企业活动的各种对象之间的相互关系。通过了解企业正在做什么，公司工程队伍能够识别企业的核心过程、有障碍的过程和需要外购的辅助性过程。那些冗余的、不增加价值的过程往往就是业务流程优化的对象。IDEF0 模型为作业成本分析提供了必要的信息。在 IDEF0 模型建立起来之后，就可以向模型中输入成本信息。通过这种模型和作业成本分析，管理者们能够决定如何调整流程更能节省成本，从而影响整个预算。通过对高成本低附加值的业务流程的分析，往往能发现业务流程优化的对象。

IDEF3 模型对过程是“怎样进行”的描述，使得企业工程人员有机会发现业务流程中的不合理和低效率部分。对于物料采购过程，物料请求单在成为采购订单之前要经历多个状态，某些任务（如获得签名）可能不必执行。

IDEF3 方法建立起的模型能够为离散时间模拟提供依据。例如，如果公司需要加快订购的速度，它考虑直接从供应商那里订购而不采用竞价的方法，但这样就有可能影响成本，用基于 IDEF3 的模拟模型能反映出这种变化的效果，为制定决策提供依据。基于 IDEF3 的随机模拟，能快速确定共享资源在过程成本方面的效果。如果一个职员被要求同时进行两个活动，模拟方法能很快确定它的效果。

IDEF 方法的软件支持能够加速业务流程优化过程。建模工具可以帮助建模者管理大量的附属信息而不至于杂乱无章。建模软件也有助于保证模型的准确性和规范性，使模型更容易理解和交流。一些流程建模工具能够产生离散事件模拟所需的代码，这个特性大大提高了业务流程优化的分析过程。就像 CAD 软件工具能够改进制造过程的速度和质量一样，在计算机辅助建模工具的支持下，企业工程人员能够方便快速地设计、测试和实施业务流程。基于 IDEF 方法的模型使企业快速响应企业运作环境的变化。

1. 基于 IDEF0 方法的过程成本分析

IDEF0 可以用于进行企业活动的价值分析。活动分析是 ABC 成本管理方法的一个重要组成部分。

如图 10-31 所示，生产产品过程被分解成为四种活动：设计产品、制定生产计划、采购物料和制造产品。这个过程做了相当的简化以便突出活动分析的主要概念和成本分析的方法（见图 10-32）。

基于 IDEF0 的活动分析的优点在于使公司人员集中注意力于问题域，如高成本的非价值增加活动。

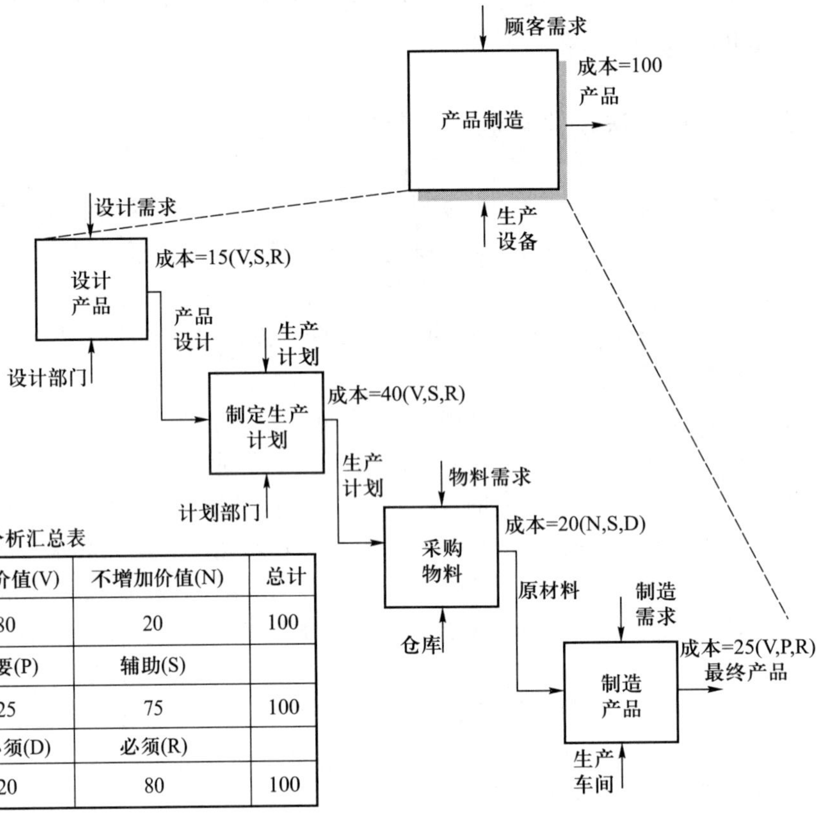

成本分析汇总表

增加价值(V)	不增加价值(N)	总计
80	20	100
主要(P)	辅助(S)	
25	75	100
非必须(D)	必须(R)	
20	80	100

图 10-31　基于 IDEF0 的活动成本分析

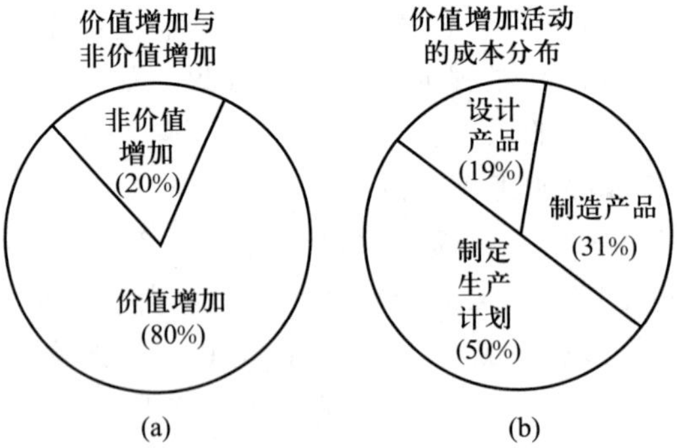

图 10-32　成本的数量化分析

2. 基于 IDEF3 的过程模拟分析

模拟分析方法在业务流程优化过程中可以应用到如下三个方面：① 评价随机时间的效果；② 衡量共享资源的效果；③ 估计不同组织策略对系统表现的影响。[166] 现在通过一个简单的例子说明 IDEF3 在支持基于模拟的过程分析方面的用处。考虑上文建立的关于产品制造的 IDEF0 模型，它的一个子活动是采购物料。为了描述这个活动的细节，可以创建一个 IDEF3 对采购物料的描述，如图 10-33 所示。

在物料请求到达之后检查存货情况，看是否能够从库存中提供。如果可以则从存货中

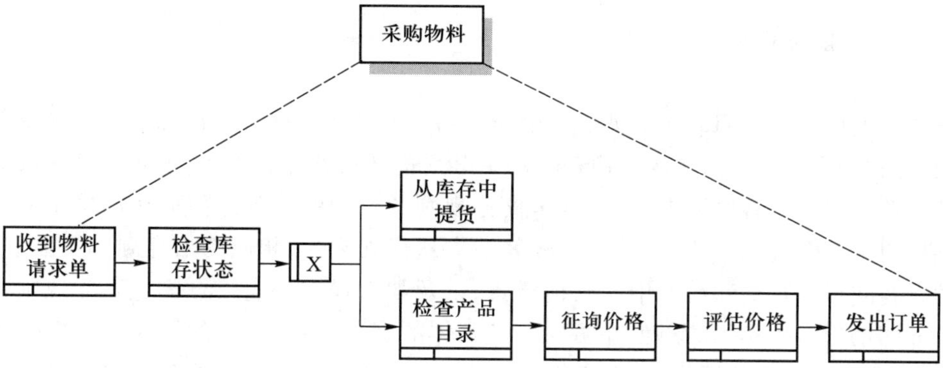

图 10-33 采购物料

提取;如果不能则检查产品目录,向各供应商发出征询物料价格的请求。然后对收到的竞价进行评估,遴选出一个供应商,向它发送订单。利用这个 IDEF3 模型能够进行以下的过程分析。

(1) 随机因素的效果。假定在这个例子中物料请求的来源部门是请求被立即满足(从存货中提取)的主要决定因素。进一步假设这个比例是一个随机变量,随部门的变化而变化。因此需要为每个部门请求满足比率设计不同的概率分布。由于请求到达的随机性和决策规则的作用,成本也会随机变化。根据模拟的结果,能够分析成本随时间变化的行为。

(2) 共享资源的效果。假如在本例中从存货中提取物料的过程和从供应商订购的过程是由同一个人来完成的。那么这个人就可以被看作被两个过程共享的资源。如果这种资源是稀缺的话,那么它对于过程的成本影响就会比较显著。为了评估这种稀缺资源被共享的效果,可以通过离散时间模拟的方法做一组对比试验。分别考察不共享和共享两种情况下过程的成本。

(3) 策略效果分析。假定在本例中所有等待处理的物料请求存放在仓库办公室中。开始负责处理请求的仓库管理人员遵循一种先进先出的原则处理请求单。但是现在公司经理决定应该对等待的请求单实行优先级原则,即根据物料请求的来源部门分别给予不同的优先级。优先级高的物料请求单必须先于优先级低的处理。那么,到底那种策略好呢? 经理希望能够对两种策略的如下指标做评估:① 资源利用率;② 请求单平均处理时间;③ 平均的请求处理成本。利用 IDEF3 模型很快能够转换成一个离散事件模拟模型。然后就可以用模拟的方法对两种策略做数量化的评估了。

总之,利用 IDEF3 方法,再加上模拟分析的方法,就能够对过程的动态效果做出数量化的评估,从而为制定业务流程优化决策提供依据。

10.5 商务规则与模型转换

这一节将介绍商务建模中的另一个重要部分,即商务规则。随后,我们将简要讨论模型的转换问题。

10.5.1 商务规则

商务规则(Business Rule)反映企业运作的特定约束和条件,如数据完整性约束等。商务规则如同游戏规则一样,规定了商务活动中必须遵循的条件和限制,这些条件和限制保证了商务活动得以正常有序地进行,违背了商务规则的行为将会导致商务活动发生异常。商务规则指明了商务活动中的各种要点:顾客请求从何处到达,相应的信息到哪里去查找,如何处理顾客问讯以及交互活动中的其他要素,以及如何提交响应信息等。商务规则也建立了对商务活动起监控作用的角色并明确了各实体的责任:根据我们的协议或是根据我们的职责,我把请求信息发给了你,你知道应该做些什么。规则说明了每个实体可以从其他实体中获得什么,同时也说明了每个实体的责任是什么。[149]

决定信息系统品质的关键指标之一就是商务规则的集成质量。实现了高质量的商务规则,信息系统才能真正在商务活动中发挥重大作用。

1. 完整性约束及数据依赖关系

商务规则首先体现在数据的完整性约束上。数据完整性约束也是数据建模的一项基本内容,主要包括三个方面,即属性的值类型和值域、实体完整性以及参照完整性。

属性的值类型和值域决定了该属性的基本数据特征。例如,有一属性为“月份”,则该属性的类型应为短整型数字,并且取值范围应在{1,2,3,……,12}之中。再比如“性别”属性,则其取值应在{“男”,“女”}之中。

实体完整性意味着每一条数据记录都应该具有身份标志。在数据库中,便意味着每个数据库表都应当含有一个不能为空且无重复的主码(或称主键)。这一主码可以唯一地标志出一条数据记录(实体)。例如,对于“学生”这一数据表来说,它含有一个非空“学号”属性,该属性值可以唯一地指出某一个学生的数据记录,该“学号”属性即为主码。

参照完整性反映数据属性值之间的某种“存在性”关系,在数据库中体现为数据表之间关系的维护。数据库表之间大量地存在着一对多(1 : n)的关系,对于这样的关系,子表(关系中的“多”方)中的属性参照(Reference)了主表(关系中的“一”方)属性。一般而言,所参照的主表属性应该是主表的主码。此时,参照完整性的含义便为:当子表中的值存在时,则其所参照的父表中的值应当已经存在;否则,参照完整性便遭到破坏。

图 10-34 反映了参照完整性的含义,在选课表中出现的学号及课程号,在其所参照的学生表与课程表中都分别相应地存在。这样的完整性约束可以在数据库的建立过程中得到定义。以下的数据库语句体现了上面所讨论的各种完整性约束,并且实现了图 10-34 所表达的要求。

```
Create Table Student (                                  /* 创建学生表 */
    S#    char(3)          primary key,                 /* 学号,主码 */
    Name  varchar2(10)     not null,                    /* 姓名,不能为空 */
    Age   Number(2),                                    /* 年龄,两位整数 */
    Sex   Char(2)                                       /* 性别,男或女 */
);
Create Table Course (                                   /* 创建课程表 */
```

```
    C#       char(4)            primary key,           /* 课程号,主码 */
    Title    varchar2(40)       not null,              /* 课程名称,不能为空 */
    Sylabus  Long                                      /* 课程内容 */
);
Create Table Score (                                   /* 创建选课表 */
    Sc# number(10)          primary key,               /* 主码 */
    S# char(3)              not null,                  /* 学号 */
    C# char(4)              not null,                  /* 课程号 */
    Score    number(5,2),                              /* 成绩 */
    Constraint FKStudentScore Foreign Key(S#) References Student,
                                                       /* 参照完整性约束*/
    Constraint FKCourseScore Foreign Key(C#) References Course
);
```

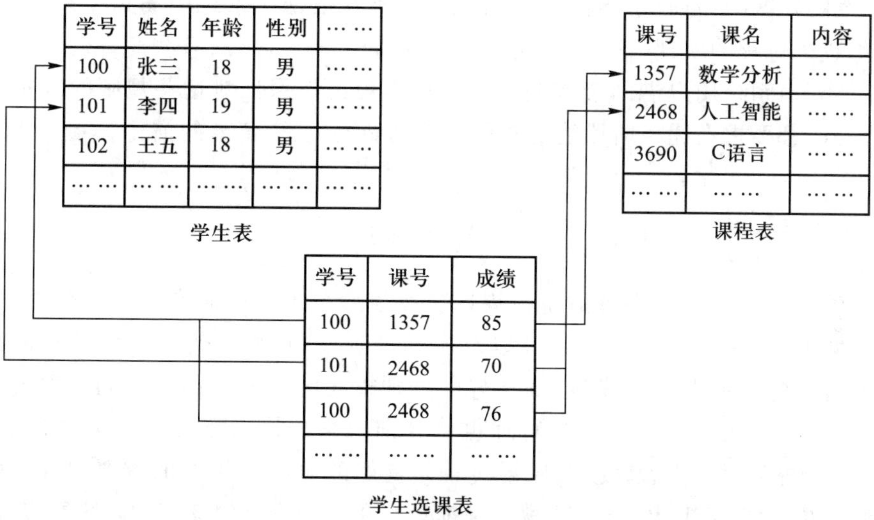

图 10-34 参照完整性

数据依赖(Data Dependency)关系是另一种完整性约束。数据依赖(如函数依赖、多值依赖、连接依赖等)反映数据属性值之间的"对应"关系。[156]以函数依赖为例,属性组 B 依赖于属性组 A(记为 A→B)是指:如果任两条记录的 A 值相等,则必有相等的 B 值与之相对应。换句话说,A→B 反映了"相等的 B 值对应相等的 A 值"这样的语义。函数依赖概念的进一步扩展,可以反映诸如"相近的 B 值对应相近的 A 值"这样的语义,并通过模糊函数依赖(Fuzzy Functional Dependency,FFD)的概念予以表达。[155]

在关系数据库建模中,一方面人们希望通过模式分解来获得规范化的关系,从而减少或避免修改异常现象的发生;另一方面,人们也希望分解算法能够具有"依赖保持"的性质,以满足函数依赖这一类完整性约束和对应的语义知识。

2. 一般性的商务规则

更具一般性的商务规则反映的是企业商务活动当中的特定要求和规律。这些规则根据企业商务活动不同而不同。在建模阶段,应当整理出完整、明确的商务规则列表,并将之与静态、动态模型集成起来。

在数据库中，一般性的商务规则可能体现为属性与属性之间的关系。例如，信用卡的透支额不能超过其信用额度（见图 10-35）。

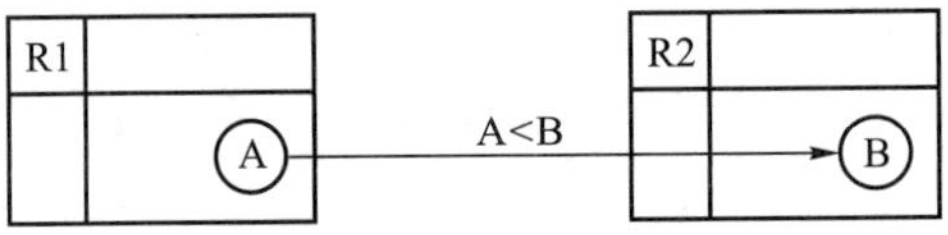

图 10-35 属性间的规则

此外，一般性的商务规则还可能为属性与行动之间的关系，如只有在客户的信息等级为 A 时，才能够提前发货；或是行动与行动之间的关系，如只有在订单经过审批之后，才能发货。

在信息系统中，商务规则可以通过多种方式来实现其集成。首先，可以借助 DBMS 的功能，例如 DBMS 本身所提供的值域限定、参照关系限定等，以及存储过程（Stored Procedures）、触发器（Triggers）等手段，实现商务规则在数据库系统中的集成；商务规则也可以在应用编程的过程中实现，这也是当前大量应用的手段。此外，有些商务规则难以在系统中实现，就需要由系统用户借助于遵循一定的操作规范来保证对这些规则的维护。无论是哪种实现方式，都要求在建模阶段能够对商务规则做出完整、清晰的描述。

10.5.2 模型转换

本章的开头讨论了信息系统的生命周期。在信息系统的生命周期中，商务建模属于系统分析阶段的任务，在后续的系统设计以及实现等阶段中，相应的模型将被转换为技术方案。静态模型、动态模型、过程模型、商务规则分别描述的是系统四个不同方面的特征。在系统设计的过程之中，这四个方面的特征也将分别由系统技术方案的四个要素来表达（见图 10-36）。而规范化的模型转换和映射过程是良好的阶段衔接性的重要内容。值得一提的是，前面介绍的 ER、JSD 和 DFD 建模方法都具有在方法论上的良好的阶段衔接性。

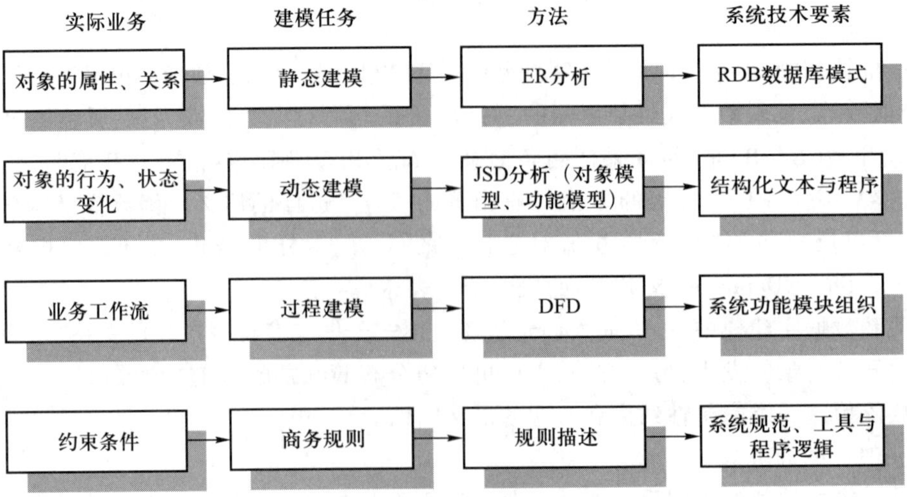

图 10-36 模型的转换

关于静态 ER 模型到关系数据库模式的转化,在前面的章节中已经有所讨论。事实上,静态 ER 模型正是适应关系数据库的发展需要而产生的,二者之间存在着千丝万缕的联系。从一个设计良好的 ER 模型当中,可以十分迅速地获取相应的关系数据库模式。目前已经有相当多的开发工具支持这一转化过程,如著名的数据库建模工具 ERWin,各大数据库供应商所提供的开发工具(如 Oracle Developer、Sybase PowerDesigner)等。使用这些工具,只要设计好 ER 模型,软件就能够自动地将之转化为数据库结构,甚至可以根据设定的参数直接建立数据库。它们主要元素之间的对应关系大体上可由图 10-37 表示。

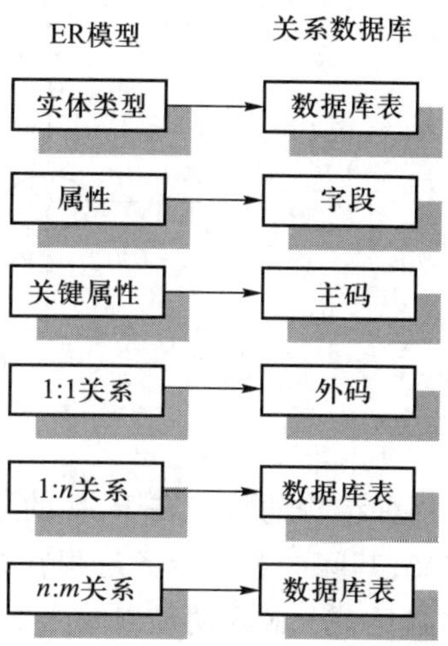

图 10-37 ER 模型与关系数据库结构

有关这一方面更深入的内容,读者可以参考数据库原理的专门著作。[156][157]

JSD 描述了对象的动态特征,从 JSD 模型中,可以得到信息系统的结构化文本,这些结构化文本直接规定了信息系统中实际程序对象的活动规律。正如前面所说,JSD 模型完全由三种结构组成,相应地,结构化文本中分别有三种程序结构对应于这三种模型结构的实现(见图 10-38)。此外,结构化文本与程序语言之间也具有良好的衔接性。

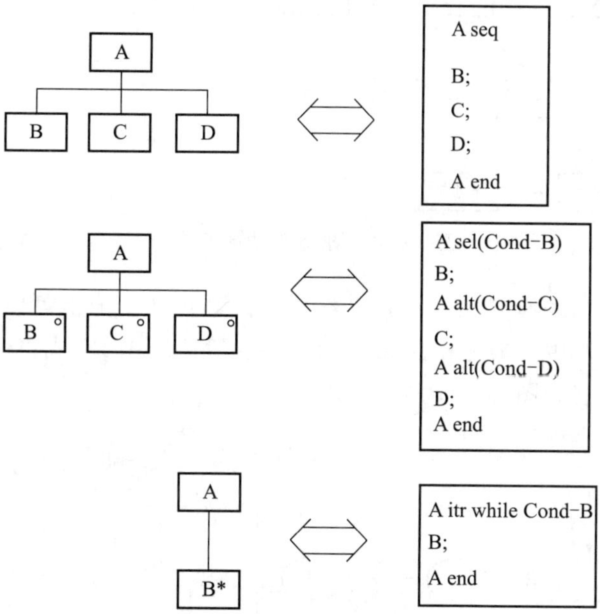

图 10-38 JSD 与结构化文本

下面将讨论从过程模型到系统功能模块组织的转化。这一转化的一种典型方法是通过数据库流程图 DFD 结构与系统功能模块结构图的对应关系,实现过程转化。

这种方法将 DFD 流程图的结构分为两种。第一种被称为事务型(Transaction)结构。该结构如图 10-39 所示。为简便起见,图中圆圈符号代表 DFD 中的过程,箭头代表数据的流动。事务型结构有两个业务过程分别作为输入和输出,其间是若干并行的过程。

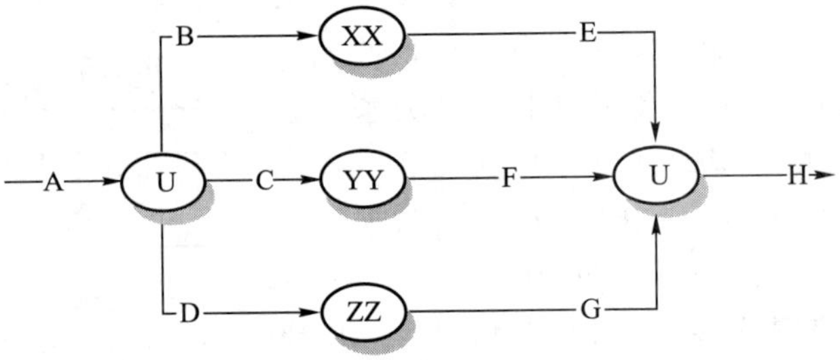

图 10-39 事务型结构

这种结构的特点在于,U 的输入和 V 的输出构成了对整个结构所描述的事务过程的完整定义,其间的若干业务过程在操作上不存在先后次序,而是并行推进的。对于系统而言,首先需要一个输入功能以输入数据 A,同时还应有一输出功能以输出数据 H,此外,中间的三个业务过程功能块平行排布。从而,系统应提供给用户的功能模块结构如图 10-40 所示。

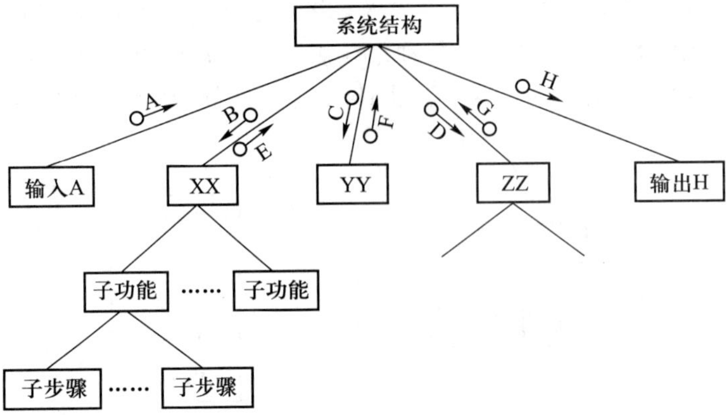

图 10-40 事务型功能模块图

第二种结构被称为转换型(Transform)结构。该结构从图形上可以被划分为输入、一般操作、输出三个部分,其中一般操作(General)为中央处理环节,完成将输入转换成输出的任务。转换型的结构形态如图 10-41 所示。

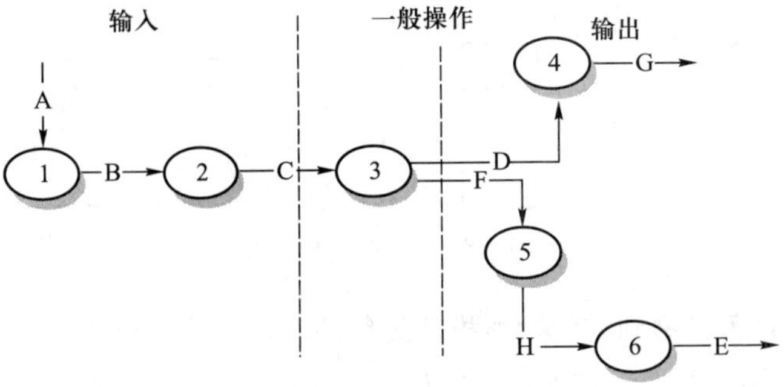

图 10-41 转换型结构

这种结构的功能模块如图 10-42 所示。

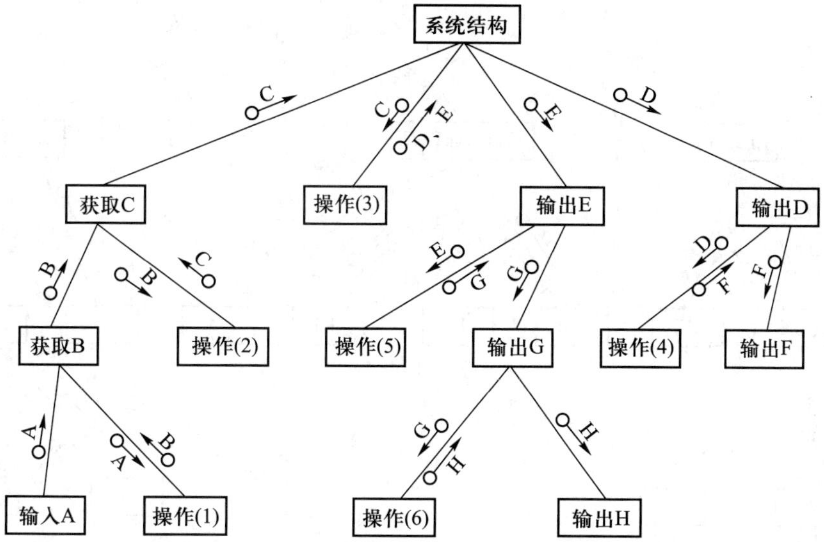

图 10-42 转换型功能模块结构

下面举一个较为复杂的实例，进一步说明从 DFD 模型到功能模块结构的转换。例中 DFD 流程图结构如图 10-43 所示。

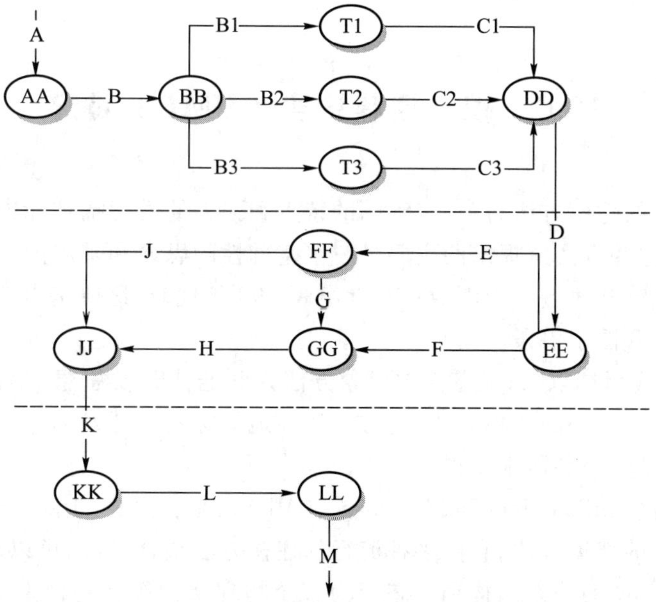

图 10-43 流程图转换实例（流程图）

转换后的功能模块如图 10-44 所示。

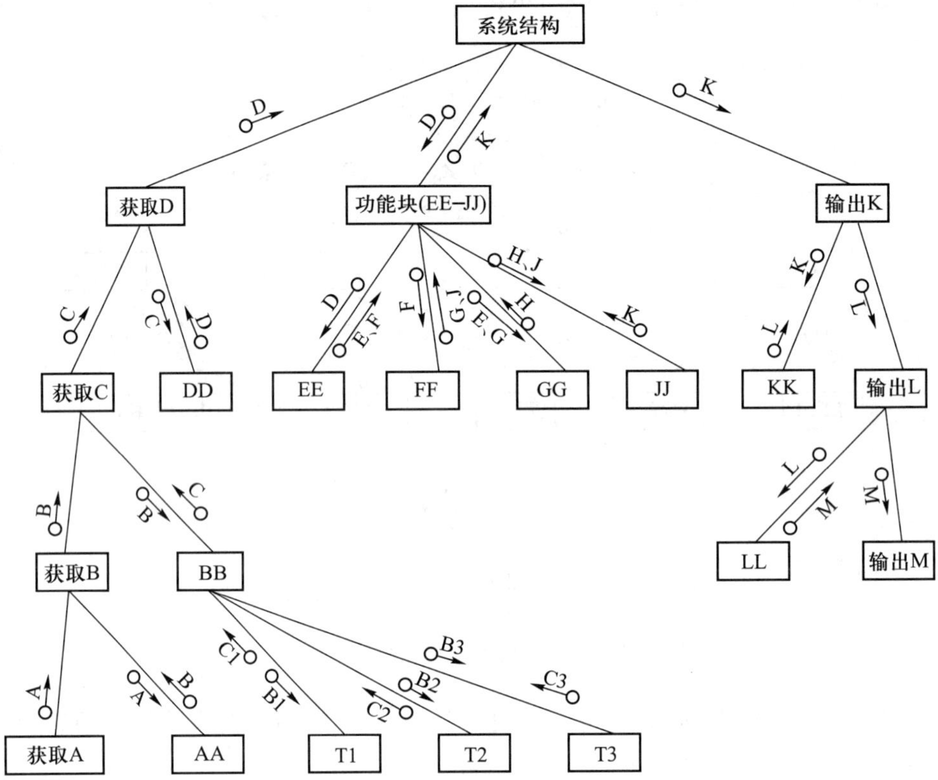

图 10-44 流程图转换实例(功能模块图)

10.6 统一建模语言(UML)简介

前面几节介绍的建模方法,都具有鲜明的特点和强大的模型描述能力,在实践中产生了很大影响。然而,这些方法所提出的主要是一些基础性的思想和基本的标准,在实际应用中往往会出现一些调整和改造。因而,在 20 世纪 80-90 年代,在这些基本方法的基础上,产生了大量的建模方法和图示手段。

20 世纪 90 年代后期以来,随着面向对象方法论和迭代开发思想的兴起,人们越来越迫切地希望能够有一种统一的建模方法,能够一致性地贯穿系统开发的整个周期,并能够有效支持增量迭代、模型转换和需求变更。

统一建模语言(Unified Modeling Language,UML)正是在这样的形势下诞生的。UML 是一种应用极为广泛的建模方法,它由多种流行的建模方法整合而成,可以用于商务建模的各个阶段,具有创建系统的静态结构和动态行为直至物理架构等多种模型的能力。UML 语言本身并不复杂,也比较直观。它具有良好的可扩展性和通用性,适合为各种多变的系统建模。这一建模方法的实际应用工具(如 Rational Rose、Borland Together 等)也已经达到了相当成熟的水平。

UML 是一种直观、明确的通用可视化建模语言,可以有效地用于信息系统的构建以及相关文档的编制。它捕捉了被构建系统的有关决策和理念,用来理解、设计、浏览、配置、维护以及控制系统的信息。UML 可以与所有的开发方法、生命阶段、应用领域和媒介一同使用。它意图融合过去建模技术的经验,将当前软件最佳实践归并至标准的水平。UML 包括语义概念、标记符号和指南,具有静态、动态、环境上的和组织性的部分。它可以被具有代码产生和报表生成的交互式可视建模工具所支持。UML 规范没有定义标准过程,但可用于迭代的开发过程,并支持现有的大多数面向对象的开发过程。[167]

UML 由伊瓦尔·雅各布森(Ivar Jacobson)、格雷迪·布克(Grady Booch)和詹姆斯·朗博(James Rumbaugh)共同提出[167],并于 1997 年提交给对象管理组织(Object Management Group,OMG),之后成为业界标准,并得到了广泛的支持。雅各布森等人同时也是 IBM Rational 的骨干人员。如前所述,该公司所提出的 RUP 系统开发过程模型以及相应的软件工具产品(如 Rational Rose)都与 UML 存在着紧密的融合。

本书并不打算对 UML 进行详细的介绍,以下内容仅对 UML 的组成以及主要的建模图形进行简要的介绍。

10.6.1 UML 的结构和基本元素

UML 由视图(Views)、图(Diagrams)、模型元素(Model Elements)和通用机制(General Mechanism)等部分构成。[167]

视图用来表示被建模系统的各个方面(基于不同的目的,为系统建立多个模型,这些模型都反映同一个系统,且具有一致性)。视图由多个图(Diagrams)构成,它不是一个图片(Graph),而是在某一个抽象层上,对系统的抽象表示。如果要为系统建立一个完整的模型图,只需定义一定数量的视图,每个视图表示系统的一个特殊的方面就可以了。另外,视图还把建模语言和系统开发时选择的方法或过程连接起来。

UML 中的视图主要包括用例视图(Use-case View)、逻辑视图(Logical View)、组件视图(Component View)、并发视图(Concurrency View)、部署视图(Deployment View)五种,能够使用的其他视图还有静态—动态视图、逻辑—物理视图、工作流视图等。

用例视图(Use-case View)用于描述系统应该具有的功能集。它是从系统的外部用户角度出发,对系统的抽象表示。用例视图所描述的系统功能依靠外部用户或另一个系统触发激活,为用户或另一个系统提供服务,实现用户或另一个系统与系统的交互。系统实现的最终目标是提供用例视图中描述的功能。一般可以认为,用例视图是从用户的角度描述需求的视图。

逻辑视图(Logical View)用来显示系统内部的功能是怎样设计的,它利用系统的静态结构和动态行为来刻画系统功能。静态结构描述类、对象和它们之间的关系等。动态行为主要描述对象之间的动态协作,当对象之间彼此发送消息给给定的函数时产生动态协作。一致性(Persistence)和并发性(Concurrency)等性质,以及接口和类的内部结构都要在逻辑视图中定义。逻辑视图是从系统功能的角度描述系统结构的视图,既包括静态结构,也包括动态结构。

组件视图(Component View)用来显示代码组件的组织方式。它描述了实现模块(Implementation Module)及其相互依赖关系。组件视图由组件图构成。组件是代码模块,不同类型的代码模块形成不同的组件,组件按照一定的结构和依赖关系呈现。组件的附加信息(如为组件分配资源)或其他管理信息(如工作的进展报告)也可以加入组件视图中。组件视图可以被看作面向开发者的功能结构视图。

并发视图(Concurrency View)用来显示系统的并发工作状况。并发视图将系统划分为进程和处理机方式,通过划分引入并发机制,利用并发高效地使用资源、并行执行和处理异步事件。除了划分系统为并发执行的控制线程外,并发视图还必须处理通信和这些线程之间的同步问题。并发视图所描述的方面属于系统中的非功能性质方面,面向系统开发者和集成者。

部署视图(Deployment View)用来显示系统的物理架构,即系统的物理部署,例如计算机和设备及其连接方式。部署视图还包括一个映射,该映射显示在物理架构中组件是怎样部署的。例如,在每台独立的计算机上,哪一个程序或对象在运行。部署视图提供给开发者、集成者和测试者。

图(Diagrams)由各种图片(Graph)构成,用来描述一个视图的内容。UML 定义了 9 种不同的图类型,包括用例图、类图、对象图、状态图、序列图、协作图、活动图、组件图和部署图。把它们有机地结合起来就可以描述系统的所有视图。图是 UML 建模的主要机制,下文将对几种图类型作进一步介绍。

模型元素(Model Elements)代表面向对象中的类、对象、消息和关系等概念,是构成图的最基本的常用概念。一个模型元素可以用在多个不同的图中,无论怎样使用,它总是具有相同的含义和相同的符号表示。

通用机制(General Mechanism)用于表示其他信息,如注释、模型元素的语义等。另外,它还提供扩展机制,使 UML 语言能够适应一个特殊的方法(或过程)或扩充至一个组织或用户。

10.6.2 UML 的主要建模机制

UML 的 9 种模型图是其主要建模机制,提供了全面覆盖静态建模、动态建模、流程建模和系统部署等各个方面。由于 UML 是一种完全面向对象的建模语言,因而模型中的商务规则层面通过约束、关联等机制被融合到其他各层面的建模工作中,所以就没有专门提供描述商务规则的图形。

以下将对这些建模图形进行概要的介绍。有关 UML 建模的详细内容,可参阅相关教材与参考手册。[167]

1. UML 的静态建模

在 UML 的 9 种基本图形中,用例图、类图和对象图大体上属于静态建模的范畴,用于描述建模对象的静态结构特征。

用例图(Use-case Diagram)从用户需求的角度,显示若干角色(Actor,指行动主体)与用例(Use-case,指功能需求)之间的联系。图 10-45 显示了一个图书管理系统的用例图。该图形中包含读者和图书管理员两个角色,分别与系统中的三个用例发生联系。用例图仅仅从角色(触发系统功能的用户等)使用系统的角度描述系统中的信息,也就是站在系统的外部审视系统功能。它并不描述系统内部对该功能的具体操作方式。也就是说,用例图定义的是系统的功能需求。

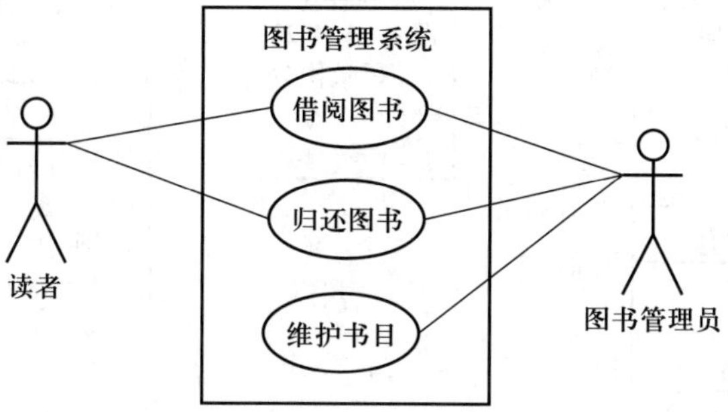

图 10-45 图书管理系统用例图

严格意义上说,用例图是一种比较特殊的模型图,它是完全从用户的视角出发,描述系统应该具有的功能,因而从"描述功能"这一点看,用例图具有一定的动态含义。然而,由于用例图仅考虑功能需求的定义,而不关心具体的实现,因而本书还是将之归入静态建模的范畴。

类图(Class Diagram)用来表示系统中的对象类以及类与类之间的关系,其作用和结构与 ER 图有一定的相似,用于描述建模环境中各方面信息的静态结构。图 10-46 显示了一个简化的类图,其中反映了系、教师、课程与学生之间的关系。可以看出,类图与 ER 图的显著区别在于其面向对象的特征。类用来表示事物,其结构中不但包括属性,还包括操作(作为示例,图中仅给出了学生类的若干操作)。类与类之间存在多种连接方式,包括关联(相当于 ER 图中的关系)、依赖(一个类使用另一个类)、通用化等。

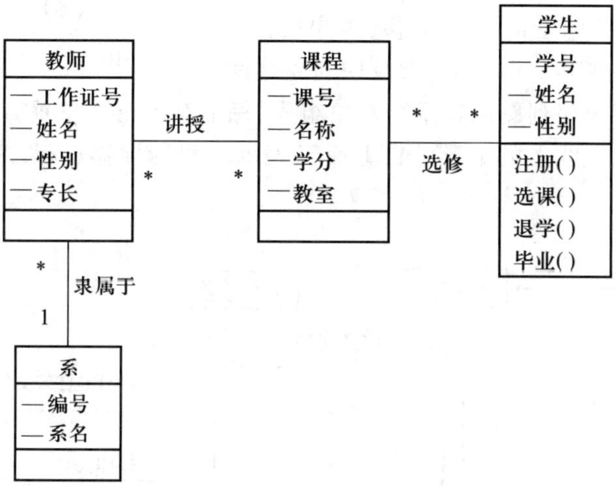

图 10-46 类图图例

对象图(Object Diagram)可以看作类图的变体,二者的差别在于对象图表示的是类对象的实例,而不是类本身。因而可以说,对象图是类图的一个范例。图 10-47 显示了一名学生选课的对象图。

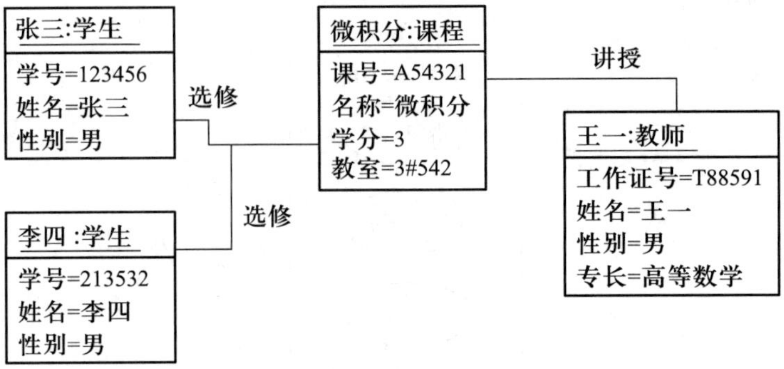

图 10-47 对象图图例

2. UML 的动态建模

一般而言,UML 中的状态图、序列图和协作图属于动态建模的范畴,描述建模对象的动态特征。其中,状态图反映的是单个对象的状态变动,序列图和协作图则从不同角度体现了多个对象的协同动作。序列图和协作图在一定程度上具有相互替代性。

状态图(Statechart Diagram)显示了类所有对象可能具有的各种状态,以及引起状态变化的事件。图 10-48显示了一个“图书”对象的状态图示例。状态的变化称作“转移”(Transition)。一个转移可以有一个与之相关联的动作,这个动作指明了状态转移时应该做些什么。

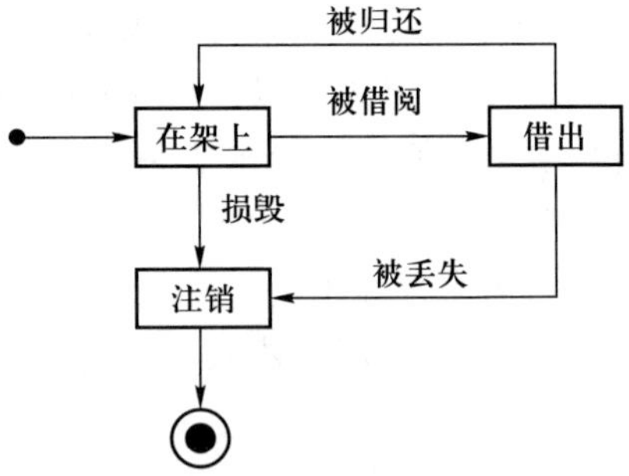

图 10-48 “图书”对象的状态图

序列图(Sequence Diagram)用来反映若干对象之间的动态协作关系,即随着时间的推移,对象之间如何交互。如图 10-49 所示,序列图主要反映对象之间发送消息的先后次序。序列图由若干个对象组成,每个对象用一条垂直的虚线表示,线上方为对象名称。重叠在虚线上的矩形条自上而下表示时间的推移过程,对象之间的消息用垂直线条之间的箭头表示。

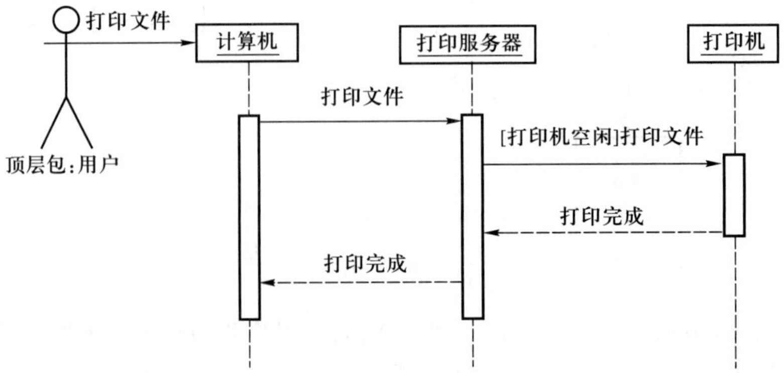

图 10-49 序列图图例

协作图(Collaboration Diagram)和序列图同样反映动态协作。除了显示消息变化之外,协作图还反映了对象之间的动态关系。如图 10-50 所示,协作图中包含若干个对象,对象之间流动的消息用箭头表示,箭头中间的标签标志出消息被发送的序号、条件等。

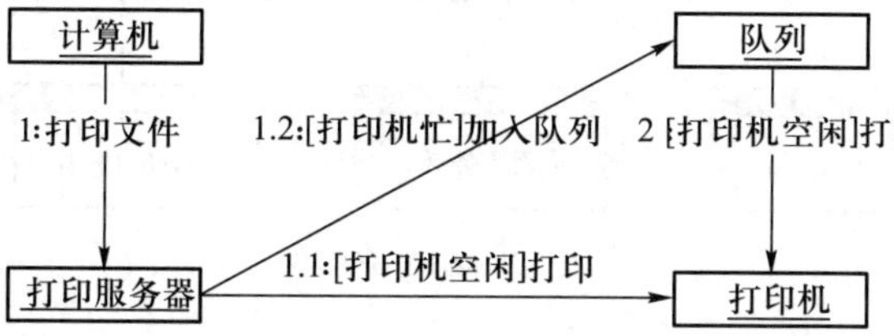

图 10-50　协作图图例

3. UML 的流程建模

UML 中所提供的流程建模图形主要为活动图(Activity Diagram)。如图 10-51 活动图反映一个连续的活动流,由各种动作和状态组成,同时还具有条件判断、并行、串行等要素,与之前介绍过的业务流程图比较相似。

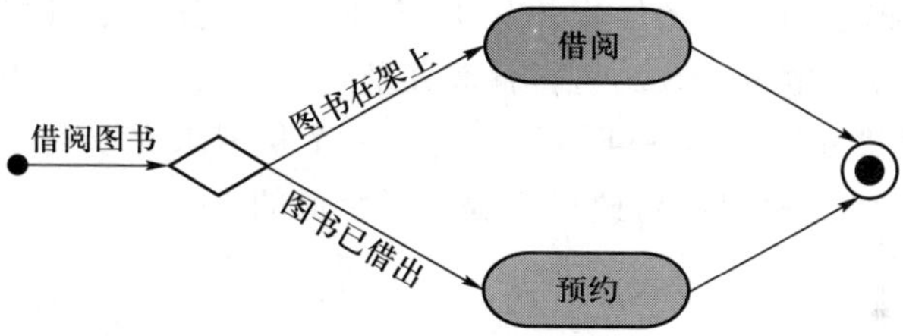

图 10-51　活动图图例

4. UML 的系统部署建模

系统部署模型指的是反映代码及软硬件物理架构的模型。前面曾经提到,UML 是一种贯穿整个系统开发过程的一致性建模手段,它提供了以组件图和部署图为主的图形机制来支持对系统部署结构的建模支持。

组件图(Component Diagram)用于反映代码的组成结构,用代码组件表示。组件可以是源代码、二进制文件或可执行文件。如图 10-52 所示,组件之间存在着依赖关系,利用这种依赖关系可以分析一个组件的变化给其他组件所带来的影响。

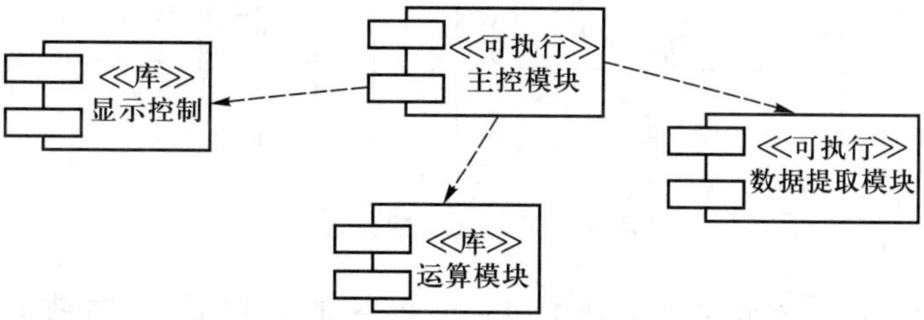

图 10-52　组件图图例

部署图(Deployment Diagram)用于显示系统中软件和硬件的物理架构。如图 10-53 所示,通常部署图中用节点来显示实际的计算机和设备,以及各个节点之间的关系。每个节点内部可以显示其中所容纳和运行的组件和对象,组件之间的依赖关系也可以显示在部署图中。

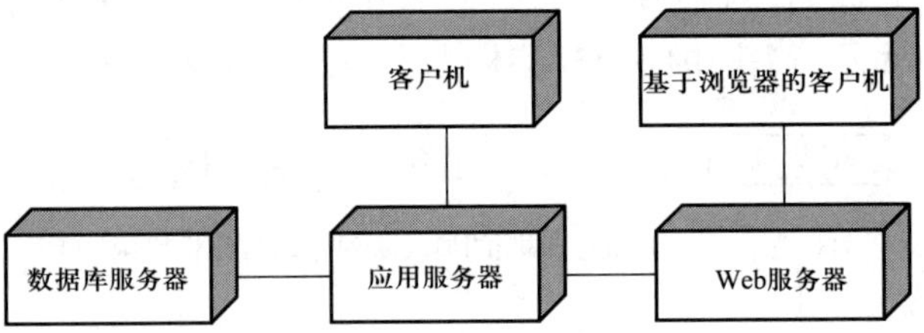

图 10-53 部署图图例

10.6.3 UML 的建模过程与模型管理

如前所述,尽管 UML 可以被应用于各种不同的系统开发方法中,但其与 RUP 方法之间的关系尤其紧密。因而,UML 的建模过程具有两个显著的特点。首先,它遵循“统一过程”的思想,用具有内在一致性的建模方法贯穿整个系统开发过程,并且提供了清晰、稳定的手段以实现模型从需求提取到实现的转换。其次,它支持增量迭代的开发方法,利用严格的模型划分和关系定义来保证增量修改的可行性和便捷性。

UML 的总体建模过程如图 10-54 所示。这是一个从需求提取到分析、设计以及系统部署的完整过程,上述各种建模机制对此过程提供了全面的支持。

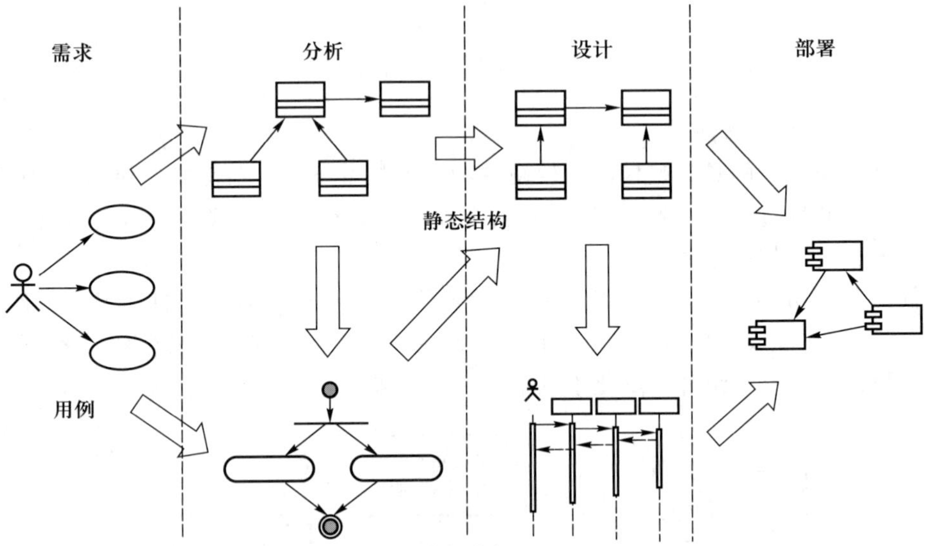

图 10-54 UML 建模过程

需要指出的是,在建模的过程中并不要求使用全部 9 种图形。图形工具只是可供选择的表述手段,而非必不可少的要求。例如,对象图往往不常使用,序列图和协作图具有一定的相互替代作用,状态图也仅对某些具有多种明确状态的对象有效。

此外,图形只是一种直观的手段,并不足以完全表达一切细节,因而图形模型还需要有完整的文字文档与之相匹配,对模型所表达的具体含义作出完整、详细的说明。

由于 UML 具有“统一性”,因而相应的建模软件就能够提供全面的模型管理功能对其中的各种模型进行集成化的管理,同时提供自动化的模型转换乃至代码生成功能。在这类 UML 建模工具中,最著名的是 IBM Rational 推出的 Rose 软件(见图 10-55),其他软件产品如 Borland Together 等也具有类似的功能。在一些通用制图软件,如 Microsoft Visio 中,也提供了 UML 建模图形绘制以及一定程度的模型管理功能。

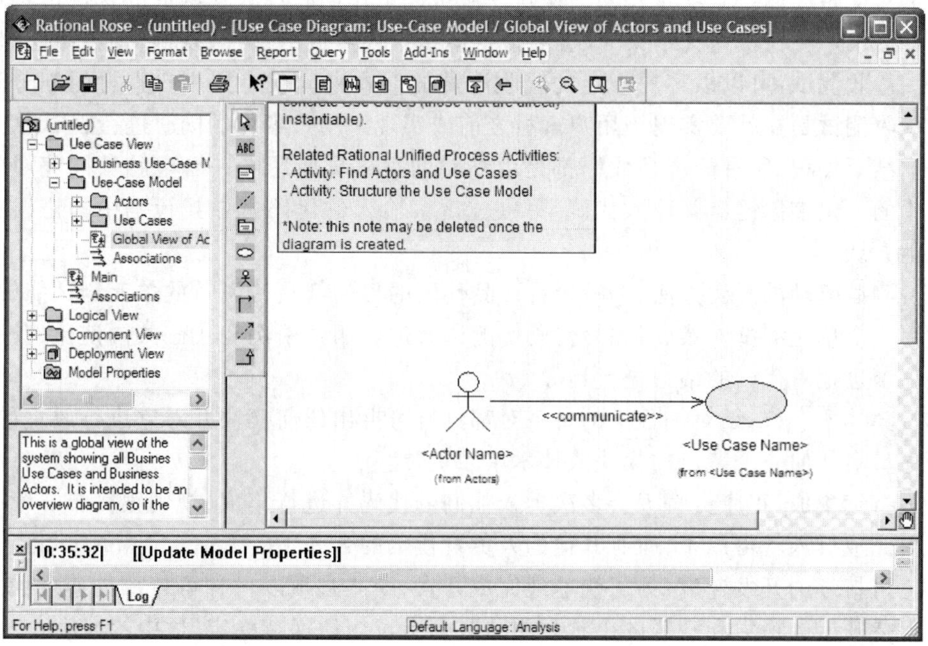

图 10-55 UML 建模工具:Rational Rose

10.7 快速应用程序开发

快速应用程序开发(Rapid Application Development, RAD)是指一种以最小幅度的规划并迅速地将原形完成的软件发展方法论。[200]采用 RAD 进行软件开发的规划是和撰写软件本身交错进行的。通常能在没有大量预先规划的情况下,让软件更快写完、更容易变更需求。RAD 可能包括应用可视编程和建设用户图形接口的其他工具,关键系统部件的迭代原型法、程序码生成自动化及用户和信息系统专家紧密的团队工作等。简单的系统常可用预制的部件组装。这个过程不需要按顺序开展,开发的关键部件可同时进行。

敏捷开发(Agile Development)关注于将一个大项目分解成一串小的子项目,从而快速送出工作软件,每个小软件在迭代和连续反馈的小时间周期完成。每个小项目,如果它是一个完全的项目就由一个小团队负责,包括计划、需求分析、设计、编程、测试和文件化。改善过的附加的新功能,可以放在下一个迭代下进行。这有助于使总风险最小化,并允许项目较快适应变化。敏捷开发强调面对面沟通胜过书写文件,鼓励人员协作,并使决策快速和有效。

极限编程(eXtreme Programming,XP)是敏捷方法中最著名的一个。[201]它由一系列简单

却互相依赖的实践组成。这些实践结合在一起形成了一个胜于部分结合的整体,包括:

(1) 客户作为团队成员:客户和开发人员在一起紧密地工作,以便于彼此知晓对方所面临的问题,并共同去解决这些问题。

(2) 用户素材:为了进行项目计划,必须知道和项目需求有关的内容,但不必知道特定细节。

(3) 短交付周期:XP 项目每两周交付一次可以工作的软件。每两周的迭代都实现了涉众的一些需求。在每次迭代结束时,会给涉众演示迭代生成的系统,以得到他们的反馈。

(4) 验收测试:可以以客户指定的验收测试的形式来捕获有关用户素材的细节。用户素材的验收测试是在就要实现该用户素材之前或实现该用户素材的同时进行编写的。

(5) 结对编程:所有的产品代码都是由结对的程序员使用同一台电脑共同完成的。结对人员中的一位控制键盘并输入代码,另一位观察输入的代码并寻找代码中的错误和可以改进的地方。

(6) 测试驱动的开发方法:编写所有产品代码的目的都是使失败的单元测试能够通过。首先编写一个单元测试。然后,编写代码使测试通过。测试用例和代码共同演化,其中测试用例循序渐进地对代码的编写进行指导。

(7) 集体所有权:结对编程中的每一对都具有可拆出任何模块并对它进行改进的权力。没有程序员对任何一个特定的模块或技术单独负责。

(8) 持续集成:程序员每天会多次拆入他们的代码并进行集成,规则很简单。第一个拆入的只要完成拆入就可以了,所有其他的人负责代码的合并工作。

(9) 可持续的开发速度:为了快速地完成开发,团队必须以一种可持续的速度前进。团队必须保持旺盛的精力和敏锐的警觉。团队必须有意识地保持稳定、适中的速度。

(10) 开放的工作空间:团队在一个开放的房间中一起工作。每个人都了解对方的工作状态,程序员们都处在适合于激烈地进行讨论的位置上。

(11) 计划游戏:划分业务人员和开发人员之间的职责。业务人员决定特性的重要性,开发人员决定实现一个特性所花费的代价。

(12) 简单的设计:XP 团队使他们的设计尽可能地简单。此外,他们仅仅关注了计划在本次迭代中要完成的用户素材。他们不会考虑那些未来的用户素材。相反,在一次次的迭代中,他们不断变迁系统设计,使之对正在实现的用户素材而言始终保持在最优状态。

(13) 重构:XP 团队通过经常性的代码重构来扭转代码的退化。重构就是在不改变代码行为的前提下,对其进行一系列小的改造,旨在改造系统结构的实践活动。每个改造都是微不足道的,但是所有的这些改造叠加在一起,就形成了对系统设计和构架显著的改进。

(14) 隐喻:隐喻是将整个系统联系在一起的全局视图。它是系统的未来景象,是它使得所有单独模块的位置和外观变得明显、直观。

• 思考题 •

1. 什么是信息系统的生命周期? 瀑布模型、演化模型、螺旋模型以及迭代模型(如 RUP)各有怎样的特点?

2. 什么是商务建模? 商务建模包括哪些主要的层面? 各个建模层面之间具有哪些区别

和联系？现实世界与模型世界具有怎样的映射关系？

3. ER 模型具有哪些基本的图形元素？EER 模型对 ER 模型进行了怎样的扩展？

4. JSD 模型具有哪些基本结构？如何用 JSD 模型描述建模对象的动态特征？

5. 流程建模包括哪些主要任务？数据流程图和 IDEF 方法各有怎样的特点？在业务流程优化中有何作用？

6. 什么是商务规则？如何实现对商务规则的建模和管理？

7. 什么是 UML 语言？UML 语言包括哪些主要的建模机制？可以应用于哪些建模领域？UML 与 RUP 过程方法之间是何关系？

8. 什么是极限编程？它包含哪些实践？

• 即测即评 •

请扫描二维码，测试本章学习效果。

5

第五篇

信息系统的管理

有效的信息系统管理支持着信息系统在企业中的价值创造。本篇将从管理视角出发,着重讨论信息系统的项目管理、安全维护等管理问题。第 11 章将围绕信息系统的项目管理,介绍信息系统建设的组织方式及适用范围,关注 IT 服务与外包管理的方式,分析信息系统建设项目的特点以及信息系统建设相关方法,并阐述管理者在信息系统建设项目中的关键作用。第 12 章将重点讨论信息系统的安全维护与日常管理议题,介绍信息系统日常管理的组织机构和基本内容,信息系统以及大数据存储和云平台中的安全管理问题。

第 11 章　信息系统的项目管理

当你欣赏一场高雅的音乐会，沉浸于丝竹管弦之声中，是否被乐队默契的配合所震撼？一首曲目的完美演出依靠的是演奏人员齐心协力，同时还需要统一的指挥，统一的乐谱。乐谱是一支曲目的灵魂，它决定了各种乐器演奏的先后次序、不同声部的抑扬顿挫，以及主旋律与其伴奏的相互配合，保证了演奏顺利进行。同样在信息系统的建设过程中，首先也需要有一个开展项目管理的周密计划，来指挥和协调整个团队成员的行为。其次，恰如乐队中有人负责小提琴，有人负责长笛一样，信息系统项目管理中也存在不同的角色分工，承担各项细分任务。项目管理者站在指挥的位置上，只有保证各个任务在正确的时间节点开始和完成的前提下，才能演奏出完美的项目管理交响曲。本章将重点介绍信息系统建设的内部组织方式、*IT* 服务与外包管理，以及信息系统项目管理相关问题。

系统建设的任务就是根据企业管理的战略目标、规模、性质等具体情况从系统论的观点出发，运用先进的方法，按照事物的客观规律为企业建立起计算机化的信息系统。其中核心的工作就是设计一套适合现代企业管理要求的应用软件系统。技术、组织管理和人是信息化生产的三个重要因素，也是推进信息化的三项关键资源。本章将介绍信息系统建设的不同组织方式及其各自的适用范围，关注 IT 服务与外包管理的方式，分析信息系统建设项目的特点以及信息系统建设项目的计划、控制、人员管理的一般方法，并阐述管理者对于信息系统建设项目成败的关键作用。

11.1　信息系统建设的内部组织方式

信息系统建设项目可以按照谁负责系统开发分成三类[1]，即内部开发（Insourcing，由组织内部的信息技术部门或者信息技术力量开发信息系统）、第三方开发（Outsourcing，由组织之外的第三方负责信息系统的开发）、知识工人开发（Selfsourcing，由知识工人自行开发各自所需系统）。系统建设中首先需要考虑采用何种开发方式、组织结构和控制手段。本节将从角色分工、组织结构以及组织中的沟通效率三个方面介绍企业信息系统建设的内部组织方式。

11.1.1 信息系统建设的角色分工

1. 人员

信息系统项目中通常需要用户方与开发方共同协作。他们在系统开发过程中各自扮演着不同的角色。

(1) 项目管理者。信息系统项目的组织者,负有信息系统项目的计划、系统的阶段验收及对系统整体进度的监控、经费的使用、与开发方的项目管理人员工作的协调、用户方的使用人员的组织与培训等职责。

(2) 用户方的业务人员。信息系统需求的提出者,也是信息系统的最终用户。他们是对应用系统开发成功与否的最终评判者。

(3) 用户方的决策层。用户方的决策层是信息系统开发的最终决策机构,决策层要对信息系统开发项目的上马、经费的预算以及系统所要达到的总目标等作出决策。

(4) 开发方的项目管理人员。负责项目的计划、开发人员的组织与调度、开发进度的检查,以及与用户方项目管理人员工作的协调。

(5) 开发方的软件编程人员。根据用户方的需求,按照项目的计划及进度进行系统开发。

2. 小组

企业信息系统的开发须成立企业的项目管理机构,由项目负责人进行统一管理和协调。可以根据项目经费的多少和系统的大小来确定相应的项目组。项目组根据工作需要可设若干小组,小组的数目和每个小组的任务可以根据项目规模、复杂程度和周期长短来确定。

可以设立的小组有:过程管理小组、项目支持小组、质量保证小组、系统工程小组、开发与测试小组、系统集成与安装调试小组等。

项目经理(项目组长)是整个项目的领导者,其任务是保证整个开发项目顺利进行,负责协调开发人员之间、各级最终用户之间、开发人员和广大用户之间的关系。同时他拥有资金的支配权,可以把资金作为强有力的工具来进行项目管理,对项目经理的资金运用情况可采用定期向上级汇报等方法进行合理监督。

项目经理在实施项目领导工作时,要时刻注意所开发的系统是否符合最初制定的目标;在开发工作中是否运用了预先选择的正确的开发方法;哪些人适合于做哪些工作等。只有目的明确、技术手段适合、用人得当,才能保证系统开发顺利进行。

(1) 过程管理小组。过程管理小组的任务是负责整个项目的成本及进度控制、配置管理、安装调试、技术报告的出版、培训支持等项任务。这是一个综合性的机构,用以保证整个开发项目顺利进行。

(2) 项目支持小组。项目支持小组的任务是保障后勤支持。它要及时提供系统开发所需要的设备、材料;负责进行项目开发的成本核算;负责合同管理、安全保证等。特别是对大型项目而言,由于其涉及的资金巨大、开发人员众多、材料消耗也多,尤其要进行科学的管理。

(3) 质量保证小组。质量保证小组的任务是及时发现影响系统开发质量的问题并给予解决。

(4) 系统工程小组。由于信息系统开发是一项系统工程,因此可以按照工程的一般特性,用系统的观点制定出系统开发各个阶段的任务,这是系统工程小组的工作职责。即将整个开发过程按阶段划分出若干个任务,规定好每个任务的负责人、任务的目标、检验标准、完成任务的时间等。只有明确每一项任务的责、权、利,才能使得开发工作顺利进行。

(5) 开发与测试小组。开发与测试小组的任务是充分利用系统开发的技术、模型以及一些成熟的商品软件从事各子系统的开发与集成,并对各系统进行测试。

(6) 系统集成与安装调试小组。系统集成是对整个信息系统进行综合的过程,该小组成员充分注意软件、硬件产品与所开发的信息系统之间的结合。

11.1.2 信息系统建设的组织结构

1. 组织形式

信息系统建设的组织结构取决于企业的管理风格、组里的人员数目及他们的技术水平和整个问题的难易程度。从软件工程的角度看,一般而言,有三种基本的组织形式可供选择。[168]

(1) 民主分权式(Democratic Decentralized,DD)。这种软件工程小组没有固定的负责人。任务协调者是短期指定的,之后就由其他协调不同任务的人所取代。问题和解决方法的确定是由小组讨论决策的。小组成员间的通信是平行的。

(2) 控制分权式(Controlled Decentralized,CD)。这种软件工程小组有一个固定的负责人,他协调特定的任务及负责子任务的二级负责人关系。问题解决仍是一个群体活动,但解决方案的实现是由小组负责人在子组之间进行划分的。子组和个人间的通信是平行的,但也会发生沿着控制层产生的上下级的通信。

(3) 控制集权式(Controlled Centralized,CC)。小组负责人管理顶层的问题解决和内部小组协调。负责人和小组成员之间的通信是上下级式的。

2. 组织范型

此外,软件工程小组还可以分为四种"组织范型"[73],这实际上体现了设计信息系统建设项目组织结构时的四种不同的指导思想。

(1) 封闭式范型。这种范型按照传统的权力层次来组织小组(类似 CC 小组)。这种小组在开发与过去产品类似的软件时十分有效,但在这种封闭式范型下难以进行创新式的工作。

(2) 随机式范型。这是指松散地组织小组,并依赖于小组成员个人的主动性。当需要创新或技术上的突破时,按照这种随机式范型组织的小组很有优势。但当需要"有次序地执行"才能完成工作时,这种小组组织范型就会陷入困境。

(3) 开放式范型。这是试图以一种既具有封闭式范型的控制性,又包含随机式范型的创新性的方式来组织小组。工作的执行结合了大量的通信和基于小组一致意见的决策。开放式范型小组结构特别适于解决复杂问题,但可能不像其他类型小组效率那么高。

(4) 同步式范型。同步式范型依赖于问题的自然划分,组织小组成员各自解决问题的片段,他们之间没有主动的通信需要。

3. 设计软件工程小组时应考虑的项目因素

(1) 待解决问题的困难程度;

（2）要产生的程序的规模，以代码行或者功能点来衡量；

（3）小组成员需要待在一起的时间（小组生命期）；

（4）问题能够被模块化的程度；

（5）待建造系统所要求的质量和可靠性；

（6）交付日期的严格程度；

（7）项目所需要的社交性（通信）的程度。

因为集中式的结构能够更快地完成任务，因此最适合处理简单问题。而分散式的小组比起个人而言能够产生更多更好的解决方案，因此，这种小组在处理复杂问题时成功的可能性更大。因为 CD 小组是集中式地解决问题，所以 CD 或 CC 小组结构能够成功地用来解决简单的问题。而 DD 结构则适于解决难度较大的问题。

因为小组的性能与必须进行的通信量成反比，所以很大的项目最好采用 CC 或 CD 结构的小组组织方式。如果小组能够很容易地协调，DD 小组结构最适于解决模块化程度较低的问题，因为它需要更多的通信。如果有可能需要较高的模块化程度（这时人们自己做自己的事情），则 CC 或 CD 结构更加合适。

11.1.3 信息系统建设组织的沟通效率

Frederick P.Brooks Jr.在其经典著作《人月神话》中指出：需要协作沟通的人员的数量影响着开发成本，因为成本的主要组成部分是相互的沟通和交流，以及更正沟通不当所引起的不良结果（系统调试）。[169]

人与人之间必须通过沟通来解决各自承担任务之间的接口问题。如果项目有 n 个工作人员，则有 $n\times(n-1)/2$ 个相互沟通的路径。假设一个人单独开发软件，年实施效率为10 000 行代码，而每一条沟通路径上每年消耗掉的工作量可折合 500 行代码，则团队规模和沟通消耗以及实施效率的关系如表 11-1 所示。

表 11-1 团队规模和沟通消耗示例

团队规模 n	沟通路径数 $n\times(n-1)/2$	沟通消耗（LOC/人・年） 沟通路径数×500	实施效率（LOC/人・年） 10 000-沟通消耗/n
1	0	0	10 000
4	6	3 000	9 250
6	15	7 500	8 750
10	45	22 500	7 750

由此可知，一个人单独开发一个软件，人均效率最高，只可惜大部分软件规模和时间要求都不允许一个人单独开发，而团队开发的沟通消耗却呈二次方增长。不难看出，通过减少沟通消耗、提高沟通效率能够提高项目团队工作效率。良好的团队组织可以减少不必要交流和合作的数量，是提高团队效率的关键措施。

减少交流的方法是明确的个人分工和接口定义。卡内基-梅隆大学的 D.L.Parnas 认为，编程人员仅了解自己负责的部分，而不是整个系统的开发细节时，工作效率最高。[169]一种行之有效的方法是改变沟通的结构和方式。比如上面的例子中,一个 10 人的项目团队,沟通路径有 10×(10-1)/2=45 条。这种计算基于一种假设,即团队中成员间的关系是对称的,各人在团队中的沟通地位完全对等,沟通方式是全通道式的。同样一个项目,可以把组织方式改变为图 11-1 的形式,由一位系统分析员将系统分为三个相对独立的子系统,定义好子系统间的接口;然后将其余 9 人分为三个小组,每个小组负责一个子系统,小组组长和系统分析员相互沟通子系统间的接口,小组间的交流通过系统分析员组织进行;每个小组内部采用全通道式的沟通方式。那么,这样的一个组织方式沟通路径只有 9 条,沟通效率是全通道式组织方式的 5 倍。当然,先决条件是有一个对整个项目总体把握得很好的系统分析员以及精确完整地定义所有接口。

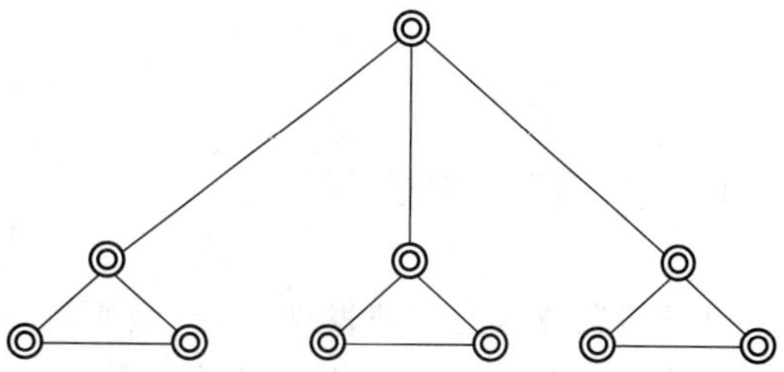

图 11-1 10 人项目团队的组织方式

11.1.4 信息系统建设的组织控制

信息系统建设开发的涉及面和工作量一般很大。开发者应有一个通盘的考虑,把握和控制开发过程,并把许多人的工作有效地衔接起来,形成一个统一的工作方式。由于开发过程的主要工作和最终表现形式是大量的程序开发,人们常常仅仅关注程序的开发,但这很不够。开发过程的组织与控制决定着系统建设的成败。因此,组织进行有效控制可以考虑如下方式:

1. 平稳安排

通过对系统的分解,根据工作量、用户情况及其在系统中的作用等因素排列开发顺序,并根据子系统的开发情况随时调整和部署开发工作,使系统开发能有一个由小到大的、平稳的发展过程,并能方便地形成系统。另外,需要对开发工作中的问题和困难做好充分的估计,把开发展开规模限制在可控制范围内。

2. 整体控制

开发者应善于了解和把握系统性、本质性的问题,有一个明确的系统概念。同时,要采取有效的技术和组织措施,确保在建设过程中处于主动,以便有效地贯彻系统建设的思想。

3. 吸引信息系统用户参与

在开发过程中信息用户的参与对整个系统建设至关重要。及时投入试运行是吸引用户参与开发工作并和他们具体交流的有效途径。为此,子系统的分解要便于开发和试运行。在诸多子系统中,应注意选取那些使用效果明显又易于开发的子系统首先开发,其运行效果会增强用户对系统建设的信心和对开发者的支持。

4. 迅速过渡

整个系统的形成需要循序渐进,不可操之过急。而子系统的开发则必须迅速完成,才能确保整体系统的从容部署,这是系统建设的节奏。如果长时间不能过渡到新的工作方式上去,用户会消极应付,同时也会给程序调整带来困难。

11.2 IT 服务与外包管理

11.2.1 IT 外包的背景

由于信息技术的快速发展,信息应用系统更加庞大和复杂化,专业化趋势更加明显,越来越多的企业选择将 IT 项目(包括信息系统开发、维护服务以及 IT 服务)外包给外部第三方供应商。大到企业核心业务系统和数据中心等系统集成性项目,小到网站建设,都可能外包给专业性公司。

国外早期 IT 外包可追溯到 20 世纪 60 年代初,在 70 年代到 80 年代后期,经历了一段相对缓慢的发展阶段。IT 外包快速发展的里程碑是 20 世纪 80 年代末期的柯达(柯达(中国)投资有限公司,以下简称柯达)外包合同。1989 年柯达宣布将自己的四个数据中心外包给 IBM 和 DEC 等为其提供运营管理和服务,交易涉及金额高达 10 亿美元,外包期限长达 5 年。柯达外包这一举动震惊了包括世界 500 强在内的各企业决策层,推动了 IT 外包的快速发展。之后的几年中,欧美国家相继出现了超过 100 单的大宗外包交易,被称为“柯达效应”,并由此掀起 IT 外包的新浪潮。[170]

20 世纪 90 年代以来,IT 外包得到了更快的发展,市场不断扩张。据 Gartner 研究显示:全球 IT 外包市场 2003 年为 1 805 亿美元,2016 年达到 2 835 亿美元。IT 外包不仅在欧美市场呈现上升趋势,中国 IT 外包市场也在不断发展壮大,近几年国内出现了一系列 IT 外包交易,如国家开发银行与 HP,神州数码的外包,海尔与东软的系统集成外包,百安居(B & Q)与 IBM、HP 和 Wincor Nixdorf 的多方外包交易等。[171] IT 外包为企业发展创造了机会,也为信息化建设提供了新手段。

11.2.2 IT 外包的概念和原因

1. IT 外包的概念

IT 外包的概念是从实践领域逐渐发展起来的,指企业委托外部第三方专业 IT 供应商来提供所需的有关 IT 产品或服务的一种实践活动。IT 外包的具体范围可以是 IT 相关的资产、人员、活动、功能和服务。IT 外包是将企业的部分或全部 IT 资产、人员和(或)活动委托给一个或多个外部供应商来完成执行。它包括下面任何一种类型或其多种形式的组合:系统规划、应用分析和设计、应用开发、运营和维护、系统集成、数据中心实施、通信管理和维护、软硬件产品及设备管理(如 PC 维护)、最终用户支持(如培训)等。

总体而言,IT 外包有以下一些目标:控制成本;获得技术资源;本企业 IT 聚焦于为关键业务提供服务和战略价值;提升服务交付的质量;提高企业可扩展性。

2. IT 外包的原因

尽管各个企业在 IT 外包时考虑各不相同,但总的来说,原因可以归纳为四条[149]:

(1) 企业战略的转变。对 IT 外包兴趣的增加很大程度上是企业自身经营战略的转变的结果。由于竞争加剧,很多公司从原先的多元化经营战略转向核心竞争力战略,很多企业的高级经理们常常认为IT是一个非核心的活动而加以外包。

(2) IT成本压力。随着企业对IT的依赖性越来越强,在IT方面的投资也急剧攀升。这笔投资已经成为企业的一个沉重负担。为了减轻IT成本压力,一些公司的高级主管把目光转向了第三方供应商。

(3) IT服务水平低。IT部门的表现常常是迫使企业寻找更好的IT服务的另一个原因。一方面,企业内部没有具备足够的专业技能的专业人才,专业人才得不到足够的培训,缺乏对IT系统化管理的专业经验,致使IT服务水平不能满足要求。另一方面,企业内部的IT部门处于垄断地位,没有外来的竞争压力,因此容易满足现状,不思进取,也会导致IT服务效率低下。

(4) 供应商推动作用。随着信息产业的发展,原来的硬件和软件行业利润率已经下降,一些供应商为了弥补这种损失把目光转向了IT服务行业。蓝色巨人IBM从卖硬件到提供全面解决方案的战略转变就表明了这一点。它们的雄厚实力和强大促销能力促进了公司与供应商签订外包合同、建立战略伙伴关系。

11.2.3 IT外包的优越性和局限性

IT外包的优越性和局限性都是存在的,需要谨慎地分析IT外包的优越性和缺点,以便能正确地做出决策。[3]

1. IT外包的优越性

(1) 降低成本。IT供应商可能以更低的成本运作IT,因为他们具有规模经济性和更严格的成本控制,能够获取相对廉价的人力,更有能力保证一些削减成本措施的实施。

(2) 能够及时、充分利用新技术。对新资源的利用首先是对新技术和专门技术的利用。信息技术的发展速度非常快,软件的更新间隔很短,很多企业尚在为新软件而培训人员的时候这些软件就已经不再是最新的了。而不断跟踪领域内的最新技术是很多IT供应商必需的生存手段,否则无法保证他们的技术是有竞争力的。能够利用最新的技术或者专门技术,是一些企业做出IT外包决策的原因。

(3) 更集中于核心活动。通过将IT外包,能够削减在非核心竞争力方面的投资,从而能够保证在核心活动上的资金投入,所以IT外包能够改善公司的财务业绩。而且通过IT外包,企业能够把很多原来花费在IT上的管理注意力和资源转移到其他方面,把“如何做”的问题留给第三方。

(4) 改善IT管理。IT供应商往往具备较强的软件过程管理能力,实施严格的软件质量管理标准,从而能够提高服务质量。他们在员工培训和教育方面比企业IT部门做得要好,在吸引高水平专业人员方面也比企业IT部门有优势,能够大大加强他们解决问题的能力。与之相比,企业内部的IT人员通常因缺乏激励而逐渐落后,或者因缺乏IT实践而水平不够。

2. IT外包的局限性[1]

(1) 有的IT功能不容易从同企业分离。IT外包对于管理独立的、成熟的IT活动也许是适合的,比如公司局域网管理、计算中心管理、独立系统的开发等,可以靠年度评估、激励措施、同行比较等管理在这些领域的风险。而另外一些IT活动,比如供应链管理系统,不限于单个的部门,而是跨部门的,无所不在的 IT 给外包带来了障碍,尤其是不同供应商之间以及供应商/客户之间容易出现接口问题。

(2) 技术发展的不确定性。IT 本身在以惊人的速度发展着,企业很难对若干年之后的 IT 需求做出准确的估计。尽管企业的经理们最初希望第三方能够提供最新的技术,但是它们所签订的合同仅仅能反映当前的技术水平。结果两三年过去之后,技术更新了,原来的合同成了绊脚石,阻碍企业吸纳新的技术以获得竞争优势。

(3) IT 活动的估价困难。同样的处理能力在 1965 年要花 30 000 元,而今天 1 元钱就可以买到。由于计算机硬件的成本不断下降,企业很难估计长期的 IT 服务外包活动的成本。很可能经过若干年后,它们发现合同价格远超出了当时的市场价格。

(4) IT 服务提供策略的转换成本很高。在其他服务的外包策略中,企业可以通过多个供应商或者是年度检查的策略来防止不良的决策。但是对于 IT 服务来说,不同供应商的解决方案千差万别。一旦选择了一个供应商,就很难再切换到别的供应商,甚至不能够停止购买服务,因为企业要么从头再来,要么就跟着供应商走。搞不好,企业和供应商之间的关系就变成了一种"双败"关系。

(5) 缺乏组织学习和创新。很多组织都是在实践中学习使用和管理 IT 的,通过学习他们能发现更好地利用 IT 改进业务的机会。首先,从长远的角度讲,公司希望维护自己的 IT 力量是因为它能够发现更好的利用 IT 的方式和提供新的 IT 服务。如果公司把 IT 服务外包给第三方,这种创新能力将会受到伤害。其次,供应商的目标与企业的目标从根本上是不同的。供应商与企业的合约关系限制了它在创新方面的能力,而且这种关系会限制熟悉业务的用户和熟悉 IT 的专家之间的接触,这也会阻碍新技术和业务的结合。

11.2.4 IT 外包的类型

IT 外包可以根据不同的划分方法进行划分,具体如下[172]:

1. 按照外包的范围划分

企业在 IT 外包范围上有三种策略:完全外包、不外包和选择性外包。完全外包指把 IT 资产、人员和管理责任统统从企业内部的 IT 部门转移给第三方供应商。这部分预算至少占整个 IT 预算的 80%。不外包指 80% 的 IT 管理和服务是内部提供的,第三方资源仅仅被用来作为内部管理的补充。选择性外包指既有一部分 IT 服务由第三方提供,又有一部分 IT 服务由企业内部提供。外部提供的总预算占到整个预算的 20%~80%。

2. 按照外包的业务范围划分

按照外包的业务范围,IT 外包可以划分为管理咨询外包、项目服务外包、业务流程外包和应用服务外包。分别解释如下:

(1) 管理咨询外包。这种类型的外包服务包括与企业职能计划和协调相关的咨询服务。如产品采购、项目管理和战略规划等。

(2) 项目服务外包。这种类型的外包主要是针对某个项目中的一部分业务,提供范围有限、时间有限的服务。这种类型的服务也常被称为"任务外包"(Out Tasking)。如安装软件、网络临时升级等 IT 基础设施维修维护类外包。

(3) 业务流程外包(BPO)。这种类型的外包指客户将其内部某个 IT 业务职能完全委托给供应商,使其按照一整套定义好的方法来拥有、管理和操作业务流程。与传统的IT外包的主要区别在于:外包供应商控制了与业务流程、人力资源和技术等相关的所有层面,是一种更为彻底的IT外包模式。有时第三方还将客户的所有或部分IT员工接收过来,使得客户避免解雇员工带来的影响。

(4) 应用服务外包(ASP)。这种类型的外包是指通过互联网或虚拟办公网络以一对多的方式向客户提供标准化的应用软件、相关管理咨询的租赁服务模式,客户通过简单的终端即可实现信息的访问与服务获取。这种依托网络面向客户提供产品与服务的外包模式称为网络外包(Netsourcing),被认为是一种提供面向企业业务服务的全新交付机制,是一种业务租用,能够实现业务应用的集中管理。

3. 基于供应商—客户数量对应划分

基于供应商—客户数量对应,可以将IT外包划分为单一外包、联合外包、协包、复合外包几种。

(1) 单一外包指一个客户依赖一个单一的供应商提供外包服务,可能是简单的工资支付系统,也可能是复杂的ERP实施等。单一外包被大多数企业所采用。

(2) 联合外包是指一个客户使用多个供应商分工合作完成外包服务。例如前文提到的柯达将其信息系统整体外包给三家公司,让三家公司发挥各自优势。

(3) 协包(Co-sourcing)是指几个客户与一个IT供应商签署外包合同。这种买主联合的方式在其他购置决策(如团购)中是很普遍的。尽管存在一些障碍,但它的三个优势却是很明显的:降低或共担风险;增加讨价还价的能力;实现买方的规模经济。

(4) 复合外包是指客户与供应商之间多对多的外包关系,也可以看成多供应商与协包关系的组合。

4. 根据客户与供应商建立的外包关系划分

根据客户与供应商建立的外包关系,可以将IT外包划分为市场关系型外包、中间关系型外包和伙伴关系型外包。如果将外包合同关系视为一个连续体,其一端是市场型关系,甲方可以在众多有能力完成任务的供应商之间进行选择,合同期相对较短,而且合同期满后,能够以较低成本换用另一个供应商完成今后的同类任务。另一端是长期的战略伙伴关系,甲方与同一个供应商反复订立合同,并且建立长期的互利关系。而位于两者之间的是中间关系型外包。

11.2.5 IT活动类型与外包决策

1. IT活动类型

如果企业决定进行选择性外包,首先要解决的问题是,选择什么IT活动外包。企业内的IT活动是无处不在的,如计算中心维护、数据通信、计算机维护、系统开发等。对IT活动的分类有助于识别可以外包的IT活动。一些在IT外包中取得成功的企业,通常把IT活动按照战略影响和对企业的贡献大小来加以区分。

(1) 按战略影响划分。一些IT活动能够使企业不同于它的竞争对手,称为差异型;而另外一些IT活动只是提供必要的功能,称为商品型。这两种类型的划分不是绝对的。比如,当第一家书店开设网店时,它的这种IT活动可以看作差异型的;而当网店已经是各家书店所共有的服务时,就只能算作商品型的了。

(2) 按对企业贡献的大小划分。一些 IT 活动对企业运作是关键的,而另外一些只是有益的,但并不是必不可少的。后者的例子如企业的工资管理系统,有了它会运作得更好,但是没有也不是不可以接受的。

2. 外包决策

以上 IT 活动的两个维度构成了识别 IT 外包活动的一个框架(见图 11-2)。

	商品	差异
关键	择优	内部
有用	外包	消除

图 11-2 基于 IT 活动类型的外包决策框架

(1) 关键差异型。这种类型的 IT 活动不仅在创造价值上很重要,而且是公司竞争力的源泉。公司应该考虑内部提供这种类型的 IT 服务,以便保护公司的创意、竞争力、专家和革新能力。尽管最好在公司内部管理这些活动,但是仍然可以利用供应商提供的专家来增强这些 IT 活动的能力,但前提是这些专家必须置于公司自己的管理之下。

(2) 关键商品型。这类 IT 活动对于企业运作很重要,但是它不是区分企业及其竞争者的特征。这种活动理论上适合于外包,但是由于事关重大,在选择供应商时应当慎重。必须确保外部供应商能够满足 IT 服务质量要求和响应速度要求,而且他们的价格要低于内部提供的价格。当供应商不具备这种水平时则不应该匆忙行动。

(3) 有用商品型。这类 IT 活动能给企业运作带来益处,但不构成区分企业及其竞争者的特征。他们是外包的最佳候选者。这类活动的例子有工资管理、计算机维护等。外部供应商可能通过标准化生产而降低成本,提高服务质量,企业能够通过外包把注意力转移到其他更加关键的核心活动上而得到额外的收获。但是外包也必须考虑供应商的水平和经济效益。

(4) 有用差异型。这类活动是企业与竞争者的不同点,但对企业运作不是关键的。理论上这种活动应该较少,但实际上的确也存在。既然这种差异对于企业来说是无益的,甚至是昂贵的,则应该采取标准化措施来消除这种差异以降低成本。

3. IT 外包决策的其他考虑因素

IT 外包决策的其他考虑因素包括技术类型(技术成熟度和技术集成度)、外包管理类型(事务型外包和关系型外包)、外包的目标(资源型外包和结果型外包)、IT 部门和供应商竞争力对比、供应商服务质量和稳定性、管理方式上的兼容性等。[3]

11.2.6 众包

1. 众包的核心思想

众包是一个公司或机构把过去由员工执行的工作任务,以自由自愿的形式外包给非特定的(而且通常是大型的)大众网络的做法。众包的任务通常由个人来承担,但如果涉及需要多人协作完成的任务,也有可能以依靠开源的个体生产的形式出现。

虽然众包(Crowdsourcing)的概念于 2006 年提出[98],但其所描述的商业实践却早已存在。互联网的出现带来大众沟通成本的大幅降低,是现代意义上的众包活动成为可能的直接原因。2005年先后出现的Web 2.0与威客(Witkey)理念,以及十多年来大量的用户生成内容(UGC)网站蓬勃发展,都可以理解为众包模式的具体表现。在诸如维基百科或是YouTube这样的UGC网站中,企业、组织的核心价值几乎完全来自用户进行的价值创造,而且不产生任何直接成本。这种模式的成立有一个重要基础,那就是人们开始把创造当作一种娱乐,并享受因此带来的自我价值实现。如今,越来越多的传统企业,正在互联网领域之外复制这种廉价的价值创造模式,并取得成功。

"众包"这一概念实际上是源于对企业创新模式的反思。传统的产品创新方法是,首先由生产商对市场进行调查,然后根据调查结果找出消费品的需求,最后再根据需求设计出新产品,但这种创新的投资回报率通常很低,甚至血本无归。而如今,随着互联网越发普及,消费者的创新热情和创新能力越发彰显出更大的能力和商业价值,以"用户生成内容"(User-generated Content)为代表的创新民主化正在成为一种趋势。很明显,企业信息系统开发与IT服务也可以采用众包的方式完成。

众包是一种分布式的问题解决和生产模式。问题以公开招标的方式传播给未知的解决方案提供者群体。用户(这里指众包里的"众")组成在线社区并提交方案。群"众"还要审查方案,发现其中最好的。这些最好的方案最后由最先提出问题的一方(众包人,Crowdsourcer)所有,并且群"众"中胜出的个人有时会被奖励。有时,这些工作会有不错的报酬,可能是金钱上的或者只是名声和知名度。另外一些情况,胜出者会有智力上的满足感。众包可以让业余人士或志愿者利用他们的空余时间提供解决方案,而好的解决方案能让专家或小型企业从无人知晓到小有名气。

2. 众包与外包的差异性

众包与外包在如下方面有着本质的不同[173]:

(1) 外包是把不具有核心竞争力的业务转移出去,而通过众包可以加强企业的核心竞争力。企业为了把精力放在自己擅长的业务中,往往将不擅长的、别人做比自己做效率更高的业务外包给专业的公司,以集中优势兵力打歼灭战。杰夫·豪认为,"众包能培养和发展才华。从这个方面看,众包增加了我们对智力资产的总体储备"[98]。企业通过众包集中更多人的智慧,充分发挥隐藏在网民中的巨大潜力,使好的创意为我所用,帮助企业解决其自身难以解决的问题,增强企业的核心竞争力。

(2) 外包往往是一对一的关系,而众包是一对多的关系。企业通过特定业务的外包与其他企业形成密切关系,这种关系大多是一对一的关系,当然企业也有可能把同一业务外包给两个以上的接包方;而众包则有可能是企业面对成千上万的接包方。

(3) 外包是组织与组织之间的关系,而众包往往是组织与公众或公众与公众之间的关系。例如,一家公司把物流外包给第三方物流企业,这是企业与企业的关系;而一家公司寻求一个营销创意,不是外包给某个特定或指定的单位,而是通过互联网发布给公众,个人也可以在互联网上寻求解决方案。

(4) 外包是企业购买外部的活动,而众包包含着与用户共创价值的理念。外包企业与接包方各自有各自的利益,是各自独立的实体,二者是合作伙伴关系;而众包是从外部吸引人才参与,使他们参与企业的创新与合作过程。

(5) 外包强调的是高度专业化,而众包则正好相反。外包是社会专业化分工的必然结果,是专业化作用下规模经济的产物。专业化的物流公司、专业化的信息技术公司、专业化的人力资源管理公司、专业化的生产制造公司、专业化的销售公司等成为其他公司外包的选择对象；而众包，则受益于社会差异化、多样化带来的创新潜力，是更加个体的行为。跨专业的创新往往蕴含着巨大的潜力，由个体用户积极参与而获得成功的商业案例不胜枚举。例如维基百科就树立了一个群体创作的典范。

（6）外包是实体经济与虚拟经济的结合，而众包则可以完全虚拟。企业的生产制造外包、销售外包、人力资源外包、物流外包、信息技术外包、服务外包等要求在一定的地域内实现一定的联系，有些活动可以虚拟，有些则必须实实在在地进行；而众包则可以完全虚拟。在过去的十多年中，中国和印度低价的劳动力市场使发达国家的跨国公司垂涎欲滴。但是现在，劳动力来自哪里并不重要，他们可以就住在隔壁，也有可能在遥远的国度，只要他们能上网就行。

（7）众包与外包有不同的应用范围和边界。外包的应用范围广泛，一家公司可以将不具有核心竞争力的所有业务外包。而众包比较适合创新设计领域提供问题解决方案，如产品与广告设计、营销方案、技术研发、软件设计等。外包只是将企业的边界延伸到有限的其他组织，而众包将企业的边界延伸到了互联网上的所有网民。

3. IT 服务与众包

随着互联网的发展以及企业核心业务的不断丰富，用户需求更加丰富多样、变化迅速。相应地，企业对于软件定制的需求也更呈现出多样性、多变性的态势。基于成本方面的考虑，企业内部难以拥有能应对如此多样多变需求的技术团队；传统的 IT 外包模式在成本上略有优势，但是却难以应对多变的市场需求；而众包模式却能利用群体智慧，整合行业资源，应对企业 IT 服务需求面临的新难题。

利用 IT 服务众包的模式，企业可以对内部技术人员数量进行合理控制：面对紧急或能力不足的需求，采用众包模式发布任务，解决人员不足或者能力欠缺的问题；而日常的服务由内部人员承担，则能减少人员闲置。这种模式操作灵活，效率较高，兼顾成本，特别适合如 App 类轻型系统的开发，从而成为现今企业，特别是互联网类企业项目开发的选择。

通过对社会 IT 服务资源的有效整合，众包模式在 IT 服务领域建立起由企业、技术人员以及用户组成的生态系统，促进了资源的合理配置。

11.3　信息系统项目管理

美国学者戴维·克兰德指出："在应付全球化的市场变动中，战略管理和项目管理将起到关键性的作用。"[174]战略管理立足于长远和宏观，考虑的是企业的核心竞争力问题；项目管理则立足于一定的时期和相对微观，考虑的是有限的目标、学习型组织和团队合作等问题。项目管理是一种科学的管理方式。在领导方式上，它强调个人责任，实行项目经理负责制；在管理机构上，它采用临时性动态组织形式——项目小组；在管理目标上，它坚持效益最优原则下的目标管理；在管理手段上，它有比较完整的技术方法。由于人类社会的大部分活动都可以按项目来运作，因此项目管理如今已经被广泛应用于 IT、通信、交通、能源、航空航天、国防、建筑、制造等行业。项目管理正成为社会发展的重要构成要素，"一切都成为项目"已经成为西方发达国家管理科学的新理念。[175]尤其是进入 21 世纪以来，为了在迅猛变化、剧烈竞争的市场中迎接经济全球化、一体化的挑战,项目管理更加注重人的因素,注重顾客的需求,注重柔性管理,力求在变更中生存和发展。

11.3.1 信息系统项目管理的基本问题

信息系统实施是一项复杂的工程。在这种工程中项目管理的成效直接关系到项目的成败,并会对组织产生深远的影响。长期以来,信息系统的项目管理一直是信息系统领域一个十分具有挑战性的课题。1995 年,一项题为“混沌”(Chaos)的著名的研究成果证实,能够在计划的时间和预算内实现项目目标的信息系统建设项目只有 16.2%。[176] 在美国,仅 1995 年,有 31%的信息系统项目在完工之前就被取消了,耗费了美国公司和政府有关部门 810 亿美元的投入。[177] 此后,信息系统项目的管理问题日益受到人们的重视。

1. 项目与项目管理

项目是满足下面四个特征的一系列的活动或任务[1]:

- 完成特定的目标;
- 具有开头和结尾;
- 具有资金限额;
- 消耗资源(如人力、财力、设备、物料等)。

通俗地讲,项目就是在一定的资源约束下完成既定目标的一次性任务。这一定义包含三层意思:一定的资源约束、一定的目标、一次性任务。这里的资源包括时间资源、经费资源、人力资源和物质资源。如果把时间从资源中单列出来,并将它称为“进度”,而将其他资源都看作可以通过采购获得并表现为费用或成本,那么我们就可以如此定义项目:在一定的进度和成本约束下,为实现既定的目标并达到一定的质量所进行的一次性工作任务。[177]

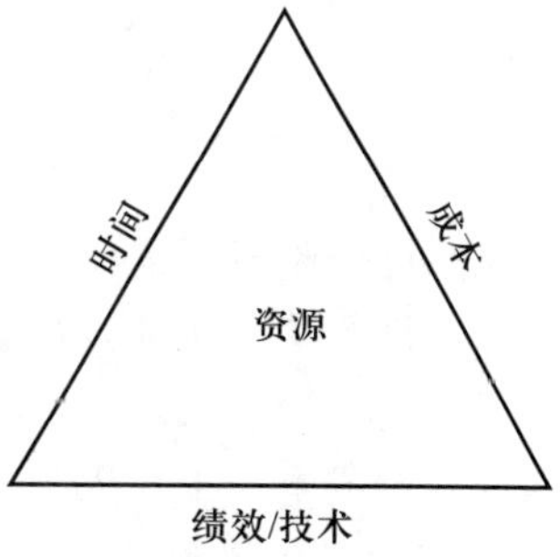

图 11-3 项目管理的约束条件

而项目管理是指对项目的计划、指挥和对资源的控制(人、设备、资本、物料等),它的目的是在项目的技术、成本、时间和资源约束之内达成项目的目标。如图 11-3 所示,时间、成本、绩效/技术是项目的约束条件。项目管理就是在上述三个约束条件之内,管理和控制在特定活动中的资源。[3] 根据美国项目管理协会(Project Management Institute,PMI)的定义,项目管理是指“在项目活动中运用专门的知识、技能、工具和方法,使项目能够实现或超过项目关系人的需要和期望”[178]。这一定义不仅仅强调使用专门的知识和技能,还强调项目管理中各参与人的重要性。项目经理不仅仅要努力实现项目的范围、时间、成功和质量指标,还必须协调整个项目过程,以满足项目参与者及其他利益相关者的需要和期望。

2. 项目的阶段性和生命周期

因为项目都是些具有唯一性的工作,因此它们包含一定程度的不确定性。组织在实施项目时通常会将每个项目分解为几个项目阶段,以便更好地管理和控制,并且将执行组织正进行的工程与整个项目更好地连接起来。总的来看,项目的各个阶段构成项目的整个生命周期。

每个项目阶段通常都规定了一系列工作任务,设定这些工作任务使得管理控制能达到既定的水平。每个项目阶段都以一个或一个以上的工作成果的完成为标志。一个项目阶段的结束通常以对关键的工作成果和项目实施情况的回顾为标志。做这样的回顾有两个目的:① 决定该项目是否进入下一个阶段;② 尽可能以较小的代价查明和纠正错误。

项目的生命周期描述了项目从开始到结束所经历的各个阶段。总体而言,项目管理从时间上可以分为两个阶段:项目规划和项目监控。

项目规划阶段的主要任务是:① 定义项目需求;② 定义项目质量标准;③ 定义所需资源。

项目监控阶段的主要任务是:① 跟踪项目进度;② 将实际进展与计划比较;③ 分析事件对项目的影响;④ 做出调整。

项目规划和项目监控是项目管理不可缺少的两个部分。没有良好的规划,项目就没有明确的目标和清楚的边界。而没有良好的监控,项目就可能达不到预期的目标,或者花费了太多的时间和成本。

上述两个阶段一般可以进一步细化为识别需求、提出解决方案、执行项目、结束项目四个阶段(见图 11-4)。实际工作中根据不同领域或不同方法再进行具体的划分。项目生命周期通常可以确定:

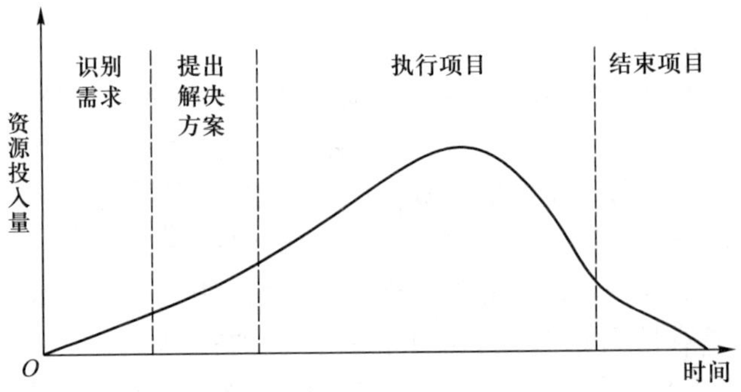

图 11-4 项目生命周期中的阶段划分

- 每个阶段所需做的技术性工作。
- 每个阶段所涉及的人。

大多数项目生命周期具有以下共同的特点:

- 对成本和工作人员的需求最初比较少,在向后发展过程中需要越来越多,当项目要结束时又会快速地减少。
- 在项目开始时,成功的概率是最低的,而风险和不确定性是最高的。随着项目逐步地向前推进,成功的可能性也越来越高。
- 在项目起始阶段,项目涉及人员的能力对项目产品的最终特征和最终成本的影响力是最大的,随着项目进行,这种影响力逐渐削弱。

3. 信息系统项目的特点

信息系统建设作为一类项目,具有三个鲜明特点[179]:

(1) 目标不精确,任务边界模糊,质量要求主要由项目团队定义。在信息系统开发中,客户常常在项目开始时只有一些初步的功能要求,没有明确的想法,也提不出确切的需求,因此信息系统项目的任务范围很大程度上取决于项目组所做的系统规划和需求分析。由于客户方对信息技术的各种性能指标并不熟悉,所以,信息系统项目所应达到的质量要求也更多地由项目组定义,客户则担负起审查任务。为了更好地定义或审查信息系统项目的任务范围和质量要求,客户方可以聘请信息系统项目监理或咨询机构来监督项目的实施情况。

(2) 用户需求随项目进展而变,导致项目进度、费用等不断变更。尽管已经做好了系统规划、可行性研究,签订了较明确的技术合同,然而随着系统分析、系统设计和系统实施的进展,客户的需求不断地被激发,导致程序、界面以及相关文档需要经常修改。而且在修改过程中又可能产生新的问题,这些问题很可能经过相当长的时间后才会被发现,这就要求项目经理不断监控和调整项目的计划执行情况。

(3) 信息系统项目工作的技术性很强,需要大量高强度的脑力劳动。尽管近年来信息系统辅助开发工具的应用越来越多,但是项目各阶段还是需要大量的手工劳动。这些劳动十分细致、复杂,容易出错,因而信息系统项目既是智力密集型项目,又是劳动密集型项目。

信息系统的开发特别是软件开发渗透了人的因素,带有较强的个人风格。为高质量地完成项目,必须充分发掘项目成员的智力才能和创造精神,不仅要求他们具有一定的技术水平和工作经验,而且还要求他们具有良好的心理素质和责任心。与其他行业相比,在信息系统开发中,人力资源的作用更为突出,必须在人才激励和团队管理问题上给予足够的重视。

11.3.2 衡量信息系统项目的成功与失败

1. 信息系统的成功

我们如何判断一个系统是否成功? 这也不是容易回答的问题。有着不同的决策风格或解决问题方式的个人会对同一系统产生全然不同的意见。尽管研究者对一个信息系统成功的衡量有不同的标准[180],但是总的来说有五方面是最重要的,即系统使用的高水平、用户对系统满意、对系统的正面态度、获得的系统目标以及财务清偿(见图 11-5)。[3]

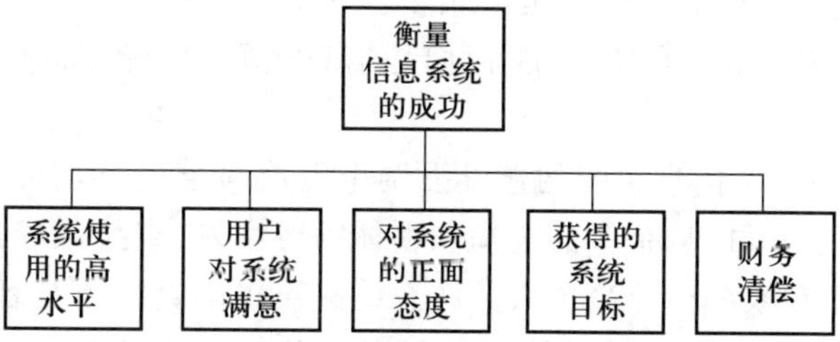

图 11-5 衡量信息系统的成功

2. 信息系统的失败

下面情况的发生可能意味着 IT 项目面临着失败:

(1) 时间和成本超出计划。如果项目的建设期过长,就会增加项目的经济风险和技术风险。超出预算过高,就会危及信息技术项目本身的价值。

(2) 未能捕捉到本质的商业需求。信息系统没有能显著地改进企业运作或者决策的效率;信息系统无法支持企业特定的处理方式;信息系统的目标不明确或者系统不能满足预期的目标。例如,一个项目管理部门准备开发一个信息系统,部门原本的想法是让项目申请者能够快速得到响应并向他们提供丰富的参考信息,但是设计人员误解了用户的需求,结果实现了部门内文档处理的自动化,而项目申请者的状况却丝毫没有改善。

(3) 未能以合适的方式提供所需数据。例如,信息系统中的数据有很高的不一致性和不准确性;一些字段中的数据是错误的或者是模棱两可的;信息提供得不够快;一些数据的显示和计算是错误的;一些想要的数据访问不到;用于显示信息的系统用户界面也许过于复杂或者不太好用。

(4) 信息系统与企业的文化、组织、行为不兼容。尽管有的信息系统在功能上是完备的,但是它最终却未被用户接受。信息系统与企业行为、文化、组织的不兼容有多种形式。例如,信息系统改变了人们获得信息和控制信息的行为方式,结果引起了用户的抵制;用户对信息系统产生的数据不信任,坚持用原来的方式维护他们的数据;信息系统打破了企业的权力平衡,遭受损失的用户极力抵制新系统,而获益的用户则倾向于使用它;新系统要求用户之间分享成功经验和失败教训,但是用户却觉得这些经验是他们的个人隐私或者是个人竞争力的筹码而拒绝这么做。

11.3.3 信息系统项目的人力资源管理

信息系统项目是智力密集、劳动密集型项目,受人力资源影响最大,项目成员的结构、责任心、能力和稳定性对信息系统项目的质量以及是否成功有决定性的影响。此外,由于信息系统开发的核心成果——应用软件是不可见的逻辑实体,如果人员发生流动,对于没有深入掌握软件知识或缺乏信息系统开发实践经验的人来说,很难在短时间里做到无缝承接信息系统的后续开发工作。

1. 项目人员组成

信息系统建设是智力与劳动并举的项目,受到人力资源的影响很大。首先是项目成员的结构、能力和稳定性,其次是这些成员在协同工作中的组织方式。

系统建设工作中一个关键因素就是人员的组成,不同的人在开发中起着不同的作用。通常我们认为参加开发工作的有四类人,他们是信息主管、系统分析员、程序员和企业中的一般管理人员。

(1) 信息主管(CIO)。信息系统的建设强调企业决策层的参与支持。信息主管(CIO)作为企业主要高层管理人员,从企业的全局和整体需要出发,直接领导与主持企业的信息管理工作;而且作为行业专家和企业高层人员在系统建设中的直接参与者,他还担负着系统建设与企业高层管理者之间沟通与对话的桥梁职责。因此,他是信息系统建设中举足轻重的人物,在信息系统建设中扮演着重要角色。

在外包服务日趋普遍的背景下,CIO 的角色也在发生着变化和扩展。他将更关注服务管理、伙伴管理、技术动态、持续学习等方面。

(2) 系统分析员。在系统建设过程中,系统分析员的任务是:通过与管理人员和业务人员的沟通熟悉企业应用领域的业务,分析用户的需求和约束条件,写出信息系统需求分析说明书;评估和选用适宜的开发方法和工具,按照标准规范编写系统分析、设计文档;制定项目开发计划,协调信息系统开发与运行所涉及的各类人员,组织开发信息系统;对开发过程进行质量控制与进度控制,具体指导项目开发。因此,对于系统分析员要求如下:

① 具有系统工程的基础知识;

② 掌握开发信息系统的综合技术知识(硬件、软件、网络、数据库等);

③ 熟悉企业和政府信息化建设,并具有组织信息化战略规划的知识;

④ 熟练掌握信息系统开发过程和方法;

⑤ 熟悉信息系统开发标准;

⑥ 掌握信息安全的相关知识与技术;

⑦ 理解软件质量保证的手段;

⑧ 具有一定的数学基础、经济与管理科学的相关基础知识;

⑨ 熟悉有关的法律法规。

(3) 程序员。程序员的主要职责是能根据软件开发项目管理和软件工程的要求,按照程序设计规格说明书编制并调试程序,写出程序的相应文档,产生符合标准规范的、实现设计要求的、能正确可靠运行的程序。

(4) 一般管理人员。一般管理人员通常负责项目的人事、联络、财务、经营分析等工作内容。

2. 项目人员计划编制

项目人员计划编制也就是确定、分配项目中的角色、职责和回报关系。一般采用的方法包括参考类似项目的模板、人力资源管理的惯例、分析项目的人员需求等。

计划编制完成后将明晰以下任务:

(1) 角色和职责分配。项目角色和职责在项目管理中必须明确。为了使每项工作能够顺利进行,就必须将每项工作分配到具体的个人(或小组),明确不同的个人(或小组)在这项工作中的职责,而且每项工作只能有唯一的负责人(或小组)。最常用的工具为职责分配矩阵(Responsibility Assignment Matrix,RAM)。

(2) 人员配备管理计划。它主要描述项目组在什么时候需要什么样的人力资源及其数量。

(3) 项目的人力资源平衡。由于在项目工作中人员的需求可能不是很连续或者不是很平衡,容易造成人力资源浪费和成本提高。为了避免这种情况发生,通常会采用资源平衡的方法,形成人员需求的平衡,会更利于降低项目的成本,同时可以降低人员的闲置时间,以防止成本浪费。

3. 项目人员募集

在确定了项日组什么时候需要什么样的人员之后,需要做的就是确定如何在合适的时间获得这些人员,这就是项目人员募集工作。项目人员募集需要根据人员配备管理计划以及组织当前的人员情况和招聘的惯例进行。项目中有些人员是在项目计划前就明确下来的,但有些人员需要和组织进行谈判才能够获得。另外有些人员可能组织中没有或无法提供,这种情况下就需要通过招聘来获得。

项目人员募集结束后,就可以得到项目团队清单和项目人员分配。

11.3.4 信息系统项目时间和进度管理

有了明确的项目目标、范围和项目的工作分解结构,信息系统项目就需要制定明确的、可行的进度计划。如果在进行过程中不能按时实现里程碑性的目标,遇到变化后不能及时地调整进度,就往往造成项目半途而废或系统工期严重延误。

1. 项目活动定义

将项目工作分解为更小、更易管理的工作包也叫活动或任务,这些小的活动应该是能够保障完成交付产品的可实施的详细任务。在项目实施中,要将所有活动列成一个明确的活动清单,并且让项目团队的每一个成员能够清楚有多少工作需要处理。

2. 活动排序

在项目描述、活动清单的基础上,找出项目活动之间的依赖关系和特殊领域的依赖关系、工作顺序。进行项目活动关系的定义时一般采用优先图示法、箭线图示法、条件图示法、网络模板这四种方法,最终形成一套项目网络图。

设立项目里程碑是排序工作中很重要的一部分。里程碑是项目中关键的事件及关键的目标时间,是项目成功的重要因素。

3. 活动工期估算

项目工期估算是根据项目范围、资源状况计划列出项目活动所需要的工期。

估算的工期应该实际、有效并能保证质量。在估算工期时要充分考虑活动清单、合理的资源需求、人员的能力因素以及环境因素对项目工期的影响。在对每项活动的工期估算中应充分考虑风险因素对工期的影响。一般说来,工期估算可采取以下四种方式:

(1) 专家评审形式。由有经验、有能力的人员进行分析和评估。

(2) 模拟估算。使用以前类似的活动作为未来活动工期的估算基础,计算评估工期。

(3) 定量型的基础工期。当项目活动可以用定量标准计算工期时,则采用计量单位为基础数据整体估算。

(4) 保留时间。工期估算中预留一定比例作为冗余时间以应付项目风险。随着项目进展,冗余时间可以逐步减少。

4. 安排进度表

项目的进度计划意味着明确定义项目活动的开始和结束日期,这是一个反复确认的过程。进度表(也叫甘特图)的确定应根据项目网络图、估算的活动工期、资源需求、资源共享情况、项目执行的工作日历、进度限制、最早和最晚时间、风险管理计划、活动特征等统一考虑。

在制定项目进度表时,先以数学分析的方法计算每个活动最早开始和结束时间与最迟开始和结束日期,得出时间进度网络图,再通过资源因素、活动时间和可冗余因素调整活动时间,最终形成最佳活动进度表(见图 11-6)。

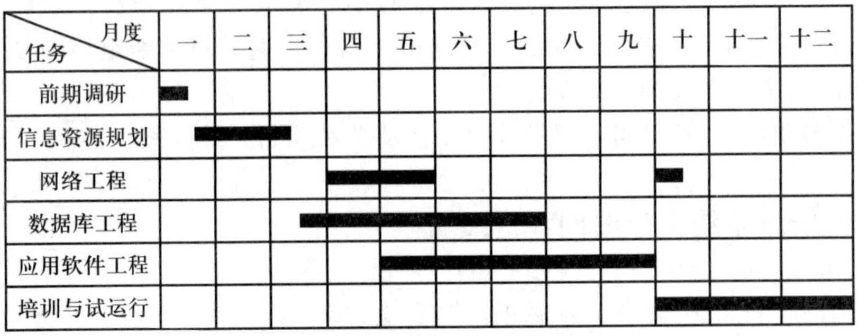

图 11-6 企业信息系统建设的进度示例

项目进度计划和管理是一个复杂的工作,但是管理者也可以利用一些直观的工具来辅助决策。项目评审技术(Program Evaluation and Review Technique,PERT)就是一种应用比较广泛的项目进度计划方法。PERT 是美国海军在 1958—1959 年期间研制“北极星”武器系统时制定的一种项目进度计划方法。PERT 的方法在差不多所有的工业领域都有应用,而且 PERT 方法成了后来许多方法的基础,如最低成本法和估算规划法、产品分析控制法、人员分配法、物资分配法。

差不多在同一时间,杜邦公司也推出了一种与 PERT 十分类似的方法叫作关键路径法(CPM)。关键路径法是时间管理中很实用的一种方法,其工作原理是:为每个最小任务单位计算工期,定义最早开始和结束日期,最迟开始和结束日期,按照活动的关系形成顺序的网络逻辑图,找出必需的最长的路径,即为关键路径。时间压缩是指针对关键路径进行优化,结合成本因素、资源因素、工作时间因素、活动的可行进度因素对整个计划进行调整,直到关键路径所用的时间不能再压缩为止,得到最佳时间进度计划。

5. 进度控制

进度控制主要是监督进度的执行状况,及时发现和纠正偏差、错误。在控制中要考虑影响项目进度变化的因素、项目进度变更对其他部分的影响因素、进度表变更时应采取的实际措施等。

11.3.5 信息系统项目成本管理

在项目实施过程中,如何合理分配实施费用,结合项目进度和时间安排,将项目成本控制在计划之内,是每一个开发信息系统的企业需要认真对待的问题。如果最终开发完成,但是花费却远远超出了预算,客观也是项目不成功。

1. 项目成本或投资估算

成本估算(Cost Estimating)是为完成项目各项任务所需要的资源成本的近似估算。美国项目管理学会(PMI)认为,有三种成本估算方法[178]:

(1) 类比估算。这是一种自上而下的估算形式,通常在项目的初期或信息不足时使用。

(2) 参数估算。这是一种建模统计技术,如回归分析和学习曲线。

(3) 自下而上估算。该方法通过对项目工作包进行详细的成本估算,然后通过成本账户和工作分解结构(WBS)将结果累加起来得出项目总成本。这种方法最为准确。

2. 项目的现金流分析

项目成本管理的基础是编制财务报表,主要有财务现金流量表、利润表、资金来源与运用表、借款偿还计划表等。其中,项目的现金流量分析是最重要的项目管理报表。通过项目的财务现金流分析,可以计算项目的财务内部收益率、财务净现值、投资回收期等指标,从而对项目的决策做出判断。

(1) 财务内部收益率(FIRR)。它是指项目在整个计算期内各年净现金流量现值累计为零时的折现率,是评价项目盈利能力的相对指标。该指标可根据财务现金流量表中净现金流量,用插差法计算,也可以直接利用微软 Excel 软件提供的财务内部收益率函数计算,计算得到的项目财务内部收益率与行业基准收益率(I_c)比较,如果 $FIRR>I_c$,即认为项目盈利能力能够满足要求。

(2) 财务净现值(FNPV)。它是指项目按基准收益率 I_c 将各年净现金流量折现到建设起点的现值之和。它是评价项目盈利能力的绝对指标,反映项目在满足基准收益率要求的盈利之外所获得的超额盈利的现值,也可直接利用微软 Excel 软件提供的财务净现值函数计算。若得到的 $FNPV \geqslant 0$,表明项目的盈利能力达到或超过基准计算的盈利水平,项目可接受。

(3) 投资回收期(P_t)。它是反映项目真实偿债能力的重要指标,是指以项目的净收益抵偿项目全部投资所需要的时间。在现金流量表中,是累计现金流量由负值变为 0 的时点。投资回收期越短,表明项目盈利能力和抗风险能力越强。

3. 项目的不确定性分析

根据拟建项目的具体情况,有选择性地进行盈亏平衡分析、敏感性分析和概率分析等。

(1) 盈亏平衡分析。它是根据项目正常生产年份的产品产量(销售量)、固定成本、可变成本、税金等,研究建设项目产量、成本、利润之间变化与平衡关系的方法。当项目的收益与成本相等时,其产量(销售量或销售额)即为盈亏平衡点(BEP)。

(2) 敏感性分析。它是研究项目的产品售价、产量、经营成本、投资、建设期等发生变化时,项目财务评价指标(如财务内部收益率)的预期值发生变化的程度。通过敏感性分析,可以找出项目的最敏感因素,使决策者能了解项目建设中可能遇到的风险,提高决策的准确性和可靠性。一般以某因素的曲线斜率的绝对值大小来比较。

(3) 概率分析。它是通过概率预测不确定性因素和风险因素对项目经济评价指标的定量影响。一般是计算项目评价指标,如项目财务净现值的期望值大于或等于零时的累计概率。累计概率值越大,项目承担的风险越小。

4. 项目挣值管理

挣值管理(Earned Value Management,EMV)是综合了项目范围、进度计划和资源,测量项目绩效的一种方法。它比较计划工作量、实际挣得与实际花费成本,以决定成本和进度绩效是否符合原定计划[181]。

挣值管理也离不开偏差管理。定义:偏差=计划-实际,则:

当成本偏差 $CV>0$ 时,表明成本节约;反之,当 $CV<0$ 时,表明成本超支。

当进度偏差 $SV>0$ 时,表明进度超前;反之,当 $SV<0$ 时,表明进度滞后。

11.3.6 信息系统项目的质量管理

企业在项目之初应该制定信息系统的绩效标准。如果在开发过程中未能随时控制质量,在项目完成时不知道如何进行评估信息系统的绩效,则容易为企业信息系统的运行和维护建设埋下危险的种子。

质量管理与控制是项目管理的重要方面之一,建立和执行适当的质量衡量标准是进行项目质量管理的关键。质量管理贯穿了项目管理的全过程,是在项目管理中对质量的动态管理。它不仅仅是对开发成果的质量要求控制,还包含了对开发工作流程、开发方式、财务成本以及开发风险等多方面的控制管理过程。

1. 建立项目的质量控制标准

项目质量控制标准是依据系统开发的功能需求,通过开发项目的计划和实施过程所建

立起来的,是对项目开发的若干要求,以此作为项目开发评审和控制标准的基础和核心。具体的项目质量控制标准主要包括以下内容:

(1) 项目开发工作流程的合理化;

(2) 开发时间和成本预算控制;

(3) 项目风险控制;

(4) 开发工作安排效率;

(5) 开发工作的协调管理过程;

(6)工程化开发方式的运用;

(7)程序的运行效率和信息标准的统一;

(8)管理信息系统需求方满意度。

2. 观察开发过程的实际表现情况

通过项目执行过程中的各种渠道,收集项目实施的有关信息,了解开发过程的实际情况。

3. 进行实际表现和控制标准的比较

比较项目实施的实际表现和预先制定的控制标准,主要是为了了解项目进展情况,及时调整与项目计划的偏差。管理控制标准为客观评价项目状况提供了依据,使项目负责人能够迅速、有效地对项目的实际进展情况做出全面、客观的判断,从而及时采取必要的措施。

4. 采取调整措施

在比较项目实际表现和衡量标准后,如果出现偏差,就需要采取调整措施。纠正措施可以采取以下形式:

(1) 对开发流程进行合理化调整;

(2) 协调项目资源的合理分配;

(3) 建立系统、全面、准确的技术文档资料;

(4) 调整项目组织形式和项目管理方法。

11.3.7 信息系统项目的风险管理

1. 信息系统项目的风险

信息系统项目失败的原因来自于很多方面,不能简单地把它归结于技术原因,实际上很多新的技术和方法不能发挥它的效用是因为管理或者组织上的原因。总的来说,导致信息系统项目失败的因素来自三个方面:项目实施的技术风险、项目管理风险以及组织转变风险。

(1) 项目实施的技术风险。项目实施的技术风险与三个因素有关:项目规模、项目结构和技术经验。[1]

① 项目规模。项目所需花费越多、人数越多,风险越高;时间跨度、地域跨度和部门跨度越大,风险也越高。项目影响到的部门和个人越多,信息量越多,流动就越复杂,所涉及的运作和管理也越复杂。因此,一个持续 4 年、成本超过 500 万元、影响 5 个部门 20 个下属单位、涉及 120 个用户的信息系统项目,比一个成本 3 万元、两个用户、两个月即完成的信息系统项目的风险大得多。项目的地域跨度也是影响因素。一个全球范围内的信息系统实施起

来比在一座办公大楼里的信息系统风险要高。

② 项目结构。在信息系统领域内常常用结构化程度来对信息系统分类。结构化程度高,它的需求就明白、直接,系统产出和流程很清晰,这样的系统风险就低;结构化程度低的项目,需求不那么直接和明显,结果也不那么确定,风险也就高。

③ 技术经验。如果现有技术不够成熟和稳定,项目的风险就高一些。如果项目小组缺乏所需技术和经验,工程风险会变大。若小组对项目中的硬件、系统软件、应用软件不熟悉,就会导致:因掌握新技术的时间较长而导致额外的延期;因开发工具掌握得不够好而产生各种技术问题;因为对各种软硬件的特性不熟悉而产生额外的时间和金钱花费。

表 11-2 列示了不同因素组合下的技术风险。

表 11-2 不同因素组合下项目的技术风险

结构化程度	技术类型	规模大小	风险程度
高	低	大	低
高	低	小	非常低
高	高	大	中等
高	高	小	中等偏下
低	低	大	低
低	低	小	非常低
低	高	大	非常高
低	高	小	高

(2) 项目管理风险。在项目管理过程中,可能遇到的主要风险来自项目管理的各个方面:项目人员组织、项目时间和进度管理、成本管理以及质量管理和结果评价。[178]

① 项目人员组织。实施队伍和实施人员对于信息系统的成功实施至关重要。如果项目小组缺少信息技术知识或者项目管理经验,或者缺少关键用户的积极参与,就往往会遇到困难。如果项目小组中的技术顾问来自第三方,则存在企业自身学习掌握信息系统使用和维护的问题。如果企业内部的实施人员经常变动,不能专职稳定地参与项目,把实施项目视为第三方的责任而不是企业自己的工作,将直接影响企业对新系统的掌握,往往会造成新系统建成,第三方人员离开,而企业用户不会使用、维护的尴尬局面。在实施项目的组织中另一个突出的问题是:由于有些项目比较复杂,涉及的部门很多,许多实施工作需要多部门的协作才能完成。因此如果项目小组没有得到足够的授权,不能够协调部门之间的工作、统筹安排跨部门的实施人员,扯皮现象就不可避免。

② 项目时间和进度管理。许多信息系统项目在一开始就没有能够制定明确的、可行的进度计划,在进行过程中不能按时实现里程碑性的目标,遇到变化后不能及时地调整进度,往往造成项目半途而废或系统工期严重延误的现象。

③ 成本管理。在实施过程中,如何合理分配实施费用,结合项目进度和时间安排,将项目成本控制在计划之内,是每一个开发信息系统的企业需要认真对待的问题。有的企业尽

管最终开发完成,但是花费却远远超出了预算,客观上造成项目不成功。

④ 质量管理和结果评价。不少企业在项目启动时没有制定信息系统的绩效标准,在开发过程中未能随时控制质量,在项目完成时不知道如何评估信息系统的绩效,造成“为上系统而上系统”,为企业的长远发展埋下了危险的种子。

(3) 组织转变风险。组织转变风险主要包括以下方面。

① 管理观念的转变。信息系统是一个管理项目,而非仅仅是一个信息系统项目。不少企业高层管理人员尚未认识到这一点:在选择系统时仅由技术主管负责,缺少业务部门用户的参与;在实施系统时仅由技术部门负责,缺少管理人员和业务人员的积极参与;项目经理由技术部门的领导担任,高级管理人员尤其是企业的一把手未能亲自关心负责系统实施。如此种种现象,需要企业管理人员转变认识,加以改善。管理观念的转变还体现在管理信息系统实施过程对企业原有的管理思想的调整上。管理信息系统带来的不仅仅是一套软件,更重要的是带来了整套先进的管理思想。只有深刻理解、全面消化吸收了新的管理思想,并结合企业实际情况加以运用,才能充分发挥管理信息系统带来的效益。因此,在实施过程中企业管理人员和业务人员转变管理思想是一个必不可少的痛苦过程。顺利转变管理思想,在某种意义上是管理信息系统成功实施的最关键的因素。

② 组织架构的调整。为适应管理信息系统带来的改变,企业必须在组织架构和部门职责上做相应的调整。因此,实施管理信息系统往往需要同时进行业务流程重组和改善的工作。在流程改组中,会涉及部门职能的重新划分、岗位职责的调整、业务流程的改变、权力利益的重新分配等复杂因素。如果企业不能妥当地处理这些问题,将会给企业带来不稳定因素。

③ 业绩考评体系的转变。由于企业组织架构和业务流程的调整,企业必须对业绩考评体系进行相应的调整,以适应新的岗位职责和业务要求。能否顺利地将原有的业绩考评体系转变到适应新系统的业绩考评体系,是对企业的一个考验。

2. 信息系统项目风险管理

风险管理一般包括风险识别、风险分析、风险应对、风险监控这几个过程。[178]信息系统项目风险管理也不例外。

(1) 风险识别。它是管理风险的第一步,即识别整个项目过程中可能存在的风险。一般是根据项目的性质,从潜在的事件及其产生的后果和潜在的后果及其产生的原因来检查风险。收集、整理项目可能存在的风险并充分征求各方意见,形成项目的风险列表。

(2) 风险分析。确定了项目的风险列表之后,接下来就可以进行风险分析了。风险分析的目的是确定每个风险对项目的影响大小,一般是对已经识别出来的项目风险进行量化估计。这里要注意三个概念:

① 风险影响。它是指一旦风险发生可能对项目造成的影响大小。

② 风险概率。它是用风险发生可能性的百分比来表示的,是一种主观判断。

③ 风险值。它是评估风险的重要参数。

风险值=风险概率×风险影响

例如,某一项目风险概率是 25%,一旦发生会导致项目计划延长 4 周,因而,风险值=25%×4 周=1 周。

(3) 风险应对。风险分析之后,就已经确定了项目中存在的风险以及它们发生的可能性和对项目的风险冲击,并可排出风险的优先级。此后就可以根据风险性质和项目对风险的承受能力制定相应的防范计划,即风险应对。制定风险应对策略主要考虑以下四个方面的因素:可规避性、可转移性、可缓解性、可接受性。风险的应对策略在某种程度上决定了采用什么样的项目开发方案。对于应规避或转移的风险,在项目策略与计划时必须加以考虑。确定风险的应对策略后,就可编制风险应对计划,它主要包括:已识别的风险及其描述、风险发生的概率、风险应对的责任人、风险应对策略及行动计划、应急计划等。

(4) 风险监控。制定了风险防范计划后,在项目执行过程中,需要时刻监督风险的发展与变化情况,并确定随着某些风险的消失而带来的新的风险。风险监控包括两个层面的工作:

① 跟踪已识别风险的发展变化情况,包括在整个项目周期内风险产生的条件和导致的后果变化,衡量风险减缓计划需求。

② 根据风险的变化情况及时调整风险应对计划,并对已发生的风险及其产生的遗留风险和新增风险及时识别、分析,采取适当的应对措施。对于已发生过和已解决的风险也应及时从风险监控列表调整出去。

11.3.8 项目管理软件

随着计算机技术和软件技术的飞速发展,利用项目管理软件辅助项目管理是项目管理水平提高的必由之路。好的项目管理软件不仅能带来先进的项目管理手段和方法,而且蕴藏着丰富的项目管理哲理。项目管理软件的直接运用反映了项目管理组织的管理水平,其运用对项目管理的标准化和国际化发展起到了积极作用,促进了项目管理由经验型向科学型转变。

1. 项目管理软件简介

项目管理技术的发展和计算机技术的发展是密不可分的。目前的项目管理软件主要分为单功能和集成型两类。单功能项目管理软件的功能比较单一,主要专注于进度控制、投资控制、合同管理、招投标管理、文档管理和信息沟通等某一方面或者较少的几个方面。集成型项目管理软件(系统)基本包含了项目管理的主要工作,通常为一组套件,所有的套件组合即为项目管理系统。此外,一些项目还专门开发了只针对本项目的项目管理软件(系统),如我国的三峡工程管理信息系统(TGPMS)。

从项目管理软件的功能和价格水平看,一般有两个层次[182]:一个是高档项目管理软件。这类软件的功能比较强大,价格比较高,如 Primavera 公司的 P3 和 P3E、Gores 技术公司的 Artemis、ABT 公司的 WorkBench、Welcom 公司的 OpenPlan 等。另一类是一般项目管理软件。这类软件功能比较简单,价格也比较便宜,如微软公司的 Project、Scitor 公司的 Project Scheduler、Primavera 公司的 SureTrak、Atlassian 公司的 JIRA[248] 和基于 Ruby 开放的 Redmine[249],以及国内的如 Worktile、ONES Project 等项目管理软件。

但项目管理软件的功能完整程度和应用效果并不成正比。从实际应用看,目前项目管理软件的应用还存在诸多问题,如软件引用不当、应用范围较窄、应用粒度不够、应用缺乏规划和制度保证等。因此国内项目管理软件应用成功的案例也不多。其中有很多影响因素,如制度问题、项目管理软件的理解问题、人员问题、知识管理问题、数据管理问题等,阻碍了项目管理软件的深层次运用。

2. 微软 Project 项目管理软件介绍[183]

微软 Project 软件是国际上最为流行的基于网络的项目管理软件，应用在各类 IT 集成及开发项目、新产品研发、设计项目和工程建设项目等。它通过项目管理思想与信息技术的结合，帮助企业规范项目管理的流程和增强执行效果。系统学习和使用 Project 软件，可以帮助企业提高项目经理和管理人员的实战能力，有效地监控和管理各类运营项目，更有效地进行团队的协作管理和项目目标的完成，优化工作流程，提升企业的竞争力。

微软 Project 软件在全球的用户群已超过 2 000 万，用户类型多样，从掌握一般知识的工作人员到专家级的项目经理。Project 的本地解决方案包含了三个不同版本的产品：标准版、专业版和服务器版，而其基于云的解决方案则包含协作版、专业版和高级版三种。这些产品分别针对不同的用户需要而设计，以满足不同用户规模和项目复杂度的要求。用户在选择产品的时候，最重要的依据是确定自己的项目管理需求。

微软 Project 提供了一系列项目管理工具，这些工具将可用性、功能和灵活性融合在一起，可以更加有效地管理项目。通过与微软 Office 程序、报表软件以及指导性的计划、向导和模板进行集成，用户可以了解所有信息，控制项目的工作、日程和财务状况，与项目组保持密切合作并提高工作效率。微软 Project 软件可以在项目管理过程的五个阶段分别发挥重要的作用：

（1）建议阶段。确立项目需求和目标；定义项目的基本信息，包括工期和预算；预约人力资源和材料资源；检查项目的全景，获得利益相关者的批准。

（2）启动和计划阶段。确定项目的里程碑、可交付物、任务、范围；开发和调整项目进度计划；确定技能、设备、材料的需求。

（3）实施阶段。将资源分配到项目的各项任务中；保存比较基准，跟踪任务进度；调整计划以适应工期和预算的变更。

（4）控制阶段。分析项目信息；沟通和报告；生成报告，展示项目进展、成本和资源的利用状况。

（5）收尾阶段。总结经验教训；创建项目模板；整理和归档项目文件。

• 思考题 •

1. 信息系统建设中的不同人员应当如何进行角色分工？如何才能提高沟通与控制的效率？

2. 什么是信息系统外包？外包具有哪些优越性和局限性？进行外包决策时需要考虑哪些主要的因素？

3. 信息系统项目具有哪些不同于一般工程项目的特点？

4. 如何对信息系统项目中的人员、进度、成本和质量进行有效的管理？

5. 信息系统项目中存在哪些主要的风险？如何防范和应对这些风险？

6. 目前比较常见的项目管理软件都有哪些？

• 即测即评 •

请扫描二维码,测试本章学习效果。

第 12 章　信息系统的运行维护与安全管理

打天下不易，守天下更难。一个国家在轰轰烈烈的大业开创之后，往往面临着长治久安的考验：如何维系社会持续的稳定高效，让社会各类机构正常运转；如何构建内外强健的安全体系，让社会大众安享太平。对于企业来说，信息系统建设旨在优化业务流程、提升竞争能力、助力价值创造。而一个企业在信息系统搭建完成之后，则需要考虑何以维持良好的运维和安全管理，以更好地优化业务流程、提升竞争能力、助力价值创造，从而有效保证信息系统建设目标的实现。那么，信息系统有哪些安全维护相关工作，又如何能保证信息安全？本章将重点介绍信息系统运行维护的组织结构和日常管理，常见安全问题及其应对策略，包括大数据存储和云平台管理等相关内容。

从企业验收并启用信息系统开始，对系统进行管理和维护就成了企业信息化管理工作的主要任务。信息系统运行管理的目标就是对信息系统的运行进行实时控制，记录其运行状态，进行必要的修改与扩充，使信息系统真正符合企业需要，为管理决策提供足够的信息支持，为企业功能运行的信息化提供保障。本章将介绍信息系统日常管理的组织机构和基本内容、信息系统常见的安全问题和一般控制措施以及大数据存储和云平台管理。

12.1　信息系统的运行维护

缺乏科学的组织与管理，信息系统就不能够为管理工作提供高质量的信息服务，而且系统本身也会陷入混乱。系统的管理工作不能简单与机器设备的管理工作等同。信息系统的任务是为管理工作服务，它的管理工作是以向企业或企业的组织单元提供必要的信息为目标，以能够满足管理工作人员的信息需求为标准的。企业必须为信息系统的运行和维护制定可行的管理策略。[184] 信息系统运行管理策略是运行管理阶段的纲领，它定义了投资规划、日常运行管理、机构设置人员的配备和岗位职责、管理制度的制定、运行结果的评价分析、技术管理策略等内容的工作准则。

本节重点讨论信息系统的日常运行管理、信息系统运行的组织、信息系统的人员管理、信息系统的运行制度、信息系统的维护和评价。它们从事务的层面形成信息系统的运行维护的主体。

12.1.1 信息系统的日常运行管理

信息系统投入使用后的日常运行管理包括信息处理及服务、系统运行情况记录。

1. 信息处理及服务

信息处理及服务主要包括数据收集、信息运算及信息服务子任务。

数据收集主要有:数据被动接收、数据主动采集(录入)和数据批量转换等形式。高质量的数据,是信息系统有效工作的坚实基础。因此,数据收集工作就变得异常关键,也要求工作完成得迅速而准确。

一般地,数据批量转换的数据收集是由专业的系统信息管理人员完成。数据被动接收形式中的数据采集者可能是客户和其他人员,负责数据主动采集的主要是企业的业务人员,并且在行政上也不属于信息处理部门。因此,作为数据校验的数据质量控制工作是不可缺少的。数据校验应由专业的信息系统管理人员完成,或者在较大的系统中,考虑设置专门的数据控制功能模块来完成。

信息运算是信息系统的主要功能,它是按照企业或者信息系统规定的业务逻辑对收集的数据进行运算处理的过程。处理的结果将直接或间接用于信息服务。

常见的信息服务工作包括例行的数据更新、统计分析、报表生成、数据的复制及保存、与外界的定期数据交流等。这些工作,都是在系统研制中已经详细规定好了的,操作人员也应经过严格的培训,清楚地了解各项操作规则,了解各种情况的处理方法。

上述任务构成信息系统日常运行的主体,企业信息系统的管理人员必须全面考虑这些问题,组织有关人员按规定的程序实施,并进行严格要求,严格管理。否则,信息系统是很难发挥其应有的实际效益的。

另外,常常会有一些例行工作之外的临时性信息服务要求向计算机应用系统提出,这些信息服务不在系统的日常工作范围之内,然而,其作用往往要比例行的信息服务大得多。随着管理水平的提高和各级领导信息意识的加强,这种要求还会越来越多。领导和管理人员往往更多地通过这些要求的满足程度来评价和看待计算机应用系统。因此,努力满足这些要求,应该成为信息系统主管人员特别注意的问题之一。系统的主管人员应该积累这些临时要求的情况,找出规律,把一些带有普遍性的要求加以提炼,形成一般的要求,对系统进行扩充,从而转化为例行服务。这是信息系统改善的一个重要方面。

2. 系统运行情况的记录

系统的运行情况如何对系统管理、评价是十分重要的。信息系统的管理人员应该从系统运行的一开始就注意积累系统运行情况的详细材料。在信息系统的运行过程中,需要收集和积累的资料包括以下五个方面:

(1) 系统的工作数量信息。例如,开机的时间、每天(周、月)提供的报表数量、每天(周、月)录入数据的数量、系统中积累的数据量、修改程序的数量、数据使用的频率、满足用户临时要求的数量等反映系统的工作负担、所提供的信息服务的规模以及计算机应用系统功能的最基本的数据。

(2) 系统的工作效率。系统的工作效率即系统为了完成设计所规定的信息处理工作,耗费的人力、物力及时间情况。此外,还包括对用户的临时查询,系统给出正确数据的响应时间;系统在日常运行中,例行的操作所花费的人力数量、消耗性材料的使用情况等。

(3) 系统所提供的信息服务的质量。信息服务和其他服务一样,应保质保量。信息用户对所提供信息结果的精确程度,提供的方式是否满意,是否符合要求,信息提供是否及时,临时提出的信息需求能否得到满足等,都在信息服务的质量范围之内。

(4) 系统的维护修改情况。系统中的数据、软件和硬件都有一定的更新、维护和检修的工作规程。这些工作都要有详细、及时的记载,包括维护工作的内容、情况、时间、执行人员等。这不仅是为了保证系统安全和正常运行,而且有利于系统评价及进一步扩充。

(5) 系统的故障情况。信息系统运行过程中出现故障,需要及时地记录以下内容:故障的发生时间、故障的现象、故障发生时的工作环境、处理方法、处理结果、处理人员、善后措施、原因分析等。这里需要注意的是,我们所说的故障不只是指计算机本身,而是对整个信息系统来说的。例如,由于数据收集不及时,使年度报表的生成未能按期完成,这是整个信息系统的故障,但并不是计算机的故障。同样,收集来的原始数据有错,这也不是计算机的故障。然而这些错误的类型、数量等统计数据是非常有用的资料,其中包含了许多有益的信息,对于整个系统的扩充与发展具有重要的意义。

要全面地掌握系统的情况,必须十分重视其正常运行时的情况记录。没有日常工作记录,表示可靠性程度的时间指标就没有可靠的计算依据。为了使信息记载得完整、准确,一方面要强调在事情发生的当时当地,由当事人记录,避免时过境迁,信息记载失真。另一方面,尽量采用固定格式的表格或登记簿进行记录,不要使用含糊的自然语言表达。这些表格或登记簿的编制应该使填写者容易填写,节省反应时间。同时,要求填写内容含义明确,并且尽量给予定量的描述。对于不易定量化的内容,则可以采取分类、分级的办法,要努力通过各种手段,尽可能详尽准确地记录系统运行的情况。

12.1.2 信息系统运行的组织

有效地组织好信息系统运行对提高管理信息系统的运行效率是十分重要的。系统运行组织的建立是与信息系统在企业中的地位分不开的。目前,企业组织中负责系统运行的大多是信息中心、计算中心、信息处等信息管理职能部门。随着人们的认识提高,信息系统在企业中的地位也逐步提高。

信息系统参与企业组织功能运行形式反映了信息部门在企业中的地位、作用和变化。信息系统在企业的应用发展,也与其他技术一样,以信息需求为驱动导向。如图 12-1 所示,最开始的企业信息需求出现在信息处理和运算压力大的部门,如财务、统计、生产等部门,这时候的信息系统就是为特定的企业部门服务,加快这些部门的信息处理速度,减缓企业功能运作瓶颈。故大多采用图 12-1(a)的方式。图 12-1(b)方式,信息部门与其他职能部门平行,其特点是信息资源可以为整个企业共享,但信息处理的决策能力较弱,系统运行中有关协调和决策工作将受到影响。信息系统在企业组织中的地位最好是将上述两种方式结合在一起,各尽其责。有利于加强信息资源管理和信息资源共享,并且在系统运行过程中便于协调和决策。目前计算机、网络、通信等各项技术的快速发展,C/S(客户/服务器)信息处理体系架构的运用,使得信息部门逐渐处于企业运行的中心的地位[184],形成了图 12-1(c)的方式。

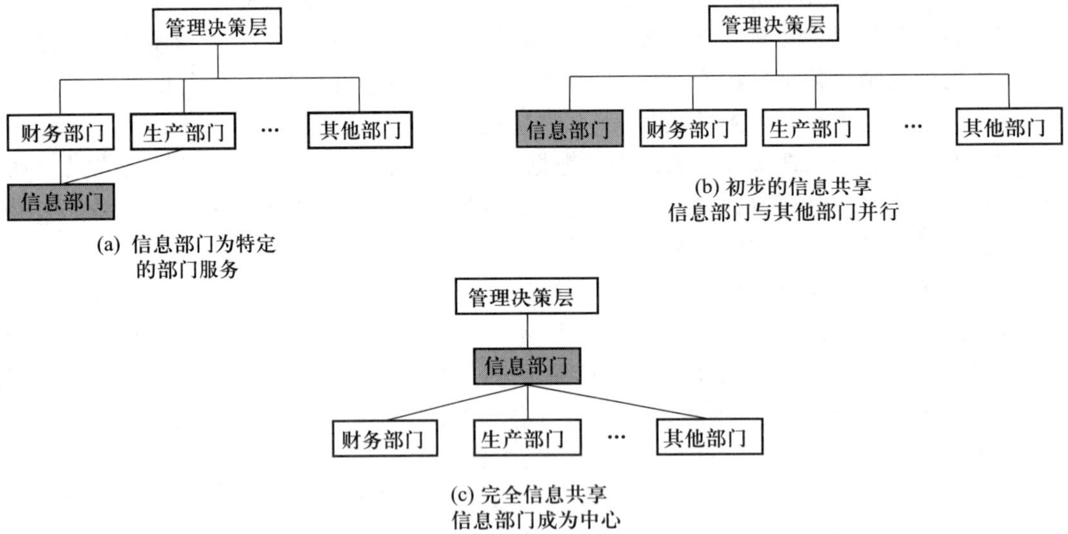

图 12-1 信息系统运行组织机构参与企业功能运行的形式和变化

信息系统在运行管理过程中，由于计算机运作部门的工作变化，运行部门的内部人员结构也要发生变化，数据采集和数据准备部门规模逐渐缩小或取消。一般工作人员明显减少，专业化技术人员急速增长。一般的信息运行部门人员组成如图 12-2 所示。这种人员构成的优点是，信息系统运行部门功能全面，对任何信息需求和信息事件都能很快反应。缺点是，对于小规模的组织显得人员过于臃肿。

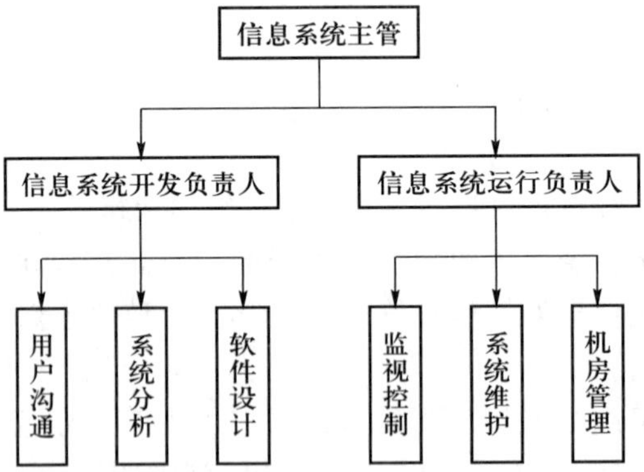

图 12-2 信息部门一般人员组成

取消简单的数据采集岗位，同时增加系统维护的力量是信息系统在运行管理中的基本特征。图 12-3 显示了面向运行管理的信息部门人员组成。

其中各小组的职能分配如下：

（1）网络组。负责网络的维护和扩容，网络系统及设备的安全管理，具备网络问题诊断和初步的解决能力。

（2）硬件组。主要工作是及时监控和解决各种硬件（包括主机、存储器、网络、机房、电源等）故障和运行问题，定期检查各硬件设备的运行和性能变化情况，及时解决各种硬件设备潜在故障和隐患，保证硬件设备正常、稳定、可靠、高效运行。

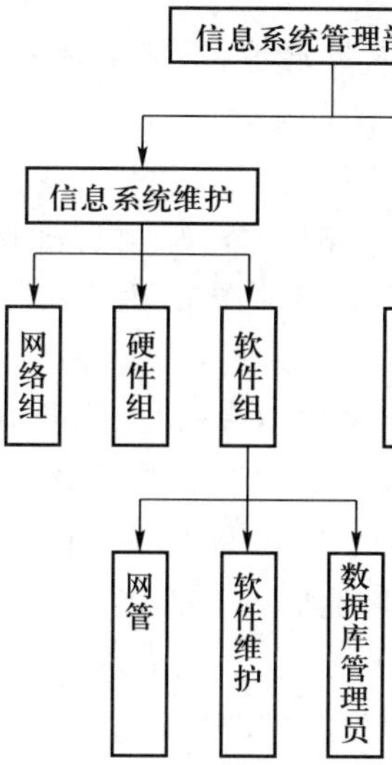

图 12-3 面向运行管理的信息部门人员组成

(3) 软件组。根据主要工作不同可分为网管、软件维护人员和数据库管理员(DBA)。网管进行 O/S(操作系统)级的服务器资源优化配置、用户授权、网络监控;软件维护人员保证软件正常运作,更新和完善信息系统功能;数据库管理员的主要任务是制定数据备份策略,确定数据备份方案,承担灾难性恢复任务,控制输入数据的正确性。

(4) 业务组。主要任务是信息用户与系统管理之间的沟通和联系,及时给信息管理人员反馈信息。它具有业务管理和信息使用的双重身份。

(5) 行政组。主要负责信息中心的日常管理工作,收集各层次用户对信息系统的意见,及时通知有关工作小组进行处理和改进。

信息系统运行方式与开发相似,也可以采取三种方式:全内部自主运行方式、全外包方式和部分外包方式(见图 12-4)。采取不同的形式主要取决于企业的业务主流、技术储备和经济考虑。更加专注于主流业务和信息技术储备不足的企业会更多地考虑采取外包和部分外包的形式。[184]

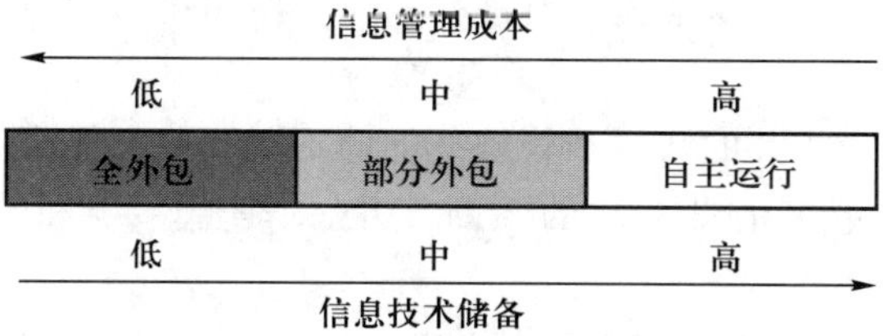

图 12-4 信息系统运行管理的外包方式

12.1.3 信息系统运行的人员管理

由于信息系统本身所体现的运用先进技术为管理工作服务的特点,其工作中必然要涉及多方面的、具有不同知识水平及技术背景的人员。这些人员在系统中各负其责、互相配合,共同实现系统的功能。这些人员能否发挥各自的作用,他们之间能否互相配合、协调一致,是系统成败的关键之一。没有好的人员管理,不能实现有效的分工协作,人—机系统不能实现整体优化将阻碍信息系统功能的有效发挥。

1. 信息系统运行的人员管理主要内容

(1) 明确规定各参与信息管理的人员的任务及职权范围,尽可能确切地规定各类人员在各项业务活动中的工作内容、工作责任、工作方式和工作次序。简单地说,要有明确的授权。

(2) 定期的人员岗位检查及评价。为此,对每种工作要有一定的评价指标。这些指标应该尽可能有定量的尺度,以便检查与比较。这些指标应该有一定的客观的衡量办法,并且要真正按这些标准去衡量各类工作人员的工作,即必须有检查和评价。

(3) 对工作人员进行培训,不断提高他们的工作能力,使工作质量不断改善,从而提高整个系统的效率。

2. 系统管理人员的责任及其绩效评价原则

系统主管人员的责任是组织各方面人员协调一致地完成系统所担负的信息处理任务,掌握并控制全局,保证信息系统结构完整,确定系统改善或扩充的方向。整个应用系统在管理中发挥的作用及其效益是其工作的评价标准。

硬件和软件操作人员的任务是按照系统规定的工作规程进行日常的运行管理。系统是否安全正常地运行是衡量他们工作的最主要的指标。

程序员的任务是在系统主管人员的组织之下,完成系统的修改、完善及扩充,为满足信息使用者的信息需求编写相应程序。程序的运行速度和质量是他们工作情况的衡量标准。

另外,数据录入人员的任务是把数据准确地送入计算机。录入的速度及差错率是他们工作的主要衡量标准。数据校验人员(或称数据控制人员)的责任是保证送到录入人员手中或者信息系统中的数据从逻辑上讲是正确的,即保证进入信息系统的数据正确地反映客观事实。在系统内部发现的不正确的数据及比例,是衡量校验人员业务水平的主要指标。在高度网络化的信息系统中,这两项工作已经分离到企业业务部门甚至信息客户那里。

3. 企业信息系统管理人员的学习培训

基于计算机的信息系统在管理活动中,对人员的培训工作是不可缺少的。[79] 企业应该围绕工作的需要及时鼓励并组织各类人员进行知识更新和技术学习。人员的培训分为以下几方面:

(1) 与自身工作紧密相关的知识和管理技能的不断完善和提升。信息技术的高速发展和企业业务环境的变化带来信息需求的不断变化,对信息系统和管理人员不断提出新的要求。

(2) 不同岗位(部门)之间的知识交叉学习。由于信息系统的开发和使用,为了尽量弥补和减少信息系统的信息处理逻辑与企业实际业务逻辑之间的差别,需要企业资源以业务为中心不断进行相互交流融合,使信息系统达到最佳使用效益。一方面,需要注重对信息管理人员的生产及管理过程培训。例如,了解所在系统的总目标、特点、业务处理方式、业务处理需要等情况。在银行工作的计算机技术人员应该逐步了解银行的业务工作,在工厂工作的信息系统工作人员则应该逐步了解所在工厂的生产及管理情况。另一方面,对业务管理人员注重信息技术方面的培训。管理部门的工作人员,则应该逐步了解信息系统的基本构造、原理及使用方法,充分利用信息系统的信息运算优势,优化人—机工作效率。

(3) 在互联网应用不断深化、大数据分析日趋重要的背景下,需要信息管理人员和业务人员建立强烈的数据意识,同时通过培训和学习提高基于数据进行管理决策的能力。

12.1.4 信息系统的运行制度

企业启用一个信息系统后,为保证系统正常运行,以及系统的工作环境和安全,就必须明确规定各类人员的职权范围和责任,建立和健全信息系统管理体制。信息系统运行管理制度是系统正常运行的有效保证。

信息系统的运行制度主要包括机房管理制度;技术档案管理制度、信息系统维护制度、信息系统运行操作规程、信息系统修改规程、运行日志等。[184] 本小节重点介绍机房管理制度、技术档案管理制度和运行日志的具体内容,信息系统维护制度的相关内容将在 12.1.5 小节中介绍。

1. 机房管理制度

机房管理制度规定和控制了信息系统维护人员、操作人员及值班人员的义务、权限、任务和责任;强制对信息系统日常运作进行记录,包括值班日记、系统故障及排除故障日记;统一机房设备安全管理和维护制度标准和紧急情况的应对方案。

一个较大的信息系统往往在物理意义上也是一个大型的网络系统,除中心机房(服务机房)外,工作站大多安装在业务人员的办公室。因而信息管理部门的主要职责在于专用机房的管理。专用机房要有一套严格的管理制度,正式行文并公告。

该制度主要包括:

(1) 工作人员的操作行为规范。例如,开机、关机、登记运行日记、异常情况处理;插拔机器部件和电线、电缆的规章。

(2) 出入机房人员的规定。

(3) 机房的电力供应及后备措施。

(4) 机房的温度、湿度、清洁度控制。

(5) 机房安全防火规章。

(6) 与外界信息交流的管理措施,如上网、游戏和外来盘互相拷贝,防止计算机病毒感染和防止泄密。

(7) 专用机房由专人管理。

2. 技术档案管理制度

信息系统技术档案包括系统开发阶段的可行性分析报告、系统说明书、系统设计说明书、程序代码清单和数据字典、测试报告、软硬件的用户手册、操作说明、评价报告、运行日志、维护日志等。

上述文档是信息系统的重要组成部分,需要做好分类、归档工作,妥善、长期保存。同时,对这些档案的借阅也必须建立严格的管理制度和必要的控制手段。

3. 运行日志制度

运行日志的内容应当包括:时间;操作人;运行情况;异常情况,如发生时间、现象、处理人、处理过程、处理记录文件名、在场人员等;值班人签字;负责人审核签字。系统运行日志主要为系统的运行情况提供历史资料,也可为查找系统故障提供线索。因此运行日志应当认真填写,妥善保存。

12.1.5 信息系统的维护

信息系统的维护处于信息系统生命周期的最后一个阶段,也是相对比较长的一个阶段,通常它伴随着信息系统的整个使用过程。

1. 信息系统维护的概念

(1) 概念。它是指保证系统正常工作,应对系统内外环境和其他因素的变化而采取的有关活动,包括纠正错误和改进功能两大方面的内容。

(2) 导致信息系统维护的原因。国家有关政策和法规的改变——国家的政策和法规是企业运行的重要外部环境,环境的改变必然导致运行逻辑的改变;组织管理方法、方式的改变;信息系统业务处理过程的变化;用户需求的增加;运行平台的变化和升级;原设计中存在的问题。

2. 信息系统维护的类型

根据系统需要维护的原因不同,维护工作可分为下面四类:

(1) 改正性维护。在系统交付使用后,因开发时测试得不彻底、不完全,必然会有部分隐藏的错误遗留到运行阶段。这些隐藏下来的错误在某些特定的使用环境下就会暴露出来。为了识别和纠正系统错误、改正系统性能上的缺陷、排除实施中的错误使用,应当进行的诊断和改正错误的过程就叫作改正性维护。

(2) 适应性维护。在使用过程中,外部环境(新的硬、软件配置)、数据环境(数据库、数据格式、数据输入/输出方式、数据存储介质)可能发生变化。为使系统适应这种变化而去修改系统的过程就叫作适应性维护。

(3) 完善性维护。在系统的使用过程中,用户往往会对系统提出新的功能与性能要求。为了满足这些要求,需要修改或再开发系统,以扩充系统功能、增强系统性能、改进加工效率、提高系统的可维护性。这种情况下进行的维护活动叫作完善性维护。

(4) 预防性维护。预防性维护是为了提高系统的可维护性、可靠性等,为以后进一步改进系统打下良好基础。预防性维护的定义为:采用先进的软件工程方法对需要维护的系统或系统中的某一部分(重新)进行设计、编制和测试。

实践表明,在几种维护活动中,完善性维护所占比重最大。即大部分维护工作是改变和加强系统,而不是纠错。事实证明,来自用户的要求扩充,加强系统功能、性能的维护活动约占整个维护工作的50%。系统维护活动所花费的工作占整个生存期工作量的70%以上,这是由于在漫长的系统运行过程中需要不断对系统进行修改,以改正新发现的错误、适应新的环境和用户新的要求,这些修改需要花费很多精力和时间,而且有时会引入新的错误。

3. 信息系统维护的主要内容

信息系统维护的主要内容包括硬件维护,定期预防性维护,突发性故障维护,软件维护(任务最重),正确性维护,适应性维护,完善性维护,预防性维护,数据维护,数据项的增减,数据库文件的分解、合并。

值得一提的是,在硬件维护中,对于大型计算机,维护工作需要有较专业的专职人员来完成；对于微型机来说，虽然不一定要许多专职人员来完成维护工作，但至少也要指定能够切实负责的人员来兼管。这里所说的运行和维护工作包括设备的使用管理、定期检修、备品配件的准备及使用、各种消耗性材料（如打印机硒鼓、打印纸等）的使用及管理、电源及工作环境的管理等。

4. 信息系统维护工作量模型

系统维护不再属于系统开发过程，但是需要的工作量很大。有研究表明，大型系统的维护成本平均达到开发成本的 4 倍左右，组织信息管理部门 60% 以上的人力用于已有系统的维护。而且随着系统的复杂程度增加和使用寿命延长，这个比例还会上升。其中维护周期比开发周期时间长是一个原因，但是，系统调研和开发的完善程度也是影响维护工作量的关键。下面给出维护工作量的一个计算模型[185]：

$$M=p+Ke^{c-d}$$

式中：M——维护工作的总工作量；

p——生产型工作量；

K——经验常数；

c——复杂程度；

d——维护人员对软件的熟悉程度。

一般非结构化（工程化）设计和缺少标准的开发文档和说明文档都会增加系统的复杂程度。同时，上面模型表明，如果系统开发没有科学的管理规划和标准的软件工程方法，而原有开发人员又不能参加维护工作，那么维护的工作量和成本将呈指数级增长。

在系统的维护过程中，需要花费大量的工作，从而直接影响了软件维护的成本。影响维护工作量的因素有：

（1）系统大小。系统越大，理解掌握起来越困难，所执行功能越复杂，因而需要更多的维护工作量。

（2）程序设计语言。使用强功能的程序设计语言可以控制程序的规模。语言的功能越强，生成程序的模块化和结构化程度越高，所需的指令数就越少，程序的可读性越好。

（3）系统老化程度。老系统随着不断修改，结构越来越乱。许多老系统在当初并未按照软件工程的要求进行开发，因而没有文档或文档太少。同时维护人员经常更换，程序又变得越来越难于理解。在长期的维护过程中文档在许多地方与程序实现变得不一致，在维护时就会遇到很大困难。

（4）数据库技术的应用。使用数据库，可以简单而有效地管理和存储用户程序中的数据，还可以减少生成用户报表应用系统的维护工作量。

（5）先进的系统开发技术。在系统开发时，若使用能使系统结构比较稳定的分析与设计技术及程序设计技术，如面向对象技术、复用技术等，可减少大量的系统维护工作量。

12.1.6 信息系统的评价

信息系统在其运行过程中除了不断进行大量的管理和维护工作外，还要在高层管理的直接领导下，由系统分析员或专门的审计人员会同系统开发人员和业务部门管理人员共同参与，定期对系统的运行状况进行审核和评价，为系统的改进和扩展提供依据。

对系统定期进行各方面的审计与评价,实际上是看系统对于企业的运行是否仍处于有效适用状态。如果审计结果是系统基本适用但需要做一些改进,则要做好系统的维护工作,一旦审计结果确认系统已经不能够满足各项管理需求和决策需求,不能适应企业或组织未来的发展,则说明该信息系统已经接近它的生命周期,必须提出新的开发或升级需求。系统评价一般从以下三个方面考虑:系统是否达到预定目标,目标是否需做修改;系统的适应性、安全性评价;系统的社会经济效益评价。[184]

1. 评价信息系统质量的指标

在评价一个信息系统时,最重要的是建立评价指标体系。这个评价指标体系是质量评价的关键、评定优劣的标准。[180]信息系统的质量首先表现在系统运行和使用上,衡量的指标一般有:用户对信息系统的满意程度;系统的开发过程是否规范;系统的功能是否具有先进性、有效性、完备性;运行结果的有效性和可靠性;系统的性能、成本、效益的综合比是否达到预期目标;信息资源的利用率;系统的实用性。

2. 信息系统的经济效益评价

信息系统的经济效益评价主要指信息系统的运行结果所产生的直接经济效益和间接经济效益的评价,包括以下方面:

(1) 系统所提供信息的质量和实用程度。包括系统采用的推理、分析及结论的有效性、准确性和被管理人员引用的比率。

(2) 对企业工作效率、工作质量和劳动生产力的提高程度,对提高企业劳动生产率、均衡生产过程、降低产品成本、提高产品质量、缩短生产周期方面的贡献。

(3) 对资源利用率的提高程度,包括对控制库存、减少储备资金方面的贡献;对提高资金利用率、加速资金周转、分析和控制资金流动状态方面的贡献。

(4) 对管理模式、管理方法的改变和提高,对生产经营产生的影响程度,对提高组织对市场的适应能力和竞争能力方面的贡献;对管理决策提供的信息支持程度,对组织管理科学化、规范化方面的作用。

(5) 系统自身的投入产出比。

3. 信息系统评价的方法

(1) 多因素加权平均法。这里介绍一种简单易用的综合评价方法——多因素加权平均法。该方法把各项评价指标列成表,然后请专家对每个指标按其重要性打一个权重,权重最高分为 10 分,最低分 1 分。再请每个专家分别对被评价系统各个指标打分,最高分也是 10 分,最低分 1 分,如表 12-1 所示。

表 12-1 多系统评价打分表(专家权重)

	指标 1	指标 2	……	指标 N	加权平均分 A_k
权重 W	W_1	W_2	……	W_n	
系统 1(评分 X_1)	$X_{1,1}$	$X_{1,2}$	……	$X_{1,n}$	
系统 2(评分 X_2)	$X_{2,1}$	$X_{2,2}$	……	$X_{2,n}$	
……	……	……	……	……	
系统 m(评分 X_m)	$X_{m,1}$	$X_{m,2}$	……	$X_{m,n}$	

专家权重是指专家的权威性，权值大小由评价者根据专家知识面和经验丰富程度决定。根据几个专家的打分表以及专家本人的权重，求得每个指标的权重值。

显然专家数越多（样本数越多）越好，评价越接近实际。综合评分越高，说明系统越好。综合评分不可能达到 10 分，也不可能为 1 分。

（2）层次分析法（AHP）。1973 年，美国运筹学家 T. L. Saaty 针对现代管理中存在的许多复杂、模糊不清的相关关系如何转化为定量分析的问题，提出了一种层次权重决策分析方法（Analytical Hierarchy Process，AHP）[186]，简称层次分析法。这种方法是针对系统的特征，应用网络系统理论和多目标综合评价方法而发展起来的。层次分析法一般分为以下五个步骤：① 建立层次结构模型。② 构造判断矩阵。③ 层次单排序及其一致性检验。④ 层次总排序。⑤ 层次总排序的一致性检验。

层次分析法是一种实用的多准则决策方法，用于解决难以用其他定量方法进行决策的复杂系统问题。它将定量与定性相结合，充分重视决策者和专家的经验和判断，将决策者的主观判断用数量形式表达和处理，能大大提高决策的有效性、可靠性和可行性。因此，层次分析法非常适合于信息系统的评价，尤其适合于多个信息系统的比较。但是，层次分析法要比前面多因素加权平均法的技术复杂。

（3）数据包络分析法（DEA）。数据包络分析法（DEA）的 CCR 模型可以看作是处理具有多个输入（输入越小越好）和多个输出（输出越大越好）的多目标决策问题的方法。[187]

在企业管理信息系统的评价中，可以根据投资项目的输入数据和投资后管理信息系统的输出数据来评价。输入数据是指投资项目在投资过程中需要耗费的某些量，如投入项目资金总额、投入的总专业人数及素质情况等。输出数据是指建设项目经过一定的输入后，所产生的表明该管理信息系统活动成效的某些信息量，根据输入数据和输出数据来评价信息系统规模效益的优劣，即所谓评价信息系统间的相对有效性。

（4）经济效果评价法。建立企业管理信息系统的目的在于提供完整、准确的信息，提高管理工作效率和经营决策水平，减少管理中的失误，使生产经营活动达到最佳经济效益。评价其应用的经济效果，可以从直接经济效果和间接经济效果两方面来分析。

① 直接经济效果。直接经济效果是可以计量的，它取决于应用信息系统管理后，由于合理地利用现有设备能力、原材料、能量，使产品产量或提供的服务增长；由于劳动生产率提高，物资储备减少，产品或服务质量提高，非生产费用降低，使生产或服务的成本降低等。

② 间接经济效果。间接经济效果反映在企业管理水平的提高上，主要表现在管理体制合理化，管理方法有效化，管理效果最优化，基础数据完整、统一；管理人员摆脱繁杂的事务性工作，真正用主要精力从事信息的分析和决策等创造性工作，提高了企业管理现代化水平。

12.1.7 新型信息系统的运维

信息系统应用的不断深化与扩散，催生了更多新的系统类型。新型系统的运维与传统 IT 的运维在目标上保持一致，即网络保证连通、性能达到要求、安全得到保障。但是，较传统 IT 而言，新型系统采用的技术以及所处的应用场景又有所不同，运维工作也相应会发生变化。在此，我们以云平台、手机 App、电子商务系统为例进行介绍。

1. 云平台的运维

随着云计算不断推广,越来越多的企业利用云平台来构建自身的IT环境。云平台的应用,使企业摆脱了物理设备的束缚,能够更为弹性地获取计算资源。与此同时,基于云平台的IT运维也发生了重大变化:云平台的运维人员承担平台维护部分,面向物理设备,负责维护物理主机、物理存储和物理网络,并执行所有安全策略。他们负责进行物理设备级别的高可用性管理、容灾管理、数据备份和安全防范;而企业的运维人员承担企业应用维护部分,仍按照传统IT维护的方式对服务器和存储进行维护,只是这些资源全部由之前的物理形式转化为虚拟形式。[250]他们负责进行应用层面的数据备份、高可用管理和安全防范等。两类运维人员分工协作,共同完成信息系统的运维工作。

2. 手机App的运维

移动互联网的发展很大程度上促进了手机App市场的繁荣。手机App运维的内容与网站运维类似:第一,维护服务器、网络交换机等物理硬件;第二,设计周全的系统架构,保证服务的可用性和恢复性;第三,在系统层面部署、优化,及时更新发布新版本,快速响应各类问题;第四,采取安全防御,防范网络攻击和系统入侵,保证系统及数据安全。这些运维工作要投入不少人力和资源,对于规模比较小的企业以及刚启动的App项目来说是一项负担。但是云服务的到来给这个问题带来了解决方案。云服务可以为这些项目带来高质量的运维,同时能快速响应业务的需求,并能最大限度地控制成本,使项目本身能更专注于业务内容的优化。

3. 电子商务系统的运维

电子商务作为当今代表性的商业运作模式,在社会生活中掀起了一波又一波的发展浪潮。其所依托的电子商务系统,也在不断历练中发展成熟。电子商务系统中,高并发量成为了系统设计与维护中需要应对的难题:无论是天猫的"双十一"大促销,还是铁路12306的春运售票,都存在短时间内访问量剧增的状况。针对这一问题,不同系统采用了不同的策略。"双十一"促销之前,天猫会进行全链路压测,直接在生产环境中模拟产生大批流量,对系统每个环节进行压力测试,利用监控找到瓶颈并进行优化。此外,"双十一"促销过程中引入限流和降级策略:对于各个应用设置最大阈值,防止应用瘫痪;关闭非核心功能,保证交易主流程的能力最大化。为了应对高并发量的状况,铁路12306售票系统先后完成了几轮升级:采用两地三中心混合云、Pivotal Gemfire分布式内存数据平台、整机柜服务器;采用分布式结构,组织计算资源;构建弹性计算架构,借助阿里云等云平台的计算资源应对特殊时期激增的计算量。

12.2 信息系统的安全管理

目前,计算机系统和信息安全问题是人们在使用信息系统时最为关心的焦点问题之一。据国际计算机安全协会(International Computer Security Association,ICSA)统计,有11%的安全问题导致网络数据被破坏,14%的安全问题导致数据失密,15%的攻击来自系统外部,而来自系统内部的安全威胁高达60%。2017年Verizon数据泄露调查报告显示企业外部人员依旧是数据泄露的罪魁祸首,占比75%,而来自内部人员的威胁也受到重视,占数据泄露原因的25%。同时也有调查发现,亚太地区约有75%的受访企业曾遭到黑客入侵,被盗取知识产权、客户信用卡数据及客户个人身份。[188]实际上,更多的安全入侵事件没有被报告。据美国联邦调查局估计,仅有7%的入侵事件被报告了,因为许多入侵根本没有被检测到,还有一些受到侵袭的企业由于害怕失去客户的信任而没有报告。

在日常工作和生活中,人们越来越依赖计算机网络,越来越多地使用各种信息系统来处理各种数据,无论是学校的学籍管理、图书管理,还是银行的账户管理、信用卡管理等,无不需要信息系统的支持。同时,随着在线业务的日益增长,企业的运营也越来越依赖于信息系统的正常运营,对于一个依赖于企业信息系统的单位来说,各种安全问题导致的系统中断(即系统或者数据无法正常工作)已经成为一种可怕的威胁。据估计,美国每天由于系统的非正常中断损失40亿美元左右。其中,一个航空订票系统的业务系统每停止一小时,损失9万美元左右;一条在线零售业务系统每停止一小时的平均损失大约为90万美元;一条生产线每一次非正常中断损失大约500万美元。[171]

最近几年,信息安全问题越来越多,国际范围内的安全事件增长速度非常快。同时,由于信息技术的飞速发展,信息安全事件对攻击者的技术要求越来越简单,实施攻击的成本越来越低,企业所面临的信息安全威胁越来越大。因此,越来越多的企业认识到信息成为企业最重要的资产,而企业的信息安全管理工作做得好,就可以在一定时间之内做好安全防范工作,避免造成安全损失。

12.2.1 信息系统安全概述

1. 信息系统安全定义及特点

首先需要了解什么是信息安全。信息安全没有统一的定义,其基本含义表明企业的信息系统客观上不受信息危害的威胁,主观上不存在巨大的信息安全压力。

在一种影响广泛的信息安全标准BS7799(国际信息安全管理标准体系)中,信息安全的定义是:使信息避免一系列威胁,保障商务的连续性,最大限度地减少商务的损失,最大限度地获取投资和商务的回报,涉及的是机密性、完整性、可用性。[189]在可以接受的成本范围内,识别、控制并减少或者消除可能影响信息系统的安全风险就是风险管理。这个标准虽然已经部分成为ISO标准,但仍然存在众多争论。从目前现状来说,在信息系统的安全管理领域,它仍然是目前国际上影响力最大的标准。

信息系统安全是指信息系统资源和信息资源不受自然和人为有害因素的威胁和危害。信息系统安全问题具有如下特点[1]:

(1) 信息系统是一个人—机系统,所以又是一个社会系统,因此其安全不仅涉及技术问题,还涉及管理问题。

(2) 信息系统的安全问题涉及的内容非常广泛,既包括系统资源,也包括信息资源。信息系统安全不仅包括系统的静态安全,还包括系统运行的动态安全。

(3) 完善的信息系统安全机制是一个完整的逻辑结构,其实施是一个复杂的系统工程。

2. 信息安全的基本要求

信息安全基本要求包含:机密性、完整性和可用性。

(1) 机密性(Confidentiality)。机密性一方面指信息不泄露给非法用户,不被非法利用。

另一方面,可以理解为信息的保密隐藏——企业将不宜向公众开放的信息用某种方式隐藏起来,只有经过特定的授权后才能根据授权的级别对信息进行相应的访问。信息的机密性可以通过加密(Encryption)和访问控制(Access Control)机制来实现。

(2) 完整性(Integrity)。完整性指信息数据的可信赖信、确切性,通常它用来表达防止不恰当或者非法的数据修改、破坏和丢失。完整性包括数据完整性(即信息的内容)和原始完整性(即数据来源)。信息的来源可能关系到信息的精确性、可信性和人们对信息的信任程度。信息完整性机制通常有两种:保护机制(Prevention)和检测机制(Detection)。

(3) 可用性(Availability)。可用性指对信息资源的可被合法授权用户使用的特性,当需要时,用户总能存取所需要的信息。可用性是系统可靠性和系统设计的重要方面。一个不可用或可用性差的系统除了增加企业开销之外毫无意义。对可用性通过鉴别(Authentication)机制来保证。

上述三项内容是信息安全应该具备的基本要求。除此之外,还有可控性(Controllability)和抗抵赖性(Non-repudiation)等技术要求。

3. 信息系统安全的主要内容

信息系统安全内容应包括如下四个部分:

(1) 实体安全。系统设备及相关设施运行正常,系统服务适时。具体包括:环境、建筑、设备、电磁、数据介质、灾害报警等。

(2) 软件安全。操作系统、数据库管理系统、网络软件、应用软件等软件及相关资料的完整性。具体包括软件开发规程、软件安全测试、软件的修改与复制等。

(3) 数据安全。系统拥有的和产生的数据或信息完整、有效,使用合法,不被破坏或泄露。具体包括输入、输出、用户识别、存取控制、加密、审计与追踪、备份与恢复。

(4) 运行安全。系统资源和信息资源使用合法。具体包括电源、环境气氛、人事、机房管理、出入控制、数据与介质管理、运行管理和维护。

4. 信息安全管理的投资效益

对于企业组织来说,信息安全的作用就是保障信息资源,从而保障企业业务有效运作,它没有直接意义上的经济回报。但是,很显然它需要企业为其分配足够的资源来实施信息保障。除非真有安全问题发生,否则大多数企业都容易认为在安全保障上的投入是在浪费资源。对信息安全管理这类没有明显利益收入的企业行为来说投资回报率不明显,作为一个防患于未然的措施,企业往往对信息系统的安全管理重视不足。

总的来说,对于明确的IT投入,目前还没有令人完全信服的价值评估方法,能够给出明确的有说服力的投资回报指标。实际上,信息安全管理由于其投资的复杂性,其投资回报更加难以直接体现出来。既然没有明确的理论依据提供支撑,在进行分析时就只能针对成本效益进行分析,即安全事件造成的损失来谈。

这里我们引用一个简单的数据。美国明尼苏达大学Bush-Kugel的研究报告指出,企业在没有信息资料可用的情况下,金融业至多只能运作2天,商业为3.3天,工业为5天,保险业约为5.6天。[190]而以经济情况来看,有25%的企业因为数据的损毁可能立即破产,40%会在两年内宣布破产,只有7%不到的企业在五年后能够继续存活。

明确了信息安全的重要性之后,企业需要建立有效的管理措施来处理信息安全与业务需求之间的冲突。因为对信息的安全控制增添了信息处理上的复杂性,这将直接影响企业的业务效率。另外,企业应当认识到没有绝对的信息安全。这也是企业在考虑为解决信息安全问题而分配资源时比较犹豫的一点。实施了安全保护机制的信息系统还是会有安全问题发生,但是这时在已经部署的安全保护机制下,信息损失应该比没有安全保障机制要少。

12.2.2 影响信息安全的主要因素

信息系统的安全性是指为了防范意外或人为破坏信息系统的运行,或非法使用信息资源,而对信息系统采取的安全保护措施。

影响信息安全的因素按照威胁来源可以划分为内部因素和外部因素。内部因素包括信息系统本身的安全漏洞,也包含了信息系统运行平台(操作系统、数据库管理系统、网络操作系统等)的漏洞和内部人员的错误、过失和恶意操作。外部因素包含三个方面:恶意代码(病毒、蠕虫、陷阱等)、黑客/竞争对手破坏以及环境自然灾害。

1. 系统安全漏洞

任何一个信息系统都不是绝对完善的,造成信息系统安全漏洞的客观原因主要是:系统复杂程度增大造成设计人员对系统安全漏洞的驾驭能力相对减弱;设计工具本身的漏洞;系统信息处理模块的设计功能互斥或多用途。主观原因有程序设计人员的能力缺陷,开发组织片面追求时间和工期等。在信息系统的开发过程中,主观和客观原因造成的信系系统安全漏洞不可能绝对避免。

系统安全漏洞的主要表现形式:

(1) 软件 Bug:如缓冲区溢出,多个功能模块之间竞争读取数据资源。

(2) 系统配置不当:如系统采用缺省配置;系统开发过程中为了方便调试留下的后门。

(3) 脆弱口令(密码):密码组成简单,密码长度不够;长时间不更改密码;善意泄露密码给第三方人员。

(4) 信息(信号)泄露:如电磁泄漏。

(5) 设计缺陷:典型的 TCP/IP 协议在设计之初就缺少安全考虑;操作系统的设计缺陷等。

2. 内部人员问题

在实际问题中,有相当数量的信息威胁来自系统内部。从技术上看,内部威胁是发生于安全边界之内的事件,能够影响一个组织安全保护域之内信息安全的仕何人都可称为"内部人员"。从管理上看,内部人员威胁涉及授权人员对内部知识的滥用等。

内部人员在信息安全方面的危害可以归结为三类:

(1) 过失:由于注意力、记忆上失误等非故意行为的原因,造成错误的结果。

(2) 错误:由信息安全规则和知识上的缺陷导致,这是故意的行为(用户认为正常的操作)导致了无意的结果(信息安全被破坏)。

(3) 入侵:这是一种蓄意的行为,对信息安全的破坏结果正是用户所期望的。

企业需要对员工和信息用户实施信息安全培训,了解和分散员工的直接工作难度,化解员工对信息系统的敌意行为;为信息安全问题分配足够的资源和处理信息安全问题的专业人员。

3. 恶意代码

计算机程序中,病毒、蠕虫、木马和逻辑陷阱是常见的几种恶意代码。它们是有区别而又互相联系的。四者对计算机及信息系统都存在潜在危害，这是它们的共性，而它们的个性是进行传播和破坏的手段不同。

计算机病毒是指一种能够通过自身复制传染，起破坏作用的计算机程序。这个定义表明病毒的三个基本要素：第一是程序性，第二是传染性，第三是破坏性。程序性说明计算机病毒是一个技巧性很强的程序，是一系列指令的有序集合。传染性是指计算机病毒程序能够将自身的程序复制给其他程序，或者放入指定的位置。传染性是病毒的最典型危害。现存的绝大多数病毒都具有对信息资源的破坏性。它的破坏性不仅指破坏系统，删除或者修改数据，而且还表现为占用系统资源，干扰机器的正常运行等。

蠕虫(Worm)病毒是通过分布式网络来扩散特定的信息或错误，进而造成网络服务器遭到拒绝并发生死锁。蠕虫病毒由两部分组成：主程序和引导程序。主程序一旦在计算机中得到建立，就可以去收集与当前机器联网的其他机器的信息。在网络环境下，蠕虫病毒可以按指数增长模式进行传染。蠕虫病毒侵入计算机网络，可以导致计算机网络效率急剧下降、系统资源遭到严重破坏，短时间内造成网络系统瘫痪。

木马(Trojan)，全称“特洛伊木马”，是一个包含在一个合法程序中的非法的程序。该非法程序被用户在不知情的情况下执行。一般的木马都有客户端和服务器端两个执行程序，其中客户端是用于攻击者远程控制植入木马的机器，服务器端程序即木马程序。木马在被植入攻击主机后，一般会通过一定的方式把入侵主机的信息，如主机的 IP 地址、木马植入的端口等发送给攻击者，攻击者有这些信息才能够与木马里应外合控制攻击主机。

相比而言，逻辑陷阱(也称为逻辑炸弹)要更隐蔽一些。逻辑炸弹可以理解为在特定逻辑条件满足时实施破坏的计算机程序。与病毒相比，逻辑炸弹强调破坏作用本身，而实施破坏的程序不会传播。与典型木马程序相比，逻辑炸弹一般是隐含在具有正常功能的软件中。

4. 黑客

黑客是计算机专业中的一群特殊的群体，随着目前新闻中计算机系统被攻击报道越来越多，黑客就越发成为关注的焦点。现在对黑客的定位还存在争议，但是他们一般都是技术上的行家，热衷寻找各种系统和软件上的漏洞，对于信息系统安全问题是很大的潜在威胁，因为他们可能比信息系统的设计者和所有者了解更多的系统弱点。图 12-5 展示了几种黑客通过网络对信息系统的可能威胁。

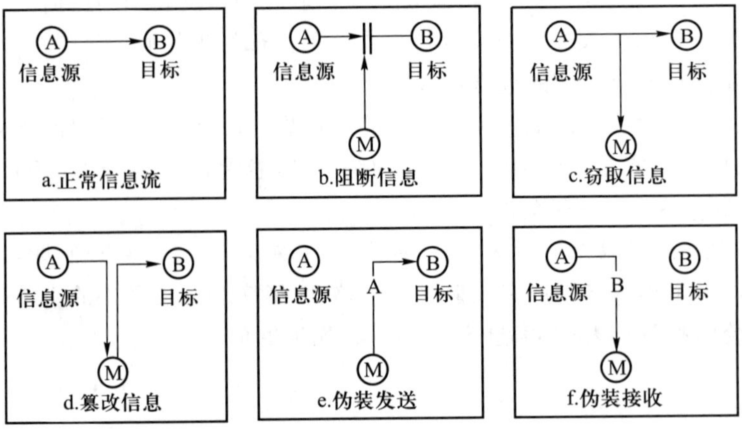

图 12-5 黑客通过网络对信息系统的可能威胁

5. 环境与自然灾害

环境灾害主要有电力故障、电磁辐射、灰尘等。自然灾害主要包括火灾、水灾、雷电、地震等。

12.2.3 信息系统安全管理

从技术的角度看，信息系统是脆弱的，因为现在信息交换和传输网络及其架构（协议）是开放的。开放性意味着，所有信息和资源可以通过网络共享，这使得远程和匿名访问也变得可能。信息系统自身的组成缺陷包括：由于认知和实践能力的缺陷，系统的建设过程中不可避免地会留下许多漏洞；大量的恶意攻击对信息系统的侵害。

1. 安全信息系统平台

（1）安全操作系统。操作系统是连接计算机硬件与上层软件（信息系统应用软件）及用户的桥梁，同时，它更是所有应用软件运行的基础。只有在保证操作系统安全的前提下，讨论信息系统的安全才有意义。

（2）安全数据库管理系统。几乎所有的企业信息系统都运行在某个数据库管理系统之上。数据库系统作为信息的聚集体，是计算机信息系统的核心部件。有效地保证数据库系统的安全，也就在数据的存储和运算阶段保证了信息系统数据的保密性、完整性和有效性。

2. 设计开发可靠的系统应用程序

信息系统的应用程序的可靠性将直接影响系统的安全性。设计高可靠性的应用程序需要充分考虑以下六个目标：

（1）可用性：应用程序出现和就绪以供使用的能力。

（2）易管理性：应用程序可被管理的能力。

（3）性能：在负载下应用程序运行的衡量。

（4）可靠性：应用程序以可预知方式运行的能力。从设计概念的角度讲，可靠性是指应用程序进行无失败操作的能力。这包括确保准确的数据输入和数据转换、无错误状态管理以及从检测到的失败情况进行无损坏恢复。

（5）可伸缩性：应用程序满足随资源增加而渐增的要求的能力。

（6）安全性：应用程序保护其资源的能力。

3. 密码系统

先进的技术是信息安全与保密的根本保证。密码系统有完备的数学理论体系。它是信息安全服务的核心技术：通过把敏感信息变换为敏感性较弱的形式实现信息的机密性服务；利用密码技术计算不可伪造函数，可实现信息的完整性和鉴别服务。密码系统由算法、明文、密文、密钥四部分组成。

根据执行操作方式不同，密码可分为：替换密码（substitution）和换位密码。根据密钥数量的不同，密码可分为对称密钥密码、非对称密钥密码和混合加密体制。对称密钥密码（单密钥）的特点是加/解密密钥相同（如图 12-6 所示），速度快、安全性高，但是密钥分发和保管是安全中要考虑的问题。典型的对称密码系统是 DES。非对称密钥密码（公钥、私钥/双密钥）的特点是加/解密密钥不同，算法复杂，速度慢，可公开传输密钥（见图 12-7）且管理简单。典型的非对称密码系统是 RSA。混合加密体制综合了前述两种密码系统的优点，即用对称密钥对信息数据加密,传送密钥时则用公钥密码加密。

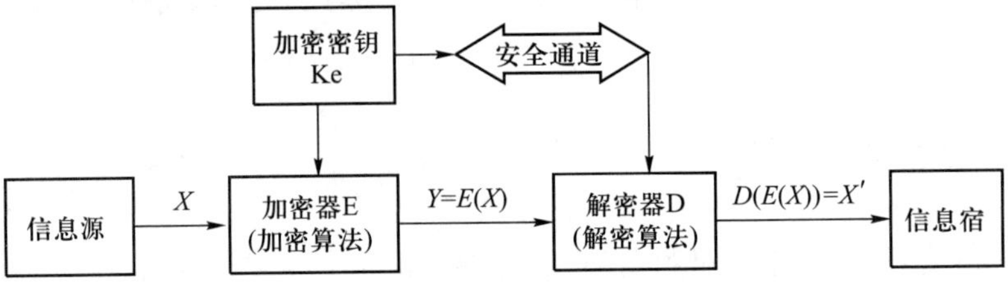

图 12-6 对称密钥[191]

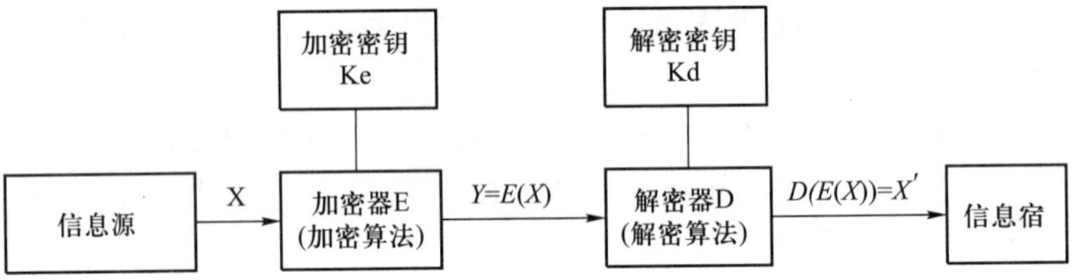

图 12-7 非对称密钥[191]

4. 鉴别、认证技术与数字签名

鉴别(Authentication)用来保障通信的真实性。包括对等实体鉴别和数据源鉴别。

认证(Identification)用来保障信息处理用户的合法性。认证控制的应用很广,主要认证方式有:

(1) 基于用户标志的认证。如大多数系统的入口都需要用户提供口令/密码验证。

(2) 基于令牌(Token)的认证。主要用于磁卡、密钥(盘)、IC 卡等实物载体上。

(3) 基于数字签名的认证。数字签名(Digital Signature)是通过某种密码运算生成一系列符号及代码组成电子密码进行签名,来代替书写签名或印章。它为防止信息用户的欺骗和抵赖行为提供了技术手段,通常对数字签名的鉴别过程也是对信息用户的身份和信息本身真实性的认证过程。数字签名按照技术特点可以分为:直接数字签名和基于仲裁的数字签名。

(4) 基于生物信息特征的认证。指利用人体的生物特征,如指纹、耳纹、虹膜、面相、笔迹、红外体温、DNA 等作为身份识别的标志。

5. 访问控制(Access Control)

信息系统管理着系统中的全部资源,特定的用户只能各负其责,使用与自己的业务相关的特定功能模块。访问控制的目的是使得非法用户不能使用系统的任何资源;同时,对于合法用户超越自己的职权范围使用其他功能模块,同样视为非法。而通过对用户合法身份的确认与检验,将能够防止未经许可的人员有意或无意地误入系统(见图 12-8)。这是目前各种规范的信息系统普遍采用的安全保护措施。

访问控制主要有两种措施:用户身份认证,识别与确认访问信息的用户;信息访问控制,决定授权用户对信息资源的访问类型(读、写、运行)。主要有三种类型的访问控制:自主访问控制(Discretionary AC),信息资源的安全属性由用户根据需要设定;强制访问控制(Mandatory AC),信息资源的安全属性由系统管理员或操作系统设定或分配,用户不能随意修改;

基于角色的访问控制(Rule-based AC),信息资源的安全属性由与特定活动相关联的角色授权来确定,同时具有以上两种访问控制的特点。

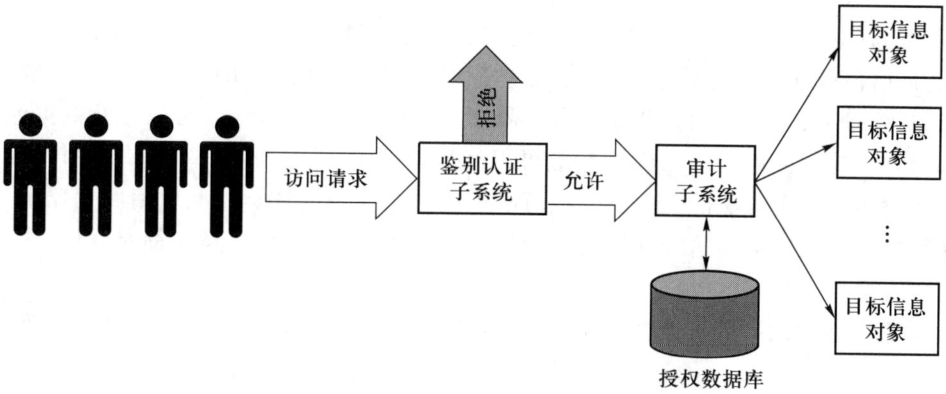

图 12-8 安全系统中的身份鉴别与访问控制

6. 实体安全与信息系统安全运行环境

实体安全就是要采取一些保护计算机设备、设施(含网络、通信设备)以及其他媒体免受地震、水灾、火灾、有害气体和其他环境事故(如电磁污染)破坏的措施、过程。这是整个管理信息系统安全运行的基本要求。

计算机设备实体安全首先要求场地环境条件的控制,对计算机网络的中心机房及其延伸点,要坚决搞好基本环境建设,要有完整的防雷电设施,且有严格的防电磁干扰设施,机房内要搞好防水防火的预防工作,对主机房电源要有完整的双回路备份机制。

12.2.4 网络信息安全技术简介

1. IP 安全协议(IPSec)

TCP/IP 协议的体系结构本身具有安全隐患。而 IP 安全协议(IPSec)是为 IP 引入的一套基于密码学的标准的、健壮的、具有安全特性的协议组件。

IPSec 协议具有两种工作方式:传输方式(Transport Mode)和隧道方式(Tunnel Mode)。这两种方式保护的信息对象是不同的,传输方式保护的是 IP 载荷,即对运行于 IP 之上的协议进行保护。而隧道方式保护的是整个 IP 包,它将一个数据包用新的数据包封装,但是新的 IP 包仍然未加保护。

2. 防火墙

防火墙(Firewall)是一种隔离控制技术,在企业的信息网络边界上设置屏障,主要功能是防止对企业信息资源的非法访问;防止企业信息资源的流出;防止有威胁的恶意数据流入。简单的防火墙可以只用路由器实现,复杂的可以用主机,甚至一个子网来实现。

防火墙的主要技术有:

(1) 包(报文)过滤。报文过滤是在 IP 层实现的,因此,它可以只用路由器完成。报文过滤根据报文的源 IP 地址、目的 IP 地址、源端口、目的端口、报文传递方向,甚至分析报文数据区内容等信息来判断是否允许报文通过。而且这种防护措施对用户透明,合法用户在进出网络时,根本感觉不到它的存在,使用起来很方便。

(2) 应用网关。在网络应用层提供授权检查及代理服务。当外部某台主机试图访问受保护网络时,必须先在防火墙上经过身份认证。通过身份认证后,防火墙运行一个专门为该网络设计的程序,把外部主机与内部主机连接。在这个过程中,防火墙可以限制用户访问的主机、访问时间及访问的方式。同样,受保护网络内部用户访问外部网时也需先登录到防火墙上,通过验证后,才可访问。代理服务器隔断了内外网的直接连接,可以进行数据流监控、审计和报告。应用网关代理的优点是既可以隐藏内部 IP 地址,也可以给单个用户授权,即使攻击者盗用了一个合法的 IP 地址,也通不过严格的身份认证。因此应用网关比报文过滤具有更高的安全性。但是这种认证使得应用网关不透明,用户每次连接都要认证,这给用户带来许多不便。

多数防火墙还充当网络地址转换器(Network Address Translate,NAT)的功能。当受保护网络内的计算机连到 Internet 上时,由于合法 Internet IP 地址有限,而且受保护网络往往有自己的一套 IP 地址规划(非正式 IP 地址)。网络地址转换器就是在防火墙上装一个合法 IP 地址集。当内部某一用户要访问 Internet 时,防火墙动态地从地址集中选一个未分配的地址分配给该用户,该用户即可使用这个合法地址进行通信。同时,对于内部的某些服务器如 Web 服务器,网络地址转换器允许为其分配一个固定的合法地址。外部网络的用户就可通过防火墙来访问内部的服务器。这种技术既缓解了少量的 IP 地址和大量的主机之间的矛盾,又对外隐藏了内部主机的 IP 地址,提高了安全性。

如图 12-9 所示,在逻辑上,防火墙是一个分离器、一个限制器,也是一个分析器,有效地监控了内部网和外部 Internet 之间的任何活动,保证了内部网络的安全。

网络防火墙也有着以下一些局限性:

- 防火墙可能留有漏洞。
- 防火墙不能防止内部出卖性攻击或内部误操作。
- 防火墙不能防止数据驱动式的攻击。

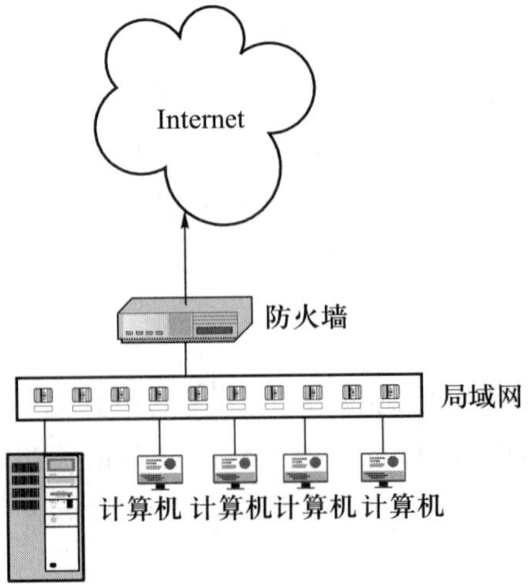

图 12-9 防火墙逻辑位置示意图

3. 虚拟专用网

虚拟专用网(Virtual Private Network, VPN)是在公共网络(主要指 Internet)设施上,借助安全技术和手段,实现安全、可控和快捷的数据通信通道。虚拟专用网使用访问控制、认证技术、加密技术、流量控制、带宽控制和 QoS 等技术的结合,具有安全性和高效性。另外,它还具有可操作性和可管理性。

4. 扫描器

扫描器(Scanner)可以用来对远程系统或本地系统的安全漏洞进行检测。这种漏洞检测技术有两种策略,即被动式策略和主动式策略。被动式策略是基于主机的检测,对系统中不合适的设置、弱口令以及与信息安全策略矛盾的信息对象进行检测。主动式策略是基于网络的检测,通过执行特定扫描程序模拟对系统进行攻击,并记录系统的反应,从而发现系统中的漏洞。漏洞扫描的结果是对系统安全性的初步评估。

5. 安全管理服务器

安全管理服务器(Security Management Server)是用来独立进行信息安全保障事务处理的服务器,其中运行与信息安全保护相关的程序。服务器的这种分工,分散了服务器受攻击的集中程度,降低了管理的复杂度,提高了安全事件响应速度。缺点是增加了组织资源的投资。

6. 入侵检测系统(Intrusion Detection System, IDS)

IDS 是通过对网络或计算机系统中的若干关键点的信息收集并进行分析,以发现其中是否有违反安全策略的行为和信息遭受侵害迹象的组合系统。

IDS 的主要作用是:弥补防火墙等被动技术的不足,是防火墙之后的第二道安全防线;扩展系统管理员的安全管理能力(升级、监视、识别、响应);监测并分析用户和系统的活动;检查系统配置和漏洞;评估关键信息资源和数据文件的完整性;识别已知攻击行为,统计分析异常行为;管理系统日志,识别违反安全策略的用户活动等。

7. 区块链

区块链(Block Chain)技术是从比特币底层技术衍生出的技术体系,是一种全新的分布式数据库技术。

区块链网络中,所有节点物理分散、关系平等,呈现去中心化态势;节点出现交易时会产生新纪录,借助交易记录的形式既可以验证交易来源的真实性、合法性,又杜绝了伪造交易的风险;每个节点都存有全局账本,借助合约的方式进行数据交换,并借助共识机制实现所有节点存有的全局账本相同。[251]这种技术架构使区块链技术具有了不可篡改、抗攻击能力强的特点,从而适用于重要数据的存储。

12.2.5 容灾备份与连续商务

前面几节重点介绍了信息系统运行中可能存在的若干种风险预防方式,但主要是从风险产生的过程进行防范,这些基于过程控制的预防方式并不能消除所有对信息系统正常运行的威胁因素,例如可能出现的误操作就足以导致信息失真,更不用说意外事故损坏存储设备所带来的后果。由于以上情况的存在,基于结果控制的安全维护办法——应急响应、数据容灾备份、设备冗余与灾难恢复对保障企业的连续商务都有着非常重要的作用。

1. 应急响应

应急响应的目标是确认或排除信息系统的突发事件，保障企业信息系统运行的连续性。它是出现安全问题的后备动作。具体任务包括：

(1) 尽快恢复系统正常运行。

(2) 使系统和网络操作所遭受的破坏最小化，收集积累准确的原始数据资料，获取和管理有关证据，为下一阶段的分析和处理提供准确可信的资料。

(3) 在响应工作结束时提交准确的分析统计报告和有价值的建议。由图 12-10 可以看到，它也可划分为六个阶段的工作：

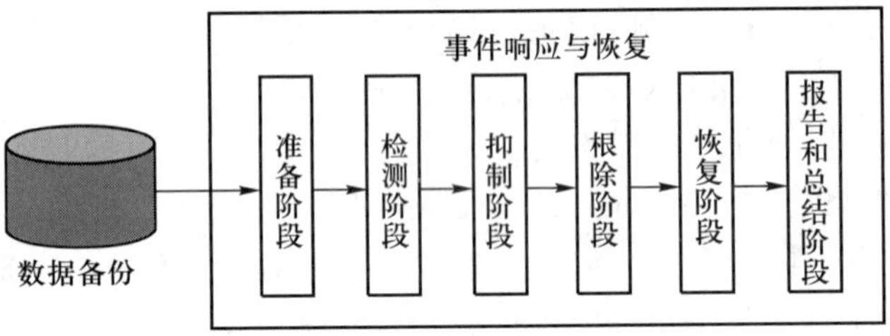

图 12-10 应急响应

① 准备阶段。建立合理的防御/控制措施、建立适当的策略和程序、获得必要的资源和组建响应队伍等。

② 检测阶段。做出初步的动作和响应，根据获得的初步材料和分析结果，估计事件的范围，制定进一步的响应策略，并且保留记录证据。

③ 抑制阶段。抑制的目的是限制信息灾害的扩散范围。可能的策略包括：关闭系统；断开网络连接；修改防火墙和路由器的过滤规则；封锁或删除被攻破的登录账号；提高系统或网络行为的监控级别；设置陷阱；关闭服务；反击攻击者的系统等。

④ 根除阶段。在事件被抑制之后，通过对有关数据的分析，找出信息安全事件的根源并彻底解决。

⑤ 恢复阶段。把信息系统和设备尽量还原到它们正常的任务状态。

⑥ 报告和总结阶段。整理关于事件的各种相关信息，把所有情况和处理结果记录到文档。

2. 数据容灾备份

保障企业的连续商务涉及两个关键问题：信息系统运行连续性和灾难恢复。其中，运行连续性是指发生攻击或紧急事件后，信息系统应该拥有立即恢复工作所必需的资源。与之相对应的灾难恢复重点是使遭受损害或破坏的信息与服务恢复到灾难发生前的状态。为了实现这两个目标，组织必须部署基于安全特性考虑，经济高效的设备和工具，同时还要有便于管理实施的方法。

运行于网络环境下的信息系统中任何导致信息服务设备的中止服务事件(计划之中的或意外的)都会引起组织业务运作中断。长时间的设备中止服务带来的经济损失可能是灾难性的。数据容灾备份的重要作用在于当系统出现问题后，能利用备份的信息内容快速恢复信息系统的运行(见表 12-2)。

表 12-2 信息系统的故障分类、发生故障的可能性及备份策略

故障分类	发生故障可能性	容灾备份策略
计算机软、硬件故障	发生可能性最大,比较频繁	本地双机热备份,实现系统冗余,增强业务系统的高可用性
人为操作故障	管理较严、人员素质较高的企业,偶尔发生;管理较松、人员培训不足的企业,会经常发生	提高系统自动化运行管理水平,做好本地数据冷备份,减少人的操作与干预,制定严格的管理规范,避免误操作
计划性停机	随着企业业务的快速增长,会发生软、硬件升级,系统资源扩充等资源不足引起计划性停机。业务增长越快的企业,发生越频繁	系统冗余,良好的系统升级和切换计划
运行环境灾难	发生概率较小	异地系统和数据备份,形成两个或多个信息系统运行中心

数据容灾备份根据其功能可以分为两个级别。第一个级别是通过人工或者自动方式将数据备份到可移动介质(磁带、光盘、胶片等)上,或者通过远程网络异地直接备份数据。为了保证这些数据在灾难发生时能够被妥善保存,并在系统重新安装或恢复后将介质上的数据恢复回去,较直接和简单的容灾方法是将这些介质定期地收集起来,并选用最为妥善的介质保存。第二个级别是在异地建立一个热备份点,通过网络进行数据备份。也就是通过网络以同步或异步的方式,把主站点的数据备份到备份站点,备份站点一般只备份数据,不承担业务。当出现灾难时,备份站点接替主站点的业务,从而保证企业的连续商务。

(1) 容灾备份技术。在建立容灾备份系统时通常会设计多种技术,如 SAN(Storage Attached Network)或 NAS(Network Attached Storage)技术、远程镜像技术、虚拟存储技术、基于 IP 的 SAN 的互联技术、快照技术等。[192]这里重点介绍远程镜像、互联和快照技术。

① 远程镜像技术。远程镜像技术是在主数据中心和备源中心之间的数据备份时使用。镜像是在两个或多个磁盘或磁盘子系统上产生同一个数据的镜像视图的信息存储过程,一个叫主镜像系统,另一个叫从镜像系统。按照主、从镜像存储系统所处位置也分为本地镜像和远程镜像。远程镜像又叫远程复制,是容灾备份的核心技术,同时也是保持远程数据同步和实现灾难恢复的基础。

② 快照技术。远程镜像技术往往同快照技术结合起来实现远程备份,即通过镜像把数据备份到远程存储系统中,再用快照技术把远程存储系统中的信息备份到远程的磁带库、光盘库中。快照是通过软件对要备份的磁盘子系统的数据快速扫描,建立一个要备份数据的快照逻辑单元号和快照缓存。

③ 互联技术。早期的主数据中心和备援数据中心之间的数据备份,主要是基于 SAN 的远程复制(镜像),即通过光纤通道 FC,把两个 SAN 连接起来,进行远程镜像(复制)。当灾难发生时,由备援数据中心替代主数据中心保证系统工作的连续性。这种远程容灾备份方

式存在一些缺陷,如实现成本高、设备的互操作性差、跨越的地理距离短等。目前出现了多种基于 IP 的 SAN 的远程数据容灾备份技术。它们是利用基于 IP 的 SAN 的互联协议,将主数据中心 SAN 中的信息通过现有的 TCP/IP 网络,远程复制到备援中心 SAN 中。当备援中心存储的数据量过大时,可以利用快照技术将其备份到磁带库或光盘库中。这种基于 IP 的 SAN 远程容灾备份,可以跨越 LAN、MAN 和 WAN,并且成本低、可扩展性好,具有广阔的发展前景。

(2) 数据备份的分类。

① 按存储备份的内容分为文件备份、数据库备份、系统备份。

② 按存储备份的方式分为单机备份、局域网备份、广域网备份。

③ 按照存储备份的规模分为单个数据备份、部门级数据备份、企业级数据备份。

(3) 数据备份的方式。

① 完全备份(Full Backup):每次备份活动需要备份系统中所有的数据。

② 增量备份(Incremental Backup):备份上次备份以后有变化的数据。

③ 差别备份(Differential Backup):备份上次完全备份以后有变化的数据。

④ 按需备份(On-demand backup):根据临时需要有选择地进行数据备份。

完全备份所需时间最长,恢复时间也长,但是操作最方便,可靠性高。当系统中数据量不大时,采用完全备份最可靠。随着数据量的不断增大,每天做完全备份将会变得耗时耗力,因而只能隔相当的时间,定期进行完全备份,尤其是在系统相对空闲的时期。其他时间采用所用时间更少的增量备份或采用介于两者之间的差别备份。各种备份的数据量不同:完全备份>差别备份>增量备份,在备份时要根据各种策略的特点和系统的需要灵活使用。

3. 设备冗余

企业在建设和使用信息系统时,除速度和功能外,还应该为系统设备创建冗余特性,特别是在服务器场和配线等关键领域。如图 12-11 所示,冗余的信息设备使得数据可以通过多条信息路径进行传输,即使一台或可控制的几台信息服务设备(工作站/服务器/交换机或一个链路)发生故障时,信息系统内的数据仍然能够通过冗余设备的信息服务功能而到达目的地,同时保证信息数据不丢失或少丢失。前者我们称之为信息服务活动冗余,后者为数据冗余。正是因为这个优势,硬件设备冗余(甚至软件冗余)机制常常被用来作为保障系统信息可用性和(部分)完整性的关键技术。

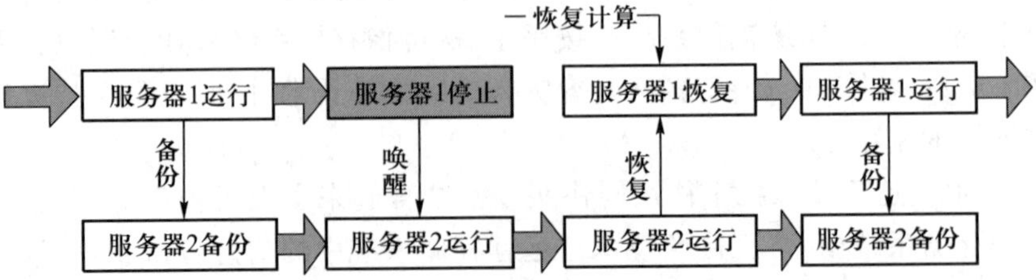

图 12-11 多设备的相互备份——恢复关系示例

4. 灾难恢复

灾难恢复措施关系到信息系统在经历灾难后能否迅速恢复。灾难恢复操作通常可以分为两类。第一类是全盘恢复,第二类是个别文件恢复,还有一种值得一提的是重定向恢复。

全盘恢复一般应用在服务器发生意外灾难导致数据全部丢失、系统崩溃或是有计划的系统升级、系统重组时,也称为系统恢复。

由于操作人员的水平不高,个别文件恢复可能要比全盘恢复常见得多,利用网络备份系统的恢复功能,我们很容易恢复受损的个别文件。只需浏览备份数据库或目录,找到该文件,触动恢复功能,软件将自动驱动存储设备,加载相应的存储媒体,然后恢复指定文件。

重定向恢复是将备份的文件恢复到另一个不同的位置或系统上去,而不是进行备份操作时它们当时所在的位置。重定向恢复可以是整个系统恢复,也可以是个别文件恢复。重定向恢复时需要慎重考虑,要确保系统或文件恢复后的可用性。

为了防备数据丢失,我们需要做好详细的灾难恢复计划,同时还要定期进行灾难恢复演练。可以利用多余的机器或硬盘进行灾难模拟,以熟练灾难恢复的操作过程,并检验所生成的灾难恢复软盘和灾难恢复备份是否可靠。

对于如何制定合理的业务灾难恢复计划,很多企业有不同的看法,但下面的这九步方法被大多数专家所认可:

- 获取高层管理人员的支持。
- 成立计划委员会。
- 进行风险评估和业务影响的分析。
- 制定恢复需求的优先级。一般情况下,判断优先级的主要指标分为危急、重大、敏感、非危急四类。
- 选取一个恢复计划。从风险控制程度、成本高低、组织资源适应性等方面对所涉及的多个方案进行优劣评估,从而选取适当的方案。
- 选取合作伙伴。
- 开发并实施该计划。在开发和执行该计划时,一个强有力的组织管理制度是非常有必要的。
- 测试计划。如果发现计划中存在问题,应该进行及时调整。
- 持续测试和评估。

12.2.6 信息系统安全等级保护

当前信息系统的设计者、管理者和使用者都面临着一个共同的问题,就是他们建设、管理或使用的信息系统是否安全?如何评价系统的安全性?这就需要有一整套用于规范信息系统安全建设和使用的标准和管理办法,即信息安全评价标准。

1. 国际主要的信息安全评价准则

目前国际上主要的安全评价准则及其关系如图 12-12 所示[191]。

在信息安全等级标准中,一个非常重要的概念是可信计算基(Trusted Computing Base, TCB)。TCB 是计算机系统内保护装置的总体,包括硬件、固件和软件。它们根据安全策略来处理主体(系统管理员、安全管理员、用户、进程)对客体(进程、文件、记录、设备等)的访问。

美国 TCSEC(橘皮书)标准是美国国防部制定的,它将安全分为 4 个方面:安全政策、可说明性、安全保障和文档。在美国国防部彩虹系列(Rainbow Series)标准中有详细的描述。

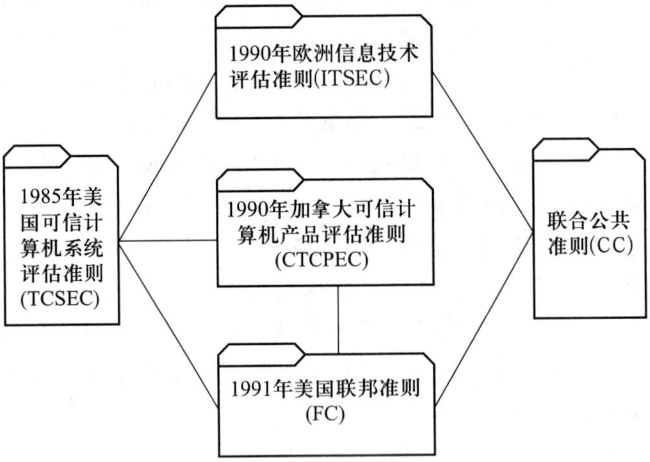

图 12-12 国际上主要的信息安全评价准则及其关系图

该标准将以上4个方面分为7个安全级别,从低到高依次为D、C1、C2、B1、B2、B3和A级。

欧洲ITSEC与TCSEC不同,它并不把保密措施直接与计算机功能相联系,而是只叙述技术安全的要求,把保密作为安全增强功能。另外,TCSEC把保密作为安全的重点,而ITSEC则把完整性、可用性与保密性作为同等重要的因素。ITSEC定义了从E0级(不满足品质)到E6级(形式化验证)7个安全等级,对于每个系统,安全功能可分别定义。ITSEC预定义了10种功能,其中前5种与橘皮书中的C1～B3级非常相似。

加拿大CTCPEC标准将安全需求分为4个层次:机密性、完整性、可靠性和可说明性。

美国联邦准则(FC)标准参照了CTCPEC及TCSEC,其目的是提供TCSEC的升级版本,同时保护已有投资。但FC有很多缺陷,是一个过渡标准,后来结合ITSEC发展为联合公共准则。

联合公共准则(CC)的目的是想把已有的安全准则结合成一个统一的标准。该计划从1993年开始执行,1996年推出第一版,但目前仍未付诸实施。CC结合了FC及ITSEC的主要特征,它强调将安全的功能与保障分离,并将功能需求分为9类63族,将保障分为7类29族。

在安全体系结构方面,ISO制定了国际标准ISO 7498-2—1989《信息处理系统 开放系统互连基本参考模型第2部分安全体系结构》。该标准为开放系统互连(OSI)描述了基本参考模型,为协调开发现有的与未来的系统互联标准建立起了一个框架。其任务是提供安全服务与有关机制的一般描述,确定在参考模型内部可以提供这些服务与机制的位置。

近30年来,人们一直在努力发展安全标准,并将安全功能与安全保障分离,制定了复杂而详细的条款。但真正实用、在实践中相对易于掌握的还是TCSEC及其改进版本。在现实中,安全技术人员也一直将TCSEC的7级安全等级标准划分当作默认标准。

2. 我国的信息安全评价准则

1994年,我国国务院发布了《中华人民共和国计算机信息系统安全保护条例》,并在2011年进行了修订,该条例是计算机信息系统安全保护的法律基础。其中第9条规定:计算机信息系统实行安全等级保护。安全等级的划分和安全等级的保护的具体办法,由我国公安部会同有关部门制定。由公安部主持制定、国家技术标准局发布的中华人民共和国国家标准《计算机信息系统安全保护等级划分准则》(GB 17895—1999)已经于 2001 年 1 月 1 日起实施。该准则将信息系统安全分为 5 个等级,分别是:用户自主保护级、系统审计保护级、安全标记保护级、结构化保护级和访问验证保护级。[193]

(1) 第一级:用户自主保护级。本级的计算机信息系统可信计算基通过隔离用户与数据,使用户具备自主安全保护的能力。它具有多种形式的控制能力,对用户实施访问控制,即为用户提供可行的手段,保护用户和用户组信息,避免其他用户对数据的非法读写与破坏。

(2) 第二级:系统审计保护级。与用户自主保护级相比,本级的计算机信息系统可信计算基实施粒度更细的自主访问控制,它通过登录规程、审计安全性相关事件和隔离资源,使用户对自己的行为负责。

(3) 第三级:安全标记保护级。本级的计算机信息系统可信计算基具有系统审计保护级所有功能。此外,还提供有关安全策略模型、数据标记以及主体对客体强制访问控制的非形式化描述;具有准确地标记输出信息的能力;消除通过测试发现的任何错误。

(4) 第四级:结构化保护级。本级的计算机信息系统可信计算基建立于一个明确定义的形式化安全策略模型之上,它要求将第三级系统中的自主和强制访问控制扩展到所有主体与客体。此外,还要考虑隐蔽通道。本级的计算机信息系统可信计算基必须结构化为关键保护元素和非关键保护元素。计算机信息系统可信计算基的接口也必须明确定义,使其设计与实现能经受更充分的测试和更完整的复审。加强了鉴别机制,支持系统管理员和操作员的职能,提供可信设施管理,增强了配置管理控制。系统具有相当的抗渗透能力。

(5) 第五级:访问验证保护级。本级的计算机信息系统可信计算基满足访问监控器需求。访问监控器仲裁主体对客体的全部访问。访问监控器本身是抗篡改的;必须足够小,能够分析和测试。为了满足访问监控器需求,计算机信息系统可信计算基在其构造时,排除那些对实施安全策略来说并非必要的代码;在设计和实现时,从系统工程角度将其复杂性降低到最低程度。支持安全管理员职能;扩充审计机制,当发生与安全相关的事件时发出信号;提供系统恢复机制。系统具有很高的抗渗透能力。

此外我国还发布了多个针对特定行业的信息系统安全保护法律法规,例如 1998 年 4 月施行的《金融机构计算机信息系统安全保护工作暂行规定》以及 2003 年 9 月施行的《铁路计算机信息系统安全保护办法》,同时各个地区也陆续制定了各自的计算机信息系统安全保护管理规定。另外,针对互联网安全问题,我国近年来颁布了多项专门的法律法规,如 2000 年《全国人大常委会关于加强网络信息保护的决定》、2006 年 3 月施行的《互联网安全保护技术措施规定》、2017 年 6 月施行的《中华人民共和国网络安全法》。

实行安全等级保护制度后,企业能够通过规范、科学、公正的评定和监督管理,全面、及时地预防和发现计算机信息系统建设和使用中存在的安全风险和安全漏洞,有利于提高公安机关对计算机信息系统安全保护的监督管理水平。此外,实行这一制度还有利于提高信息安全产业化发展水平,为安全产品的普及使用提供广阔的市场和发展空间。

12.2.7 大数据存储与云平台管理

正如本书前面章节所述,随着互联网、移动互联网、物联网的发展,大数据逐渐成为 IT

发展的趋势。数据不仅仅正变得更加可用,同时也变得更易被计算机所理解。大数据发展趋势中所增加的大部分数据都来源于物联网世界中商品、物流信息,企业内部经营交易信息,互联网世界中人与人的交互信息、位置信息等。

在经历了20世纪的计算浪潮和网络浪潮之后,信息存储技术已经发展成为信息领域的三大支撑技术之一。随着云计算、物联网等信息技术的飞速发展,异构数据源越来越多,数据信息量在飞速增长,数据的类型也复杂多样,不仅使得信息系统规模日益庞大,也导致海量非结构化数据管理复杂、异构数据存储利用率低下、资源不易扩展等问题。非确定数据应用中的海量大数据对数据的存储体系结构带来了很大的挑战。首先,大数据的组织必然采用分布式数据组织与管理策略,这需要实现适合于非确定数据应用的(元)数据和数据组织方式。其次,由于大数据是通过持续增长积累而成,而积累的过程需要很长时间,因此需要存储支持可保证规模与性能同时扩展的存储组织模式以及相应的索引机制。

针对数据的飞速发展和数据安全要求的不断提高,如何建立安全、性价比高的存储成为业界的普遍需求。云存储成为首要选择。云存储是在云计算基础上延伸和发展出来的。它遵循了云计算共享基础设施的服务理念,以传统的大规模、可扩展的海量数据存储技术为基础,集成存储、网络、虚拟化和文件系统等多种技术,以超大规模、高性能、高效率、低能耗、高度可扩展、可靠性、可定制、动态组合和面向规模庞大的群体服务为系统目标,研究一种新的存储服务理念,为用户提供高效廉价、安全可靠、可扩展、可定制和按需使用的强大存储服务。云存储以其独特的特点和优势,集成并突破多种传统存储技术,避免了用户进行昂贵的设备采购、高额的管理和维护费用,提高了资源利用率,屏蔽了海量异构的数据存储管理的复杂性,增强了存储系统的可扩展性、可伸缩性、可靠性和健壮性。作为一种新型服务化存储模式,云存储可广泛服务于经济建设、科学研究和国家安全等领域,具有重要而广阔的应用前景。[194]

然而,云存储服务在带来便利的同时,也引起了用户对于安全性的广泛担忧。据国外权威调研公司的调查显示,20.9%的被调查者最关注的是云服务的安全和隐私问题。事实上,Google Docs、The Linkup 等多家著名云服务商都曾出现过各种安全问题,索尼视频游戏网站、国内程序员社区 CSDN 先后遭到黑客攻击、用户资料泄露等事件,都导致了严重的后果。[188]信息安全技术的缺失已经成为云存储普及的最重要的障碍。

云存储系统的安全威胁主要表现如下[195]:

(1) 云存储提供可伸缩的数据服务,无法清晰定义安全边界及保护设备,给云存储的安全保护措施增加了难度。

(2) 云存储通过 IP 网络传输数据,因此传统网络上的安全威胁也存在于云存储系统上,如数据破坏、数据窃取、数据篡改、拒绝服务等,影响了数据的安全存储。

(3) 数据存储的安全性防护包括最终存储数据的存放位置、数据完整性、数据间分散存放等问题。即使数据采用加密技术,也只是在网络上加密传输,数据在处理和存储时也面临着很多安全威胁。

(4) 数据在云存储系统中的容错性、可恢复性和完整性面临较多问题。例如,如何避免在灾难(停电、地震、水灾、火灾等)发生时带来的服务中断乃至数据介质被直接破坏的问题。

(5) 如何实现数据之间的逻辑卷管理、存储虚拟化管理和多链路冗余管理将会是一个巨大的难题,也将是整个云存储架构的性能瓶颈,而且还会带来后期容量和性能扩展难等一系列问题。

（6）相关法律法规不完善。

此外，云存储在名字空间、元组织数据以及能耗与地板空间等方面还面临着很多待解决的问题。

尽管如此，近年来云存储的运用越来越广泛，在互联网、视频制作、数字传媒、家庭娱乐、个人网盘等方面都有很多应用。我们也相信，以大数据存储和云存储为代表的新型互联网技术必将有着美好的发展前景，也将对社会经济发展起到积极的推动作用。

• 思考题 •

1. 信息系统的日常运行管理包括哪些主要的内容？如何保证信息系统的运行质量？

2. 什么是信息系统安全？信息系统安全管理的主要内容有哪些？影响信息系统安全的主要因素有哪些？

3. 信息系统安全技术包括哪些主要的类型？

4. 为了保证连续商务，一般有哪些基于结果控制的安全维护办法？

5. 国际和我国国内目前都有哪些主要的信息安全评价准则？它们分别是如何定义信息安全等级的？

6. 云存储系统有哪些优势和安全威胁？

• 即测即评 •

请扫描二维码，测试本章学习效果。

参考文献

[1] 陈国青，李一军. 管理信息系统. 北京：高等教育出版社，2006.

[2] 薛华成. 管理信息系统. 6 版. 北京：清华大学出版社，2012.

[3] 陈国青，雷凯. 信息系统的组织、管理与建模. 北京：清华大学出版社，2002.

[4] Haag S，Cummings M. 信息时代的管理信息系统. 严建援，译. 北京：机械工业出版社，2011.

[5] Henderson J C，Sifonis J G. The Value of Strategic IS Planning：Understanding Consistency，Validity，and IS Market. MIS Quarterly，1998，12(2)：187-200.

[6] 李东. 管理信息系统的理论与应用. 北京：北京大学出版社，1998.

[7] 王广宇. 客户关系管理——网络经济中的企业管理理论和应用解决方案. 北京：经济管理出版社，2001.

[8] Nolan R. The Exploding Internet：New Business Models and New Strategies. In Managing in the Internet Age Program Materials. Beijing：Harvard Business School and Tsinghua University，2001

[9] Lynch C. Big Data：How Do Your Data Grow? Nature，2008，455(7209)：28-29.

[10] Bughin J，Chui M，Manyika J. Clouds，Big Data，and Smart Assets：Ten Tech-enabled Business Trends to Watch. McKinsey Quarterly，2010：1-14.

[11] Hilbert M，Lopez P. The World's Technological Capacity to Store，Communicate，and Compute Information. Science，2011，332(6025)：60-65.

[12] Lavalle S，Lesser E，Shockley R，Hopkins M S，Kruschwitz N. Big Data，Analytics and the Path From Insights to Value. MIT Sloan Management Review，2011，52(2)：21-31.

[13] Manyika J，Chui M，Brown B，Bughin J，Dobbs R，et al. Big Data：The Next Frontier for Innovation，Competition，and Productivity. The McKinsey Global Institute，McKinsey & Company，2011.

[14] Davenport T H，Barth P，Bean R. How "Big Data" Is Different. MIT Sloan Management Review，2012，54(1)：22-24.

[15] Mcfarlan F W. Portfolio Approach to Information Systems. Harvard Business Review，1981，59(5)：142-150.

[16] Porter M E. Competitive Strategy：Techniques for Analyzing Industries and Competitors. New York：Free Press，1998.

[17] Laudon K C，Laudon J P. 管理信息系统精要：网络企业中的组织和技术. 6 版. 葛新权，孙志恒，王斌，译. 北京：中国人民大学出版社，2006.

[18] Mcfarlan F W，Chen G，Chen M S，Donovan G，Zhu H，et al. China Merchants

Bank: Here Just For You. (eds). Harvard Business School Case, No. R9-307-081. HBS Publishing, 2009.

[19] Magretta J. Fast, Global and Entrepreneurial: Supply Chain Management, Hong Kong Style - An Interview with Victor Fung. Harvard Business Review, 1998, 76(5): 103-114.

[20] Davenport T H. Competing on Analytics. Harvard Business Review, 2006(1): 1-9.

[21] Guo X H, Reimers K, Xie B, Li M Z. Network Relations and Boundary Spanning: Understanding the Evolution of e-Ordering in the Chinese Drug Distribution Industry. Journal of Information Technology, 2014,29(3):223-236.

[22] Reimers K, Li M Z, Xie B, Guo X H. How do industry-wide information infrastructures emerge? A life cycle approach. Information Systems Journal, 2014,24(5):375-424.

[23] Chandler A D. The Visible Hand: The Managerial Revolution in American Business. Boston: Harvard University Press, 1980.

[24] Leavitt H J, Whisler T L. Management in the 1980s. Harvard Business Review, 1958, 36(6): 41-48.

[25] Malone T W, Yates J, Benjamin R I. Electronic Markets And Electronic Hierarchies. Communications of the ACM, 1987, 30(6): 484-497.

[26] Robbins S P, Judge T A. 组织行为学. 14 版. 孙建敏,李原,黄小勇,译. 北京: 中国人民大学出版社, 2012.

[27] Warren M F, Nolan R, 陈国青. IT 战略与竞争优势:信息时代的中国企业管理挑战与案例. 北京: 高等教育出版社, 2003.

[28] Taylor F W. The Principles of Scientific Management. New York, London: Harper, 1911.

[29] Urwick L F. The Manager's Span of Control. Harvard Business Review, 1956, 34(3): 39-47.

[30] Hallowell E M. The Human Moment at Work. Harvard Business Review, 1999, 77(1): 3-8.

[31] Zachman J A. A Framework for Information Systems Architecture. IBM Systems Journal, 1987, 26(3): 276-292.

[32] 冯芷艳, 郭迅华, 曾大军, 等. 大数据背景下商务管理研究若干前沿课题. 管理科学学报, 2013, 16(1): 1-18.

[33] 陈国青, 陈剑, 杨德礼, 等. 新兴电子商务基础理论与方法研究. //周宏仁,徐愈. 中国信息化形势分析与预测(2013). 社会科学文献出版社, 2013, 121-136.

[34] 艾瑞咨询. 2017 年度数据发布集合报告, 2018.

[35] 中华人民共和国工业和信息化部. 电子商务"十二五"发展规划,2012;中华人民共和国商务部、中央网信办、发展改革委. 电子商务"十三五"发展规划, 2016.

[36] Ramanathan R, Ramanathan U, Hsiao H. The impact of e-commerce on Taiwanese SMEs: Marketing and operations effects. International Journal of Production Economics, 2012, 140(2): 934-943.

[37] Hu Q, Yang J, Yang L. The Impact of E-Commerce on Organizational Performance:

The Role of Absorptive Capacity and Integrative Capability. in: Shaw M, Zhang D, Yue W (eds). E-Life: Web-Enabled Convergence of Commerce, Work, and Social Life. Springer Berlin Heidelberg, 2012, 261-273.

[38] Ozaki A, Vasconcellos E. The impact of electronic commerce on organizational structure: a case study of e-commerce decentralization. Journal of Internet Banking & Commerce, 2011, 16(1): 1-18.

[39] Scott J. Social Network Analysis: A Handbook. London: SAGE Publications Ltd, 2000.

[40] 中国互联网络信息中心. 第33次中国互联网络发展状况统计报告: 2014.

[41] 刘毅. 略论网络舆情的概念、特点、表达与传播. 理论界, 2007, (1): 11-12.

[42] 曾润喜, 徐晓林. 网络舆情突发事件预警系统, 指标与机制. 情报杂志, 2009, 28(11): 52-54.

[43] 于森, 李远. 网络舆情的关键技术与系统构架研究. 信息网络安全, 2011, (1): 21-22.

[44] Balasubramanyan R, Routledge B R, Smith N A. From Tweets to Polls: Linking Text Sentiment to Public Opinion Time Series. Proceedings of the Fourth International AAAI Conference on Weblogs and Social Media. May 23-26, 2010, Washington, DC, 2010.

[45] 孙帅, 周毅. 2008-2012年国内突发事件网络舆情管理研究综述. 电子政务, 2013, (5): 2-14.

[46] Burstein P. The impact of public opinion on public policy: A review and an agenda. Political Research Quarterly, 2003, 56(1): 29-40.

[47] 熊枫. 电子政务管理内涵探析. 中国行政管理, 2012, (12): 119-120.

[48] 孟庆国, 李晓方. 电子政务的理论与方法体系——基于系统工程建设的视角. 行政论坛, 2013, 20(2): 34-38.

[49] Gronlund A. Ten Years of E-Government: The End of History and New Beginning. in: Wimmer M, Chappelet J, Janssen M, et al (eds). Electronic Government. Springer Berlin Heidelberg, 2010, 13-24.

[50] 周玉建, 张京. 电子政务发展现状的调研分析. 信息化建设, 2011, (8): 14-16.

[51] 周宏仁. 电子政务全球透视与我国电子政务的发展. 邮电商情, 2002, (21): 7-13.

[52] Singh A K, Sahu R. Integrating Internet, telephones, and call centers for delivering better quality e-governance to all citizens. Government Information Quarterly, 2008, 25(3): 477-490.

[53] 徐晓林. 电子政务: 科学执政和民主执政的技术支撑和运行保障. 企业经济, 2011, (9): 5-8.

[54] Anderson J G, Aydin C E. Evaluating the impact of health care information systems. International Journal of Technology Assessment in Health Care, 1997, 13(2): 380-393.

[55] Eysenbach G. What is e-health? Journal of medical Internet research, 2001, 3(2).

[56] Chaudhry B, Wang J, Wu S, Maglione M, Mojica W, et al. Systematic review: impact of health information technology on quality, efficiency, and costs of medical care. Annals

of Internal Medicine, 2006, 140(10): 742-752.

[57] Kwankam S Y. What e-Health can offer. Bulletin of the World Health Organization, 2004, 82(10): 800-802.

[58] Watson R T, Boudreau M, Chen A J. Information Systems and Environmentally Sustainable Development: Energy Informatics and New Directions for the IS Community. MIS Quarterly, 2010, 34(1): 23-38.

[59] Null L, Lobur J. The Essentials of Computer Organization and Architecture. Beijing: China Machine Press, 2004.

[60] Silberschatz A, Galvin P, Gagne G. 操作系统概念. 6 版. 郑扣根,译. 北京: 高等教育出版社, 2004.

[61] Tanenbaum A S. 现代操作系统. 2 版. 陈向群,译. 北京: 机械工业出版社, 2005.

[62] 陈国青, 郭迅华. 信息系统管理. 北京: 中国人民大学出版社, 2005.

[63] Peterson L L, Davie B S. Computer Networks: A Systems Approach. Beijing: China Machine Press, 2012.

[64] Vacca J. 存储区域网络精髓. 郭迅华,译. 北京: 电子工业出版社, 2003.

[65] Spalding Robert. 存储网络完全手册. 郭迅华,译. 北京: 电子工业出版社, 2004.

[66] Ardagna D, Francalanci C. A Cost-oriented Approach for the Design of IT Architectures. Journal of Information Technology, 2005, 20(1): 32-51.

[67] Codd E F. A Relational Model of Data for Large Shared Data Banks. Communications of the ACM, 1970, 13(6): 377-387.

[68] Inmon W H. Building the Data Warehouse. New York: J. Wiley, 2002.

[69] Vesset D, Nadkarni A, Brothers R, Christiansen C A, Conway S, et al. Worldwide Big Data Technology and Services 2013—2017 Forecast: IDC, 2013.

[70] Wu J, Ping L, Ge X, Wang Y, Fu J. Cloud Storage as the Infrastructure of Cloud Computing. 2010 International Conference on Intelligent Computing and Cognitive Informatics (ICICCI). Kuala Lumpur, Malaysia, 2010, 380-383.

[71] Storage Networking Industry Association. Implementing, Serving, and Using Cloud Storage, White Paper, 2010.

[72] Zeng W, Zhao Y, Ou K, Song W. Research on cloud storage architecture and key technologies. Proceedings of the 2nd International Conference on Interaction Sciences: Information Technology, Culture and Human. Seoul, South Korea, 2009, 1044-1048.

[73] 黄梯云, 李一军. 管理信息系统. 4 版. 北京: 高等教育出版社, 2009.

[74] Schultheis R. 管理信息系统. 李一军,译. 大连: 东北财经大学出版社, 2000.

[75] 宋远方, 成栋. 管理信息系统. 北京: 中国人民大学出版社, 2004.

[76] Mcleod R, Schell G. 管理信息系统:管理导向的理论与实践. 8 版. 张成洪,译. 北京: 电子工业出版社, 2002.

[77] Leon A. 企业资源规划——管理·技术·应用. 朱岩,译. 北京: 清华大学出版社, 2002.

[78] 姚宝根. 现代企业信息化管理——ERP/eBusiness 及其实践. 上海: 上海大学出版

社，2001.

[79] 杨善林，李兴国，何建民. 信息管理学. 北京：高等教育出版社，2003.

[80] Anderson G W，Rhodes T，Davis J. SAP 基础教程. 3 版. 黄佳,车皓阳,译. 北京：人民邮电出版社，2010.

[81] 林健，张玲玲. ERP 的未来发展趋势研究. 系统工程理论与实践，2002，(4)：69-74.

[82] 范锋. 客户关系管理(CRM)——企业竞争力热点：互联网周刊,2000.

[83] Mcafee A P. Enterprise 2. 0：The Dawn of Emergent Collaboration. MIT Sloan Management Review，2006，47(3)：21-28.

[84] Morris M. How Do Users Feel About Technology? Forrester Research，2005.

[85] 李乃宸. 企业内部博客系统使用行为与社会资本研究(硕士学位论文). 北京：清华大学，2012.

[86] Porter M E. 竞争战略. 陈小悦,译. 北京：华夏出版社，2003.

[87] Porter M E. Competitive Advantage：Creating and Sustaining Superior Performance. New York：Free Press，1985.

[88] 利丰研究中心. 供应链管理:香港利丰集团的实践. 北京：中国人民大学出版社，2003.

[89] 陈畴镛，于俭，曹为国，等. 电子商务供应链管理. 大连：东北财经大学出版社，2002.

[90] 黄京华. 电子商务教程. 北京：清华大学出版社，1999.

[91] 陈国青，黄京华，郭迅华，等. 中国电子商务发展现状与前景. //中国科学院. 2004 高技术发展报告. 北京：科学出版社，2004，167-178.

[92] Li M，Liao J，Reimers K. Strategy for Standardizing China's Electronic Commerce. Proceedings of The 3rd International Conference on Electronic Commerce Engineering (ICeCE2003). Hangzhou，China，2003，836-839.

[93] Ma B J，Wei Q. Measuring the coverage and redundancy of information search services on e-commerce platforms. Electronic Commerce Research and Applications，2012，11(6)：560-569.

[94] Kaplan A M，Haenlein M. Users of the world，unite! The challenges and opportunities of Social Media. Business Horizons，2010，53(1)：59-68.

[95] Thackeray R，Neiger B L，Hanson C L，Mckenzie J F. Enhancing promotional strategies within social marketing programs：use of Web 2. 0 social media. Health Promotion Practice，2008，9(4)：338-343.

[96] Fisher L. The Perfect Swarm：The Science of Complexity in Everyday Life Basic Books，2009.

[97] Surowiecki J. The Wisdom of Crowds Knopf Doubleday Publishing Group，2005.

[98] Howe J. The rise of crowdsourcing，2006：14，1-4.

[99] Blohm I，Leimeister J M，Krcmar H. Crowdsourcing：How to Benefit from (Too) Many Great Ideas. MIS Quarterly Executive，2013，12(4)：199-211.

[100] Doan A，Ramakrishnan R，Halevy A Y. Crowdsourcing systems on the world-wide

web. Communications of the ACM, 2011, 54(4): 86-96.

[101] 张利斌，钟复平，涂慧. 众包问题研究综述. 科技进步与对策，2012，29(6): 154-160.

[102] 陈国青. 大数据的管理喻意. 管理学家，2014，(2): 36-41.

[103] 张维明. 数据仓库原理与应用. 北京：电子工业出版社，2002.

[104] 林宇. 数据仓库原理与实践. 北京：人民邮电出版社，2003.

[105] Oracle. Oracle Sales Analyzer User's Guide, 2002.

[106] Groth R. 数据挖掘——构筑企业竞争优势. 侯迪，译. 西安：西安交通大学出版社，2001.

[107] Han J, Kamber M, Pei J. Data mining: concepts and techniques (2nd Edition) Morgan kaufmann, 2006.

[108] 武森，高学东，Bastian M. 数据仓库与数据挖掘. 北京：冶金工业出版社，2003.

[109] Macqueen J. Some methods for classification and analysis of multivariate observations. Proceedings of the fifth Berkeley symposium on mathematical statistics and probability, 1967, 281-297.

[110] Huang Z. Extensions to the k-means algorithm for clustering large data sets with categorical values. Data Mining and Knowledge Discovery, 1998, 2(3): 283-304.

[111] Ester M, Kriegel H P, Sander J, Xu X. A density-based algorithm for discovering clusters in large spatial databases with noise. Proceedings of 2nd International Conference on Knowledge Discovery and Data Mining (KDD-96) AAAI Press, 1996, 226-231.

[112] Kaufman L, Rousseeuw P J. Finding groups in data: an introduction to cluster analysis John Wiley & Sons, 2009.

[113] Agrawal R, Imielinski T, Swarmi A. Mining Association Rules between Sets of Items in Large Databases. Proceedings of the ACM-SIGMOD 1993 International Conference on Management of Data. Washington D. C. 1993, 207-216.

[114] Srikant R, Agarwal R. Mining Generalized Association Rules. Proceedings of the 21st International Conference on Very Large Databases. Zurich, Switzerland, 1995.

[115] Oliveira S R, Zaiane O R. Algorithms for balancing privacy and knowledge discovery in association rule mining. Proceedings of the Seventh International Database Engineering and Applications Symposium, 2003, 54-63.

[116] Chen G Q, Liu D, Li J X. Influence and conditional influence-new interestingness measures in association rule mining. The 10th IEEE International Conference on Fuzzy Systems, 2001, 1440-1443.

[117] Chen G, Wei Q, Liu D, Wets G. Simple association rules (SAR) and the SAR-based rule discovery. Computers & Industrial Engineering, 2002, 43(4): 721-733.

[118] Klösgen W, Zytkow J M. Handbook of data mining and knowledge discovery Oxford University Press, Inc, 2002.

[119] Berka P. PKDD Discovery Challenge on Financial Data. Proceedings of the First International Workshop on Data Mining Lessons Learned (DMLL-2002), 2002, 8-12.

[120] Cortes C, Pregibon D. Signature-based methods for data streams. Data Mining and Knowledge Discovery, 2001, 5(3): 167-182.

[121] 戴艳红. 基于数据挖掘技术的交叉销售分析. 中国管理信息化, 2007, 10(6): 32-33.

[122] Berry M J, Linoff G S. Data mining techniques: for marketing, sales, and customer relationship management John Wiley & Sons, 2004.

[123] Senecal S, Nantel J. The influence of online product recommendations on consumers' online choices. Journal of retailing, 2004, 80(2): 159-169.

[124] Ngai E W, Gunasekaran A. A review for mobile commerce research and applications. Decision Support Systems, 2007, 43(1): 3-15.

[125] Ma H, Cao H, Yang Q, Chen E, Tian J. A habit mining approach for discovering similar mobile users. Proceedings of the 21st international conference on World Wide Web ACM Press, 2012, 231-240.

[126] Schiller J, Voisard A. Location-based services: Elsevier, 2004.

[127] Junglas I A, Watson R T. Location-based services. Communications of the ACM, 2008, 51(3): 65-69.

[128] 陈晓红. 决策支持系统理论和应用. 北京: 清华大学出版社, 2000.

[129] 王要武. 管理信息系统. 2 版. 北京: 电子工业出版社, 2012.

[130] 武波, 马玉祥. 专家系统. 2 版. 北京: 北京理工大学出版社, 2001.

[131] 金占明. 战略管理——超竞争环境下的选择. 北京: 清华大学出版社, 1999.

[132] Porter M E. What Is Strategy? Harvard Business Review, 1996, 74(6): 61-78.

[133] Hitt M A, Ireland R D, Hoskisson R E. Strategic Management: Competitiveness and Globalization (Concepts) (4th Edition) South-Western College Publishing, 2001.

[134] 陈国青, 蒋镇辉. 中国企业信息化的阶跃式发展过程. 计算机系统应用, 1999, (9): 2-4.

[135] Chandler A D. Strategy and structure : chapters in the history of the industrial enterprise. Cambridge, Mass: MIT Press, 1990.

[136] Porter M. Strategy and the Internet. Harvard Business Review, 2001, 69(3): 63-78.

[137] Carr N G. IT Doesn't Matter. Harvard Business Review, 2003, 71(5): 41-49.

[138] Coase R H. Durability and Monopoly. Journal of Law and Economics, 1972, 15: 143-149.

[139] Mcfarlan F W, Mckenney J L, Pyburn P. The information archipelago—plotting a course. Harvard Business Review, 1983, 61(1): 145-156.

[140] Ward J, Griffiths P, Whithmore P. Strategic Planning for Information Systems. New York: John Wiley, 2002.

[141] Daniel D R. Management Information Crisis. Harvard Business Review, 1961, 39 (5): 111-121.

[142] Zani W M. Blueprint for MIS. Harvard Business Review, 48(6): 95-100.

[143] Rockart J F. Chief Executives Define Their Own Data Needs. Harvard Business Review, 1979, 57(2): 81-93.

[144] Fitz-Gibbon C T. Performance Indicators: Bera Dialogues (2) Routledge, 1990.

[145] Chen G, Wu R, Guo X. Key Issues in Information Systems Management in China. Journal of Enterprise Information Management, 2007, 20(2): 198-208.

[146] Hines P. Value stream management. International Journal of Logistics Management, 1998, 9(1): 25-42.

[147] Applegate L M , Mcfarlan F W, Mckenney J L. 公司信息系统管理:信息时代的管理挑战. 5 版. 李东,译. 大连: 东北财经大学出版社, 2000.

[148] Rayport J F, Sviokla J J. Exploiting the Virtual Value Chain. Harvard Business Review, 1995, 73(6): 75-85.

[149] Keen P G, Mcdonald M. The e-Process Edge: Creating Customer Value and Business Wealth in the Internet Era. Berkeley, Calif.: Osborne, 2000.

[150] King W R. Strategic Planning for Information Resources: The Evolution of Concepts and Practice. Information Resources Management Journal, 1988(3): 1-8.

[151] 郑人杰. 软件工程(高级). 北京: 清华大学出版社, 1999.

[152] Boehm B W. A Spiral Model of Software Development and Enhancement. Computer, 1988, 21(5): 61-72.

[153] Kroll P, Kruchten P. The Rational Unified Process Made Easy: a Practitioner's Guide to the RUP. Reading, Mass. : Addison-Wesley, 2003.

[154] Chen P P. The Entity-Relationship Model - Toward a Unified View of Data. ACM Transactions on Database Systems, 1976, 1(1): 9-36.

[155] Chen G. Fuzzy Logic in Data Modeling: Semantics, Constraints, and Database Design. Boston: Kluwer Academic, 1998.

[156] Ullman J D, Widom J. A First Course in Database Systems. Upper Saddle River, N. J. : Prentice Hall International, 1997.

[157] Elmasri R, Navathe S B. Fundamentals of database systems. Menlo Park, Calif. : Addison-Wesley, 1999.

[158] Watson H J, Lipp A, Jackson P Z, Dahmani A, Fredenberger W B. Organizational Support for Decision Support Systems. Journal of Management Information Systems, 1989, 5(4): 87-109.

[159] Davenport T H, Short J E. The New Industrial Engineering: Information Technology and Business Process Redesign. Sloan Management Review, 1990, 31(4): 11-27.

[160] Wang S. OO modeling of business processes. Information Systems Management, 1994, 11(2): 36-43.

[161] Curtis B, Kellner M I, Over J. Process modeling. Communications of the ACM, 1992, 35(9): 75-90.

[162] Gane C, Sarson T. Structured Systems Analysis: Tools and Techniques. Englewood Cliffs, NJ: Prentice-Hall, 1979.

[163] Savage C M. Fifth Generation Management : Co-creating Through Virtual Enterprising, Dynamic Teaming, and Knowledge Networking Butterworth-Heinemann, 1996.

[164] Alter S. Information Systems: a Management Perspective. Menlo Park, Calif.: Benjamin/Cummings Pub. Co. 1996.

[165] Dewitte P S, Pourteau C. Inside the Process: IDEF Enterprise Engineering Methodologies Support Simulation. Manufacturing Systems: Information Technology for Manufacturing Managers, 1997(3): 70-75.

[166] Mayer R J, Benjamin P C, Caraway B E, Painter M K. A Framework and a Suite of Methods for Business Process Reengineering. Ashburn, Virginia: Knowledge Based Systems, Inc, 1998.

[167] Rumbaugh J, Jacobson I, Booch G. The Unified Modeling Language Reference Manual. Boston: Addison-Wesley, 2005.

[168] Pressman R S. Software Engineering:A Practitioner's Approach. 7th Edition. McGraw-Hill Science/Engineering/Math, 2009.

[169] Brooks Frederick P. 人月神话. 汪颖,译. 北京：清华大学出版社, 2002.

[170] Loh L, Venkatraman N. Detenninants of infonnation technology outsourcing: A cross-sectional analysis. Journal of Management Information System, 1992, 9(1): 7-24.

[171] 毛基业, 郭迅华, 朱岩. 管理信息系统——基础、应用与方法. 北京：清华大学出版社, 2011.

[172] 刘宇熹, 陈尹立. IT 服务外包理论、方法与实务. 北京：清华大学出版社, 2010.

[173] Howe J. Crowdsourcing: why the power of the crowd is driving the future of business Crown Business, 2008.

[174] Cleland D, Ireland L. Project Management: Strategic Design and Implementation. 5th edition. McGraw-Hill Professional, 2006.

[175] 左美云. 信息系统项目管理. 北京：清华大学出版社, 2008.

[176] Standish. The Chaos Report: The Standish Group International, http://www.standishgroup. com, 1995.

[177] Schwalbe K. IT 项目管理. 6 版. 杨坤,译. 北京：机械工业出版社, 2010.

[178] Project Management Institute. A Guide to the Project Management Body of Knowledge: PMBOK(R) Guide . 5th Edtion. Project Management Institute, 2013.

[179] Peters L. Software Project Management: Methods and Techniques (2nd Edition) Software Consultants International Limited, 2004.

[180] Remenyi D, Money A, Sherwood-Smith M, Lrani Z. IT 成本和收益的有效测量与管理：CIO 管理进阶. 2 版. 燕清联合,译. 北京：清华大学出版社, 2005:288.

[181] Lewis J. 项目经理案头手册. 3 版. 雷晓凌,译. 北京：机械工业出版社, 2009.

[182] 胡艳春. 项目管理软件. 北京：对外经济贸易大学出版社, 2006.

[183] 葛娟. Microsoft Project 项目管理与应用. 北京：清华大学出版社, 2012.

[184] 薛华成, 陈晓红, 刘兰娟. 信息资源管理. 2 版. 北京：高等教育出版社, 2008.

[185] Lehman M M, Belady L A. Program Evolution Academic Press, 1985.

[186] Satty T L. The Analytic Hierarchy Process: Planning, Priority Setting, Resource Allocation McGraw-Hill, 1980.

[187] Charnes A, Cooper W W, Rhodes E. Measuring the efficiency of decision making units. European Journal of Operational Research, 1978, 12: 429-444.

[188] 雷万云. 信息安全保卫战:企业信息安全建设策略与实践. 北京: 清华大学出版社, 2013.

[189] BSI Group. Best practices for Information Security Management.

[190] Kugel B. Enterprise Chance of Survival: University of Minnesota, 2001.

[191] Breithaupt J, Merkow M S. Information Security: Principles and Practice Prentice Hall, 2005.

[192] Wells A, Walker C, Walker T, Abarca D. Disaster Recovery: Principles and Practices Prentice Hall, 2005.

[193] 中华人民共和国公安部, 国家技术标准局. 计算机信息系统安全保护等级划分准则: GB 17895—1999.

[194] 金海, 吴松, 廖小飞, 等. 云计算的发展与挑战. 见: 中国计算机学会学术工作委员会. 2009 中国计算机科学技术发展报告. 北京: 清华大学出版社, 2009.

[195] Steve M. Danger in the clouds. Network security, 2008, 12: 9-11.

[196] Coulouris G F, Dollimore J, Kindberg T. Distributed systems: concepts and design. pearson education, 2005.

[197] 赵刚. 区块链:价值互联网的基石. 北京:电子工业出版社, 2016.

[198] 杨保华, 陈昌. 区块链原理、设计与应用. 北京:机械工业出版社. 2017.

[199] 刘云浩. 物联网导论. 北京:科学出版社,2010.

[200] Laudon K C,Laudon J P.管理信息系统.11 版.薛华成,译.北京:机械工业出版社,2011.

[201] Martin R C. 敏捷软件开发:原则、模式与实践.邓辉,译.北京:清华大学出版社,2003.

[202] Attiya H,Welch J. 分布式计算.2 版.骆志刚,黄朝晖,黄旭慧,等译.北京:电子工业出版社,2008.

[203] 中国互联网络信息中心 . 第 41 次中国互联网络发展状况统计报告,2018.

[204] 张新红. 数字经济与中国发展. 电子政务, 2016(11):2-11.

[205] 孔栋, 左美云, 孙凯. O2O 模式分类体系构建的多案例研究. 管理学报, 2015, 12(11):1588-1597.

[206] 国家信息中心信息化研究部. 中国共享经济发展报告 2018,2018.

[207] 张新红, 高太山, 于凤霞,等. 中国共享经济发展报告:现状、问题与挑战、发展趋势. 电子政务, 2016(4):11-27.

[208] Mayfield A. What Is Social Media?. Kuala Lumpur: Spannerworks,2007.

[209] Acquisti A, Brandimarte L, Loewenstein G. Privacy and Human Behavior in the Age of Information. Science, 2015, 347(6221):509-514.

[210] Baesens B, Bapna R, Marsden J R, Vanthienen J, Zhao J L. Transformational Issues of Big Data and Analytics in Networked Business. Mis Quarterly, 2016, 40(2): 807-818.

[211] 李俊平. 人工智能技术的伦理问题及其对策研究. 武汉:武汉理工大学, 2013.

[212] 孙悦，郭醒，徐欣欣. O2O 电子商务模式剖析. 电子商务，2013，(11):5,12.

[213] 王潇，侯文静，赵继云. 基于 O2O 视角的共享经济商业模式分析——以 ofo 共享单车为例. 商场现代化，2017，(8):28-29.

[214] Schlagwein D, Kai F. Social Information Systems: Review, Framework, and Research Agenda// Thirty Second International Conference on Information Systems, 2011.

[215] 鹿鹏，庄敏，龙刚，等. 文本特征提取研究现状分析与展望. 科技创新与品牌，2017，(4):70-74.

[216] 陈静，刘琰，王煦中. 主题概率模型在微博主题挖掘方面的研究综述. 信息工程大学学报，2017，18(1):103-110.

[217] Blei D M, Ng A Y, Jordan M I. Latent dirichlet allocation. J Machine Learning Research Archive, 2003, 3:993-1022.

[218] 陈巧红，孙超红，贾宇波. 文本数据观点挖掘技术综述. 工业控制计算机，2017，30(2):94-95.

[219] 禹琳琳. 语音识别技术及应用综述. 现代电子技术，2013，(13):43-45.

[220] 高宇，娄宇，简榕，马志坚. 图像识别综述及在电力信息安全中的应用研究. 数字化用户，2017，23(42):116.

[221] 郑嘉，赵润. 视频中目标检测与跟踪算法综述. 物联网技术，2017，7(4):30-32.

[222] Goodfellow I J. 深度学习. 赵申剑，黎彧君，符天凡，等译. 北京:人民邮电出版社，2017.

[223] 张昭旭. CNN 深度学习模型用于表情特征提取方法探究. 现代计算机，2016，(3):41-44.

[224] Werbos P J, Bengio Y, Courville A. Backpropagation through time: what it does and how to do it. Proceedings of the IEEE, 1990, 78(10):1550-1560.

[225] Salakhutdinov R, Hinton G. Deep Boltzmann Machines. Journal of Machine Learning Research, 2009, 5(2):1967-2006.

[226] Montavon G, Müller K R. Deep Boltzmann Machines and the Centering Trick// Neural Networks: Tricks of theTrade. Springer Berlin Heidelberg, 2012:621-637.

[227] Goodfellow I J, Mirza M, Courville A, Bengio Y. Multi-prediction deep Boltzmann machines// International Conference on Neural Information Processing Systems. Curran Associates Inc, 2013:548-556.

[228] Hinton G E, Osindero S, Teh Y W. A Fast Learning Algorithm for Deep Belief Nets. Neural Computation, 2006, 18(7):1527-1554.

[229] Goodfellow I J, Pougetabadie J, Mirza M, et al. Generative Adversarial Networks. Advances in Neural Information Processing Systems, 2014, 3:2672-2680.

[230] Arjovsky M, Chintala S, Bottou L. Wasserstein generative adversarial networks//International Conference on Machine Learning, 2017: 214-223.

[231] Sun Y, Chen Y, Wang X, Tang X. Deep learning face representation by joint identification- verification//Advances in neural information processing systems, 2014: 1988-1996.

[232] Girshick R, Donahue J, Darrell T, et al. Rich feature hierarchies for accurate object

detection and semantic segmentation//Proceedings of the IEEE conference on computer vision and pattern recognition, 2014: 580-587.

[233] 尹宝才, 王文通, 王立春. 深度学习研究综述. 北京工业大学学报, 2015(1):48-59.

[234] Senior A, Sak H, Quitry F D C, Sainath T, Rao K. Acoustic modelling with CD-CTC-SMBR LSTM RNNS// Automatic Speech Recognition and Understanding. IEEE, 2016:604-609.

[235] Zen H, Senior A, Schuster M. Statistical parametric speech synthesis using deep neural networks// IEEE International Conference on Acoustics, Speech and Signal Processing. IEEE, 2013:7962-7966.

[236] Socher R, Lin C Y, Ng A Y, Manning C D. Parsing Natural Scenes and Natural Language with Recursive Neural Networks//International Conference on Machine Learning. Omnipress, 2011:129-136.

[237] 林奕欧, 雷航, 李晓瑜, 吴佳. 自然语言处理中的深度学习:方法及应用. 电子科技大学学报, 2017, 46(6):913-919.

[238] Weston J, Chopra S, Bordes A. Memory Networks// Proceedings of ICLR, 2015.

[239] 苏治, 卢曼, 李德轩. 深度学习的金融实证应用:动态、贡献与展望. 金融研究, 2017, (5):111-126.

[240] Sophie Curtis. 深度学习将彻底改变医疗健康领域. 科技中国, 2016, (5):75-80.

[241] 陈卫东, 席裕庚, 顾冬雷. 自主机器人的强化学习研究进展. 机器人, 2001, 23(4):379-384.

[242] Zhang G, Patuwo B E, Hu M Y. Forecasting with artificial neural networks: The state of the art[J]. International Journal of Forecasting, 1998, 14(1):35-62.

[243] Salton G, Mcgill M J. Introduction to modern information retrieval. McGraw-Hill, 1983.

[244] David M. Probabilistic topic models. IEEE Signal Processing Magazine, 2010, 27(6):55-65.

[245] Hofmann T. Probabilistic latent semantic analysis// Fifteenth Conference on Uncertainty in Artificial Intelligence. Morgan Kaufmann Publishers Inc. 1999:289-296.

[246] Jelinek F. Continuous speech recognition by statistical methods. Proceedings of the IEEE, 1976, 64(4):532-556.

[247] 陈国青, 吴刚, 顾远东, 等. 管理决策情境下大数据驱动的研究和应用挑战——范式转变与研究方向. 管理科学学报, 2018, 21(7):1-10.

[248] Sagar R. Mastering Jira 7. Packt Publishing Ltd, 2016.

[249] Lesyuk A. Mastering Redmine. Packt Publishing Ltd, 2013.

[250] 谢朝阳. 云计算:规划、实施、运维. 北京: 电子工业出版社, 2015.

[251] 祝烈煌, 高峰, 沈蒙, 等. 区块链隐私保护研究综述. 计算机研究与发展, 2017, 54(10):2170-2186.

名词索引

教学支持说明

建设立体化精品教材，向高校师生提供整体教学解决方案和教学资源，是高等教育出版社“服务教育”的重要方式。为支持相应课程教学，我们专门为本书研发了配套教学课件及相关教学资源，并向采用本书作为教材的教师免费提供。

为保证该课件及相关教学资源仅为教师获得，烦请授课教师清晰填写如下开课证明并拍照后，发送至邮箱：yangshj@hep.com.cn，也可通过 QQ：1735280813 进行索取。

欢迎加入管理科学与工程类专业教学服务 QQ 群：184315320，便于交流教学和索取课件。

编辑电话：010-58556042。

证　明

兹证明________________大学________________学院/系第__________学年开设的________________课程，采用高等教育出版社出版的《　　　　　　　　》（　　　　　　　　主编）作为本课程教材，授课教师为____________，学生______个班，共______人。授课教师需要与本书配套的课件及相关资源用于教学使用。

授课教师联系电话：________________　E-mail：________________

学院/系主任：__________（签字）

（学院/系办公室盖章）

20____年____月____日